잊혀진 것들에 대한 기억

잊혀진 것들에 대한 기억

1980년대 대학의 하위문화와 대중정치

이매진

이매진 컨텍스트 16

잊혀진 것들에 대한 기억
1980년대 대학의 하위문화와 대중정치

◉지은이 김원 ◉펴낸곳 이매진 ◉펴낸이 정철수 ◉편집 기인선 최대연 최예원 ◉디자인 오혜진 ◉마케팅 김둘미 ◉처음 찍은 날 2011년 4월 25일 ◉등록 2003년 5월 14일 제313-2003-0183호 ◉주소 서울시 마포구 합정동 370-33 3층 ◉전화 02-3141-1917 ◉팩스 02-3141-0917 ◉이메일 imaginepub@naver.com ◉블로그 blog.naver.com/imaginepub ◉ISBN 978-89-93985-45-0 (93330)

90년대 중반, 처음 80년대에 관해 연구를 시작했을 때, 대학의 운동 문화를 연구하기로 했던 이유는, 그동안 정치 노선 등 이데올로기와 다른 차원에서 80년대와 그 안에서 살아왔던 개인들을 이해하는 방식 가운데 하나라고 생각했기 때문이었다. 나는 80년대, 그 시대와 사람들을 이해할 수 있는, 카를로 긴즈부르그 식으로 말하자면 '실마리'로서 80년대 대학 문화에 주목했다. 그 뒤로 10여 년이 지난 지금, 이 책에 실린 텍스트들은 내게 다른 의미로 읽히고 있다. 다름 아닌 80년대라는 '트라우마'를 읽는 창으로서 말이다. 트라우마trauma란 '정신적 외상' 또는 '영구적인 정신 장애를 남기는 충격' 등을 의미한다. 그만큼 80년대는 기억되기를 거부하는 무엇으로 우리에게 남아 있다.

'80년대'는 대학 내 민중 공동체와 하위문화를 중심으로 특정한 방식의 기억을 만들었다. 모리스 알박스 식으로 표현하자면, 일종의 '집단 기억'이라고 말할 수 있을 것이다. 집단 기억에 따르면, 기억 주체는 개인이지만 그 개인의 기억은 사회적으로 각인된 것이고 현재 사회와 무관한 것은 망각될 수밖에 없다. 이런 집단 기억은 공간, 시간 그리고 집단과 사회적 관계를 중심으로 만들어진다. 80년대에 관한 집단 기억은 공간적 차원에서 시위, 노제, 의례 그리고 기념물 같은 일련의 장소 등을 통해, 시간적 차원에서는 자연적 시간과 구분되는 사회적 시간인 거리의 정치, 정치적 사건, 죽음의 기일 등을 중심으로 한 사건이라는 형식으로, 사회적 관계 차원에서는 80년 광주 이후 '기억 공동체'의 형태로 형성됐다. '80년 광주'라는 동일한 기억을 공유하는 개인들을 하나로 묶어주는 것이 '기억 공동체'였다.

하지만 80년대라는 집단적 기억은 91년 5월을 기점으로 분열되고 더럽혀졌다. 헤이든 화이트의《메타 히스토리Metahistory》에서 급진주의의 역사적 플롯plot이 비극으로 귀결됐듯이, 80년대 기억 공동체는 비극적인 결과로 자리잡았다. 80년대는 혁명의 열정이 아니라, 주체들이 더는 증언하기를 멈춘, 망각과 트라우마로 가득 찬 것이 됐다. 당시 민중 공동체 그리고 집단적인 체험을 공유하던 기억 공동체는 해체되고 자신의 존재 자체를 부정하기에 이르렀다.

왜 80년대는 트라우마로 우리에게 남았을까? 80년대에는 비도덕적이고 비이성적인 동시에 무책임하고 반국가적인 '패륜아'의 역사라는 오명이 씌워졌다. 바로 대한민국 건국, 산업화를 이끌어온 아비를 부정했던 불경스러운 아들-형제들로 의미화됐다. 이른바 80년대 민중 공동체를 구성했던 형제들은 '더럽혀진 패륜아'로 기억되고 있다. 다른 한편 80년대는 의례와 정치적 상징 등을 통해 '국가 기억'으로 소환됐다. 민간 정부 이후 국가 기념 묘역으로 지정된 광주 망월동 묘역의 모습은, 80년대 기억 공동체가 전유했던 광주하고는 거리가 멀다. 이미 정전cannon화된 공식 기억으로, 광주는 오늘날 세대에게 '역사화' ─ '기억의 역사화' ─ 됐다. 민간 정부 이후 광주, 87년 6월 항쟁 등은 '민주화 운동'이라는 월계관을 받아서 '역사화'됐지만, 그 사이에 무수한 영겁과 같은 죽음, 폭력 등은 망각되고 주변화되고 삭제되고 있다. 80년대는 건국과 산업화, 그리고 현재 선진화로 가는 과정에서 '불가피했던 역사'로 내러티브화되고 있다. 바꿔 말하면 80년대는 특정한 기억만으로 재구성되고, 그 안에 존재했던 알갱이들은 '잊혀지기를' 강요당하고 있는 형편이다. 그리고 80년대를 체험했던 개인들에게 당대의 기억은 트라우마로 간직돼 있다. 이것은 내게도 예외는 아니며, 이 책에서 무수한 '흔적'으로 남겨진 기억의 파편들로 남아, 언젠가 증언되어지기를 기다리고 있다.

하지만 나는, 그럼에도 80년대의 트라우마는 증언돼야 하며, 증언될 수 있도록 들을 준비를 해야 한다는 것을 다시 강조하고 싶다. 잊혀지기를 강요받으며 특정한 방식의 기억으로 전유되는 80년대를 증언하는 것, 다른 식으로 말해서 아비를 부정했던 패륜아들이 목소리를 낸다는 것 자체가 금기시되고 망각을 강요당한 기억을 불러오는, 이른바 '정치적 올바름'을 위한 길이기 때문이다.

동시에 나는 여전히 80년대를 '낭만화'하는 것은 경계해야 한다고 생각한다. 80년대를 퍼레이드처럼 기념물로 만들고 공식적인 애도의 윤리나 절차조차 없이 정상화됐다고 말하는 것은 위험하다. 도미니크 라카프라의 말처럼, "과거 망각이나 트라우마의 부정을 통한 성급한 긍정적 정체감이나 정상화 시도는 위험한 역사 게임이며, 역사적 상흔에 대한 정확한 기억과 진단 그리고 합당한 공공적 애도 절차를 거치지 않은 정상화는 희생자에 대한 윤리적 범죄"에 다름 없을 것이다. 다만 과연 2011년 한국 사회가 80년대의 트라우마를 위무하면서 트라우마의 기억을 객관화해 그 굴레에서 해방시킬 수 있는 윤리적인 준비를 갖추고 있는지 우리는 근본적인 의문을 던져야 한다. 과연 한국 사회는 80년대와 대면할 준비가 돼 있는지 끊임없이 질문을 던져야 한다.

끝으로 이 글을 오랫동안 읽어준 모든 독자들에게 감사를 전하고자 한다. 이 책에서는 91년 5월에 관한 기억과 내면세계에 관한 부분을 추가함으로써, 80년대의 트라우마에 관한 아주 초보적인 문제를 다시 제기하고자 했다. 그리고 다시금 이 책을 위해 힘든 기억을 되살려준 구술자들에게 '아름다운 사람들'이었다는 헌사를 바치고자 한다. 또한 부족한 책에 정성스럽게 추천사를 써주신 동국대학교 조은 선생님과 대구대학교 이희영 선생님께도 감사의 말씀을 드리고 싶다. 더불어 자유롭고 여유롭게 연구에 매진할 수 있게 해준 한국학중앙연구원, 그리고 정치학 전공의 박병련, 정윤재, 정영훈, 이완범 선생님께도 감사의 말을 전하고 싶다. 마지막으로 늘 연구를 지켜봐준 어머니와 내 글의 첫 독자인 아내 은정에게 고맙다는 말을 전하고 싶다.

끝으로 내가 가장 아끼는 작가인, 이제는 작고한 소설가 김소진의 〈혁명기념일)의 한 구절을 인용하며 서문을 마칠까 한다. 80년대를 '낭만적 허위'라고 말한 석주와 아직도 전봇대에 매달려 전기 기술자로 사는 진기 가운데 80년대를 트라우마처럼 여기는 사람이 누구인지 판단하는 것은 독자의 몫으로 돌리고자 한다.

"내가 걔를 의식해? 말도 안 되는 소리!"

석주형은 술잔을 격하게 흔들며 으르렁거렸다. 그러나 그의 그런 모습이야말로 내 눈엔 진기형을 의식하고 있다는 분명한 반증으로 비쳤다.

"한낱 전기 기술자를?"

나는 한참 동안 석주형을 노려보았다. 그리고 순간적으로 난 그와의 불화를 각오하고 있었다.

"……."

"언제부터 사람을 그렇게 평가하게 됐어요? 형은……."

"미안하다. 한낱 전기 기술자라는 말은 취소하겠다. 나도 얼마 전에야 진기 근황을 알았는데, 걔 삶이 하도 딱해서 친구로서 그만 감정이 격해진 거야. 이젠 달라져야지. 현실은 완강하잖아. 우리의 그 지독했던 낭만주의로는 아무 일도 할 수가 없다고. 낭만적 허위, 그것은 이렇게 활짝 핀 장미꽃과 같아서 곧 이울고 마는 신세지. 찬란한 허위라고나 할까. 아무튼 걔는 좀 오래가는 것 같아. 원래부터 무정부주의자였으니깐. 그럴 줄 알았었지."

2011년 4월

운중동에서 김 원

내가 이 글을 처음 쓴 지도 벌써 4년이라는 세월이 흘렀다. 그때 나는 막 20대 중반을 넘어선, 아직도 세상에 대한 분노를 지녔고 세상이 바뀌어야 한다고 희구하던, 이제 어렴풋이 공부를 시작한 그런 나이였다. 그리고 4년여가 지나 이제 서른 살이 되어버린 나에게 이 글이 어떤 의미가 있을지 무척 난감했다. 80년대는 무수한 젊은 벗들이 세상을 바꾸기 위해 분노하고, 모든 것을 버리려고 흐느꼈던 '광기'로 가득 찬 시대였다. 누군가는 광기라는 말에 거부감을 느낄지도 모른다. 아마 광기를 정신병동에서 생활하는 자의 전유물이라고 오해하고 말이다. 나는 80년대는 사회와 정치가, 아니 한국에 산다는 조건 자체가 인간을 광기 어리게 만들었다고 생각한다. 그 광기는 크게 두 가지였다. 하나는 현존하는 것을 조금이라도 부정하는 모든 인간을 정신병자로 모는, 그래서 그 정신병을 치료하기 위해서는 총과 곤봉 그리고 최루탄이 필요하다고 생각한 광기 어린 사람들이었다. 그리고 나를 포함한 우리는 그 자들을 '파쇼' 혹은 '파쇼의 개'라고 불렀다.

　또 하나의 광기는 바로 우리 자신이었다. 아니 우리라고 부르는 것이 지금에 와서는 다소 어폐가 있을지도 모른다. 어쩌면 우리의 광기는 다양한 빛깔과 결을 지닌 것이었을지도 모른다. 하지만 분명한 사실은, 그때 우리들은 얼마간은 하나만을 생각하고, 정신과 육체 그리고 주변의 모든 것을 '운동'이라는 것에 집중시켰다는 점이다. 지난한 논쟁과 투쟁 그리고 내적인 갈등, 혼란 등은 그 시대에 우리 주변에 항상 맴돌던 피할 수 없는 숙명의 맹아였다. 개인적인 즐거움과 유희 그리고 아주 사소한 감정들은 당분간 유보되고 언젠가는 만날 한

길을 향해 내달렸던 것이다. 적어도 그때 우리들에게, 민중은 과학적으로 규명되어야만 하는 대상이 아니라 어떤 이도 부정할 수 없는 상식의 영역이었다. 그리고 우리는 언젠가 민중들이 이 참혹한 대지 위에 새 땅을 일굴 것이라고 갈망했었다. 그래서 잠시 우리가 그 일을 대신할 뿐이라고 자위했다.

이제 '80년대'는 하나의 고유명사가 되었다. 굳이 '모래시계 세대' 같은 말을 빌리지 않아도, 이 땅에서 시민권을 획득한 축복받은 세대라고 생각할 수도 있다. 그러나 이러한 화려한 외양 아래서도 여전히 80년대를 설명하는 것은 곤란한, 아니 고통스러운 작업이다. 억압, 죽음, 혁명, 투쟁, 타도, 프롤레타리아트, 부르주아지 등의 말로 과연 이 시기를 다 설명할 수 있을까? 80년대는 한국전쟁 이후 친미 반동세력에 의해 이 땅에서 금기되었던 사회주의가 복원된 시기였다. 적어도 내가 경험한 그리고 이 글에 등장하는 이들이 겪은 시기는 오랫동안 잊힌 것들을 다시 창조해내는 산고의 시기였다. 그러나 그 과정에는 엄청난 희생과 좌절 그리고 글로 표현하기 어려운 다양한 삶의 궤적이 둥우리를 치고 있다. 1995년 처음 이 글을 쓸 때나, 지금 다시 손을 보면서도 여전히 나는 "과연 이 사람들의 삶을 이렇게 모양새 좋은 종이 위에 오려놓는 짓거리가 잘하는 것인지"에 대해 혼란스러워 하고 있다. 사실 나는 아직도 역사를 다루는 데 있어서 내가 사용하던 거친 단어와 칼로 자른 듯한 개념들이 당대의 역동성과 생생함 그리고 사람들의 삶의 결을 결코 제대로 옮길 수 없다고 생각한다. 이러한 고민들은 몇 해가 지난 지금에도 내 주위를 맴돌고 있다.

처음 내가 이 작업을 시작할 때, 글의 마지막 쪽에 마침표를 찍으면 그동안 내가 하던 고민 중 무엇인가 정리될 수 있을 것이라고 생각했다. 그러나 그것은 엄청난 오산이었다. 정리는커녕 혼란만 가중되었다. 내가 이 글을 쓰기 위해 집중적으로 인터뷰와 녹취를 하던 1995년 더운 여름날이나 녹음한 것을 다시 듣고 항목별로 정리하고, 빠진 부분을 보충하기 위해 다시 약속을 잡던 시간들은 나의 시간을 역류시키는 과정이었다. 그리고 모든 작업이 공식적으로 끝난 뒤 나는 이 글을 거의 보지 않았다. 돌이켜 생각해 보건대 다시 돌아온 기억들에 대한 두려움 때문이었을 것이다. 그리고 나는 망각의 강으로 휩쓸렸다. 아마 현재 내가 그때를 다루지 못하고, 전공을 이제 먼 과거로 이해되는 식민지 시대와 해방 정국으로 잡은 것도 어쩌면 이러한 두려움에서 달아나 한껏 망각을 즐기려는 영악한 속셈 때문이었는지도 모르겠다.

그러다가 지난 해에 이후출판사의 출간 요청을 받고 적지 않게 곤혹스러웠다. 나는 솔직히 이 글을 다시 펼쳐 고치고 싶지 않았다. 그때의 생각과 지금의 내 생각이 다소 변했을 뿐만 아니라, 다시 기억의 역류에 휘말리고 싶지 않았기 때문이다. 그러던 중 얼마 전에 가슴 아픈 경험을 했다. 동기 하나가 홀연히 세상을 떠난 것이다. 나를 포함한 그 누구도 그 애가 그럴 줄은 몰랐고, 정말 예상조차 하지 못한 일이었다. 상가에 걸린 학생 시절의 사진을 물끄러미 쳐다보며 나는 기가 막혔다. "이제 딱 10년 지났는데 이렇게 무심할 수가, 그때 외치던 구호나 동지라고 부르던 말은 어디에 갔을까"라는 생각이 들었다. 그래서 아직도 그 죽음의 현실감이 내게 다가오지 않는다. 다만 하나의 무게로 나를 짓누르고 있다. 이게 과연 우리가 바라던 삶의 역사인가라는 생각도 들었다. 풀리지 않는 수수께끼를 품에 안고 다시 모니터 위에 무심히 떠 있는 글을 바라보기 시작했다. 그리고 다시 잊으려 했던 그 사람들을 내 머리 속에 되살리려 했다. 솔직히 자신 없는 얘기지만, 얼마나 오래 내가 기억을 잊지 않고 현실의 바다로 뛰어들려고 할지는 미지수다. 이미 나는 영악해졌고 피할 것을 피할 줄 아는 나이가 되어버렸기 때문이다. 하지만 비록 그 광기의 시간으로 다시 돌아갈 수는 없다 하더라도, 망각의 속도를 조금 늦추어야겠다는 강박이 나를 붙들었다. 그래서 이 글을 다시 고치게 된 것이다. 지금 당장 내 글쓰기의 매너리즘에 제동을 건 것 같기도 하다. 그리고 무관심과 망각의 강을 조금씩 넘어서려고 한다.

이제 이 글에 관한 얘기를 짧게나마 해보자. 나는 이 글을 통해 먼저, 80년대 학생운동의 지향은 상상된 민중의 상으로서 '민중 공동체'였음을 밝히고자 했다. 이것은 하나의 조직적인 실체라기보다 유대의 관계에 입각한 것이었고, 향후 자신들이 만들고자 하는 혁명의 상, 미래의 상이었다. 적어도 이 시기 학생운동에 있어서 민중 혹은 사회주의는 논리로 설명될 수 있는 것이 아니라 하나의 살아가는 문화였다.

둘째, 이런 공동체 내 요소를 활용해서 운동 엘리트들은 학생회 조직과 자신들의 정치투쟁을 정당화하고 조직을 유지하기 위해 대중과 대중들의 일상을 민중과 노동계급의 것으로 통일시키려 했다. 그러나 시간이 지나면서 이러한 경향은 대중을 규율화시킨 채 대중의 일상에 근거하지 못하는 제도화된 실천과 전략을 낳았다. 바로 대중정치의 실패와 좌절이라는 결과를 낳은 것이다.

끝으로, 이상의 공동체에서 대중의 정서를 모아내는 구실을 한 것은 대학 내 운동 문화로서 하위문화였다. 하위문화는 대학 내 다양하게 존재하는 모든 하위문화가 아닌, 운동 문화라 불릴 수 있는 지배적인 하위문화를 말한다. 80년대 대학생의 하위문화는 자신의 모(母)문화로서 계급 문화를 지니지는 못한 채, 아직 정치사회와 시민사회에서 사회 세력으로 가시화되지 않은 담론적 수준과 미래의 사회적 행위자의 수준에서 '민중'을 지향했으며, 이것은 공동체의 구성과 유지에 있어서 필수 요인이었다. 하지만 하위문화 지향은 구체적인 노동현장, 작업장의 현실로서 노동계급이 대학생들에게 다가온 것이 아니라, 지식과 의례 그리고 운동 엘리트가 발명한 과거의 전통을 통해서 형성되었다. 결국 공동체를 유지, 재생산해준 민중이란 상상된 실체는 처음부터 대학생에게 과학적으로 규정된 것이 아니라 공동체 내의 실천 속에서 재구성되고 재발명된 것이다.

처음 이 글을 구상할 때는 무엇보다도 각 개인들의 삶의 결, 다시 말해서 대학에 들어오기 전에 어떤 가정환경에서 자랐으며, 어떻게 살아왔고, 왜 운동에 참여했나 혹은 참여하지 않거나 동조자로 남았는가, 또한 운동을 했다면 어떠한 그룹에서 어떤 역할을 했으며, 87년 6월이나 91년 5월 투쟁에서 한 일들을 캐내고 싶었다. 바로 그 사람들을 80년대라는 광기의 시대에 서 있게 한 요인이 무엇인가를 알고 싶었던 것이다. 그 과정에서 경제적 요인이나 가정환경은 얼마나 중요한 것이었을까, 운동 그룹에 속하게 된 것은 개인의 신념 때문이었을까 혹은 옷차림이나 좋아하는 음식, 읽었던 책 그리고 동지들 간의 친분이나 주로 쓰는 말 등 모든 것을 알아내고 싶었다. 적어도 나는 아직까지, 구체적이고 생생한 역사는 밑에서 넘실거리는 사람들의 역사이어야 하며, 그 사람들이 각각 시대와 사회라는 거대한 폭풍 속에서 모순과 고통을 느끼며 살아가는 삶의 과정을 기록한 것이어야 한다고 굳게 믿는다. 그리고 이 글에서 아주 부족하나마 이 원칙을 지키려 노력했고, 앞으로도 그럴 것이다.

하지만 이 글에 대한 반론이나 불만도 많을 것이다. 과연 몇 안 되는 사람으로 80년대 학생운동을 일반화할 수 있느냐, 거기에 서강대학교라는 좁디좁은 공간의 사람들이 무슨 의미가 있느냐, 아니면 과연 이것이 무슨 학문적인 의미가 있느냐, 차라리 순진한 소년 소녀가 운동권이 되는 소설을 쓰지 그러느냐는 난폭한 질문들이 그것이다. 나는 여러 번 이런 질문을 받았지만 직접적인 답변을 회피했다. 이 글의 서문을 빌어 그 이유를 밝히자면, "답변의 가치를 느끼지 못하기 때문이다." 그 시대의 역사를 있는 그대로 복원한다는 것은 역사와 사회를 연구하는 자들의 꿈이지만, 그것은 가당찮은 자만에 불과하다. 이른바 일반화라는 이름으로 모든 세계와 역사를 한 소쿠리에 담아내려는 연구들이 얼마나 폭력적으로 역사를 왜곡하고, 더욱 중요하게는 구체적이어야 하고 생생해야 할 사람들의 경험과 삶을 짓이겨 왔는지는 거대 이론이나 구조기능주의적 흐름을 조금만 아는 사람이면 인정하리라고 생각한다. 나는 다만 하나의 작은 사례를 통해 역사 속의 사람들을 다시 보고, 극히 편향된 혹은 신비화된 80년대에 대한 시각을 바로잡고 싶었을 뿐이다. '밑으로부터의 역사'라는 것은 아주 사소하고 작은, 그렇지만 사람들에게는 중요한 경험을 통해 하나씩 모여 간다고 생각한다. 마치 오래된 신문의 가십란에 실린 작은 기사가 당시 사람들에게는 생존의 문제이자 신념의 문제일 수도 있는 것처럼 말이다. 이러한 복잡하고 중층적인 역사와 그 안에 사는 사람들의 삶의 실타래를 이해하려는 의지가 없는 무책임한 질문들에는 그다지 답변할 가치가 없다. 나는 이런 질문들에 대해 '직접 역사 속의 사람들을 만나라'고 권하고 싶을 따름이다.

이 글을 쓰기까지 많은 이들의 격려와 지도가 도움이 되었다. 그러나 이미 이 글의 원본을 쓴 뒤 진심 어린 감사의 글을 띄운 바 있어서 긴 말은 생략하고자 한다. 다만 나를 다시 기억의 역류로 끌어들인 17명의 아름다운 사람들에게는 다시 고맙다는 말을 전한다. 아마 그 사람들 중 몇몇은 이 책의 공개적인 출판을 여러 가지 이유로 반대했을지도 모른다. 하지만 글은 많은 사람이 공유해야 하며, 더군다나 80년대라는 시대의 삶의 결을 이해하지 못하는 사람들 혹은 세대들과 이것을 공유하는 것은 언젠가는 필요한 일이라고 생각하기에 무례하게도 이 글을 펴내고자 한다. 그리고 이 글의 원본인 내 석사학위 논문이 나오고 나서 얼마 뒤 돌아가신 아버지께도 이 글을 바치고자 한다. 나 역시 아버지와 같이 학자의 길을 걸으면서, 무척 힘들 때가 많다. 특히 한국의 지식 사회가 가지는 매너리즘, 학문보다는 학자라는 지위를 통해 정치적 목적을 이루려는 곡학아세의 풍토 속에서 학업에 열중하기보다는 세상사에 치어 참 견디기 어려울 때가 많다. 그럴 때마다 존경받던 스승이던 아버지를 생각하며 정진할 것을 다짐하곤 한다. 아마 이 책의 출간을 누구보다도 기뻐하시리라 믿는다. 또한 항상 공부한답시고 집을 비우는 날이 많은 아들이자 손자를 묵묵히 지켜봐 주신 어머니와 할아버지, 할머니께도 죄송하다는 말과 함께 이 책을 자그만 선물로 드리고자 한다.

그리고 이 글은 원본의 내용을 수정하기보다는 많은 사람들이 쉽게 읽을 수 있도록 문체와 용어를 다듬고 몇 부분을 덧붙여 만들어졌다. 따라서 인류학의 민속지나 쉬운 수기처럼 쉽게 읽을 수 있으리라고 믿는다. 부족한 글이지만 독자의 많은 비판과 질정을 바란다. 본래 좋은 글은 쉽게 읽힌다던데 아직도 나의 글을 지식 사회의 고질병인, 소수만이 즐기고자 하는 온갖 암호와 수학 공식처럼 느끼는 사람들이 있을 것 같아 무척이나 두렵다.

끝으로 얼마 전 유명을 달리한 우리들의 벗인 명숙이에게도 이 글을 바친다. 오늘따라 명숙이가 가늘지만 찢어질 듯한 목소리로 외치던 〈전노협 진군가〉의 아지가 귓가에 어른거린다.

"전쟁이다 혁명이다 투쟁이다 해방이다 민중해방의 강철대오 전노협!"

1999년 2월 15일

김원

차례

그때, 그 사람들

막집에서 마시던 막걸리와 소주
그리고 파전이나 꼬막을 떠올리면,
그때는 매일 어떻게 그것을
먹고 살았는지 생각을 하게 된다.
기억에 남는 것은,
그 몇 푼 안 되는 술과 안줏값조차 없어서
학생증을, 시계를 혹은 가방을 맡기고 술을
마신 일이 숱하게 많았다는 것이다.
술자리 옆에 즐비하게 늘어놓은
진로 소주병 숫자를 뿌듯하게 여기며
이미 몇 차례 울고 난 듯한, 발그스름해진
눈빛과 얼굴 속에서 서로 존재를 공유했던
때가 바로 그 시절이었다.

아마 이 글을 읽는 사람들 중에는 80년대 대학을 경험하지 못했거나, 혹은 당시 학생운동이나 대학생의 삶과 고민에 대해 전혀 알지 못하는 사람도 있을 것이다. 이런 경우 이 글에 등장하는 대화나 문화 그리고 갈등을 이해하지 못하거나, 또는 좀 이상한 사람들이 벌인 일인 양 의아해할지도 모르겠다. 이 프롤로그는 그런 사람들을 위해 꾸며진 맛보기 형식의 글이다. 당대의 삶을 이해하는 가장 좋은 방법은 그 시대 안으로 들어가서 그 안에 있는 사람들을 이해하려 하는 것이라고 나는 배워왔고, 지금도 그렇게 믿고 있다. 책을 읽는 것도 마찬가지라고 생각한다. 한 권의 책을 그냥 무미건조하게 휴지 조각처럼 넘겨버리고, "아, 그런 때도 있었지"라고 가볍게 치부하는 것은 당대의 역사와 그 안에 명멸했던 사람들의 삶을 전혀 이해할 생각이 없는 태도다. 특히 이 글에서 등장하는 많은 사람들은, 비록 정도의 차이는 있지만 자신의 주위에 있는 사회적인 모순과 고통을 온 몸에 품으려고 발버둥쳤던 이들이다. 물론 인터뷰한 지 16여 년이 지난 지금도 그때 자신의 행동이나 발언에 전적으로 동의할지는 알 수 없다. 어떤 이는 내가 자신들의 이야기를 책으로 낸다는 말을 꺼내자 극구 만류하거나 자신의 인터뷰는 넣지 말아 달라고 당부하기도 했다. 그만큼 나에게도 그리고 그 사람들에게도 80년대라는 세월의 무게는 육중하게 각자를 짓누르는 무엇이었다.

이런 세월과 역사의 무게 앞에서, 나는 이 책을 읽는 혹은 읽고자 하는 이들을 위해 작은 수필을 쓰기로 했다. 프롤로그에 들어간 인터뷰들은 원래 논문에 부록으로 실은 '본문에 인용되지 않은 면접 내용'이다. 플로피디스켓 7개 분량에 가득 찼던 인터뷰 녹취를 그냥 썩히는 것이 아깝기도 하고, 또 본문에 실리지 않은 내용을 통해 80년대 대학생들의 삶을 좀더 풍부하게 이해할 수 있을지도 모른다는 생각에서 다소 긴 분량을 살려내서, '책 속의 작은 책'을 만들었다. 프롤로그를 읽으며 80년대의 삶, 고통 그리고 기억의 흔적을 조금이라도 더 이해할 수 있다면 나로서는 작은 기쁨이 될 것이다. 인용된 인터뷰의 경우, 다소 거칠고 문맥이 혼란스럽더라도 구술자들의 표현을 있는 그대로 살리자는 의도에서 조금만 다듬어 실었으므로, 문장이 거칠더라도 양해를 구한다. 그럼 이제, 그때의 그 사람들을 만나보자.

나의 삶, 나의 꿈이었던 민중

'민중.' 이 단어는 책을 통해 내게 처음 다가왔다. 《민중과 지식인》이나 《해방전후사의 인식》 같은 책을 경이에 가득 찬 눈으로 도서관 한 귀퉁이에서 정신없이 찾던 때, 난 19살이었다. 사실 나 자신이 살아온 환경이나 대학에서 나와 함께 생활하던 친구들 중에 이른바 '출신 성분'이 우수한(?) 노동자계급 출신 자녀는 가물에 콩 나듯 했다. 그러나 책 속에는 가난하고 고통받으며 무시당하다가 정권과 지배 세력의 손에 잔인하게 학살당한 민중의 모습이 생생하게 그려져 있었다. 선배들은 천천히, 민중이 역사의 주인이어야 한다는 말을 아주 조심스럽게 우리들 그리고 내게 가르쳐주었다. 나는 광주민중항쟁 비디오에서 얼굴이 짓이겨진 채 죽어 실려 가는 민중들, 87년 노동자 대투쟁 때 거대한 노도처럼 울산 거리를 저벅저벅 걸어가는 민중의 행진을 통해, 왜 저 사람들이 역사의 주인이어야 하는지 곰곰이 생각해보기 시작했다. 하지만 그리 긴 생각이 필요한 것은 아니었다. 우리는 마르크스의 이론 속에서 왜 프롤레타리아트가 국가 권력을 타도하고 공산주의를 건설해야 하는지 설명하는 과학적인 논리를 이해하기 전에 민중을 이해했다고 생각하기 시작했다. 그것은 당시에는 너무나도 자연스러운 과정이었다. 민중을 상상하고 민중을 위해서 무엇인가 하려고 하고, 민중에 대해 말한다는 사실 자체가 우리의 일상이 되었다. 바로 일상의 문화가 된 것이다.

공장활동이 민중연대로서 구체화된 건 86년 대우어패럴 투쟁 정도부터인 거 같아. 그 이전에는 우리의 훈련, 단련이라는 측면이 더 강했고……, 현장 진출도 85년 이후에야 급격화되고…….(임상진)

80년대 말 이후에는 더 이상 반독재 투쟁이 아닌 구조 변혁을 위한 조직적이고 대안적인 이데올로기를 받아들일 수밖에 없었고, 그래서 항상 '역사의 정방향에 서야 한다'는 것을 강조했잖아.(정민수)

대학에 들어오니까 그런 양면성이 동시에 작용한 것 같아. 어렸을 때 받아왔던, 이데올로기적이고 억압적인 교육을 통해서 들어온 민중에 대한 부정적인 이미지가 존재했는데, 대학에 들어오면 우리 과 같은 경우에는 일상적으로 그런 걸(민중에 대한 지식 — 인용자) 접할 수 있으니까, 초반에 반감이 있었지만 그런 게 워낙 자연스럽게 다가오고 생활화되는 측면이 많으니까, 그런 게(민중에 대한 부정적 이미지가 — 인용자) 부지불식간에 없어진 거 같아. '뭔가 나도 할 수 있다'라는 생각을 가지면서 적극적으로 운동을 하게 된 계기가 되었고, 민중이라는 개념 같은 게 언제부터 형성된 게 아니라 생활 자체에서 자연스럽게 형성되었던 거 같고. 근데 지금 같은 경우에는 민중이라는 개념이 일상화되었는데도 불구하고, 사람들이 다 민중, 민중 하지만 이제 이것만으로 우리가 지향하는 것으로는 약한 게 아닌가 하는 생각이 들고, 좀더 구체적인 노동이라든가 노동계급이라는 게 필요한 거 같아.(차두식)

노동자에 대해 끊임없는 '신뢰'를 보였고 그들을 뭔가 신성하고 고귀한 존재로 여겼었지. 거의 모든 걸 노동자들의 이미지와 연결시켰고 '헌신성'을 떠올리고 ……. 우리 과는 보통 노동소설을 통해 소설 속에 구현된 노동자의 이미지를 자기 내부에서 형상화시켰고, 그때 떠올린 노동자의 이미지는 헌신성, 몸으로 모순을 느끼는 사람들 같은 것이지.(유재형)

처음 1학년 때는 '투사'가 돼야지 생각을 했어. 난 그때 이것이 가장 바람직한 운동가의 모습이라고 봤어. 80년대 소설에서 나오는 이미지 있잖아. 예를 들면 투쟁의 현장에서 꿋꿋하고 또 일상에서 치열하고 모든 걸 운동을 위해 버릴 수도 있다는 사고나 이미지가 강했지. 그런데 2학년 중반쯤 되면서 '현실적인 대중 활동가의 모습'을 강조했어. 그때 학생회에 대해 강조가 되던 시기고, 막상 내가 일을 만들어내야 하니까. ……실제 당시에는 학생회에 목을 매던 시기기도 하니까, 대중을 얘기하면서 과거에 했던 선도 투쟁에 대해서 비판적인 견해가 제기되던 시기였지.(정민수)

기억에 남는 건, 군대 가기 이틀 전인가 서노협서울지역노동조합협의회 간부대회를 학교에서 했어. 그때 사수대가 있었는데, 강의실에서 회의하고 있으면 그 뒤에서 쇠파이프 들고 서 있는 거야. 그때는 전경들이 치고 들어오네 마네 했거든. 군대는 모레 가는데 '난 잡혀가면 끝장이다'라고 생각했지. 나는 노동자도 아니고 그런 걸 경험한 적도 없지만 단순히 열혈 청년으로서 적(전경을 지칭 — 인용자)들이 들어오기 때문에 학교를 지켜야 한다는 건 너무 의미가 약하지 않나. ……근데 그런 건 아직까지도 많이 남아 있는 것 같아. 여타의 많은 집회를 가더라도 노동자들 집회를 가면 부럽다는 느낌을 많이 받았어. 열심히들 하잖아. 우리는(학생들은 — 인용자) 그냥 널널하니까. 했다가 많이 안 모이면 안 하고……. 그때는 전노협도 만들어지고 분위기가 그랬으니까, '투쟁의 현장'하면서 〈서강 TV〉에서 보여주고 하잖아. 그러면 정말 노동자들이 멋있게 하는 거야.(최성원)

아무래도 나한테 가장 중요한 사건은 89년 메이데이 100주년이었어. 그때 개인적으로 연세대에서 열린 그 집회가 큰 영향을 주었고, 일종의 가능성을 내게 던져 주었지. 즉 피상적으로 내가 고민하던 사회 문제, 노동자 같은 이미지들이 좀더 구체적인 현실로 왔다고나 할까……. 뭔가 세상을 바꾸기 위한 동력에 대한 답을 얻은 거 같기도 했고, 또 그걸 어떻게 할 것인가에 대한 답도 좀 얻은 거 같아. 물론 더 크게는 노동계급의 뛰어남에 대해 느꼈지. 학생과 뭔가 다른 정신을 가지고 있고, 치열하고, 그 자리에서 그런 걸 확인할 수 있었어.(이성수)

우리들에게 민중, 좀더 구체적으로 노동자는 '이상적인 인간상'이었다. 되돌이켜보면 과거에 우리가 상상하던 민중이 현실에 존재하는 민중이었느냐 하는 것에 대해서는 회의적이다. 치솟는 화염과 최루탄, 지랄탄 앞에서도 노조 깃발을 움켜쥐고 서 있는 노동자, 주변에서 고통받는 동지에 대해 자신의 모든 것을 던지는 노동자, 민중. 불의와 착취와 결코 타협하지 않고 죽음을 무릅쓰고 투쟁하는 노동자……. 이런 이미지들이 그때 우리가 상상하던 노동자, 민중의 모습이었다. 지금 생각해보면 과연 그런 무모순적인 인간형은, 혁명가라도 될 수 없는 하나의 '환상'이었을지도 모른다. 실제로 나는 1995년 대우조선소 노동자들과 일주일 정도 함께 생활한 경험이 있다. 개인적으로는 무척 소중한 기억인 동시에 처음으로 일상 속에서 노동자들이 입고, 자고, 먹고, 말하고, 생각하고, 고민하는 것을 봤지만, 내가 상상하던 민중과 달랐다. 차라리 중산층에 가까웠다고 할까? 나하고 똑같이 먹고 자고, 생맥주를 마시고 떠들고, 많은 조합원들이 자가용으로 출근하는. 물론 잔업과 해고의 위협 그리고 위험하고도 잔인한 산업재해의 공포가 삶의 언저리에 깔려 있었지만, 그 모습 어디에서도 그때 우리가 떠올리던 혁명가나 투사의 이미지를 찾는 것은 쉽지 않았다. 또 하나의 신화가 깨지는 순간이었다.

또 기억에 남는 것은 '현장'에 대한 동경이었다. 당시 현장이란 '노동 현장'을 의미했다. 1980년대 대학에서 자퇴하거나 혹은 더는 대학을 다닐 수 없게 된 많은 대학생들은 홀연히 노동자들이 있는 삶의 현장을 향해 떠났다. 그리고 그 안에서 노동자가 되고자 했다. 이른바 '학출 노동자', 대학생 출신 노동자라는 말은 한때 널리 회자될 정도였다. 현장 그리고 학출이 내게 준 의미는, 자신의 모든 것을 버린다는 것 그리고 진짜 노동자가 되어 정말 세상을 바꿀 수 있는 자리에 간다는 것이었다. 그건 다른 사람들도 마찬가지였던 것 같다. 특히 80년대 초반에서 중반 언저리에 대학에서 삶을 꾸려가던 이들에게 현장은 반드시 거쳐야만 하는 통과의례였다. 내가 다니던 과에도 한 선배가 현장에 갔다가 연탄가스 사고로 싸늘한 시체가 되어 돌아온 일이 있었다. 매년 열린 그 선배의 추모제는 우리들에게 현장에 대한 지향 혹은 그것이 지니는 의미를 깊이 새겨주는 자리였다. 지금 되돌아보면 아주 작은 행사였고, 선배와 후배가 1년에 한 번 만나는 자리에 지나지 않았다. 하지만 왠지 그 자리에는 범접하지 못할 엄숙함이 서려 있었다. 그것은 한 젊은이의 죽음에 대한 슬픔을 뛰어넘는 것이었다. 그 자리는 무엇인가를 서로 눈빛으로 확인하고 다짐하는, 알 듯 모를 듯한 분위기로 가득 차 있었다. 살아 있는 사람들은 살아 있는 사람대로, 현장에 투신한 사람은 그런 대로 또 그렇지 못한 사람들은 나름대로 죄의식을 느끼면서.

하지만 이런 흐름이 마냥 지속되지는 않았다. 현장으로 진출한 사람들이 한 사람의 노동자로 뿌리를 내리는 일은 말처럼 쉬운 일이 아니었다. 노동자에 대한 환상이 깨져서 돌아오는 사람들, 학출인 게 발각되어 감옥살이를 하는 사람들, 현장 생활을 견디지 못해서 다시 학교로 돌아오는 사람들……. 참 많은 사람들이 현장 때문에 고통받고, 삶의 굴곡을 겪었다.

조금 옆길로 새는 것 같지만, 90년대 초반 공전의 시청률을 기록한 드라마 〈모래시계〉에서도 대학생들이 겪은 갈등을 확인할 수 있었다. 수배가 돼 도피 중인 여주인공이 어느 낯선 어촌에 숨어 지내다가 한 젊은 여성을 만난다. 마을에서는 그 여성이 서울의 어느 공장에 다니다가 파업에 참여하고 노조를 만들려고 하다가 고문을 당해 미쳐버렸다는 뒷말이 떠돈다. 어느 날 여주인공은 실성한 듯 집에 앉아 있는 그 여성을 붙들고 절규한다. "우리가 당신들을 위해 이렇게 싸우고 있는데 당신이 이러면 어떻게 해. ……우리는 당신들을 바라보고 사는데"라고. 미쳐버린 노동자를 향한 절규는 아마도 현장을 지향했고 그 과정에서 좌절한 많은 학출 노동자들의 심정과 유사했을 것이다. 실제 당시 어떤 학출 노동자들은 자신이 다가가고 싶어하던 노동자들의 손에 이끌려 영어(囹圄)의 몸이 되기도 했다.

하지만 시간이 지나고 예전처럼 많은 대학생들이 노동 현장으로 갈 필요가 없는 상황이 되자 현장이 지니던 의미는 점차 퇴색했다. 현장에서 들어오는 요구가 과거처럼 높지 않은 탓에 현장의 운동적·사회적인 의미는 크게 약화되었다. 특히 재야 운동권 혹은 과거 노동운동의 지도자들이 정치판에 뛰어들고, 80년대 운동이 시민권을 획득한 뒤, 노동 현장은 그야말로 대학생들에게는 '먼 그대'가 돼버렸다. 그렇지만 80년대 후반까지도 현장은 여전히 자신들의 미래였다. 가시적으로 눈에 띄는 폭력은 줄어들었지만 더욱 강고해진 세상 앞에서 살아남으려고, 그 대학생들은 두려움을 떨쳐야만 했다.

83년 전에는 집회라는 것이 존재하질 않았지. 다 유리창 깨고 나오고 스크럼을 짜는 방식이었어. 그건 학내 저항 세력의 존재를 알리는 것이었고, 그 투쟁의 주동자는 어김없이 '희생'되었지. 그러나 84년 이후에는 소위 적들과 대치선, 전선을 형성하면서 조직적으로 싸웠고 주로 육탄전이나 돌 등을 가지고 싸웠지.(한경수)

워낙 우리는 배워 오기를, 의식은 주입되고 학습에 의해 획득 가능하다고 생각했기 때문에 한편으로는 노동자에 대한 막연한 경외감은 있는데……, 우리 세대까지만 해도 자연스러운 운동의 패턴이 현장으로 들어가는 게 순서였는데, 나는 그럴 용기가 안 생기더라구. 내가 그곳에 가지 못한 채 편안함을 찾으려고 하는, '죄책감' 같은 것도 느꼈어. 특히 우리 학번들은 많이들 울산, 인천, 안양 같은 현장으로 가서 더 그랬고, 어쨌든 현장이 우리의 최소한의 계급성을 담보할 영역이라고 생각했고……. 내 의식에 대한 판단의 근거였지. 그러나 이런 건 내가 곧바로 투신하지 않는 경우에는 나 자신을 반추하면서 자신의 의지에 대해 반성하게 되고,

나약한 현실 안주 내지 운동하는 체하는 것이 아닌지. 다른 한편으로 요새는 노동자들에 대한 이미지는 현장만으로 확인될 수 없고, 워낙 고학력을 지닌 노동자들이 다수이기 때문에 지금은 반드시 그렇다고만 생각되지는 않아……. 요즘은 좀더 많은 사람들이 노동자화 되는 동시에 자신이 노동자가 된다는 것에 대한 허위의식도 존재해서 그런 거 같기도 하고.(차두식)

사실 우리 때는 운동하면서 모든 것을 다 포기해야 하는 상황은 주어지지 않았음에도 불구하고 마음가짐은 모든 걸 버려야 한다는 생각으로 무장되었지. 아마 더 강고해진 세상 앞에서 사회적인 억압 같은 것보다는 자기 자신 속에서 운동의 동력, 정체성을 찾으려고 한 것 같아.(정민수)

80년대 대학에서 이념의 문제는 너무나 자연스럽게 해결되었다. 어떤 사람은 80년대 학생운동의 이념적 급진성은 소수 좌경 학생들이 순진한 소년 소녀들을 꼬드겼기 때문이라고 힐난할지도 모르겠다. 물론 이 시기 대학생들은 무수한 사회과학 서적을 읽고 토론했으며, 그 결과로 하나의 노선이 생기고, 이것은 다시 현실의 변화 속에서 교정되는 과정을 거쳤다. 하지만 이것만으로는 왜 그 많은 소년 소녀들이 붉은 머리띠를 두르고, 화염병을 들고, 지배계급과 기성세대가 추구하던 가치를 전면적으로 부정했는지를 충분히 설명하지 못한다. 무엇이 그 사람들의 삶과 사고 그리고 일상을 붉게 물들였는지는 그 사람들이 살아가는 모습의 깊은 내면을 탐구해야만 제대로 이해할 수 있다. 그리고 이 대학생들이 사회주의를 아주 자연스럽게 — 결코 쉽게는 아니다. 그 이유는 뒤에서 이해할 수 있으리라 — 자신의 것으로 받아들이게 된 사실은 이 사람들의 고민의 궤적을 추적해야만 이해할 수 있을 것이다. 그 첫 출발은 지식인이라는 자신의 존재다.

지울 수 없는 가슴의 상처, 먹물 자국

'먹물'은 매우 진한 빛깔과 향내를 풍긴다. 그리고 실수로 옷에 묻어도 잘 지워지지 않으며, 종이에 조금만 닿아도 쉽게 번진다. 사람의 먹물도 마찬가지였다. '먹물'은 지식인을 비하하는 속어다. 먹물이라는 말은 한국 사회에서 지식인이 갖고 있는 부정적인 이미지를 지칭한다. 고민만 하고 실천하지 않는 지식인, 상아탑의 이상에 묶여 세상사에 무심한 지식인, 지식을 신분 상승의 도구로 이용하려는 지식인 등은 모두 거부되어야 할 대상이었다. 하지만 그것은 결코 쉬운 일은 아니었다. 80년대 대학 신입생들이 많이 읽던 《껍데기를 벗고서》라는 책이 있다. 여기서 '껍데기'를 벗는다는 것은 지배적인 사회 규범과 이데올로기에서 탈피한다는 의미도 강했지만, 타협적인 지식인 양성소라는 대학이 지니고 있던 더 큰 껍데기를 벗어던져야 한다는 의미도 컸다. 그리고 우리들에게는, 삶과 투쟁의 치열함이라는 새로운 삶의 기준들이 다가왔다.

난 개인의 집안의 지위보다 더 중요한 건 개인의 '성향'이라고 생각해. 비슷한 집안 환경을 지닌 사람인데도 운동권과 비운동권으로 나뉘는 경우도 존재하고, 여기서 '성향'이라는 건 성격이랄까, 자신의 문제를 표출하거나 해결하는 가치관의 문제인 거 같고. 내 주변에도 내로라하는 부자는 거의 없었고, 물론 좀 잘 사는 친구들이 특정한 문제에 대해서 더 심각하게 받아들일 수는 있지. 그럴 개연성은 있어.(이성수)

운동하는 친구 중에 아주 부유한 친구들도 있었지만, 자기 자신에게 얼마나 치열한가가 중요했지. 또 그때 운동하는 사람들은 교조적일 정도로 시간 약속에 엄격했어. 중요한 건 어떻게 사느냐보다는 실천 활동을 하는 과정에서 얼마나 신념이

투철해지느냐 하는 거지.(임상진)

먹물의 또 다른 의미는 복잡함, 나약함, 관념성이었다. 어쩌면 이러한 단어들은 어느 시대든지 젊은이라면 한 번쯤 앓을 수 있는 홍역 같은 것일지도 모른다. 특히 80년대라는 억압과 광기로 가득 찬, 인간의 자유로운 사고와 행동을 원초적으로 억압하는 사회적 분위기는 한 인간을 고립무원의 상황으로 몰고 가는, 그래서 자기 파괴적인 혹은 퇴폐적인 인간형을 만들 수도 있었다. 나는 식민지 시기 지식인의 초상 속에서 이러한 것을 느낄 수 있었다. 처음에 식민지 시기 지식인이 평균 수명이 30대 중반이라는 말에 무척 놀랐다. 왜 그랬을까 하는 의문이 생기면서 들었던 생각은 그들의 심리 상태였다. 식민지 시기 지식인은 분명 80년대의 지식인과는 다른 얼굴을 하고 있었을 것이다. 대학생이 흔치 않았던 시절에 고등교육을 받았으며 1920년대와 30년대 지배적인 사회 사조이던 '사회혁명'을 받아들였지만, 저항은 고문과 도피 그리고 끝없는 해외 망명의 연속이었다. 그렇다고 일제에 타협하는 것은 자신의 신념과 양심에 도저히 걸맞지 않았다. 그래서 많은 지식인들은 현실에서 도피하려고 했고, 술과 기생을 옆에 끼고 각혈의 피바다 속에 침잠했을지도 모른다. 물론 그 안에는 다른 사람들, 바로 80년대 대학생들처럼 민중과 혁명을 위해 헌신한 사람들도 있었을 것이다. 무능력, 자기 파탄, 회피, 관념성 같은 단어는 그 뒤에도 지식인의 에테르처럼 따라다녔다.

다시 이야기를 먹물로 돌려보자. 80년대 대학생들은 이러한 역사적 배경 속에서 자신의 존재 조건을 부정하려고 했다. 여기에서 한 가지 덧붙일 수 있는 점은 70년대 지식인들에 대한 80년대 대학생들의 자기반성이었다. 유신 체제라는 숨 막히는 공간 속에서 지식인들 중 다수는 침묵과 방관으로 일관했다. 입버릇처럼 되뇌는 "지식인이 나설 때가 아니다"라는 자기변명 속에서, 과연 다음 세대가 자신들을 부정의 대상으로 삼을 것이라고 상상이나 할 수 있었을까?

나약함, 관념성 등으로 표상되던 지식인의 상을 부정하려는 의식은 이 시기부터 그 싹이 보였던 것이다.

변혁을 지향하면서 단순화된 과정을 통해 의심의 여지가 없는, 그렇기 때문에 우리가 지향하는 인간상들도 노동자들의 '단순성'들, 단순하게 '이러면 이렇고 저러면 저렇다는 식'의⋯⋯지식인들은 복잡하잖아. 머리 굴리고 행동력이 떨어지는⋯⋯그런 걸 배격하고.(정민수)

이른바 사회주의라는 대안을 수용하면서, 그 순간부터 나는 기존의 모든 사고를 거부하기 시작한 거지. 마치 모든 일상 속에 '이질감'을 삽입시킨 듯한 느낌이었어. 물론 다른 한편으로는 새로운 이데올로기를 가지고 세상을 변화시킬 수 있다는 '희망'도 가지게 됐지.(서용만)

일단 대학에 왜 들어왔는지 모호해지기 시작하면서 고민이 시작되고 사회적인 인간이자 지식인으로서 책임의식 같은 걸 느끼기 시작했지. 이런 고민이 풀려가는 방식은, 가장 선명하게 사회모순을 잘 드러내는 이데올로기를 수용하게 되지. 단적인 예가 노동과 자본의 갈등 같은 거⋯⋯ 그런 건 선(경계선 — 인용자)을 아주 분명하게 그어주잖아.(서용만)

노동자, 민중을 지향하는 데 지식인은 그것과 항상 대립되는 개념이었어. 쁘띠적(프티부르주아적 — 인용자)이고 관념적이고 소위 '지식인적이다'라는 비판은 적어도 나에게는 가장 뼈아픈 비판이었지. 그게 우리의 한계를 가장 극명하게 드러내는 것이었고, 그걸 벗어나려고 발버둥쳤고⋯⋯ 근데 처음 내가 지식인일수 밖에 없다는 걸 깨닫는 순간, 그건 너무 절망적이었지만 인정을 해야 한다는 생각이 들었지. 우리는 문자, 언어에 의존도가 높고 뭔가 논리화시키고 정리해야 사는 것 같고

속이 풀리고…….(정민수)

우리는 지식인을 배격한다. 우리는 노동자를 지향한다는 걸 자기 자신에게 다짐하고 확인하면서, 한편으로는 내가 놓여 있는 존재 틀을 바꿔보겠다는, 내가 변화해야 내 옆에 사람이 변하고 세상이 변한다는 믿음들, 변화에 대한 신심 같은 것들에 의존하면서, 그것을 통해 노력을 하면서 뭔가 바꿔어가고 있는지도 모른다, 적어도 나의 형식은 많이 바뀌었으니까, 내 행동이나 사고는 바뀌었으니까. 근데 어느 순간 내가 바뀌었다고 생각한 부분들이 단순히 겉모습만이 많이 비중을 차지하고 있고 정말 내가 바꾸고자 했던 본 모습들, 정말로 바뀐 것이 없구나. 오히려 나의 과거의 모습에 철저히 가까워지고 있는 것은 아닌가……. 그런 식의 것을 확인하는 순간 참 절망적이고 변화하는 게 쉬운 일이 아니구나, 내가 극복할 수 없는 한계의 틀이 주어져 있는 게 아닌가 하는 생각도 들고.(정민수)

그 대신 80년대 젊은이들의 뇌리를 지배한 것은 투철함, 전투성, 자기 부정, 소수자의 삶 등이었다. 그 젊은이들에게 가장 뼈아픈 비난은 "쁘띠적"이라는 말이었다. '쁘띠부르주아지'의 약어인 이 말은 최악의 비난이자 욕이었다. "소비지(소부르주아 — 인용자) 인텔리겐치아"나 "아카데믹하다"는 말조차 체제 유지적인 지식인, 결국 자기 한계를 벗어나지 못하는 속물을 향한 비웃음으로 여겨졌고, 이런 말은 아주 쉽게 지나칠 수 있는 말이었지만 한 개인에게 씻기 어려운 상흔傷痕으로 남았다. 그리고 그 상처는 또 다른 자기 부정을 향한 집착으로 변하기도 했다. 어쩌면 지식인의 대립 항으로 우리가 지향했던 단순성, 전투성, 상스러움, 집단성은 지극히 당연한 역편향일 수도 있다. 그러나 자신의 존재는 그대로 둔 채 우리가 지향하던 민중적 형식, 스타일, 일상의 행동 등이 얼마나 지속될 수 있었을까? 존재의 무게는 그대로 놓아둔 채 삶의 형식만을 바꾸려고 한다고 한 사람의 본질이 변화할 수 있었을까? 돌이켜보건대 나는 이런 운동방식에 대해 회의적이다. 어떠한 방식으로든지 지식으로 자신의 삶을 꾸려갈 이들에게 삶의 껍데기만을 버린다고 전체 삶이 변화할 수는 없었다. 잘못 벗은 껍데기 때문에 그 뒤 더 큰 고통을 치르기도 했다. 스스로 변화하지 않는 것에 대한 분노, 진정으로 껍데기를 벗지 못하고 그 형식만 바꾼 자신의 엇나간 모습에 대한……

난 정보석 같은 이미지를 되게 좋아했는데 그 사람의 이미지가 되게 나약한 지식인의 이미지잖아. 나는 그래서 대학 들어와서는 좋아해서는 안 된다, 설사 은연중에 끌리더라도 그런 얘기를 해서는 안 된다. 내가 그 사람 자신을 용납할 수가 없었어. (정민수)

미안해……, 난 내가 너무 잘 사는 것 같아

그렇다면 지식인으로서 자기 부정의 과정은 어떻게 진행됐을까? 한 개인이 하나의 사상이나 신념을 가지는 과정 역시 단순하지만은 않았다. 입는 것, 먹는 것, 마시는 것, 좋아하는 것, 즐겨 읽는 책에서 우리는 우리의 정체성을 확인할 수 있었다. 사실 지금 시각에서 보면 당시 우리들의 행동이나 사고방식은 이상하게 보였을 수도 있다. 그러나 그때 그것은 희한함이나 이상스러움이 아닌 자존심이었다. 서문에서도 잠시 언급한 것처럼, 하나의 문화로서 사회주의 혹은 민중 공동체를 이해하려면 이런 자질구레한 일상의 삶부터 알아야 할 것이다.
　　가장 기억에 남는 것은 '빈티' 내는 것이었다. 이런 스타일은 하고 다니는 행색이나 먹는 것 등에서 일부러 '없는 집' 출신인 것처럼 보이려는 것이었다. 그때 내 주변에는 학업을 할 수 없을 정도로, 속된 말로 찢어지게 가난한 친구들은 많지 않았다. 대부분 평범한 중산층 가정에서 컸거나 시골에서 자랐어도 대학을 보낼 만큼 여유가 있었다. 굳이 자랑할 것도, 부끄러워할 것도 없는 그런 친구들이었다. 하지만 우리에게는 항상 부끄러움이, 창피함이 넘쳐흘렀다. 그때 우리가 즐겨 찾던 술집은 '막집'이나 '일번지' 혹은 '물레야', '육교집' 같은 허름하고 퀴퀴한 막걸리 냄새가 진동하는 곳이었다. 하지만 어느 누구도 그곳에서 마시고 먹는 술과 안주를 불평한 적이 없었다. 물론 처음에는 조금 놀라지 않을 수 없었다. "원, 세상에 이런 곳도 있구나." 하지만 시간이 조금씩 지나고 대학이라는 곳이 화려할 수만은 없는 장소라는 것을 어렴풋이 느끼게 된 뒤, 우리는 낯선, 빈티 나는 이곳에 물들어갔다.

대학 1학년 때 충격적이었던 건 여학생들이 선배를 '형'('學兄'의 준말 — 인용자)이라 부르고 또 담배 피는 거, 그런 정도 아닐까.(한경수)

뭐, 화려하고 멋진 옷이나 치장은 거부하고 종교도 거의 믿는 사람은 없고, 괜히 한번 길거리를 지나가도 길에서 튀김 파는 아줌마한테 미안함을 느끼고, 그런 거 아닐까?(최성원)

그러나 시간이 지나면서 내가 거부하고 부정하고자 한 게 내 내면 깊숙이 있는 게 아니라 매우 형식적인 껍데기인 걸 발견한 순간 너무 비참했어, 지금도…… 또 하나는 내 덜 불우한 존재 조건 때문에 많이 고민했지. 다른 사람에 비해 내가 너무 좋은 조건이고 그래서 누가 내 존재 조건을 알까 봐, 들킬까 봐 겁내고 그랬어. 또 그런 문제에 대해 간접적이나마 내가 비판을 받으면 뼛속 깊은 상처로 남고, 그래서 내 가정에 대해 부정을 하려고 노력한 거 같아.(정민수)

특별히 생활이 규제하고 있었던 것들, 예를 들면 옷 같은 것들. 우리 학번 어떤 애는 좋은 옷을 입고 있는 것을 창피하게 여기고 가리고 다니던가, 술을 이만큼 먹고 자기는 그런 옷을 입고 다니는 것이 마음이 아프다든가……. 그런 부류에 맥주도 속했던 것 같아. 맥줏집은 사람이 많으면 못 갔는데, 그건 맥줏집 자체가 부르주아적이기도 하지만 우리 과처럼 우르르 몰려다니기에는 적합한 공간이 아니었기 때문에 그랬지. 학생장이나 사람들이 뭔가 일을 하기 위해서는 트인 공간이 필요했고, 뭔가 밀착될 수 있는 공간들이 필요했지. 어깨 걸고 노래 부르고 같이 뭔가 터놓을 수 있는 공간들이 필요했어.(김영하)

우리 1학년 때는 생맥주 먹으러 가는 것도 선배들한테 혼났어. 어쩌다 선배들이 인심 쓰는 날, 맥주 한 잔 먹으러 가자면 놀라구……. 가도 '가든'(80년대 서강대학교 앞에 있던 몇 안 되는 맥주 집 중 한 곳 — 인용자) 같은 데 후배 한 명씩만 데려가고, 카페도 '레테'나 '명작'에서 500원짜리 다방 커피 마시고. 그때 점심은 주로 300원짜리 라면으로 때우고, 100원짜리 자판기 커피 마시고, 집에 갈 때 술 깨려고 500원짜리 커피 또 마신다구. 지금 생각하면 아무것도 아니지만 그런 게 대학생이라고 얘기할 때, 암암리에, 강요하지는 않았지만 분위기나 공간을 포함해서 하나의 생활 형태를 요구했지.(서용만)

좋은 옷, 화려한 치장, 멋진 패션 혹은 화장……. 그런 것은 우리에게 가까이 해서는 안 될 '금기의 대상'이었다. 누가 억지로 그런 것을 해서는 안 된다고 윽박지르거나 한 적은 별로 없었지만, 주위의 보일 듯 말 듯한 따가운 눈총, 일상을 차지했던 빈티 나는 의식주, 집 밖에서 경험한 삶은 은연중에 우리에게 다가가서는 안 될 금단의 열매를 가르쳐주었다. '막집'에서 마셨던 막걸리와 소주, 파전이나 꼬막을 떠올릴 때면 그때는 매일 어떻게 그런 것을 먹고 살았는지 생각해보곤 한다. 기억에 남는 것은, 그 몇 푼 안 되는 술과 안줏값조차 없어서 학생증이나 시계 혹은 가방을 맡기고 술을 마신 일이 숱하게 많았다는 사실이다. 술자리 옆에 즐비하게 늘어놓은 소주병 숫자를 뿌듯하게 여기며 이미 몇 차례 울고 난 듯한, 벌건 눈빛과 낯빛 속에서 서로 존재를 공유하던 때가 바로 그 시절이었다. 하지만 불행하게도 20년이 지난 오늘, 그때 그 술집과 술자리는 어느 하나 남아 있지 않다. 먼 기억 속의 애잔한 추억일 뿐이다.

고등학교 시절 우리를 포함한 대다수는 '논다' 혹은 '여가'라고 불리는 것을 이해할, 아니 즐길 기회조차 없었다. 새벽녘에 집을 나서서 깜깜한 밤길을 걸으며 내일의 지옥 같은 교실을 떠올리는 그런 생활의 연속이었기 때문이다. 하지만 대학 사회는 우리에게 충분한 자유를 제공할 수 있는 공간이었다. 당구장, 디스코텍, 유원지 등 어느 곳이든 돈만 있다면 마음대로 갈 수 있었다. 70년대 통기타나 장발이 유행했듯이, 80년대에도 그런 문화는 존재했다. 그러나 80년대라는 조건, 학내에 전투경찰과 사복경찰이 상주하고 군부 독재의 쇠사슬이 삶의 곳곳에 매복된 대학에서 즐기기를 위한 여가를 향유하는 것은 쉬운 일이 아니었다. 정권은 쌍쌍파티나 축제를 통해 대학생들의 사고를 마비시키려고 했지만, 그러면 그럴수록 우리들의 반항은 깊어만 갔다. 바로 이것이 80년대 대학의 지배적인 하위문화인 운동 문화가 발명된 조건이었을 것이다. 시간이 갈수록 우리들에게는 해서는 안 될, 가서는 안 되는, 있어서는 안 될 공간이 존재하게 되었다. 이것을 '금기의 제도화', 아니 '내면화'라고 불러도 될까?

운동하는 사람들이 문화적으로나 생활적으로 협소했지. 하다못해 배낭여행 가는 것도 사치고 오직 허름한 데서 술 마시고 우리네 노래만을 부르는 것을 즐겼지. 또 도박이나 그런 건 재미도 잘 못 느끼고, 졸업을 하고도 그런데는 잘 못 어울려. 시간이 지나면서 이런 게 습관화된 거 같아.(박근태)

내가 3학년 때쯤인가. 난 사실 옛날처럼 암흑과 같은 시기가 아니라면 이제 좀더 우리의 나은 미래나 사회를 위해서 술자리를 줄여야 한다고 생각했어. 특히 우리

과 술자리는 '먹으면 그걸로 끝나잖아.' 관계가 술자리에서만 좋아지지 그게 이어지지 못하고 단절적이잖아. 바로 술자리 이외의 자리에서는 진지한 대화라는 걸 못하잖아. 난 이런 건 사회나 세상을 바꾸려는 우리가 변화하는 상황을 이끌지 못하는 수동적인 모습이라고 생각해. 또 무척이나 관성적이고 관습적인 거구.(김세진)

일단 대학에 입학하게 되면, 피상적으로 강의실, 도서관 아니면 기껏해야 주변 술집이나 카페 같은 걸 생각하게 되는데, 과방이라는 공간을 발견하게 되는 순간, 일반적인 대학생은 문화적 충격을 받지. 과룸('학과+Room'의 합성어 — 인용자)이라는 것이 애매한데 …… 고등학교 때는 교실 이상은 없는데, 대학에서 과방이라는 공간을 어떻게 채우느냐는 학생들의 몫이고, 앉아서 얘기하고 일하고 하는 건 모두 우리가 만들어가는 것이었지. 어쨌든 과방은 일단은 미지의 공간이었지. 그리고 의미를 잘 모르는 공간이기도 했어.(서용만)

너희가 교수를 아느냐

앞에서 지식인에 관해 말했던 것처럼, 우리가 스스로 부정했던 지식인의 상은 대학 내부의 권위에 대한 총체적인 부정으로 이어졌다. 그 대표적인 예가 교수를 철저히 무시하고 비난하는 것이었다. 학계에서 존경받는 학자일지라도 기존 체제를 조금이라도 옹호하는 말을 했을 때, 그 발언에 대한 평가는 너무나도 분명해졌다. 이제 그런 사람들은 우리의 '적'이 된다. 나 역시 지금 지식 사회에서 공부를 하고 있지만, 한국 지식 사회의 권위주의는 유별난 듯하다. 권위, 신성불가침, 엘리트주의, 지식의 위계화, 상아탑의 고귀함……. 이 모든 상징을 집약해서 보여주는 사람들이 교수였다. 우리는 교수가 가르치는 과목의 내용뿐만 아니라, 자신을 철저한 특권층 혹은 특별한 엘리트라고 생각하고, 그것을 자랑하고 또 수업 중에 미국을 찬양하거나 우회적으로 자유민주주의 체제의 우월함을 설파하는 교수들의 발언조차 듣기 거북해했다. 단지 한 개인의 의견이었을 뿐인데도…….

오리엔테이션 때도 신입생들한테 선배들이 '저 교수한테 절대 질문하지 마라'는 식으로 엄포를 논다든지, 수업 태도에 있어서도 '저 선생이 말하는 건 들을 가치도 없다'는 식으로 평가 절하했지. 이런 건 아마 선생들의 엘리트적인 태도, 즉 서구적인 잣대로 모든 걸 재단하는 것에 대한 심정적인 반감이 컸기 때문일 거야. 하지만 대놓고 논쟁이 벌어진 기억은 없어. 대개 그냥 '원래 저런 사람이려니'라는 식으로 생각하는 정도지.(정민수)

당시에는 선생에 대해 반대하는 깃발을 들면 다 같이 따르는 경향이 많았지. 교수에 대한 비판, 행동이 운동권의 하나의 요건이었어. 하지만 지금 돌아보면 이건 당시 사고의 협소함이라고 생각해. 즉 기성세대의 자본주의적인 사고를 가진 모든 사람은 '적'이라는 식의 유행병 같은 반항이지.(서용만)

돌이켜보면 교수가 우리들의 적이 된 것이 학생들만의 책임은 아니었다. 교수들은 학생을 하나의 인격체이자 함께 대학이라는 공동체에서 생활하는 존재로 인정하기보다, 자신이 가르쳐서 정신을 차리게 해야 하는 교화의 대상으로 바라보았다. 또 하나의 문제는 학생운동에 대한 교수들의 태도였다. 물론 몇몇 교수들은 학생들이 구속되거나 전투경찰들에게 맞아서 다쳤을 때 어떤 형태로라도 도와주려 했다. 하지만 대다수 교수들은 그렇지 않았다. 아니 별로 그럴 생각이 없었다. 제자의 고통을 같이하려고 한 교수들은 드물었다. 나는

19991년 정원식 계란 투척 사건 이후 학생운동을 비도덕적인 집단으로 몰아세우는 여론을 보면서, 정말 세상이 사태의 단면만을 멋대로 해석한다고 느꼈다. 계란을 던진 일 혹은 구타를 한 것의 진위를 떠나서, 그 많은 젊은 제자들이 죽음으로 세상을 바꾸려고 했을 때, 상아탑의 지성이라고 자부하던 교수들은 무엇을 했는가? 과연 그때 학생들이 "속물"이라고 비난한 것을 단지 젊은 혈기의 발산 탓으로 돌릴 수 있을까? 아마 그 답은 그때 그 자리에 있었던 교수들 자신이 더 잘 알 것이다.

그땐 참 교수들의 권위를 우습게 생각했지. 교수들은 지식인의 역할을 하고 있지 못한다고 생각했어. 또 교수가 스크럼 짠 걸 끌어내기도 하고, 지도교수가 문제 학생을 감시하고, 또 지도교수한테 한번 찍히면 애로사항이 많으니까.(한경수)

특히 ○○대 교수들 같은 경우에는 거의 속물로 생각했지. 자신의 지위를 이용해서 돈이나 버는 인간들로 말이야. 우리는 교수와 학생 간의 선이나 벽이 미리 선험적으로 규정된 면이 커서 같이 손잡고 뭘 한다는 게 어려웠어.(정민수)

이상적인 교수의 상에 대해서도 우리는 고뇌하는 지식인보다 행동하는 지식인, 우리의 투쟁을 지지해 줄 수 있는 지식인이나 교수를 갈구했지. 그러면서 큰 정치적 사건이 있을 때마다 우리 학교에는 왜 성명서 내는 교수가 없을까 생각하고…… 연구실에만 틀어박힌 교수가 아니라 결정적인 순간에 우리와 같이 거리로 나갈 수 있는 '교수의 상'을 갈구했지.(이성수)

이제 동지에 대해 이야기해 보자. 동지란 말 그대로 같은 뜻을 지닌 이들을 말한다. 그러나 동지는 단지 이것만을 의미하는 것은 아니었다. 흔히 기성 사회에서 나타나는 위계적이고 권위적인 관계가 아닌, 평등하고 자유로운 관계로서 서로 동지라고 불렀다. 그 좋은 예가 선배나 후배나 서로 술을 한 손으로 따르던 관습이 아닌가 싶다. 마치 '동무'라는 말이 북한에서 쓰인다는 이유로 금기시된 것처럼, 동지라는 용어도 대학사회에서만 썼던 흔치 않은 말이었다. 그때 우리들 주위에 있던 동지들은 '참 좋은 사람들'이었다. 그러나 우리 80년대 대학을 이해하지 못하고 색안경을 끼고 보는 사람들은 "소수 학생들의 적화 기도赤化企圖", "MT는 이념을 빙자한 혼숙" 또는 "성의 혁명 도구화" 등으로 근거 없는 비난을 하기도 했다.

　　내가 볼 때 동지란 같은 이념을 가졌기 때문에 생기는 감정 혹은 연대감만은 아니었다. 오히려 일상의 인간관계 속에서 두터워지기도 했고, 약해지기도 하는 것이었다. 그때 우리들 사이에 한 사람에게 건네는 최대의 칭찬은 "건강하다" 혹은 "치열하다"였다. 이 말을 듣고 신체가 건강하면 동지가 되는 것이냐고 착각할 사람은 없을 것이다. '건강함'이란 자신이 발 딛고 선 생활 속의 성실함, 운동과 삶의 고민을 포기하거나 방치하는 것이 아니라, 주위의 동지들과 공유해 적극적으로 풀어 나아가려는 태도를 의미했다. 그리고 '치열함'은 사회의 모순을 타인의 것으로 방관하는 것이 아니라, 자신의 모순이자 고통으로 받아들이는, 민중의 고통과 착취가 곧 내 것이라는 삶의 원칙과 태도를 의미했다. 이두 가지 말은 실제 삶 속에서 쉽게 실천할 수 없는, 그래서 동지의 최고 가치로 여겨졌다. 특히 학년이 올라갈수록 군대 문제, 운동을 둘러싼 집안 문제, 취업과 졸업 등으로 적지 않은 사람들이 운동의 대열에서 이탈하곤 했다. 그 과정에서 끝까지 살아남아 자기 생각을 지키고 실천하려고 노력하는 사람이야말로 진정한 동지라고 일컬어졌다.

1학년 때 처음 학교에 들어오면 먼저 술 따를 때 한 손으로 따르라고 하잖아. '공동체'에서는 선후배 간에 그런 일이란 있을 수 없는 일이지. 두 손으로 따르면 혼나고……그런 외적인 거, 그런 부분들에서 많은 것을 깨뜨리려고 했고 이제 많이 깨진 상태인 거 같아. 정말 스스럼없이 얘기할 수 있는 인간관계가 동지였지. (정민수)

대학 초기에는 신입생 환영회 같은 데서 선배들이 노래 부르는 거 보고, '자기가 데모꾼이라는 걸 저렇게 자랑하고 싶나'라는 식으로 생각했지. 그러다가 저 선배들이 빨갱이가 아니라, 정말 공부나 놀 시간을 포기하는 이유가 있을 거라는 생각이 들기 시작했지. 그러다 2학년 때, 3월에 한 달 동안 계속 집회에 나간 건 내 결의보다는 그 사람들의 생각이 뭔지 확인하고 싶어서였어. 거기서 난, 친구들이나 선배들이 '자기 신념에 대해 애착을 가지고 있구나, 저런 고민이 다 허튼 건 아니구나'라는 생각을 하게 되었지.(이성수)

난 결국 내가 운동에 투신하게 된 건 대학 내 이데올로기의 수용과 선후배들과 맺은 인간적인 관계가 결합된 것이라고 생각해. 난 이념을 책보다는 인간을 통해서 받아들이고 같이 운동을 하던 인간들은 내게 좀더 특별한 관계와 의미를 지닌 사람들이었어. 결국 자의 반 타의 반으로 선배의 이데올로기를 받아들이게 됐지. 개인이 얼마나 이념을 깊이 있게 이해하느냐보다는 어떤 인간과 관계를 깊이 지속하느냐가 결정적이었지.(서용만)

그러나 동지는 운동을 둘러싼 관계만은 아니었다. 오히려 우리는 일상

생활 속에서 동지라는 느낌을 더욱 진하게 느꼈다. 당시 우리는 수업이나 취업 혹은 학점보다는 자신의 삶과 관련된 수많은 고민에 빠져 있었다. 그래서 수업을 빼먹고 낮부터 술집을 찾는 경우가 비일비재했다. 바로 자신이 어렵고 힘들 때, 곁에 있고 고민을 들어줄 수 있는 사람, 바로 그 사람이 내게는 동지였다. 차디찬 한 잔의 소주를 부딪칠 수 있는, 그 속에서 속내를 털어놓을 수 있는 사람을 우리는 동지라고 불렀다. 하지만 이것은 우정과는 조금 다른 느낌이었다. 동지라는 관계에는 자기희생이나 헌신성 같은 것이 결부되어 있었다. 내가 힘들 때 어깨를 내어줄 수 있고, 일상의 삶이나 투쟁에서 헌신적이며 동료의 나쁜 점까지 포용하고 지적할 수 있는 그런 인간상을 우리들은 갈망했던 것이다. 그리고 이런 관계는 아주 오래도록, 혹은 영원히 지속되리라고 믿었다. 이것은 바로 '신뢰'의 문제였다.

공동체 생활 과정에서 내가 가장 의미를 두었던 부분은 '내가 변하는 모습을 볼 수 있었던 공간'이라고 생각해. 나도 사람들하고 같이 하는 것에 익숙하지 못했던 사람이었고 사람들을 만나는 일 자체가 버거운 일이긴 했지만, 지금도 내가 얻은 가장 커다란 자산은 바로 '내 옆에 있는 사람들'이라고 생각해.(김영하)

동지라는 건 '사심이 없는 관계'이고, 나를 격려해 주기도 하고 질책하기도 하고 나를 인정해주는 그런 사람이라고 생각했지. 난 옛날부터 연인 관계는 개인적이고, 누가 누구를 소유하겠다는 그런 생각이고, 따라서 친구 관계만이 최선의 관계라고 생각했지. 연인 관계는 하나의 배신이고……, 그래서 대학에 와서 친구라는 게 자연스럽게 동지로 전환한 거야. 숭고하고 헌신적이며 어떤 상황에서도 지속될 수 있는 관계이자 어떤 상황이든 날 이해해주는 …… 동지라는 '이름'은 그냥 친구, 선배보다 더 강한 느낌을 주잖아. 또 그걸로 서로 강제도 되고……, 그리고 주로 동지라는 걸 우리는 술자리에서 느끼잖아. 서로 울고 부둥켜안고 그러면서 서로

앙금을 해소하는 선배들을 보면서 저 나이에도 저렇게 할 수 있구나 하는 생각이 들고 존경스러웠어. 지금도 형들이 매년 후배들 졸업식 때 오는 걸 보면, 저 사람은 '참 좋은 사람'이구나라는 생각이 아직도 들어.(정민수)

나는 운동을 하든 안 하든 구분 짓지 말고, 좀 많이 그런 걸(공동체를 — 인용자) 접할 수 있으면 나중에 사회에 나가서 잘 적응한다고 봐. 공동체를 경험하지 않은 사람한테는 씨알도 안 먹힌다구. 얘기도 나누고, 끝나면 술도 마시고, 게워내면(술을 토하면 — 인용자) 등도 두들겨주고, 술 먹고 업고 쇼도 하고……. 학교 다닐 때 이런 걸 느낀 사람은 사회 나가서도 그렇게 해. 그건 표시가 나. 근데 어떤 애들은 술 먹고 지저분하면 그 다음 날 학교 와서 호박씨 까요. 그래 놓고 그 사람이 오바이트 하면 등 두들겨주냐? 아니야, 지들은 택시 타고 다 가.(박근태)

한 번은 언제인가 범민족대회에 가려고 학교에서 농성을 하는데 베고 잘 것도 없고 자리도 다 불편하고……, 여자 선배 다리를 베고 잤는데, 내가 깰까 봐 새벽 내내 불편한데도 그대로 앉아 있더라구. 그때 참 이런 게 '동지애'구나 하는 생각이 들더라구. 그리고 새벽에 일어나서 연세대로 가는데 그때 총학생회장이 오더라구. 우리 꼴이 다 거지같고 그러니까 밥 먹었냐 그러더라구. 그래서 "아침도 못 먹고 배고프다"고 하니까 옆에 있는 김밥 파시는 아주머니한테 김밥 몇 줄을 사주면서 막 울더라구. "돈도 없구 그래서 이거밖에 못 사준다"고 하면서……. 그때 마음이 참 찡했지.(유재형)

끝까지, 아직도 운동을 하는 사람들을 보면 참 존경스러워. 선배 추모제 같은 데에서 아직도 노동 현장에 있다는 선배들을 보면, '아직도 저 자리를 지키는 사람들이 있구나'라는 생각도 들고, 난 끝까지 자기 생각을 지키는 게 운동이 아닌가 생각해. (최성원)

선배들이 다치고 그럴 때 속으로 나는 저런 걸 두려워하지 말아야지 하면서도, 주변에 그런 계기들이 운동의 동력이 되고……, 또 집회 가면 서로 위하는 모습에 뭔가 막연하게 하나 됨을 느끼고.(최성원)

거기서(철거촌 — 인용자) 실무자들이 대학을 졸업한 사람들이잖아. 81~83학번들이 일하는 것을 보면서 1, 2학년 때 대학에서 본 선배들의 모습도 참 대단해 보였고, 그런 모습들이 아름답다고 생각이 들었어. 누구나 생활 속에서 좋은 옷을 입고 싶고, 좋은 음식을 먹고 싶고, 그런 혜택을 받을 수 있음에도 불구하고 거기서 낡아빠진 청바지 입고 꾀죄죄한 모습들을 보면서도 아름답다고 느껴졌어.(남윤수)

일상 사업이 반드시 투쟁의 전제 조건은 아니라고 봐. 일상 사업 자체가 지니는 독자적 의미가 굉장히 커. 일상 사업은 '사업'이라기보다 오히려 생활이 아닐까 생각해. 복학하고 첫 MT를 갔는데 갈 때는, 뭐 가서 후배들을 혁명적 이데올로기로 무장시킨 게 아니라, 그냥 좋고 이쁘고 건강하게 살려는 모습들이 좋았던 거 같아. (박근태)

애들이 (대동제 때 — 인용자) 주점을 되게 열심히 하잖아. 파전 지지구 볶구, 파가 떨어지니까 잔디 뽑아서 지지구, 그때는 싫은 기색도 안하고 잘 뛰어다니면서 하더라구. 남의 일 아닌 것처럼 마치 자기 일같이 하더라구. 그러면서 이런 게 대동제가 아닐까 생각했어. 하기 싫으면 안 나오면 되는데 그래도 우리 학번 일이니까, 우리 학번이 하루를 맡으니까 자기 일처럼 하는 거지. 그런 게 바로, 몇 천 명 몇 만 명이 모이는 것보다 과 내에서 몇 명의 사람들에 대해 뭔가를 느끼는 게 대동제의 의미가 아닌가 생각을 해.(최성원)

하지만 동지간의 관계가 영원불멸한, 순수한 관계만은 아니었다. 시간이 지나면서 변화하는 선배의 모습, 특히 대학 시절 치열한 삶을 살았던 선배들이 이제 아주 세속적이고 평범한 샐러리맨 혹은 중산층이 되어 나타났을 때, 우리는 배신감을 넘어 끝없는 고민에 휩싸이게 된다. '과연 저 사람의 진심을, 과거 그리고 현재의 모습을 어떻게 이해해야 하는가? 어떤 것이 저 사람의 진짜 모습인가'······. 이젠 변해버린 세상 속에 파묻혀버린 과거의 동지를 고통스럽게 불러보지만, 메아리뿐이다.

그때는 동지라고 불리는 선후배들이 절대적이고 모든 것이라고 생각했어. 고등학교 친구들하고는 만나도 얘기가 잘 안 되고, 특히 환자(기독교 신자를 지칭 — 인용자) 같은 애들 만나면 더 그렇고, 그때는 인간 그 자체에 대해서 사고하지 않고 그 사람들의 삶을 살아가는 태도들에만 관심을 가졌지.(김영하)

소위 공동체 의식이라는 건 시대적인 분위기 속에서, 현실 문제 속에서 '저들'과 '우리'라는 구분 속에서 형성됐지. 지금은 과거와 같이 쉽게 느껴지는 정치적인 이슈가 잘 안 드러나는 것 같고. 그리고 과거에 타도의 대상이던 자본가 속에서 살아가면서 모순적인 걸 느끼면서도 다른 한편으로는, 이런 사람들은 과거에 대한 그리고 현재 자신의 모습에 대한 죄의식을 지니고 있지. 이들이 완전히 변절을 한 거는 아니라고 보고, 새로운 공동체를 모색한다고나 할까······. 다들 먹고 살아야 한다는 게 핵심적인 문제이고, 일상적으로 반감을 느끼기는 하지만······. 내 생각에는 현재의 문제가 쏘권(구소련과 동구 사회주의권 — 인용자) 몰락 이후의 이데올로기적인 문제라기보다, 학생들의 자유분방함과 자유로움을 추구했던 것에 따른 자연스러운 귀결이 아닌가 생각해.(차두식)

큰 집회나 1~2만쯤 되는 시위에서는 그런 걸(동지애 — 인용자) 자주 느끼지. 그렇지만 그런 관계가 죽을 때까지 지속되리라고 생각하지는 않았어. 또 동지라는 개념보다 우리는 일상적으로 선후배라는 관계가 더 우선시되었지. 그래서 동지애 같은 건 소위 '거리'에서나 느낄 수 있는 그런 거라고 생각했어.(김영하)

우리가 하나가 된다는 것

우리가 대학에 들어와서 처음으로 배웠던 것은 신명나는 춤이나 율동 그리고 노래들이었다. 신입생 환영회 때 우리는 해방춤이나 농민춤, 길놀이 그리고 서정적이면서 과격하지 않은 투쟁가를 따라 배우기 시작했다. 처음에는 쑥스럽기도 하고, 난생 처음 보는 자기 또래의 여학생들과 손과 손이 혹은 몸과 몸이 맞닿는 사실에 긴장하기도 했다. 하지만 이러한 의례는 대학의 어느 공간에서나 볼 수 있던 일상적 관습이었다. 대중가요에서 흘러나오는 사랑이나 이별에만 익숙하던 우리는 4박자춤과 행진곡풍 노래를 통해 새로운 경험을 하게 된다. 그리고 그 과정에서 하나가 된다는 것과 집단적인 정체성을 하나씩 알아갔다. 80년대 대학 문화의 가장 큰 특징인 집단성은 주로 이러한 의례를 통해 우리들에게 다가왔다.

> 1학년 때는 술집에서 쟁가(투쟁가. 민중가요 중에서 템포가 빠르고 가사가 급진적인 노래를 통칭
> — 인용자)를 부른다고 하면 뭔가 가슴이 떨리고, 막집이나 육교집 같은 데서도 다른
> 노래 부르면 안 되고 쟁가를 누가 더 목이 쉬도록 부르느냐가 중요했지. 어느
> 시점인지 정확하지는 않지만 학교를 다니면서 투쟁가를 부르거나 풍물을 친다든
> 가 하는 거 그리고 교투(교내 투쟁 — 인용자) 같은 것이 있을 때 노래를 같이 부르는
> 것이 함께 한다는 거, 공동체가 된다는 거지.(서용만)

풍물을 칠 때 느낌은 소위 '신명'이라고 할 수 있지. 집회 같은 때 치는 건 집회의 보조적인 수단에 불과하니까 그런 걸 느끼기가 어렵지만 오알(Orientation. 즉 신입생 오리엔테이션의 약자 — 인용자)이나 대동제, 연습 행사 때는 치는 사람이 신이 나지 않으면 그걸 할 수 없다고 생각해. 치면서 저절로 웃음이 나올 수 있는 것, 그래서 가슴에서 뭔가 팍 터지는 듯한 느낌들…….(김영하)

옛날에는 과방에 가면 어떻게 해서든지 선배들이 점심을 해결해주잖아. 장소에 의미를 부여하기보다는 그 안에 있는 사람들에 의미를 부여했던 거 같아. 술집 같은 경우에도 구태여 어느 술집을 딱 정해서 간 게 아니라 우리의 경제적 사정이 적당하면 좋은 사람과 가서 술을 마시고.(박근태)

하지만 누구나 쟁가와 풍물 혹은 운동적 의례에 공감하는 것은 아니었다. 낯선 가사와 몸짓, 어떻게 생각하면 과격하다고 느껴지는 쟁가의 가사를 이해하지 못하는 친구들도 무척 많았다. 신입생 시절 우리 동기들이 처음 MT를 갔을 때 일이다. 가서 술 마시고 이런 저런 어색한 얘기를 하다가, 유흥의 시간이 돌아오자 준비한 엠프를 가지고 춤추는 시간이 있었다. 이것을 둘러싸고 반대하는 사람, 찬성하는 사람으로 갈라져 감정이 상하기도 했고, 이 사건이 선배들 귀에 들어가서 한바탕 소통이 일어난 적도 있었다. 지금 생각하면 참 어처구니 없기도 하고 우습기도 하지만, 그때 우리들은 이런 사소한 문제를 가지고도 생각이 달랐고, 이것은 대학 문화, 운동 문화를 처음 접하는 우리들에게 또 다른 고민거리를 던져 주었다. 함께 하는 공동체 문화란 무엇인지, 또 우리가 하나가 된다는 것이 가능한지에 대해서 말이다.

5월, 그날이 다시 오면……

우리들에게 5월은 잔인하다기보다는 바빴지만 허탈하기도 한, 거의 매일을 거리에서 지내야만 하는 시간들이었다. 5월은 축제의 계절이라기보다, 투쟁과 활동의 정점이었으며, 각종 사회·정치적인 이슈가 눈앞에 펼쳐지던 시기였다. 5월은 열사, 항쟁 기념, 정권 타도 투쟁, 동맹휴업이라는 붉은 플래카드로 가득 찬 투쟁의 전시장 같은 느낌이 들 때도 있었다. 투쟁을 결의하는 단식과 혈서, 투쟁 결의문이 이어졌고 우리는 조를 짜서 가두街頭로 나갔다. 우리는 여러 차례 거리로 나갔지만 이른바 '해방구'를 경험해 본 일은 그렇게 많지 않다. 해방구란 전경의 물리력을 제압하고 우리들의 구호와 주장을 자유롭게 펼칠 수 있는 거리의 공간을 확보한 것을 의미했다. 하지만 가두에서 우리의 느낌은 이중적이었다. 정권을 타도하자는 우리들의 외침에도 거리의 시민들은 수수방관하는 경우가 많았고, 교통이 막힌다고 화를 내면서 학생들을 욕하는 사람들도 적지 않았다.

우리에게 거리의 정치, 가두의 경험은 87년 6월 항쟁 때 선배들의 생생한 경험담으로 전승되었다. 전경을 무장 해제시킨 이야기, 시민들이 거리 시위에 동참한 일화, 도망가다 잡히고, 다음 날 나와서 다시 거리로 나아갔던 마치 '신화' 같은 이야기들. 우리는 신화를 다시 창조하기 위해 그렇게 거리로, 거리로 몰려들었던 듯싶다. 이윽고 투쟁이 끝나고 하나 둘씩 학교로 돌아오기 시작하면서, 우리는 생사 확인을 하기 시작한다. 누가 잡혔나, 혹시 다친 사람은 없을까, 서로 걱정하면서 과방 한 귀퉁이를 차지하고 앉는다. 한편에서는 그날 투쟁의 무용담을 이야기하기도 하고, 다른 한편에서는 거리에서 마신 최루탄에 지친 듯 널브러져 있기도 했다. 이렇게 마음 졸이게 하는 기다림이 지난 뒤 땀과 최루액에 절은 꾀죄죄한 모습을 서로 확인하며, 투쟁을 평가하고 다시 내일의 투쟁을 결의한다. 그리고 모두 질펀한 막걸리 한 사발로 피곤함을 잊어버리는 일상으로 다시 돌아가는 것이다.

80년대는 광주 이후 느낀 반미 운동이 대중적인 공감을 얻었지. 특히 통일 문제 같은 건 많은 대중적 공감을 얻었지. 물론 맨 처음에는 이런 운동을 다 잘했다고 생각하지는 않았어. 오히려 점점 운동의 효과가 축적된 걸 인정해야 해. 또 기본적으로 80년대는 '반독재 민주화' 운동의 수준에서 많은 공감대를 받았고, 이런 수준에서는 성공적이지 않았을까? 난 정말 급진적 운동은 지금부터 시작이 아닌가 생각이 들어.(차두식)

기대가 큰 만큼 실망도 크다고 하잖아. 매년 5월에 그런 아쉬움이 남는 거 같아. 모든 부서나 패가 5월을 위해 모든 걸 준비하고. 그런데 막상 뚜껑을 열어 보면 공연이 다 그놈이 그놈인 거야. 우리들끼리 자족적인 면이 컸던 거 같아. 5월이 끝난 뒤에는 다들 허탈한 감정에 빠져 있는 거 같고. 나 1학년 때 선배들도 5월 지나고 여름방학 되면 다 안 보이더라구. 점점 사람들이 과에서 사라지기 시작하는 거야. 개인적인 고민이 시작되는 계절이 5월이 아닌가 생각해.(서용만)

한편으로는 시민과 대립을 그곳(가두 투쟁을 하는 거리 — 인용자)에서 느끼기도 하고, 시민들의 호응이 얼마만큼 극소수에 그치는 것인가를 느끼기도 했고, 시민들이 박수를 쳐주면 내가 뭔가 하고 있구나 하는 느낌이 들기도 하고, 반대로 욕을 하면 참 난처하기도 했고 "너희 지금 뭐 하고 있느냐"는 식의……, 투쟁을 끝내고 오면 참 착잡하기도 했지만 대부분 기쁜 마음으로 온 거 같아. 뭔가 하나 했다는 식의, 뭔가 가시적으로 눈으로 보이잖아. 거기 다녀왔다는…… 그런 사람들의 후줄근한 모습들 속에서도 즐거운 마음이 있었던 거 같아. 그리고 후배들이 열심히 하는 모습을 보면 또 다른 감동을 받기도 하고, 그리고 나도 더 열심히 해야겠다는

생각도 들고. 이 사람들에게 끊임없이 뭔가를 제공할 수 있어야 하겠다는 생각이
들기도 하고.(남윤수)

가두 투쟁 말고도 우리는 농활農活과 빈활貧活 같은 경험을 했다. 우리가
지향했던 민중이 살고 있는 농촌과 철거촌에 직접 들어가서 민중의 생생한
삶을 느끼고자 했던 것이다. 여름에 주로 간 농활은 농촌 경험이 없던 우리에게
는 인간의 한계를 실험하는 공간이었다. 한여름의 찌는 듯한 더위와 하루 종일
일을 해도 끝이 보이지 않는 논과 밭, 강철 같은 규율로 무장한 우리에게 다가오
는 저녁 시간의 분반 활동과 새벽까지 이어지는 농활 평가 시간. 지금 생각해도
어떻게 그 10여 일을 견딜 수 있었는지 잘 믿겨지지 않을 때가 많다. 매일 평가
시간마다 조는 사람의 얼굴에 날아드는 걸레 조각과 물파스, 도저히 엄두가
안 나는 소주 댓병을 어떻게 마시면서 버텨냈는지 말이다. 하지만 농활이 추억
으로만 남은 것은 아니었다. 우리가 애초 농활에서 얻고자 했던 농민과 학생의
연대 등은 매우 제한적인 의미만을 지녔고, 오히려 농민의 삶 속에 매몰되기도
했다. 이 과정에서 우리는 농활을 온 것인지 농촌에 노가다를 하러 온 것인지
혼란스러운 때도 많았다. 분명 농활은 내부 응집력을 높였던 계기였지만, 그
결과는 그토록 비판했던, '자생성의 굴종'과 같은 것이었는지도 모른다.

사실 그 자리(농활을 말함 — 인용자)에서 세미나에서 배운 걸 좀 써먹어 보려고 농활을
갔던 것은 아니야. 그런데 우리가 막연히 인간적으로만 친해지려고 하는 건 좀
문제가 있는 거 같아. 많은 비용을 들여 농활에 가는데 막연한 인간적인 만남만을
상정하고 가는 건 아니잖아. 그렇다면 결국에는 그런 것들이, 실질적으로 의식화라
고 해도 좋고 각 세력들 간의 연대라고 봐도 좋은데, 방법론적인 면은 좀더 다양하
게 고민해야 할 것 같아. 가서 일하고, 술 한 잔 하고, 노래 부르고 오면 나 개인적으
로는 좋은 추억거리가 된단 말야. 그러나 활동의 토대들이 없기 때문에 딛고서야

할 것들이 없어진단 말야. 어떻게 보면 학번 여행 다녀온 정도의 가십거리밖에 안 될 수도 있단 말이지. 결국에 그런 목적의식적인 게 필요했는데 그런 걸 어프로치하는 방법에 있어서 문제가 있었지.(박근태)

농활을 하면서 열흘간 같이 생활을 했던 사람들이 정말 서로 이렇게 아껴주고 생각해주고 자기 생활에 대해서 모범적으로 책임을 지는 모습들을 보면서, 그 이전에 학교에서 왔다갔다하면서 보지 못했던 것들을 농활 기간에 체험을 하게 됐어. 학생회에서 같이 있는 사람들에 대한 신뢰감이 기본적으로 생기게 되고, 그렇기 때문에 그 사람들의 전반적인 분위기 내지 행동 양식이나 지향이란 것들에 대해서 확연하게 내 것으로 받아들일 수 있던 계기가 될 수 있었던 것 같아. 물론 농활을 가서 그곳에서 겪었던 것들도 컸겠지만……참 보기 좋게 사는 사람들이라는 생각도 했고, 참 아름답게 사는 사람들이라는 생각도 했고. 그 사람들에 대한 믿음이 생기니까 그 사람들이 사는 방식들에 대한 믿음도 생긴 측면이 있지 않은가 하고 생각해.(정민수)

지금은 농활도 그냥 미지의 세계를 탐험해 본다는 식이야. 농활을 대하는 자세도 많이 달라지고. 자기 생활의 일부로서 학생회 활동을 받아들이질 못하거든……. 가기 전에 전체 준비 모임도 거의 사수되지 못하니까.(최성원)

또 다른 민중 연대로 들 수 있는 것이 빈활이었다. 우리의 활동은 주로 빈민들과 직접적인 연대를 맺는다기보다는 빈민 아동들을 교육함으로써 빈민들의 처지를 이해하고, 앞으로 빈민 운동가를 육성하기 위한 것이었다. 기억에 남는 것은, 우리들보다 그 아이들이 더 자신들의 처지를 잘 알았으며, 우리가 왜 이곳에 왔는지 이해하고 있었다는 것이다. 무엇보다 가슴아픈 기억은 우리가 언젠가는 이곳을 떠날, 스쳐 지나쳐가는 사람들이라는 사실을 그 아이들이 이미 알고 있다는 사실이었다. 그리고 그것은 사실이었다. 우리는 그 아이들에게 무엇인가를 가르치려고 했지만, 실제로 우리는 가르칠 수도, 가르칠 것도 없었다. 그 아이들에게는 미래에 대한 희망이 없었다. 아이들은 자신들이 갈 곳이 대학이나 철거촌 밖이 아닌 공장인 것을 잘 알고 있었다. 우리는 그 사실 앞에서 아무 할 말이 없었다.

> 대학 생활에서 가장 즐거운 때를 회상하면, 1학년 때 1년 남짓한 공부방(서초동 꽃동네 철거촌 활동을 뜻함 — 인용자) 생활이 가장 즐거웠던 것 같아. 그때는 수업이 끝나자마자 애들이랑 같이 수업하고 만나고……, 그리고 그때는 어떤 목적이 있었잖아. 애들한테 가난하다는 게 그렇게 위축될 필요는 없다는 걸 얘기해주고, 애들에게 좀더 많은 놀이를 제공해주고 싶었고, 그런 식의 의욕이 왕성했지. 그런 활동 자체가 즐거웠어. 물론 그 속에서 괴롭기도 했지. "내가 여기 와서 애네들한테 산수 하나 가르치기 위한 사람인가"……. 하지만 전반적으로 즐거웠고 그 속에서 뭔가 같이 하는 사람들이 있다는 게 너무 힘이 되고 즐거웠어. 밤늦게까지 애들을 가르치고, 사람들하고 같이 설거지를 하고, 얘기를 하고 그랬던 모습이 참 즐거웠다는 생각이 들어.(남윤수)

머리만 커져버린 운동

우리는 졸업한 뒤 지나간 과거 속의 추억거리를 자주 이야기한다. 그러나 실제 기억할 거리보다는 잊고 싶은 것들이 더 많다. 그것은 과거 우리들의 사고, 행동 그리고 일상에서 벗어나고자 하는 욕구 때문일 것이다. 우리는 군인이 정권을 잡든 민간인이 정권을 잡든 변함없는 현실에 분통을 터트리면서도, 우리가 과연 그때 무엇을 했는지 혼란스러워 한다. 그때 우리는 세상의 변화에 대해 무척이나 낙관적이었다. 권위주의 정권을 "손대면 톡하고 무너질 것만 같은" 그런 대상으로 생각했는지도 모른다. 세상에 대한 지나친 낙관과 기대 속에서 조금만 인내하면 해방된 세상이 올 것이라는 우리들의 확신은 시간이 지날수록 무너져만 갔다. 마치 바벨탑의 신화가 무너지듯이……. 그러던 중 군부 독재는 퇴장하고 개혁이네 386세대네 하는 말이 우후죽순처럼 터져나왔다. 과거 운동을 하던 사람들이 여당에 들어가고, 야당에 몰려가 그 안에서 진보를 실현해야 한다고 외치는 모습을 보며 우리는 자기 상실감을 느꼈다. 잘 나가는 운동권 출신 국회의원을 두고 하는 우스갯소리로, "운동권도 학벌이 좋아야지……"라는 자조적인 한탄이 여기저기에서 들려온다.

작년에 지하철, 철도가 파업했는데 작살이 났잖아. 그게 되게 힘들었어. 우리가 조직적인 한계를 가지고 있고 그것이 점차 힘을 잃고 간다 하더라도 정말 자신의 삶에 근거한 사람들은 자신의 이해에 기반해서 지속적으로 성장했고, 이제 그런 사람들에게 학생들이 하려고 했던 역할들이 서서히 이양되고 있다고 생각해. 되게 조마조마하게 봤고, 어떻게 보면 그건 87년 이후의 그 사람들이 꾸준히 쌓은 노력의 결과이고, 예전처럼 "막 뭐가 될 거야"라는 것보다 그 사람들이 깨진 것에 대한 느낌이 다른 거야. 정말 너무 다른 거야. 그 사람들의 존재를 사회적으로 인정하려는 자세가 문민정부라는 데도 전혀 없는 거야. 그리고 너무 비참하고 내가 이걸 어떻게 받아들이고, 어떻게 이해하고 위로해야 하는지 도저히 알 수가 없고…….
(정민수)

우린 보통 여당보다 소위 '보야(보수 야당의 줄임말 — 인용자)'를 타격하는 데 많은 힘을 쏟았잖아. 물론 여당에 분명히 반대한다는 것이 전제되어 있었지만……. 물론 김대중이 지닌 역량을 지금은 인정해야 하고, 또 당시에 우리는 참 정치적이지 못했던 거 같아. 아주 원칙적이었고, 어쨌든 너무 단순하게 생각했던 건 사실인 거 같아. '바로 세상이 딱 바뀐다면'이라는 것만 생각한 나머지 현실적인 정치에 대해 생각할 겨를이 없었지. 또 사람들이 우리의 말을 듣기만 한다면 우리에게 동참할 것이라고 사고한 나머지 그랬던 거 같아. 선거 때도 여당도 안 되고 야당도 안 되고, 그놈이 그놈이니까 우리(노동자·민중 후보나 재야 후보를 가리킴 — 인용자)에게 표를 몰아 달라고 주장했잖아. 그런데 요즘 와서는 설사 그런 세력이 있다 할지라도 참 설득력이 없을 것이라고 생각해.(정민수)

어쩌면 우리들이 했던 운동의 한계가 드러나는 것은 시간이 갈수록 우리들이 품고 있던 열정이 식어갔기 때문인지도 모른다. 그 누구도 해결하기 어려운 문제일지도 모르지만, 운동이 심화될수록 머리만 커져버린 우리들의 모습이 단적인 예일 것이다.

운동의 정체성이란 자기 중심을, 자기 근거를 지키는 힘인지도 모른다. 세상은 더 견고해지고, 교묘하게 사람들을 현혹하고, 이제 적은 잘 눈에 보이지 않고, 또 우리는 눈을 크게 뜨고 보려고 하지도 않는다.

우리에게 넘쳐나던 열정이 이토록 쉽게 식어버린 이유는 무엇 때문일까? 아마도 우리가 굳고 단단한 땅 위에 발 딛고 서지 못한 채 쉽게 자신의 것이 될 수 없었던 먼 산만 바라보았고, 주어진 정체성에 매달려, 진정 우리가 발 딛고 설 땅을 찾지 못한 탓은 아닐까?

우린 항상 "내 것은 과학적이고 쟤네 것은 비과학적이야"라는 식으로 보고, 사고를 과학적으로 해야 한다는 강박관념 속에서 살았던 거 같아. 특히 무식하게 쌈만 하는 애들을 보면 욕하고 그랬지. 어떤 친구들은 아주 쉽게 "우리는 이 땅에 태어났고 민중의 고통을 나눠야 한다"라는 식으로 말하고 눈물 흘리고 하는데, 우린 잘 그러지는 못한 거 같아. 어찌 보면 우린 머리만 너무 크고 손발은 잘 안 따라가는,

그래서 하는 일 없이 맨날 내부에서 싸우기만 하는 그런 사람들이었는지도 모르지.(최성원)

옛날에는 대의랄까, 아니면 정치적 민주화랄까 민중민주에 대해 얘기하면서 그것에 합당한 우리들의 실천은 무엇일까 고민했었고, 그러기 위해선 선진·전위가 필요했고, 지도를 어떻게 해야 한다는 것, 동원이나 모빌(mobilization, 즉 동원의 속어 — 인용자) 같은 게 필요하다고 생각했고, 그런 데에 집중해서 논의가 진행되었지. 힘들어도 믿고 따른 거 같은데, 91~92년에 와서는 그런 스트레스가 누적되어서 운동의 목적 자체가 의심받게 된 거 같아. 대중에 기반하느냐 지도를 하느냐는 양자택일적인 상황에 처한 거 같구. 어쩌면 지금 모습이 조금은 자연스런 선택이 아니었을까 생각해. 그런 의미에서 지금은, 조금은 목적이 상실된 게 아닌가 생각을 해. 대중이 하자면 뭐든지 하자는 식의……. 80년대의 권위주의와 달리 최근 들어서는 자유롭게 누릴 수 있는 공간이 늘어나고 인간관계의 밀착도가 느슨하게 되면서, 80년대의 목적들이 무거워 보였던 게 아닌가 생각해. 그러면서 80년대의 스트레스를 묵묵히 참던 사람들은 80년대의 대의명분을 생각해보면서 자괴감에 빠지는 게 아닌가 생각이 들기도 하구.(서용만)

대중과 전위?

'전위'라는 단어가 요즘 친구들에게는 아주 낯선 단어일지도 모르겠다. 우리는 러시아 혁명사나 레닌 저작 선집 아니면 많은 마르크스주의 저작 속에서 전위의 중요성을 귀에 못이 박히도록 들어왔다. 전위는 말 그대로 가장 앞에 나선 사람이다. 그것은 운동에서도 동일했다. 가장 선진적이고, 대중 앞에 나서서 운동과 혁명의 필연성에 대해 선동하고, 은밀하게 선진 대중 조직을 꾸려 나아가고, 적들의 탄압에 맞서서 비밀스럽게 투쟁을 조직하는 이들이 바로 전위였다. 특히 한국처럼 지식인 중심의 운동이 발달한 경우 지식인이 운동의 전위로 나서는 것은 흔한 일이었다. 80년대 이전 각종 전위조직 사건도 혁명적인 지식인층의 주도로 전개됐고, 이것은 80년대에도 비슷했다. 그러나 우리 시대에는 대중을 통해, 실천을 통해 검증받지 못한 전위가 너무 많았다. 조직이 하나 결성되면 전위가 생기거나 전위 지향적 그룹이 생기는 식이었다. 물론 전위란 대중운동의 산술적인 합이 아니라는 것을 우리는 지겹도록 들었지만, 정작 전위가 갖추어야 할 것이 무엇인지 모른 채 대중과 간극만을 자꾸 넓히기만 한 것 같다.

> 대부분 패밀리(80년대 초반 비공개 학습 조직 — 인용자)가 인맥 중심으로 구성돼서 시스템에 문제가 많았지. 대중 조직이나 투쟁의 장에서는 패밀리들이 공동 행보를 하지만 실제 학회 활동 같은 공간에서는 대중에 대한 지도력이 너무 없다고 논란이 많았지.(임상진)

> 86년에 많은 패밀리 활동가들이 학생회로 돌아왔는데, 이것도 한계가 분명했지. 단지 형식의 변화란 측면이 다분히 컸어. 난 학생운동의 독특한 특수성이 있기에 그 특성에 의해 규정받는 면이 많다고 생각해. 즉 계급운동의 대중성으로 접근하면 곤란한 면이 많다는 것이지.(강영만)

이런 경향은 학생회 그리고 대중들에 대한 우리의 관점에서도 마찬가지였다. 학생회는 그야말로 대중들의 조직이며, 그 운영의 기초는 대중들 자신의 삶과 이해에 기반한 것이었다. 하지만 우리는 투쟁이나 집회에 조금만 대중이 참가하지 않아도 "이건 자생성의 굴종이야"라고 조급해 했고, 어떻게든 대중을 정치투쟁의 장에 끌고 나가야겠다는 생각이 앞섰다. 대중이 발 딛고 선 현실보다 우리들의 당위가 너무 앞서 나갔던 것이다. 우리는 집회나 가두 투쟁 때 대중을 동원하는 것을 '모빌한다'고 불렀다. 너무 쉽게 "오늘은 모빌에 신경 써"라는 말을 하곤 했다. 이런 것은 투쟁뿐만이 아니었다. 상대적으로 투쟁 사업이나 정치 사업보다 덜 했지만, 신입생 사업, 과제科祭, 대동제에서도 왜 사람들이 참여하지 않는지 그 사람들의 입장에서 다시 생각하기보다는 우선 동원하고 보자는 식의 편향된 인식이 많았다. 그럴수록 학생회는 모든 구성원의 장이 되지 못하고, 몇몇 사람들의 말과 행동에 따라 좌지우지되고 말았다.

매년 겨울이 되면 대학마다 붙어 있는 학생회 선거 포스터를 보면, 후보자 조차 나오지 못한 단과대학도 있다. 여러 가지 이유가 있고 내가 자세히 알지 못하는 변화한 운동의 조건도 있겠지만, 이런 현상은 대중 조직으로서 운동의 기반이 되는 학생회가 약화되었다는 한 징표인 것 같았다. 내가 그리고 우리들이 했던 학생회 사업 그리고 대중을 바라보던 시각이 이런 결과를 낳은 것이 아닌가 하고 잠시 혼란스러웠다.

점차 학생회의 소수화 경향, 학생회 내 개인과 개인 간의 의사소통 경로가 없어지는 것 같기도 하고. 한마디로 학생회의 권위가 점점 없어지는 거지.(남윤수)

힘든 건 활동하는 사람들이 소수이고 성과가 학생회에 잘 남질 않는다는 거였어. 언젠가 과제 때 애들이 자발적으로 밴드를 만들어서 공연을 했는데 80명이나 왔어. 엄청 온 거지. 이렇게 열린 공간이 거의 없으니까. 한편으로는 이런 게 우편향은 아닌가, 지나친 대중추수주의는 아닌가 생각이 들기도 하지만, 어쨌든 애들 반응이 좋았으니까.(최성원)

또 하나 기억에 남는 것은 분파sect 사이의 갈등이다. 세상을 살다보면 다른 견해를 지닌 사람들이 충분히 있을 수 있다. 특히 정치적 견해를 둘러싼 이견은 얼마든지 있을 수 있다. 한국 공산주의 운동사에서 분파, 파벌을 둘러싼 논쟁은 꽤 많았다. 식민지 시기와 해방 직후 정치적 견해와 혁명의 성격 등을 둘러싸고 운동가들은 서로 다른 그룹을 형성해 활동하기도 했다. 나는 문제는 분파의 존재 자체가 아니라고 본다. 운동 과정에서 분파가 존재하지 않는 것 역시 다양한 이견이 충분히 토론되고 심의되는 과정을 생략한 것이기 때문이다.

하지만 80년대 분파와 이것을 둘러싼 논쟁은 운동에 참여한 개인 그리고 그 주변에 존재하던 대중들에게 상처와 불신을 남겨준 경우도 적지 않았다. 선거 때나 투쟁 노선을 정하는 과정에서 우리는 노선이 반드시 통일돼야 한다는 강박 관념이 있었고, 다른 견해나 집단은 인정할 수 없다는 편협한 사고를 은연 중에 지니고 있었다. 이런 갈등은 개인 사이의 친분, 술자리 모임, 동기들 사이의 감정 같은 대부분의 일상에서 드러났다. 우리는 다른 의견을 지닌 상대를 피했고, 배격했으며 어떤 때는 증오하기도 했다. 특히 학생회 선거를 통해 감정의 골은 깊어만 갔다. 말로는 차이를 인정하자고 말했지만, 실제로 어느 정도 우리가 상대방의 차이를 받아들였는지는 의문이다. 조금 과장해서 말한다면 우리는 '우리 안의 또 다른 적'을 일부러 만들고 있었는지도 모른다. 나 역시 아직도 보고 싶지도 만나고 싶지도 않은 사람들이 있다. 아마 분파 갈등은 우리들에게 또 다른 마음의 상처를 주고 인간관계의 단절을 불러왔는지도 모르겠다. '과연 그 시절로 되돌아간다면 그렇지 않을 수 있을까'라고 묻는다면, 솔직히 그럴 자신도 없다. 그때는 내 생각이 너무나도 옳다고 믿었으니까…….

실망하는 경우는, 시간이 지나면서 선거(학생회 선거 — 인용자)가 일반 사회에서 하는 선거와 다를 것이 없음을 느끼는 괴리감 같은 거…… 나 자신도 선거 판이 바뀌어야 한다는 생각도 들고, 그런 것을 보면서 드는 실망 때문에 고민하기도 하고…… 선거를 통해서는 모든 것이 드러나고, 고민해야 할 거리가 많았던 것 같아. 선거가 이후에 학생회 활동이나 세미나를 계속하는 계기가 됐던 것 같아. 매일 같이 모여서 술 먹던 선배들이 갈라지고, 이런 걸 고민하게 되는 계기도 선거고, 그 전에는 그런 것도 몰랐어.(김주덕)

어쨌든 되게 유치했어. 그때 내가 받은 느낌은 되게 우스웠고, 선거라는 걸 하면서 일반 사회에서 하는 선거·정치 형태를 비판했지만, 우리 역시 그런 모습들이었고, 나도 선거하면서 기가 막힌 일을 당했는데, 예를 들어서 애들하고 얘기를 하는데 (다른 정치적 견해를 지닌 친구가 후배를 — 인용자) 그냥 데리고 가거나, 그러면서 내가 품성 론(品性論. 80년대 민족해방론 진영의 활동가론 — 인용자)에 대해서 얘기를 했던 것 같은데, "이건 니들이 말하는 품성이 아니지 않느냐" 했더니 "나는 너와 품성론에 대해 논하고 싶지 않아"라는 식의……, 한마디로 유치의 극을 달렸지. 선거 때 유세를 할 때는 딴에는 한다고 머리를 짜내는데, 그게 빨간색과 자주색으로 다 유니폼을 맞춘다든지 …… 어쨌든 옷 입는 것도 유치했어.(김영하)

정파 같은 경우에는 서로 무슨 주장을 해도 "말도 안 된다"는 식으로 서로 대응했지. 그러나 그렇다고 해서 걔네(상대방 정파 — 인용자)를 턱없이 무시할 건 아니었는데, 오히려 인간적으로 개네들을 무시하는 풍조까지 있었지. 집회할 때마다 보면, 너네 따로 우리 따로 하잖아. 그렇지 않아도 사람도 없는데……. 학생회라는 게 정치만 담아내는 것이 아니라 학생들을 묶어내는 게 있어야 하는데, 당시에는 "그것보다 더 중요한 게 있다"는 식으로 생각했어. 서로 정치적인 견해가 대립되더라도 학생 회 내에서 같이 묶여서 해야 할 부분은 있다고 생각했지. 그런데 그 정치적인 대립으로 모든 것이 다 대립되어 버리니까…….(심재원)

어쨌든 선거는 당선보다는, 뭔가를 대중적으로 차별화시키고 선전하는 노력들로 가득 차 있었어. 그밖에도 일상에서, 모임에서 너무 사는 게 다른 거야. 노래를 선택해서 부르는 거, 심지어 가는 술집도 다르고 후배를 만나는데도 서로 눈치를

보고 쓰는 단어도 계급, 민중, 자주 등 다르잖아.(김영하)

생매스

이제 내 마지막 얘기로 돌아왔다. 프롤로그의 마지막 부분을 쓰면서, 뒤로 갈수록 80년대 당시 우리의 삶에 대해 너무 비하하는 것이 아니냐는 반론이 있을 것 같다. 나 또한 이 글을 쓰면서 적지 않게 그런 생각을 했다. 하지만 이 책에서 재현된 기억과 구술들이 80년대의 모든 상황을 반영한 것은 아니며, 오히려 현재화된 기억의 일부다. 다만 상처를 그냥 덮어두면 곪아서 치료하기 어렵듯이, 우리들이 숨기고 싶어하는 혹은 잊으려고 하는 기억 속에서 감추어진 80년대를 조금이나마 이해할 수 있다고 생각할 따름이다.

　　마지막 화두는 이 글의 테마 가운데 하나인 '대중'이다. 80년대에 전부는 아니었지만 일반 대학생들을 '생매스(生+mass)' 또는 '날매스'라고 불렀다. 참 이상한 조어인데, 솔직하게 표현하면 투쟁이나 정치에 무관심한, 아주 소시민적인 삶을 살려는 주변의 친구들을 비하하는 말이었다. 이런 말을 쓰게 된 이유가 여러 가지 있겠지만, 은연중에 그 친구들과 전위인 우리를 구별하려는 생각이 있었던 것 같다. 무의식적으로 이런 말을 쓰면서도 우리는 별다른 거리낌이 없었다. 80년대에 어떻게 대중을 바라보았는지를 살펴보기 전에 우리가 우리 자신을 어떻게 사고했는지 이해할 필요가 있다. 우리는 개인의 즐거움, 자신이 느끼고 향유하고 싶은, 단적인 예로 연애를 한다거나 팝송을 듣는다거나 영화를 본다거나 하는 것 같은 자연스러움은 잠시 유보되어야 했고, 운동이라는 단일한 목적과 이것을 달성하기 위한 철의 규율 그리고 이런 '문제의식'을 보존하기 위한 삶의 형식을 강조했다.

말이 나온 김에 '문제의식'이라는 말에 대해 얘기해보면, 문제의식은 말 그대로 최초에 특정한 현상을 관찰하고 난 뒤 드는 생각 또는 그 뒤에 나타나는 일련의 사고 형태일 것이다. 이 글에도 문제의식은 있으며, 모든 관찰 가능한 현상을 보고 우리는 무슨 생각이든 하게 된다. 하지만 80년대 당시 우리들에게 문제의식이란 말은 조금 달랐다. 문제의식이란 비판 정신 혹은 반대, 고민거리와 비슷한 의미를 지녔다. 선배들은 늘 우리에게 "네 문제의식이 뭐냐?"는 식으로 물었다. 그러다 별 생각이 없다면 "넌 문제의식도 없냐?"라고 다그치곤 했다. 그래서 우리는 항상 문제의식을 가져야만 한다는 강박관념에 젖어 살았다. 좀 우스꽝스러운 예를 들면, 내 주변의 한 친구는 디스코텍의 천장 위에서 돌아가는 사이트와 미친 듯이 춤을 추는 사람들을 보고, 같이 열광하면서 말하기를 "이제 자본주의가 망할 날도 멀지 않았구나!"라고 생각했다는 웃지 못할 일도 있었고, 담뱃재나 침을 길바닥 아무 데나 뱉으면서 "이렇게 무질서가 조장되어야지 혁명이 다가온다"는 식의 사고방식도 존재했다. 지금 와서 생각하면 참 어처구니없는 일이지만, 그때는 웃고 지나갈 수 없는 현실이었다.

처음에 학생회에 참가해서 그 문화를 받아들이는 건 '자발적'이지만, 점점 시간이 지나면서 개인에게는 무리한 참여를 요구하는 면도 있었어. 반면 대중들은 자기 자신에게 크게 무리가 되지 않는 수준에서 즐겁게 자발적으로 할 수 있는 문화를 향유한 것 같고, 또 우리네 문화는 참 격하잖아. 보통 사건이나 감정에 대해 이분법적으로 나누고 격하게 반응하는 그런 식인데 비해, 대중들은 상대적으로 덜 격했던 거 같고.(정민수)

난 감정적인 부분은 한순간일 뿐이라고 생각해. 나도 대학 초반에 전두환·이순자 구속 투쟁 같은 걸 계기로 문제의식이 축적되고, 이런 내 행동의 일관성을 만들기 위한 '논리'를 만들기 시작했지. 그러면서 뭔가 사고의 중심을 두는 '습관'이 생겼어. 그렇지만 일관적이거나 과학적이지는 못하고, 계속 필요하다는 생각은 들었지만 사회적인 금기 때문에 두렵다는 생각이 많이 들었고. 난 좀더 대중적으로 쉽게 이런 지식을 지도할 계기가 필요하다고 생각했어. 대중도 한두 번은 자기가 경험을 했기에, 더 생각이 나아지고 고민을 하는 거니까.(김주덕)

학회 같은 경우에도 후배니까 잘해주자는 것만이 아니라 암암리에 목적의식성 같은 것이 부여됐지. 대표적인 경우가, 학회 들어가기 전에 선배들이 돌면서, 후배들이 이렇게 말하니까 이렇게 해라 저렇게 해라는 식으로 조언을 빙자한 약간의 강제를 하잖아. 그래서 선배는 후배를 만나는 데에 있어서 일종의 벽이 생겨. 나는 '후배를 이렇게 끌어줘야 하는데, 저렇게 끌어 줘야 하는데, 이 상태를 어떻게 해야 되는데'라는 식의 생각을 하는데, 구체적으로는 상황에까지 이르고. 이런 게 종종 목적의식성이 강한 학회에서는 자주 일어났다고 생각해. 비공개적인 학회 같은 경우에는 되게 갈등이 많았거든. 학회를 들어가면 모든 걸 알아야 되고, 몰라도 아는 체해야 되고. 적어도 이런 정도까지는 끌어주어야 되니까. 이쪽으로 끌어와야 한다는 생각이 있었지.(이성수)

뭔가 남들하고는 달라야 할 것 같고. 그게 뭔지는 모르겠고. 그러다 보니 나는 이러지도 저러지도 못하고, 이 사회에도 저 사회에도 발붙이지 못하는 상태. 그러다 보니까 과거의 사고방식에 대해 맹목적으로 집착하게 되는 듯이 생각이 들기도 하구. 나는 그런 생각이 들어. 과거에 우리가 지향했던 사고방식이란 것이 의미가 있었다고 생각하고 그만큼 우리가 몰두하고 있었던 것 같아. 그런데 그것이 계속되면서 애시 당초 지향했던 의미는 없어지고, 방식만이 남아서 허탈해지고 공허해지고, 그것이 오히려 내 삶을 억압하는 기제 내지 형식으로 작용하게 되고……. 그러다 보니 과거의 것을 부정해서가 아니라 이제는 좀 그 틀을 벗어날 필요가 있지 않은가, 왜냐하면 내가 남에 의해서 억지로 그렇게 된 것이 아니라면 내

한 부분을 분명하게 차지하고 있었을 것이고, 내가 그 형식이나 틀을 과감하게 벗어던진다고 해서 과거에 무슨 일이 있었는지 알지 못하는 식으로 살지는 않을 거라고 생각해. 이것이 옳고 정당하기 때문에 나는 이걸 해야 해라는 것이 지금까지의 사는 방식이라면, 그것만이 아니라 '이제 내가 저걸 하고 싶기 때문에 해야지'라는 태도도 받아들였으면, 그래서 내 감성과 이성이 조화될 수 있는⋯⋯.(정민수)

점차 운동이 환상, 감정이 아닌 현실적인 문제이자 직업의 문제인 구체성으로 다가오자, 이른바 '보안', '공포감' 같은 직업적 혁명가의 모습으로 단련돼야 한다는 당위를 강요받았어. 그러면서 난 그런 당위에 대해서 벅차기만 하다는 혼란 속에 휩싸였고⋯⋯. 그건 참 어마어마한 이야기였는데 우린 너무 도식적이고 쉽게 생각했고 혁명을 마치 '공식'처럼 생각한 거 같아.(유재형)

지나친 목적의식성이 우리를 지배한 게 아닌가 생각이 들어. 목적의식을 가지는 것이 목적이 없거나 감상적인 부분들을 억압하는 형태 속에서 진행된 거 같아. 사람들이 시간이 지남에 따라 인간관계나 사고방식이 불균형해지구. 과거에 고등학교까지 우리가 배워온 세상, 관념적인 것이 우월하고 형식보다는 내용이 중요한 것에 대해 형식이 내용을 규정한다는 파격적인 철학을 받아들임으로써, 그러다 보니까 형식성, 목적성, 의식성으로 치달은 측면이 있고 또 그렇게 함으로써 뭔가 확 달라질 수 있다는 믿음이 있었으니까 그랬을 거 같아.(유재형)

길거리에서는 반갑지만 학교에서 만나면 반갑지 않은 경우도 있잖아. 동지의 기준이 얼마나 시위에 나갔느냐보다는 '개인의 행동 양식'에 좌우되었지. 특히 뺀질거리는 인간들이나 경직된 인간들, 앞 뒤 안 가리고 자기 주장만 하는 인간들, 시간 안 지키는 인간들이 난 참 같이 운동하면서 싫었어. 그러면서 서로 '길'을 들이는 게 아닌가 하는 생각도 들고.(김영하)

대중에게 운동하는 사람들이 가장 인정받지 못한 부분이 대중과 일상에서 같이 생활하지 못한 점인 거 같아. 일단 라이프스타일이 다르고. 운동권은 항상 희생을 강요당하고, 반면 대중은 운동권이 모두 다 잘하는 슈퍼맨이 되기를 원했으니까. 결국 생활력이 뒷받침되지 못한 운동이 문제가 되지. 특히 지각을 밥 먹듯이 하는 걸 대중은 이해하지 못하니까.(김주덕)

일반 대중이 운동권을 보는 것은, 운동권의 지향과 가치는 인정하지만 뭔가 '벽'을 느낀다는 거야. 운동권은 자신이 다른 종류의 사람이라는 '선'을 그은 것이 아닌가 생각해.(윤상원)

다시 처음 이야기로 돌아와서, 80년대에는 개인의 이해나 기쁨의 희생을 운동이라는 최종 목적을 위해 감수할 수 있는 인간형이 요구되었으며, 이것이 무의식중에 대중과의 거리감을 두게 하고 이 둘 사이에 벽을 만들기도 했다. 이러한 우리들의 태도는 대중들의 즐거움, 개인적인 취향, 미래상을 하나의 것으로 통일시키려고 했으며, 이것은 대학의 공동체를 운동을 위한 수단 혹은 대중을 통제하는 질서로 변질시키는 결과를 초래하기도 했다. 대중들은 "만일 사회주의가 오더라도 맥도날드 햄버거를 먹기 위해 몇 시간씩 줄을 서야 한다면 난 사회주의를, 혁명을 원하지 않는다"고 말했지만, 우리는 이러한 대중의 정서나 즐거움, 취향에 별다른 주의를 기울이지 않았다. 우리에게 중요한 것은 운동을 통일시키고 그 밑에 있는 대중들을 하나로 모아낼 수 있는 형식이었다.

운동권의 엘리티즘(elitism, 엘리트주의 — 인용자)이 무척 강했지. 사람들한테 어려운 말로, 혹은 대화할 때 말투 같은 걸 보면 그냥 드러나고. 별로 잘 알지도 못하면서 "이게 문제야……"라는 식으로 입버릇처럼 되뇌고.(최성원)

후배들이 다양한 책을 읽고 싶다고 해도 실제로는 옛날 그대로 하고, 학회 성원들이 무엇을 원하는지 속시원하게 얘기된 적도 없었어. 이러다 보니 학회원의 욕구가 충족되지는 않고……. 학회는 공부하고 싶은 사람의 그 욕구를 충족시켜야 했다고 봐.(남윤수)

MT를 가도 3박 4일간 어떻게 빡빡한 프로그램과 적은 수면, 많은 대화로 채울까를 고민하고, 또 갔다 오면 그 자체로 즐거움을 찾는 것이 아니라 '평가'를 하고 반드시 대안을 제시해야 하는 식의 생활이 거의 대부분이었지. 그때는 편안하게 누릴 수 있는 즐거움이 없었고, 내가 조금이라도 편안하면 빈둥대는 것 같아 불안했어. (정민수)

80년대 운동을 되돌아보면 사실 비합법적인 운동 방식 이상을 고민하지 못했어. 내가 빵(감옥의 은어 — 인용자)에 갔을 때 내 후원회가 있었는데, 거기에는 운동을 안 하는 친구들이 더 많았어. 사실 우린 현상적으로 쟤가 우리를 지지하느냐 마느냐로 모든 걸 재단한 채, 같이 즐기고 공감대를 만들려는 노력은 거의 하질 못했지. (임상진)

하고 싶은 건 여행, 영화 보기 등 많았지만 실제로 해 본 적은 없어. 그런데 앞으로도 옛날 같은 상황, 과거 같은 정세나 조건이 오면 다시 옛날하고 똑같이 살 거 같아. 한편으로는 삶의 질을 높이려는 생각들이 있기는 있었지. 기존에 부르주아 학문이라고 불리는 전공에도 관심을 가지려고 했고, 박물관에도 가고, 전시회에도 가고 또 외국에도 나가고 싶고, 그리고 터부시하던 팝송이나 클래식도 듣고 싶고, 쇼핑도 가고 싶었어……. 이제 좀 '자연스러운 걸' 추구하고 싶은 거야. 그러는 과정에서 다른 평범한 사람들하고도 부담 없이 섞여서 살 수도 있다고 생각해. 그렇지만 그런 것들이 내 생활의 일부로 들어올 뿐이지 '절대적인 것'은 아니야.

단지 그런 걸 추구하고 갈망하는 게 과거에는 죄책감으로 다가왔는데 이제는 그러지 않으려고 하는 거구, 그건 과거의 내 모습에 대한 부정이 필요한 거지.(정민수)

몸과 마음이 일치되지는 않았다고 생각해. 그렇기 때문에 우리의 생활 자체를 목적의식적으로 만들고, 계속 잘라 나가고 구획을 지어서, 나름대로 공동체를 지향했음에도 불구하고 고립화해 나간 거지. 우리들이 대학 생활 속에서 일구어 냈던 공동체를 떠나왔을 때 우리는 헷갈릴 수밖에 없을 것 같아. 지향점을 잃은 상실감이 조금씩 있을 것 같아. 자기 나름의 한계에 대해서 반성 내지 정신적인 스트레스를 지니고…….(서용만)

그런데 운동권에서 빠져나가는 게 말처럼 쉬운 일은 아니었어. 내가 아는 한 ○○대 81학번이 있는데 유서 대필 사건(91년 5월 정국에 운동권이 죽음을 사주한다며 박홍과 김지하 등 지식인과 언론이 비난한 사건을 지칭 — 인용자)을 보면서 운동권이라면 그럴 수도 있다고 하더라고. 그때 참 '○○대 운동권은 섬뜩하군'이라는 생각이 들더라. 또 과 후배 중 운동을 그만둔다는 사람이 있으면 모임 내에서 토론(자기비판을 의미 — 인용자)이라는 의식을 거쳐 나가게 하구. 그게 별로 좋지 않았지. 정리한 뒤에도 이런 건 '인생의 상처'로 남는 경우가 많았어.(한경수)

우리는 운동의 형식이나 이것을 담을 그릇에 대해 지나치게 몰두했고, 그 결과는 대중과 관계를 맺을 때 편향성, 유연하지 못한 사고로 나타났다. 우리가 지금도 자주 느끼는, 무엇이든 중심이 부재할 때 느끼는 강박관념, 스트레스는 이러한 우리들의 '작은 역사가 만들어낸 잔여물'이 아닌가 싶다. 하지만 이러한 모든 작은 개인사를 부정할 수는 없으며, 그래서도 안 될 것 같다. 그것은 모두, 우리가 그리고 내가 딛고 일어서야 할 숙제이기 때문이다.

1부
잊혀진 것들에 대한 회상

1991년 소련 연방의 붕괴,
분신의 기나긴 대열이 이어졌던 5월 투쟁
그리고
민중운동의 참담한 패배로 종결된
1992년 12월 대통령 선거 이후,
한국 사회에서는 운동의 위기라는
새로운 담론이 사회화되었다.
그리고
모두 '변화'해야 한다는 소리를
이구동성으로 내뱉기 시작했다.
그러면서
80년대 운동에 대한
고해성사가 시작되었다.
"잔치는 끝났다"고 말이다.

1장 잔치는 끝났는가

1991년 소련 연방의 붕괴, 분신의 기나긴 대열이 이어졌던 5월 투쟁 그리고 민중운동의 참담한 패배로 종결된 1992년 12월 대통령 선거 이후, 한국 사회에서는 운동의 위기라는 새로운 담론이 사회화되었다. 그리고 모두 '변화'해야 한다는 목소리를 이구동성으로 내뱉기 시작했다. 80년대 운동에 대한 고해성사가 시작되었다. "서른, 잔치는 끝났다"고 말이다.

특히 80년대 한국의 민주화와 정치 변동에서 중요한 역할을 담당했던 학생운동 세력에 대한 비판은 준엄했다. '우리 안의 파시즘'에서 문제 제기됐던 것처럼 80년대 학생운동에 내재했던 정적주의靜寂主義, 엄숙주의가 운동 조직을 군사 조직처럼 만들고 대중을 운동의 주체가 아닌 대상으로 전락시키는 오류를 범했다는 주장 등이 단적인 예다. 이제 학생은 자신의 본분에 충실해야 한다는 식의 주장도 이런 담론의 효과 가운데 하나였다.

그러나 나는 80년대의 학생운동을 이렇게 단죄하는 경향과 그 '정치적 효과'에 대해 반대한다. 그 이유는 80년대 한국이라는 제3세계적 상황, 즉 노동계급과 민중이 아직 정치 변동의 진정한 주체로 서지 못했으며, 동시에 노동계급과 민중이 민주적 가치의 발명자이자 계승자로서 독자적인 세력으로 존재하지 않았던 상황 때문이다. 대신 학생운동이 그런 가치를 발명했던 것이다. 그렇다면 80년대 학생운동이 발명한 민주적 전통의 실체는 무엇이었으며, 이것은 80년대라는 역사 · 정치적 맥락에서 어떠한 정치적 효과를 미쳤는가?

한국의 경우, 한국전쟁 이후 권위주의적이고 억압적인 국가의 존재 때문에 정치적 급진주의가 정당이나 노동조합 등 제도적인 영역으로 흡수될 수 없었다.

따라서 보수 일변도의 반쪽 불구적인 이데올로기 지형과 민중을 체제 내화할 수 있는 헤게모니를 지니지 못한 지배계급의 취약성 때문에 전통적인 의미에서 계급정당의 탄생이 지연되었다. 정당 같은 제도화된 정치적 장이 원천적으로 봉쇄된 결과 드러났던 좌파 정치 세력과 노동계급 운동의 취약성 때문에, 한국에서 변혁운동은 전통적인 노동계급이 아닌 제3의 세력이 중심이 될 수밖에 없었는데, 그 세력이 바로 학생운동이었다.

이 책에서 내가 밝히려고 하는 것은, 학생운동이 과거를 통해 재해석한 대학 사회 내의 '상상된 민중 공동체imagined people community'가 학생운동의 하위문화subculture와 공동체의 담론, 가치 그리고 의례에 의해 실현되었다는 점이다. 하지만 점차 시간이 지남에 따라 학생운동 지도 세력의 엘리트주의와 대학 사회의 대중이나 대학 문화에 대한 규율discipline화는 대중의 급진화를 거꾸로 제어하고 학생운동을 '대중의 정치'가 아닌 또 다른 '제도의 정치'로 전락하게 했으며, 결국 운동의 위기를 자초했다는 것을 밝히려고 한다.

그렇다면 과거에는 80년대 학생운동을 어떻게 바라보았을까? 먼저, 서구 청년운동처럼 세대간 갈등에서 기인한 청년운동으로 학생운동을 보는 시각이 있다.[1] 둘째, 1980년대 이후 마르크스주의 등 급진적 이념에 근거해 계급 대립을 강조한 사회주의 운동으로서 학생운동을 강조하는 연구들도 있다.[2] 끝으로 집단행동 이론에 근거해 학생운동을 비정상적인 심리 상태에서 벌어지는 일탈 행동으로 파악하는 견해도 존재한다.[3]

이런 흐름들은 각각 1980년대 학생운동 연구의 진전에 어느 정도 기여했지만, 제한된 범위에서만 학생운동을 분석하고 이해함으로써 여러 가지 문제점을 지니고 있다. 먼저 세대간의 갈등으로 학생운동을 이해할 경우, 1980년대의 종속적 파시즘이나 민중 배제적 사회관계 등 서구와 다른 80년대 한국 사회의 고유한 구조적인 모순을 고려하지 않은 채 서구에서 나타난 세대 갈등을 한국적 상황에 기계적으로 도입하는 오류를 범할 수 있다. 세대 갈등으로 학생운동을 보면 1980년대 학생운동이 왜 지속적으로 저항적인 사회운동이나 사회 세력으로 존재했는지 설명하지 못한다. 특히 세대론이나 집단행동론에서 이야기하는 것처럼 세대적인 단절성, 군중 심리, 사회 속에서 느끼는 상대적 박탈감 등 심리학적 개념으로 학생운동을 설명하는 경향은 한국 학생운동을 둘러싼 사회적 맥락을 파악할 수 없다는 중요한 한계를 지닌다.

둘째, 학생운동을 사회주의 운동으로 보는 연구의 경우, 제각기 다른 사회경제적 조건을 지닌 대학생들이 어떻게 사회주의 이념을 받아들이고 집단적인 행동을 벌일 수 있었는지를 설명하기가 쉽지 않다. 물론 80년대 학생운동의 지도부 혹은 엘리트들의 이념이나 지향이 사회주의적이었음을 부정할 수는 없지만, 모든 대중운동과 그때 운동에 참여했던 학생 대중이 사회주의적인 의식을 지녔다고 볼 수는 없다. 학생운동에 직·간접적으로 참여한 대학생 중에서 꽤 많은 수는 자발적 의사에 따라 행동했고, 명백한 계급의식이나 사회주의적 의식보다는 자연발생적이며 지식인으로서 대학생이 지니는 '도덕률'에 기반해 행동하는 경우도 적지 않았기 때문이다.[4]

특히 가장 큰 문제점은 학생운동에 대한 분석이 엘리트나 공식 조직의 이념이나 정치·조직 노선을 분석하는 데 그쳤다는 점이다. 다른 식으로 말하자면 학생 대중은 생산관계에 편입된 존재가 아닌데도 불구하고 왜 1980년대라는 역사적 국면에서 중요한 행위자로 등장했는지 보여주는 명확한 분석이 없었다. 따라서 이런 경향은 80년대 학생 대중의 급진성을 선험적으로 전제하거나 학생 대중의 세대적 일탈성에 초점을 맞춤으로써 80년대 학생운동을 이데올로기적 급진성으로만 설명하려는 문제를 갖고 있었다.[5]

이렇게 운동 지도부의 논리와 사고만을 주된 분석 대상으로 삼은 엘리트 중심의 경향과 다르게, 나는 공동체 내 엘리트와 대중의 다양한 관계를 분석함으로써 아래에서 시작해 형성된 공동체와 학생운동 엘리트에게 호명되는 급진적 이데올로기를 대상으로 한 분석이 80년대 학생 대중의 급진화의 형성과 쇠퇴를 좀더 잘 설명할 수 있다고 생각한다. 또한 과거 한국 사회운동에서 대중이라는 중요한 요인을 간과하던 경향을 비판하고 하위문화를 분석함으로써, 대중의 일상적 저항 과정에서 나타난 집단적 실천과 문화적 정체성 형성을 좀더 역동적으로 밝힐 수 있다고 본다. 이러한 문제의식에 기초해서 이 책의 주장은 다음과 같다.

첫째, 학생운동의 주체는 민중적이고 집단적인 민주적 가치를 지향했고, 이것은 상상된 민중 공동체로 구체화되었다.

둘째, 이런 공동체를 둘러싸고 엘리트는 운동의 지식, 가치, 문화를 통해 대중을 규율화하고, 공식 조직으로서 학생회를 유지함으로써 학생운동 정치를 '대중정치'가 아닌 '제도화된 정치'로 전락시켰다. 반면, 대중은 민주적인 가치의 기반으로 운동 문화를 인정했지만, 대중을 규율화하는 운동 엘리트의 경향에 대해 비공식적인 저항과 불만을 지닌 채 자신들의 일상에 근거한 민주적 가치를 유지하려고 했다.

셋째, 공동체를 둘러싼 내부 갈등이 있기는 했지만, 80년대 학생운동에서 대중적 저항을 가능하게 한 물질적인 기반은 급진적 이데올로기나 80년대의 파시즘적 억압적 조건뿐만 아니라 학생운동이 발명한 상상된 민중 공동체와 운동 문화로서 하위문화였다.

이 책에서는 하위문화, 공동체, 대중, 지식인, 대중정치, 민중, 전통의 재해석 등의 개념을 사용하려고 한다. 왜냐하면 이 개념들을 통해 그동안 경시해오던 대중과 하위문화라는 문제의식을 좀더 분명하게 볼 수 있기 때문이다. 우선 지식인으로서 대학생의 지위에서 시작하려고 한다. 여기서 대학생에 대해 먼저 언급하는 이유는 대학생의 모순된 지위를 명확히 해야만 80년대 대학생의 의식, 행위 그리고 문화를 둘러싼 동학dynamics과 이것을 둘러싼 대학생 내부의 권력 관계를 명확하게 파악할 수 있기 때문이다.

대학생은 단일한 계급적 지위를 지니지 않은, 생산관계 속에 포함된 집단 이 아니다. 반면 대학생은 자본주의적 사회관계의 재생산에 종속된 대학이라는 이데올로기적 국가기구에 편입되어 있는 주체다. 하지만 이런 해석은 역사적으로 형성된 지식인으로서 대학생이 지닌 특성을 간과하고 있으며, 지식 생산자이자 사회관계 속에서 전문인의 지위를 지닌 대학생을 과연 대중으로 볼 수 있는가 하는 문제를 제기할 수 있게 한다.

사회적 차원에서 대학생은 지식 생산, 생활양식, 수입 등 독자적인 지위를 지니는 지식인이지만, 학생운동이라는 집단행동 혹은 집단적 실천의 차원에서는 의식적인 부위인 학생운동 엘리트와 다양한 형태의 대중으로 구분할 수 있다. 이 책에서 나는 학생운동 정치의 내부 동학과 이것을 둘러싼 운동 문화로서 하위문화, 공식 조직으로서 학생회 내부의 권력 관계에 초점을 맞추고 있기 때문에, '사회적 차원'과 '집단적 차원'의 대중 가운데 집단적 차원을 주로 분석할 것이다.

집단적 차원에서 대학생을 지식인으로 규정한다면, 사회운동에서 지식인은 어떤 역할을 하는가? 마르크스주의 시각에서 지식인은 지식 생산에만 그쳐서는 안 되며, 자신의 지식으로 사회를 변화시키는 주체다. 마르크스주의의 가장 큰 이론적 혁신은 자본주의 계급관계와 급진적인 지식인이 구체적으로 결합하는 지점을 제시한 것이라고 할 수 있다. 바로 지식인을 프롤레타리아트 권력의 대변인으로 상정한 것이다.[1] 이런 견해를 계승한 가장 대표적인 이론가가 바로 레닌V. I. Lenin과 그람시A. Gramsci다. 레닌과 그람시는 지식인이 어느 계급과 집단의 위치에서 지적인 작업을 하느냐에 따라 그 계급적인 성격이 변화할 수 있다고 생각했다.[2] 실제로 모든 사회혁명에서 지식인이 개입하지 않은 경우는 거의 없었고, 유기적 지식인은 새로운 사회를 위한 이데올로기를 발명했을 뿐만 아니라 이것을 실현하기 위한 사회 세력을 조직화했다. 다시 말하자면 사회혁명 과정에서 지식인은 노동계급 동맹 정책의 일환이었다.[3]

그러나 모든 지식인이 '유기적 지식인organic intellectuals'의 역할을 했거나 사회혁명의 핵심이었던 것은 아니다. 오히려 지식인은 자본주의 아래에서 객관적인 지위가 점차 프롤레타리아트로 되면서도 계급들 사이에서 끊임없이 동요했고, 노동계급의 이해를 지니지도 않았다. 지식인은 자신의 전문화된 지식을 대학과 사회 영역에서 보호받고 동시에 노동시장에서도 상대적인 희소 가치를 지니는 '이중적 지위'에 놓여 있기 때문이다. 지식인은 시장에서 후견인을 위해 봉사하지도 않지만 동시에 시장의 가치 체계에서 벗어날 수도 없다. 이런 의미에서 지식인을 계급이 아닌 '사회 계층'으로 보는 게 타당하다. 이것은 자유시장에서 지식의 생산물이 받아들여지지 않을 경우 지식인 스스로 독자적인 대항문화를 만들 수 있으며, 사회주의 체제 아래에서도 독자적인 이해를 지닌 채 엘리트로서 독점적 지위를 재생산한다는 역사적 사실에서도 확인된다.[4]

그렇다면 피지배 계급이 아닌 지식인이 정치적으로 급진화되는 원인을 어디에서 찾을 수 있을까? 지식인은 개인의 출신 계급에 따라서 '계급적 아비투스'5를 지닌다. 지식인들은 자신의 가족을 통해 자신이 속한 계급의 문화에 노출됨으로써 일생에 걸쳐 정체성, 이념, 상징, 가치 등에 친화력을, 다른 것에 대해서는 배타성을 느끼게 된다.6 이런 지식인의 정치사회화 과정에서 적은 권력 자원과 많은 문화 자본을 지닌 지식인의 경우 지배 권력에 냉소적이고 자신의 계급적 아비투스를 다른 계급의 아비투스로 바꿀 수 있게 된다. 반대로 노동계급의 아비투스를 지닌 개인이 고등교육 또는 지배 이데올로기에 반하는 계급 경험 등을 통해 대안적 문화를 형성할 가능성도 존재한다. 이렇게 지식인의 정치사회화 과정은 불연속적이어서 자신의 계급적인 지위에 반하는 실천을 스스로 만들어갈 가능성이 항상 열려 있다. 이런 의미에서 80년대 상당수 대학생의 계급적인 아비투스는 중간 계급에 속하면서도 여기에 반하는 경우가 발생했던 것이다.

한국의 경우, 억압적 국가기구가 시민사회와 사회 각 영역을 강력하게 통제하던 조건에서 대학과 지식사회는 권력의 통제가 상대적으로 취약한 공간이었다. 바로 이런 조건이 권력 장악의 주체가 될 수 없는 80년대 학생운동을 강력한 정치 세력으로 만들었다. 1970년대 대학생의 사회적인 위치는 폭넓은 지식층으로서 근대화와 자유화·민주화의 추진 세력이었다. 특히 이 시기에 대학생은 다른 사회 집단과 달리 대학이라는—많은 대학이 서울 등 대도시에 집중돼 있기 때문에—동질적인 공간에 밀집되어 있었고 사회관계에서 상대적으로 자유롭게 수평적인 연대를 형성할 수 있었으며, 기성 지식인과 달리 식민지 지배와 전쟁을 겪지 않았기 때문에 종속적 문화를 배타시했으며, 독자적인 담론을 형성할 수 있는 조건을 지녔다.7

이데올로기적 측면에서도 70년대 대학생은 국가 주도 근대화와 발전 개념에 대해 부정적이어서 지배 세력을 위한 근대화가 아니라 모든 국민에게 골고루 혜택이 돌아가는 근대화를 원했다. 1970년대 초반 발생한 전태일 열사의 분신, 광주대단지 사건 등으로 대표되는 착취와 억압의 현실은, 대학생들로 하여금 한국 사회의 현실을 빈자와 부자, 농촌과 도시라는 심각한 양극화로 파악하게 했고, 정권과 소수 가진 자들의 유착에 따라 정치와 경제가 모두 지배된다고 생각하게 만들었다. 따라서 1970년대 한국 대학생은 한국 사회의 정치적인 대립 구도를 박정희 정권 대 모든 국민으로 보던 기성의 비판적 지식인이 지닌 한계를 부분적으로 극복하고 분단 체제에서 기득권을 지닌 반민족·반민중 세력인 군부, 관료, 재벌, 기성 보수 지식인 대 민족·민중·민주 세력으로 상정했다. 물론 이런 정치적 지향은 사회주의적이라기보다 '민중 주체적'인 특징을 지녔다.

한편 80년대에 들어서 자신을 유기적 지식인으로 규정한 대학생은, 다양한 계급 경험, 국가 폭력과 억압적 지배 구조의 실체에 대한 분노, 민중과 노동계급에 대한 헌신 그리고 이전 시기와 구분되는 혁명에 대한 광기 어린 열정으로 가득 차 있었다. 특히 학생운동 엘리트들은 지식인으로서 자신의 존재를 부정하고 민중과 노동계급이 있는 노동 현장으로 가거나, 대학생이라는 자신의 기득권을 포기하고 민중적 공동체의 발명과 대중화에 매진했다.

결국 이 책에서 규명하려고 하는 문제들은, 먼저 1970년대와 구별되는 80년대 대학에서 민중 공동체가 발명되는 과정을 하위문화의 여러 특징을 통해 살펴보고, 대학생들이 노동자 혹은 상상된 민중imagined people으로서 자신의 미래상을 만들어간 과정을 추적하려고 한다.

둘째, 의회와 정당정치로 대표되는 공식 정치과정 혹은 정상 정치正常 政治와 구분되는, 다시 말해서 거리의 정치street politics라는 '비제도적 전략'으로 대표되던 80년대 초반 학생운동의 전략과 실천이 제도화 전략인 정상 정치로 함몰된 이유를 밝혀낼 것이다. 1980년 서울역 회군, 1987년 6월 항쟁, 1991년 5월 투쟁으로 이어지는 과정에서 "왜 학생운동 엘리트들은 대중의 의지, 자발성에 반하는 '정상 정치', 즉 거리에서 후퇴하는 전략을 선택했으며, 이것은 어떻게 학생 대중운동의 탈급진화와 제도화에 영향을 미쳤는가"를 설명하려고 한다. 좀더 구체적으로 집단행동의 기본 조직이자 결과적으로 학생 대중운동의 제도화를 유발한 공식 조직official organization인 학생회 조직 내부의 갈등 양상과 대중의 괴리를 경험적으로 살펴본 뒤, 학생운동 엘리트가 일상에서 어떠한 방식으로 대중을 길들이고 대중의 감성과 문화 등을 규율함으로써 엘리트의 지식, 실천을 특권화하고 독점했는지를 구술 자료, 1차 자료, 비공식 자료 등을 분석해서 밝히려고 한다. 특히 80년대 학생운동 엘리트가 공유하고 있는 자발성에 대한 억압과 무시가 대중이 만들어가는 정치가 아니라 엘리트가 대중을 길들이려는 과정으로 전화됐다는 것을 경험적으로 설명하고, 이것을 통해 80년대 학생운동 정치의 내부 동학과 학생운동 정치의 실패 원인으로서 대중정치mass politics의 문제를 지적하려고 한다.

3장 구술사와 '그 사람들의 목소리'

이 책에서는 연구 방법으로 심층 인터뷰를 통한 '민족지ethnography', '구술사oral history' 접근을 사용했다. 물론 민족지, 구술사적 접근은, 구술을 통해 대중의 생활 세계, 일상의 개인·행위자·집단의 실체를 더 잘 드러낼 수 있으며, 대중의 가치나 의식 등을 대중의 일상 언어로 표출할 수 있다. 따라서 구술사는 기존 학생운동 연구가 간과했던 학생운동의 내부 동학과 권력 관계를 엘리트와 대중 내부에서 벌어지는 실천, 문화, 성향 등 하위문화를 통해 분석함으로써 운동 내부의 논리와 실천을 뒷받침하는 학생운동의 보이지 않는 '이면'을 들춰 낼 수 있다.

   이 책을 쓰기 위한 구술 인터뷰는 1995년 4월에서 8월까지 다섯 달 동안 집중적으로 진행되었다. 이 기간 동안 나는 17명을 대상으로 모두 62회에 걸친 구술 인터뷰를 진행했고, 그 결과를 녹취해 인용했다. 구술 대상은 81학번에서 92학번에 걸쳐 80년대에서 1990년대 초반에 서강대학교에서 대학 생활을 한 사람들이다. 나는 이 사람들과 초반에는 매주 1회, 후반에는 2주 또는 3주에 1회씩 만났는데, 처음에는 전반적인 대학 생활에 대해, 나중에는 대학 내의 하위문화, 학생회, 대중과 엘리트의 관계 등의 순서로 구술의 깊이를 더해 나갔다. 구술 대상자들은 4인을 제외하고는 나와 대학 시절 친분이 있거나 안면이 있던 사람이고, 3인을 제외하고는 모두 80년대 학번이다. 연령으로 볼 때 구술 인터뷰를 할 당시에 24세에서 34세 사이에 분포되어 있으며, 평균 연령은 85학번 연령인 29세다. 개인당 인터뷰 횟수는 최고 10회에서 최소 2회이며, 평균 인터뷰 횟수는 5회 또는 6회였다. 면접자의 현재 직업, 대학에 다닐 때 한 활동이

대학에 다닐 때의 정치적 성향

학생운동 엘리트	학생운동 내 주변부	학생운동 동조·방관자
4명	9명	4명

현재의 정치적 성향

현재 운동가	운동의 지지자	방관 또는 비판자
2명	9명	6명

면접자의 인적 사항

이름	면접할 때 나이	현재 나이	대학 다닐 때의 상황
1. 최성원	30	46	학생회 간부
2. 남윤수	26	42	학생회 간부
3. 정민수	26	42	학생회 활동가
4. 이상호	24	40	동조자
5. 한경수	30	46	학생회 활동가
6. 이성수	25	41	학생회 간부
7. 김주덕	24	40	학생회 간부
8. 김영하	34	50	학생운동 엘리트
9. 서용만	30	46	학생회 간부
10. 차두식	34	50	학생회 활동가
11. 원용진	30	46	동조자
12. 박근태	25	41	동조자
13. 심재원	26	42	학생회 활동가
14. 임상진	27	43	학생운동 엘리트
15. 유재형	31	47	학생회 활동가
16. 강영만	25	41	학생운동 엘리트
17. 김세진	30	46	학생회 활동가

나 행적을 자세히 실을 예정이었지만, 대부분 완곡히 거부하거나 공개하고 싶지 않다는 의사를 밝혀 어쩔 수 없이 대학 다니던 때와 현재의 정치적 성향을 간략하게 제시하는 것으로 만족할 수밖에 없었다. 다만 면접자의 이름은 사생활을 보호하기 위해 가명을 사용했음을 밝힌다.

물론 구술자의 인적 사항이나 숫자에서 확인할 수 있듯이 80년대 운동에 불참하거나 운동에 비판적이던 대중까지 포함한 면접을 하지는 못했지만, 그렇다고 이 책이 무의미한 것은 결코 아니다. 대학 내 민중 공동체의 형성과 위기 그리고 학생운동에서 대중정치의 실패를 분석하는 데에는 양면적인 접근 가능성이 존재한다. 하나의 접근은 학생운동 엘리트, 운동 세력의 시각에서 이 사람들이 대중을 바라보면서 운동 문화와 급진적 학생운동 정치를 강제하는 과정을 분석하는 것이고, 또 하나의 접근은 대중의 시각에서 대중이 엘리트의 운동 문화, 집단적 실천, 성향 체계 등을 수용하거나 소극적으로 거부 또는 저항하는 측면을 살피는 것이다. 이 책은 학생운동 엘리트와 그 주변 집단을 대상으로 한 인터뷰를 통해 80년대 학생운동 엘리트의 지향과 이 엘리트들이 대중과 맺는 권력 관계 속에서 변화하는 동학dynamics을 분석하는 의미가 있다. 또한 '대중정치' 개념이 학생운동 정치의 분석 단위로 '대중'만을 사고하는 것이 아니라 정치의 주체와 대상의 이분법을 극복하는 문제 설정이라면, 엘리트가 대중에 행사했던 '의식적인 지도'에서 시작해 엘리트들의 실천과 성향에 대해 분석하는 것은 대중정치가 '실패'한 원인을 규명하는 데에서 의미를 지닐 것이다.

　　하지만 이 책을 통해 나는 80년대 학생 대중의 문화·실천에 대한 일반 이론을 구축할 의도는 없다. 다만 내가 의도한 바는 사전에 가설을 세운 뒤 여기에 사실을 꿰맞추지 않고 구술자의 기억에 '귀를 기울'임으로써 선입견이나 이론적인 조건 없이, 사실들을 그 자체의 맥락들 안에서 파악하는 것이다. 모든 이론은 잠정적이며, 모든 사실을 포괄하는 이론을 구축하려는 시도는 일종의 '지식의 권력화'이기 때문이다. 이런 의미에서 이 책은 80년대 학생 대중이 만든 문화와 기억에 의거한 구술과 비공식 자료 등을 적극적으로 수용했다. 이런 접근은 당시 사회와 역사를 포괄적으로 이해하기 위한 것이며, 다른 의미에서는 80년대라는 사회와 역사에 대한 '재발명 작업의 일환'일 것이다.

2부
1980년대 한국 대학생의 운동 문화

나는 사실 대학에 놀러 갔다.
학생운동을 하리라는 그런 생각도 없었고
글을 쓰리라는 생각도 없었다.
그냥 지적 호기심에서 기웃거리던 나는
괴로워 술만 마시던 선배들을 통해
학교 지하실에 보물 지도가 있다는 것을
알게 되었다. 세상을 구할 지도가.
그 지도에는 사회주의라든가 노동이라든가
계급이라든가 루카치와 브레히트 같은
처음 듣는 이름들이 가득 차 있었다.
우리는 서서히 세상을 변화시켜 보겠다는
욕망을 품게 되었다.

—

조혜정, 《글읽기와 삶 읽기 Ⅲ》 중에서

80년대 대학생들이 '발명'한 민주적 가치 혹은 민중적 전통의 실체는 무엇인가? '비동시성의 동시성'이라고 칭해지듯이 서구와 다르게 한국의 부르주아지는 자유민주주의적 이념과 제도의 담지자가 결코 아니었으며, 이것은 노동계급도 마찬가지였다. 유신 이후 종속적 자본주의적 사회관계가 전면화되면서 일어난 객관적인 계급 분화에도 불구하고 정치사회와 시민사회의 '불구성'은 여전히 잔존했으며, 노동과 자본이 주도하는 '계급 정치'는 한국전쟁 이후에는 존재하지 않았다.

　　그렇다면 노동계급이 80년대 계급정치 혹은 절차적 민주화의 진전을 주도하지 못했다는 진단은 타당한 것인가? 노동에 대한 자본의 경제적인 포섭과 노동운동에 대한 국가의 배제는 노동계급을 시민사회에서도 정치사회에서도 그리고 작업장에서도 정치의 주체로 서지 못하게 했다.[1] 87년 이후에도 한국의 노동조합 운동은 시민사회에서 하나의 사회 세력으로서 힘의 균형을 복원하기 보다는 패권적 부르주아지와 야누스적인 중산층의 계급 동맹에 포위된 채 기업별 노동조합이라는 조직적 한계에 머물러 있었다. 또한 정치사회에서도 몇 차례 시도 — 비록 노동조합이나 계급 대중 조직에 기반했다고 평가할 수는 없지만 1988년 '민중의 당'과 '한겨레민주당'의 시도, 1992년 '민중당'의 좌초 등이 단적인 예이다 — 가 있기는 했지만 정치적 진출이 원천적으로 봉쇄되어 있기는 마찬가지였다. 이런 맥락에서 80년 서울의 봄, 87년 6월 항쟁과 노동자 대투쟁 그리고 1991년 5월 투쟁이라는 일련의 정치 위기가 해소되는 과정은 노동계급이 주도한 위기의 수습이 아니라 국가, 독점자본 그리고 그 주변을 배회하는

'보수 야당' 간의 "예방 혁명적인 봉인 과정"이었다는 주장은 설득력이 있다.[2]

이런 점에서 80년대 한국정치는 '계급 형성의 지체', '대중의 민주 · 민중적 권리의 봉쇄'로 특징지어졌다. 더군다나 시민사회의 이해를 매개할 정당 체계가 '보수 독점, 좌파 배제'인 상태에서, 대중의 민주적 가치란 '입에 발린 치사lip service' 이상은 아니었다.[3] 결국 80년대 한국 정치에서 정치적 민주주의 또는 제한된 민주주의를 형성한 주체는 부르주아도 노동계급도 아니었다.

다음으로 80년대 학생운동의 '이데올로기적 성격'을 살펴보자. 먼저 80년대의 전사前史인 1970년대 민주화 운동 그리고 주도 세력인 학생운동의 대항 이데올로기가 지닌 성격을 알아볼 필요가 있다. 첫째, 1970년대 운동의 대항 이데올로기는 주로 '자유민주주의'라는 틀 안에서 체제와 반체제 세력 간의 갈등으로 나타났다. 다시 말해서 학생운동이나 사회운동, 재야운동을 막론하고 일부를 제외하면 '자유주의 · 도덕주의'라는 틀 안에서 진행되었다.[4] 이런 1970년대 학생운동의 한계는 흔히 발전주의[5] 담론으로 표현된 자본주의 발전 자체의 명분과 정당성에 대해 반대를 하지 못했고, 반대의 대안을 반공이라는 '허용된 이데올로기 틀' 안에서 동원했다는 점이었다.[6]

직접 운동에 참여한 운동 주체의 측면에서도 민주주의, 인권, 생존권 등 당시 이슈가 유신 체제에서 대중들에게 대항 이데올로기로 받아들여지는 데는 한계가 있었다. 유신의 비민주성에 대한 학생운동의 대항 이데올로기는 상대적으로 지식인과 중간 계급에게는 쉽게 다가갔다. 하지만 실업, 저임금, 과중한 세금, 부채 등에 시달리던 노동자, 농민 그리고 도시빈민층이라고 불리던 이른바 '민중'에게는 강한 설득력을 지니지 못했다. 이런 대항 이데올로기의 한계는 잇따른 긴급조치 아래에서 노동자 · 농민운동의 저발전과 공개적인 저항이 금지된 상황이라는 조건 이외에도, 사회운동이 재야 지식인이나 명망가 혹은 학생운동을 중심으로 진행되었기 때문이기도 했다. 이런 조건에서 운동 진영의 저항 이데올로기는 민주화 운동에 민중들을 참여시킬 수 있는 충분한 '동원' 이데올로기가 아니었으며, 오히려 민중들은 군부와 지배 계급이 내세운 발전주의와 안보 이데올로기에 거꾸로 동원counter-mobilization되었다. 물론 학생운동 일부에서 민중·민주·민족 등 초보적인 문제 제기[7]가 등장했지만, 민중운동과 연대는 제한적이었다.[8]

대표적인 예로 농민을 들 수 있다. 농민들은 군부 정권에 의해 정치적으로 탈동원화되었으며, 기존 질서에 '체념적 순종'을 하도록 강요당했다. 이것은 한편으로 해방 공간에서 농민 봉기가 실패로 돌아간 사실과 그것 때문에 고통을 받은 과거의 역사적 경험이 모든 저항의 가능성을 스스로 부정하는 방식으로 '내면화'되었기 때문이다. 농민에게 군부 정권이나 소수의 가진 자 그리고 배운 사람들은 헤게모니를 가진 사회 세력이라기보다는 '저 멀리 군림하는 존재'였다. 한국 노동자계급 역시 유럽의 산업 노동자와 달리 농촌 청소년, 이농민을 중심으로 구성되었다. 노동자들은 작업장에 대한 두려움이나 거부보다 농촌의 빈곤을 탈출할 수 있다는 막연한 기대 심리를 강하게 지니고 있었다. 하지만 노동자들도 일부 여성 민주노조 운동을 제외하고 가부장적인 문화에 길들어 있었으며, 12~16시간의 장시간 노동, 저임금, 작업장에서 횡행하는 구타나 완력 등 노동 조건 등도 아주 나빴고, 연대와 집단행동의 기반이 갖춰져 있지 않아 초보적인 계급의식이나 계급적 행동의 가능성도 상대적으로 취약했다.[9]

그렇다면 1970년대 학생운동 정치의 대항 이데올로기의 한계는 어떤 경로를 통해 80년대에 극복되었는가? 1970년대 후반 학생운동은 박정희 정권 퇴진을 위한 전국적인 시위를 벌이려고 했지만, 실제 대학생과 일부 비판적인 지식인만을 포괄하는 제한적인 성격을 띠고 있었다. 1970년대 학생운동이 지향했던 '무조직의 조직 방식'과 '소그룹 조직 방식'은 계획적인 운동 역량의 배치를 어렵게 했고, 민중들의 적극적인 참여에 근거한 대중 투쟁에 대한 실제적인 지도 역시 어렵게 만들었다. 그러나 다른 한편 개인적인 차원에서 꾸준히 진행된 노동 현장의 체험 — 상당수가 '공단 실태 조사'의 성격을 띠었다 — 은 대학생인 한 개인이 진짜 노동자로 설 수 있는지를 시험하는 계기였으며, 그때 진행된 초보적인 노학연대의 시도는 80년대 학생운동의 핵심 전략인 노학연대의 '기원'이라고 할 수 있다.[10]

이런 한계는 1970년대 말 노학연대의 흐름과 1980년 광주민중항쟁의 경험이 결합되어 극복의 맹아가 나타난 뒤, 1983년 유화 국면에 와서야 비로소 '민중주의populism'라는 이데올로기적 성격을 지니게 된다.[11] 특히 80년대 학생운동 공동체의 담론인 민중 담론의 기원은 광주민중항쟁의 기억과 경험들, 총과 곤봉으로 무장한 국가 폭력의 경험, 항쟁의 주체인 민중의 부각과 공동체적 자치의 경험에서 비롯되었다고 할 수 있다. 이런 역사적 경험은 학생운동 정치가 대안적인 사회상으로 사회주의를 대중적으로 공유하는 수준은 아니었지만 넓은 의미의 민중의 고통과 경험, 기억을 공감하도록 했다.[12] 결국 1980년대 들어서 학생 대중은, 본격적으로 마르크스주의나 사회주의로 무장한 것은 아니었지만 자유민주주의라는 70년대의 한계를 극복하면서 소외된 민중·노동자계급과 초보적인 연대를 모색하기 시작했다.[13] 이른바 '현장론'이 대두했던 것이다. 이런 초보적인 연대를 80년대 현장에 투신했던 사람들의 기억을 통해 들어보자.

> 그러나 FT(공장활동을 가리키는 'factory team'의 줄임말 — 인용자) 때 가장 큰 고민은 노동자를 지나치게 우러러본다는 사실 …… 그런데 실제로는 별로였지. 사실 87년 이전에는 민중은 약자의 이미지가 강했지. 그래서 순수하게 우리는 약자의 편에 서야 한다는 의미가 강했어.(임상진)

> 84년부터는 조직적으로 현장 이전을 했는데 그 전에는 거의 개별적인 이전이었지. 현장 가려면 신분증도 위조하고, 그게 또 쉬운 일이 아니었고, 가서 노동자의 생활을 익히는 것이었지. 당시에는 인천을 중심으로 갔어. 86~87년까지도 학생운동은 노동운동과 연결되어 있었고, 학생운동에서 노동운동으로 가는 것이 정례적인

것이었고, 안 가는 게 이례적인 거였지.(한경수)

또한 대학생 출신 현장 투신자의 수기에는 그때의 심경이 다음과 같이 적혀 있다.

현실을 밝게 비춰 줄 학문이 싹 틀 자리조차 가로막고 있는 풍토 속에선 관제 학문이나, 기껏해야 숨을 죽이고 눈치나 살피는 무력한 학문밖에 이를 수 없었다. ······ 나는 학문이라는 고상한 이름의 한계에 머물러 있을 수 없었다. 내가 진정으로 원한 것은 모든 부분에서 모든 사람들의 활력적인 삶이었다. 그러나 그것은 내가 본 어디에도 없었다. 여기도 저기도 막혀 있었다. 그것이 사회의 본질이었다. 이제 길은 오직 하나, 이 잘못된 사회의 비리를 온몸으로 고치는 작업만이 내게 주어진 본분이라고 믿어졌다. 본분을 위해서라면 어디로든 가겠고 무엇이든 하겠다는 의지가 막무가내로 솟아올랐다. 대학원을 때려치운 뒤 본격적으로 노동운동에 관한 것, 가령 노동운동사와 노동법 등도 접했다. 그리고 바로 공장에 들어갔다.[14]

한편 80년대 중반을 거치며 학생운동 안에서 '사상 노선' 논쟁이 촉발된 뒤 학생운동 내부에 공유되던 민중 담론이 분화되기 시작했다. 공동체 내 이데올로기와 담론이 마르크스주의, 사회주의 또는 민중민주주의라고 표현되는 운동 엘리트의 이데올로기, 민족 통일을 추구하는 이데올로기, 기존의 민중주의적 이데올로기 등으로 갈라지기 시작했다. 하지만 80년대 노선 또는 이론 투쟁의 한계 역시 분명했다. 현실의 대중적 실천과 결합하지 못한 점, 사상적 수준의 조야함 그리고 엘리트의 급진적 이데올로기가 대중 이데올로기로 전화하는 데 실패한 점 등을 들 수 있다. 여기서 잠시 그때 학생운동 내부의 이데올로기적 흐름에 대한 증언을 들어 보자.

83년 전에는 학생운동에 사회주의라는 사상이 짙게 깔리질 않았고 84년부터 사회주의 운동 이론들이 들어왔지. 바로 이때부터 학생운동 내 사상운동이 강하게 일어났어.(한경수).

과거에는 '독재 타도 민주 쟁취'가 유일한 슬로건이었는데, 84년 후에는 다양한 여러 가지 구호들을 고민하기 시작했지.(임상진)

보통 학습을 하면 한국경제, 서양경제사, 정치경제학, 철학 에세이, 소비에트 철학 교정, 러알사(러시아 혁명사의 줄임말 — 인용자), 중알사(중국 혁명사의 줄임말 — 인용자)를 하고, 그 과정에서 TBD(레닌의 《무엇을 할 것인가(What is to be done)》의 줄임말 — 인용자), ONE STEP(레닌의 《일보 전진 이보 후퇴》의 줄임말 — 인용자) 같은 걸 했지. 하지만 실제 그 학습이 당시 우리 고민하고 연결되기보다는 당위적이었고……. 구체적인 건, 뭐 전두환 정권의 성격, 한국 경제의 상황을 분석하고 전술 노선을 공유하는 수준이었어. 그만큼 열악한 이데올로기적 수준이지.(임상진)

우리 학번 중에 패밀리 운동을 한 친구가 전체 학교에서 50명 정도 되는데 아직도 운동을 하는 사람은 거의 없어. 가끔 만나면 어떤 친구는, 그때 한 건 도덕적인 올바름에서였다고 말하기도 하고, 또 다른 친구는 룸살롱에 가서도 '나는 사회주의자'라고 떠든다고……. 그만큼 운동의 수준이 낮고 구체적인 이데올로기적 지반이 극히 약했지.(임상진)

이렇게 80년대 중반 이후 급진적 이데올로기는 반독재 민주화 투쟁의 수준을 뛰어넘는 한국 사회의 구조적 변혁이라는 문제를 전면적으로 제기했다. 그러나 이런 급진적 이데올로기가 대중운동의 수준에서 대중 이데올로기로 전화하지는 못했으며, 여전히 사상운동의 수준도 엘리트들 간의 논쟁을 벗어나지 못했다. 다음의 언급은 이런 사실을 부분적으로 보여주고 있다.

분파 간의 차별성 같은 것들은 사상이라고 할 수 있을 만큼 논리적으로 체계를 수립하는 그런 수준은 아니었고……대부분의 경우에는 뭉뚱그려져서 이 부분은 맞고 이 부분은 아닌 것 같다는 식의, 내가 선택을 한다기보다는, '이건 아닌 것 같고 이것도 아닌 것 같고 그래서 이거다'라는 식의 과정이었지.(김영하)

그러나 시간이 지나면서 상이나 대안보다는 상황 논리에 따라 이끌린다는 생각이 많이 들었지. 운동의 중심이 빠진 기술적인 문제에 매몰되어서 내 운동의 중심축은 무엇인가에 대한 생각이 많았어. NL(민족해방파를 뜻하는 'national liberation'의 줄임말 — 인용자)이냐 PD(민중민주파를 뜻하는 'people's democracy'의 줄임말 — 인용자)냐 이전에 왜 내가 이 사상을 받아들여야 하는지 갈등했지. 되돌아보면 사상이나 이념으로 부르기에는 너무 부끄럽고 확신도 없었고, 단지 내가 살고 있는 현실에 고통 받고 있는 사람들이 있기에 난 할 수 있었다고 생각해.(이성수).

그렇다면 80년대 대학생들을 하나로 만들 수 있었던 것은 과연 무엇일까? 나는 이 질문의 해답을 공동체의 문화에서 찾으려고 한다.

80년대 초반 학생들의 자치 조직인 학생회가 건설되기 이전까지 학생들은 자신들의 정치, 토론, 가치, 놀이 등을 공유하는 장으로서 전통적인 '술집 문화'를 향유했다. 여기에 1970년대 이래 계승되어 온 '놀이 문화'가 결합되어 학생들의 문화적인 정체성을 형성했다. 1970년대 하위문화의 가장 대표적인 양식이던 마당극은 1960년대 이래 대학생들이 주도한 전통문화의 재발명을 통해 '재해석 re-interpretation'됐다. 1970년대 전반 대학 문화의 성격은 반反식민주의적 행동으로서, 문화적 전통과 정체성을 회복하는 데 초점을 두었다. 그러나 1970년대 후반에서 80년대 초반에 이르러 문화 운동은 이전보다 정치 지향적 성격을 띠는 동시에 대학 사회 안에서 대중성을 확보하고자 했으며, 이것을 위해 대학생들은 민중 연행 예술의 발명과 무속 의례에 정치적 상징을 띤 조작을 가함으로써 정치적 성격을 확산시켰다. 민중이 향유해 오던 전통적 농민 문화의 요소인 탈춤, 가면극, 판소리, 민요와 춤, 무속 의례와 사설 등을 종합해 새로운 형식과 구조를 지닌 장르로 '발명'했던 것이다.[1] 이렇게 1970년대 학생운동이 재발명한 민속·전통문화의 저항성에 대학생들이 지향하던 민중성이 결합된 것이었다. 이런 의미에서 80년대 초반은 분명히 1970년대 대학 문화의 '연장선'이었다.

한편 '공식 제도'로서 학생회가 출범하기 전에 학생들 사이의 공동체적 감성을 공유할 수 있던 장은 아주 제한적이었으며, 공동체적 정체성의 공유는 정권을 향한 분노를 공유하거나 적나라한 폭력이 눈앞에서 벌어지는 상황을 함께 경험함으로써 형성되었다. 군부 정권이 가하는 폭력과 억압이라는 현실이 실제 자신의 경험으로 전이됨으로써 공동체 내 공통의 경험을 만들어낸 것이다. 다음의 언급은 이런 점을 잘 묘사하고 있다.

지난 4월 19일 4·19기념제를 가진 뒤 2백여 명이 시위를 하던 중 2시 30분 경 교문 앞에서 ○○○군이 오른쪽 눈에 파편을 맞아 안구 제거 수술을 받고 오른쪽 눈을 실명했다. …… 한편 4월 11일 폭력 경찰 화형식을 마치고 정문에서 시위를 하던 200여 명의 학생 중 ○○○ 군이 머리를 부상, 뇌수술을 받아 현재 휴학 중에 있다.(《서강학보》 1984년 5월 19일자)

충격적이었던 건 학내에 군인들이 진주했던 거야. 우리가 한번 시위만 하면 애들이 X관에서 도서관에 올라가는 길, R관, A관 안까지 막 들어오고, 그러면서 친구나 선배가 최루탄을 맞아서 실명이 되고…… 정말 가상의 적이 아니라 진짜 적이 우리 눈앞에 있는 거지.(김세진)

특히 80년대 초반, 1980년에서 1983년 사이에는 80년 서울의 봄으로 대표되던 민주화 투쟁의 실패, 광주민중항쟁에 대한 죄책감 등이 대학을 어두운 그림자로 뒤덮었다. 80년대 초반 전투경찰과 정보원이 대학에 상주하면서 일상의 삶이 유린당하는 참담함, 열 명만 모여도 날아드는 사과탄과 최루탄, 선배와 친구가 반정부 구호를 외쳤다는 사실 때문에 개처럼 전투경찰과 사복경찰에 끌려가는 상황은 대학생들을 어둡고 외진 곳으로 몰아세웠다. 그래서 80년대 대학생들은 어쩔 수 없이 파시즘의 감시를 피해 자신들만의 독특한 공간, 생활, 느낌, 삶의 방식, 지향을 발명했다. 비록 몇 안 되는 사람들이었고 세련되지도 않았지만 그 안에서 사회와 정권 그리고 국가에 반역하는 음모를 꾸미기 시작했던 것이다. 따라서 대학생들이 문화를 만드는 과정은 필연적으로 저항과 투쟁을 지향할 수밖에 없었고, 자신들만의 가치, 의례, 정체성을 이른바 '적들'이라 불리는 이들과 분명히 구분되는 운동 문화로 만들었다. 그때 운동 문화를 형성하던 문제의식은 다음 기사와 구술 증언들을 통해 확인할 수 있다.

> 학회라는 것은 학문이 학문으로서 자기 역할을 수행하기 위해 필요한 자기반성을 집단적 토론으로 자율적으로 수행하고 있는 대학인들의 조직 …… 바람직한 학회 활동의 본질적인 요소인 학문의 방향성과 현실성의 획득은 비판이 허용되는 학문적 분위기에서만 가능 …… 그룹 토론은 개인의 사고가 가지는 자기 한계와 개인적 경험 범위와 실천적 한계 그리고 수준 차 등을 극복해 내고 …… 더욱이 현실적 모순에서 발생하는 고뇌는 개인적으로는 해결 불가능한 것으로 집단적 공동 체험, 토론의 과정 속에서 그 구체적인 해결이 …… 현대의 개인주의화 경향은 공동체 해체 이후 일반화된 현상으로서 가장 진보적이고 공동체적인 연대가 강화되어야 할 대학 사회에서도 그 성향이 강하게 나타나고 있다. 학회는 상업화된 대중문화를 부정하는 대학 문화의 구심체이자 대중문화가 대중을 원자화, 마취하며 파괴적이고 현실 도피적인 반면 대학 문화는 반문화로서의 기능을 본질적으로 갖는다. 대학 문화는 자율성, 독창성을 그 속성으로 한다. 이 속성의 충족은 학회들이 대학 문화의 기본적 단위들로서 활발히 역할을 수행할 수 있을 때 가능해질 수 있다.(《서강학보》1984년 3월 16일자)

> 83년 전에는 주로 언더 티(under team, 패밀리 조직의 비합법 운동 조직 — 인용자) 세미나, 술자리 등을 통해 동지감을 확인했고 83년 이후에나 소위 운동권 노래가 등장했지. 〈훌라 송〉 같은 거 말이야. 막집(서강대 앞 선술집 — 인용자)에 가도 운동가를 부르면 형사에게 찍히고 그래서 유행가 몇 곡 부르다가 한 곡 정도 섞어 부르는 식의……. 그리고 당시 분위기가 워낙 '긴박감'이 감돌았기 때문에 운동을 하는 친구나 안 하는 친구나 결국 분위기는 거의 동일했어. 운동에 대해 심정적인 동의를 하는 친구들이 거의 80~90퍼센트였지. (임상진)

한편 1984년 '유화 국면'이라고 불리는 대학 자율화 조치에 따라 대학생들은 자신들의 조직인 학생회를 만들고 소수자 문화로 존재하던 자신들의 문화를 다수자의 문화로 만들고자 했다. 동시에 막연한 정의감이나 약자에 대한 책임감 등에서 비롯된 저항이 아니라, 좀더 체계적이고 세련된 저항의 전략을 고안하고 이것을 다수에게 퍼트리려고 했다. 또한 기존 지배 권력에 대한 '거부의 체험'에만 머무는 것이 아니라 민중들의 일상적이고 고통스러운 삶을 혁명이라는 성스러운 예술로 승화시키고, 현실에 대한 대안적 세계를 발명하는 데까지 발전시킴으로써 자신들이 구상하는 상상의 공동체를 구축하는 수단으로 이용했다. 그러나 공동체 안에서 형성되는 문화, 의례, 관습을 공유하기 위해서는 그것이 지니는 저항적 의미와 메시지를 공감 또는 이해해야 했다. 공동체의 정서와 의례, 이데올로기를 이해하고, 정치·사회 등에 걸쳐 유사한 지식을 지닌 사람들만이 공동체 안에서 즐거움을 느낄 수 있었다.

80년대 공동체 내부 성원들은 1970년대부터 존재했던 양심적 지식인이라는 담론과 새로이 등장한 민중 담론을 둘러싼 내적 갈등을 경험했다. 이 과정에서 민중 담론은 공동체를 지향하는 학생 대중을 규정하는 '상식'으로 자리잡았다. 과거 학생 대중이 미래의 비전으로 삼던 '양심적 지식인'이라는 담론은 더는 힘을 발휘하지 못하게 되었고, 대신 민중 담론이 대안으로 자리잡았던 것이다. 그러나 민중 공동체의 전통이 자생적으로 만들어진 것은 아니었다. 오히려 운동 엘리트들은 과거의 것, 또는 잊히거나 존재하지 않던 상상된 민중의 이미지를 다시 발명해 80년대의 대학 안에서 집단적인 연대감을 강화했고 학생 대중에게 새로운 비전을 제시하는 데 사용했다.

다른 한편으로 이런 움직임은 1970년대 후반 이후 지속된 노동자·민중운동의 취약함, 시민사회와 정당정치 어디에서도 가시화되지 못한 계급 정치의 부재라는 조건 아래에서, 운동 엘리트들이 민중에 관한 관심과 권위의 상징인 국가와 대결하는 과정 속에서 만들어낸 운동의 정당화 기제였다. 결국 운동 엘리트들은 과거의 급진적 의례, 민속 등을 정치 활동의 자원으로 사용하고 무속적이며 전통적인 민중 의례와 스타일을 공동체 안에 받아들임으로써, 국가 권력의 권위를 탈신비화하고 상상된 민중에 관한 경험을 공유했던 것이다. 민중 공동체는 노동자와 농민의 계급적·저항적 경험, 비참했던 노동 현장의 실상, 파시즘의 가시적 억압, 기성세대의 권위적인 모습, 과거부터 내려온 민중적 의례가 복합적으로 작용해 만들어진 '상상적인 주조물'이었던 것이다. 다시 말하자면 상상적 민중 공동체는 학생 대중의 상식인 동시에, 아직 사회 세력으로 등장하지 못했던 민중을 대신해서 학생 대중이 투쟁하기 위해 만들어진 상상된 '약자의 무기'였던 것이다.

이제 공동체들 내부의 운동 문화 또는 하위문화라고 불리던 몇 가지 것들을 구체적으로 추적해 보자.

1. 자신들만의 정체성

그대들이 아는, 그대들의 전체의 일부인 나/ 힘에 겨워 굴리다 다 못 굴린/
그리고 또 굴려야 할 덩이를 나의 나인 그대들에게 맡긴 채/
잠시 다니러 간다네. 잠시 쉬러 간다네/
……이 순간 이후의 세계에서 또 다시 추방당한다 하더라도 굴리는데
도울 수만 있다면/ 이룰 수만 있다면……
— 조영래, 《전태일 평전》 중에서

흩어지면 죽는다 흔들려도 우린 죽는다 하나 되어 우리 나간다
승리의 그날까지 지키련다 동지의 약속 해골 두 쪽 나도 지킨다

노조 깃발 아래 뭉친 우리 구사대 폭력 물리친 우리……
— 〈파업가〉 중에서

상상된 민중 공동체

앞서 이야기한 것처럼 80년대 학생 대중의 정체성은 과거 억압된 노동자, 농민
등 민중에 대한 기억과 노동운동과 학생운동의 연대라는 지향을 재해석함으로
써 만들어졌다. 1970년대와 80년대 전형적인 중소 사업장의 모습은 다음과
같은 이미지로 학생 대중에게 다가왔다. "취업 공고판, 저임금, 장시간 노동,
철야 작업, 산업 재해, 폭력, 착취, 먼지, 소음, 포장마차, 소주." 이런 이미지들은
노동 현장의 현실을 보여줌으로써 착취적인 노동 현장의 현실성이 대학생의
정체성으로 재해석될 수 있게 했다. 또한 80년대 초반 많은 학생운동가들의
현장 투신을 가속화한 1984년에서 1986년 사이의 경기 · 인천 지역 노동운동의
급진화와, 1985년 수도권 최초의 정치 파업이라 불리는 '구로 동맹파업'도 이것
때문에 촉발된 것이었다.

　　이런 조건 아래에서 학생 대중은, 찌들고 착취받고 있지만 전투적이고
투쟁적인 노동자의 삶의 스타일을 공장활동 등 부분적인 연대를 통해 경험하고
노동자적인 것을 자신의 정체성으로 삼기 시작했다. 노동자 또는 노동자 문화는
소비적이거나 퇴폐적이거나 개별적이지 않은 생산적이고 힘이 있는 문화라고
상상되었고, 노동자들의 의식이 깨어나기만 한다면 세상의 변화는 시간문제라
고 생각했다. 또한 졸업하면 '노동자가 될 거야'라고 확신하면서 노동자가 될
자신을 자랑스러워하고 감격하기도 했다. 그러나 80년대 초반 이들이 구성하고
자 한 정체성은 생산 관계의 지위에 근거한 것이라기보다, 과거 착취와 억압의
기억으로 상징되는 약자인 '민중'이었다. 이렇게 구성된 '민중'은 1970년대 이래

농촌 공동체에서 해체된—그 실체나 의식의 측면에서는 여전히 한계가 존재했던—저임금 노동자와 한국전쟁 이래 분단 질서 아래에서 국가와 지배자의 억압을 받는 민중을 재해석한 것이었다. 다음과 같은 기억들을 통해 80년대 대학생들이 상상하던 민중의 실체를 가늠해 볼 수 있다.

> 83년부터는 비합 공활(비합법적 공장활동 — 인용자), 농활이 시작되었어. 이건 활동가들의 훈련 과정이라고 볼 수 있지.(한경수)

> 그때는 노동자라는 개념이 없었고 민중에 대한 얘기를 해도 되게 추상적인 얘기 이상이 없었지. 물론 책 속에서는 많은 얘기를 하고 들었지만, 논리적으로는 말이야. 실제 민중의 실체에 대해서 인식한 건 1986년 5·3 인천 투쟁이었어. 장기표 씨가 대중을 막 선동하는데 난 그때 '아, 노동자들도 우리의 투쟁에 동참해서 싸우는구나'라는 인상이 깊이 들었고, 학생들은 전경한테 막 밀리는데 노동자들은 참 비타협적이고 전투적으로 싸우는구나 하는 인상이 많았지. 특히 86년 구동파(1986년 일어난 '구로 동맹파업'을 가리킴 — 인용자) 이후 변혁적인 대중 정치조직으로서 서노련(서울노동운동연합, 1980년대 최초의 노동자 대중 정치조직 — 인용자)이 결성되는 분위기에서 싸우는 걸 보면서, 참 노동자들의 투쟁은 우리가 학교에서 싸우는 것하고는 다르구나 하는 생각을 했지. 그때 그런 생각을 처음 가졌어.(강영만)

> 어렸을 때 받아온, 이데올로기적이고 억압적인 교육을 통해서 들어온 민중에 대한 부정적인 이미지가 한편으로 존재했는데, 대학에 들어오면 우리 과 같은 경우에는 일상적으로 그런 걸(민중의 이미지 — 인용자) 접할 수 있으니까 초반에 반감이 있었지만 워낙 자연스럽게 다가오고 생활화되는 측면이 많아서 그런 게 부지불식간에 반감이 없어진 거 같아. 그러는 가운데 '뭔가 나도 할 수 있다'라는 생각을 가지면서 적극적으로 (운동을 — 인용자) 하게 된 계기가 되었고, 민중이라는 개념 같은 게 언제

부터 형성된 게 아니라 생활 자체로부터 자연스럽게 형성되었던 것 같고.(차두식)

또한 학생들은 노동자의 현재가 이상적이지 않을수록 자신들의 목적의식이 더욱 견고해진다고 생각했다. 사회에서는 노동자들의 전투적인 행동이 무식한 사람들의 것처럼 폄하되었지만 학생들은 거꾸로 이것을 신성시했다. 학생들은 노동자의 단순함, 거칠음, 투박함을 선호했으며, 서구적인 것이나 미국적인 것, 사치스러움은 자본주의적인 것으로 간주했다. 고교 시절의 반공 이데올로기로 각인된 노동자·민중의 이미지와 대학에서 구성된 이미지 사이에서 갈등하기도 했지만, 일상적으로 민중과 노동자의 이미지가 상상되고 학습되었기 때문에 자신도 모르는 사이에 이런 갈등은 해소되었다. 바로 민중이라는 이미지는 대학생들의 생활 자체에서 자연스럽게 만들어졌던 것이다. 이런 점은 다음과 같은 기억들 속에서도 느껴진다.

내가 선배로서 가장 크게 얘기할 수 있었던 것들은 통일이라든지 그런 게 아니라 노동자들 집회에서 나왔던 구호들, 커다란 사건들을 중심으로 나왔던 것들이었지. 골리앗 투쟁(1990년 현대중공업 파업 때 노동자들이 골리앗 크레인 위에서 장기 항전했던 투쟁 — 인용자) 같은 경우에는 비디오로 상영도 해줬잖아. 그걸 보면서 내가 얻을 수 있었던 부분은 '역시 학생들하고 노동자들은 달라, 멋있다.' 우린 그렇게 전투적으로 싸울 수가 없거든, 왜냐하면 그 사람들은 거기에 목숨을 걸고 있는 것이기 때문에 화염 속에서 완전 무장을 하고 있는 모습들, 그걸 보면서 역시 학생들은 안 된다는 생각을 많이 했던 거 같아. 그래서 나는 후배들 앉혀 놓고 주로 학생들 비판하는 얘기를 많이 했었어.(김영하)

소위 말하는 노동자가 된다는 것은, 이른바 '노동자성'은 조직적이고 전투적인 걸 의미했지. 그리고 이른바 우리가 전투적이라고 말하는 건 일반적으로 사회에서는 무식한 사람들이라고 평가될 수도 있는 문화들. 우리는 늘 학생으로서 지식인의 한계를 얘기하고 프티부르주아성을 지양했기 때문에 그 한계가 더 절실하고 가장 생산의 밑바닥에 있는 노동자들의 것을 지향했지만 …… 우리가 노동자가 된다는 것이 우리가 다 생산직에 종사하는 노동자가 된다는 것과는 또 다른 의미를 가지고 있지 않았는가 생각이 들어. 그때는 그 두 가지를 섞어서 사용했던 거 같아. 우리는 노동자가 될 것이고 민중의 한 부분을 차지하고 그걸 지향하는데, 어느 순간 내가 지향하는 노동자가 우리가 될 것이라는 노동자와 차이가 난다는 것을 알았을 때, 소위 말하는 우리는 지식인이고 우리는 지식인이 될 수밖에 없다는 것을 현실적으로 받아들였을 때, 그때는 되게 절망적이었던 것 같아.(정민수)

대학 1학년 때 노동자는 우리들에게 '우상'이었어. 《강철은 어떻게 단련되었는가》, 《전태일 평전》 같은 걸 보며 노동자는 자신의 모순을 해결할 수 있는 주체라고 믿었지. 비록 지금은 이들이 덜 훈련되어 대학생인 우리가 도와주어야 한다고 생각했지만. 특히 87년 부천에서 대규모 파업이 일어났을 때 나도 '지원 투쟁'을 나갔었는데 난 거기서 노동계급의 엄청난 힘을 확인했지. 노동자가 일하는, 공장이라는 공간이 사람을 조직할 수 있는 조건이 형성되잖아. 그때 아마 자동차 부품 공장이었는데 일본 놈 사장이 돈을 떼먹고 도망을 갔었나……. 난 아직도 노동자들의 힘은 대단하다고 생각해.(김세진)

나는 지금까지 80년대 대학생들이 노동자, 민중을 어떻게 바라보았고 현실로 받아들였는지를 대학생들의 기억과 언어를 통해 추적해 보았다. 이제 한 걸음 더 나아가 대학생들이 어떤 과정을 통해 지식인으로서 자신을 부정해 갔는지 살펴보려고 한다. 이 과정은 대학생들에게는 무척 힘겹고 고통스러운 것이었다.

지식인으로서 자기를 부정하기

80년대 대학생들은 지식인으로서 자신의 존재를 둘러싸고 끊임없이 갈등했다. 자신이 대학을 다니는 것 자체를 하나의 기득권이라고 생각했으며, 자신의 존재와 진정한 노동자의 삶을 살아가겠다는 지향 사이의 모순 속에서 번민했다. 민중이라는 담론의 추상성, 막연함에 갇힌 채 실제적인 사회생활 경험 또는 노동 현장에서 노동자들이 느끼는 계급 경험에 기반하지 못한 대학생들의 의식은 역설적으로 민중과 노동자를 신비화했다.

민중에 관한 대학생들의 사고는 도덕적이고 규범적인 성격을 띠었지만, 민중 담론을 둘러싸고 공동체 구성원 사이에 다른 해석도 존재했다. 시간이 지난 뒤 들어본 대학생들의 기억은 자기 부정의 과정으로서, 지식인으로 부딪히는 현실과 노동자가 되려는 의지 사이에서 자신이 느낀 고통을 적나라하게 보여준다.

비합T(비합법적인 운동 팀 — 인용자)에서는 공활(공장활동의 줄임말 — 인용자)을 방학 때 한두 달 정도 가곤 했는데 공활한 친구는 다 대학 때 학생운동에서 죽어 버린 거 같아. 사실 공장에서 본 노동자는 당시 가지고 있는 관념의 노동자와는 너무나 다르니까 충격을 받고 운동을 포기한 친구들도 많았지. 또 당시 운동 상황이 철거민들 같은 경우에는 이슈를 가지고 가시적인 투쟁을 하는데 비해서 노동자들은 구동파를 빼고는 거의 눈에 보이는 투쟁이 없었으니까. 그게 아마 당시 시대적인 조건이자 학생운동의 관념성의 문제가 복합적으로 작용한 게 아닌가라는 생각이 들어.(강영만)

대중들에게 대학생의 지위가 예비 노동자(졸업 뒤 대학생들은 노동자가 될 수밖에 없는 조건이라는 주장 — 인용자)임을 폭로함으로써 이들을 각성하게 하고, 이는 곧 학생회 활동

과정에서 '노동자의 상'을 알리는 것이었다고 생각해. 노동자의 희생적이고 근면하고 전투적인 면을 강조하고 그런 노동자의 모습을 선전 선동하고……. 하지만 과연 그게 진짜 노동자의 모습인지 확인할 수는 없었어. 항상 끊임없이 노동자화하려는 시도가 있었지. 그러나 그것은 처절한 실패였어. 그만큼 반발도 많았고, 우리가 주장했던 예비 노동자라는 주장은 대중들에게 있어서는, 어쨌거나 대학생은 선택받은 사람들이라는 생각에 반대되는 것이었고, 적어도 자신은 인생의 낙오자는 아니라는 생각들이 많았고, 거기다가 서강대학이라는 프라이드까지 겹쳐져서 더욱 그랬었지.(유재형)

민중, 노동자를 위해 학생으로서 할 수 있는 일들에 대해 고민했지만 실제 민중의 정서에 대해서 모르는데 구체적으로 뭘 할 수 있을까 고민하기도 했지. 또 스스로 테두리를 미리 쳐 두는 교묘함도 있었지. 예를 들어 '난 학생이니까 이 정도만 하면 됐지'라는 식의…….(이성수)

알게 모르게 졸업할 때쯤 되면 자신이 배운 지식도 소화하지 못하는 경우도 많고 자신이 지양하고자 하는 지식인의 모습을 닮아 가고 있다는 생각도 들어. 일종의 자포자기라 할까. 또 그런 걸 모두들 상호 용인하고 그러려니 하는……. 생각해 보면 다 '공범'이지.(김주덕)

다른 한편 대학생들은 지식인이라는 자신의 존재를 회의하거나 비관하곤 했다. 도덕적이고 당위적인 차원에서 민중을 향한 지향, 애정을 보냈지만 자신도 무식하게 살거나 가난하게 살게 되기를 원하지는 않았다. 다만 다수, 즉 많은 민중들이 좋은 것을 누리지 못한다는 것에 대한 죄책감 등 차원에서 노동자적인 지향을 추구했던 것이다. 그래서 지식인으로서 자신을 부정하고 거친 언어, 말투 등 다른 계급의 관습custom과 생활양식lifestyle을 차용했던 것이다.

학생운동가들의 언어, 스타일, 생활은 여러 기억을 통해 짐작할 수 있다.

우선 검소한 생활을 했고, 95퍼센트가 당구를 치지 않고, 설사 칠 줄 알아도 스스로 잊어버리는……. 하긴 프로야구도 보면 작살났으니까. 또 운동권 중 튀는 몇몇은 고무신을 신고 다녔고 …… 한마디로 운동권 문화는 막집 문화라고 할 수 있지. 사실 돈도 없고 해서 맥주는 한 달에 한 번 마실까 말까였지. 하긴 운동권이 고민을 더 많이 하고 산 건 사실이고, 이런 게 일반 대중들에게도 파급되었지.(한경수)

나하고 같이 운동하던 애들이 건대 항쟁(1986년, 집회에 모인 1000여 명의 대학생을 용공 혐의로 대량 구속한 애학투련 사건 — 인용자) 때 다 잡혀 가고 구속되면서 난 조금은 망설이 기는 했지만, 구속된 친구들을 봐서라도 내가 운동을 해야 한다는 생각을 했지. 그때 보통, 특히 운동을 하는 여학생들이 이래야 된다는 것들은, 먼저 '하이힐' 같은 걸 절대 신을 수 없었어. 만일 그런 걸 신고 오면 선배가 '니가 운동하는 년이냐?'라는 식으로 비난하고……또 핸드백을 가지고 다니거나 화장 같은 건 상상도 못했고, 좀 꾀죄죄해 보이고 없어 보이고 신념에 불타 있는 듯 보여야 하는 것이 중요했어. 난 참 이런 게 개인적으로 불만이기는 했지만 당시는 '형식이 내용을 지배한다'는 말이 있어서 나도 여기에 공감을 하고 스스로 학생운동가로 무장을 했었지. 이런 게 다 스스로를 단련하고자 하는 과정이 아닌가 생각했어. 하지만 그런 건 대중과의 관계에서 위화감 같은 걸 만들기도 했고, 그래서 난 의식적으로 그런 위화감을 없애려고 노력도 했지. 단적인 예로 여자 운동가들은 같은 학번의 여자 친구가 없을 정도였으니까. 이건 운동권이 스스로 일종의 분리의 선을 긋는 것이었지. 이른바 안락한 생활을 포기하는 건 스스로의 단련 과정으로서 필요했으니까.(김세진)

또 대부분 자신 스스로 지식인이 주는 '이미지'를 거부하잖아. 어떤 선배 같은 경우에는 "그래 나 무식하다"는 걸 입버릇같이 달고 다니고. 또 거친 욕설이나 말을 사용함으로써 그런 심리적인 스트레스에서 벗어나려는 경향도 있던 거 같아. (서용만)

우린 노동자, 민중을 지향했고 지식인은 그것과 항상 대립되는 개념이었어. 너무나 프티적이고(프티부르주아적이고 ― 인용자) 관념적이고, 소위 '지식인이다'라는 비판은 적어도 나에게는 가장 뼈아픈 비판이었지. 그게 우리의 한계를 가장 극명하게 드러내는 것이었고, 그걸 벗어나려고 발버둥 쳤고, 근데 처음 내가 지식인일 수밖에 없다는 걸 깨닫는 순간, 그건 너무 절망적이었지만 인정을 해야 한다는 생각이 들었지. 하지만 사실 무식하게 살고 싶지는 않거든. 당장 돈 버는 것은 어떻게든 할 수 있잖아. 자신이 지식인이라는 걸 명확히 인정하고 지식인이기 때문에 나는 더 이렇게 해야 한다는 걸 인정하는 게 더 건강하지. 스스로 한계를 지니는 것이 계급성이라는 것을 끌어안아야 하는 게 아닌가라고 생각해. 그게 지식인이 지향해야 하는 것이 아닐까 생각하고.(정민수)

그러나 공동체 안의 민중 담론은 무의식적으로 대중의 집단적인 정체성으로, 피에르 부르디외의 개념을 빌리자면 집단적인 성향 체계로서 아비투스habitus로 전화하지는 않았다. 오히려 이것은 대중의 욕구, 일상 그리고 취향의 배제와 엘리트와 대중 사이의 위계질서를 만들었고, 저항과 투쟁의 기제를 오직 하위문화와 민중적 공동체에서만 찾는 한계를 지니게 되었다.[2] 그런 극단적인 예는 다음과 같은 기억들을 통해 찾을 수 있었다.

내 생각에 우리의 도덕성을 결정했던 것은 '저 행위가 자본주의적이냐 사회주의적이냐' 하는 거야. 예를 들면 "맥주를 마신다면 저건 부르주아틱한(부르주아적인 ― 인용자) 행위 아니냐, 어디 가서 나이트 가서 논다면 켕기고 이건 소부르주아적인,

부르주아적인 문화 아니냐"는 식의……. 엠티를 가더라도, 술 마시고 논다고 해도 어떤 노래는 자본주의적인 문화라는 식으로 나누면서 사회주의라는 이상의 틀 속에 도덕성을 끌어다 맞춰서 나름대로의 생활을 맞췄던 거 같아. 지금도 잘 모르겠는 게, 진정으로 사회주의적인 문화 행태는 무엇인가를 잘 모르겠다는 거지. 과연 우리가 소설이나 〈파업전야〉 같은 영화에서 본 노동자들의 문화랄까 하는 것들이 그런 의미에서 과연 백 퍼센트 사회주의적이고 도덕적인지에 대해 의문이야. 나는 개인적으로 아니라고 생각하는데, 그건 그것이 '모순적인 면'이 많았기 때문이라고 생각해. 예를 들어 과 룸에서 선후배가 얘기를 하는데, "아, 나는 민중을 사랑해야 된다"라고 생각하는 사람들이 밤새도록 볼링을 친다든가 당구를 친다든가 비싼 술을 마신다든가, 그런 모습들을 보면 뭔가 아닌 거 같고. 나도 후배들을 만나면 민중에 대해서 얘기하면서도 놀 때는 몰래 나이트를 가서 논다든가……. 막상 어떤 일을 함에 있어서 그 기준이 너무 추상적이고 고매하기 때문에 막상 해야 될 때는 어떡해야 할지 그 갭이 너무 커.(서용만)

운동권이 도덕적이라는 얘기하고 이상적이라는 얘기하고는, 맥주를 먹어서는 안 될 것이라고 하는 이유는 다수가 그러지 못하는 것에 대해 미안했기 때문이지. 측은지심惻隱之心이라고 있지? 미안해서 어떤 그런 것들을 못하는 거였어. 그래서 안 될 것 같은 거. 도덕적이고 당위적이었던 거지. 쉽게 얘기해서 우리 아버지, 어머니 사는 것들이 마음이 아픈 거지. 그런데 그게 내가 살아가야 할 길이라고 생각했을 때 도저히 용납을 못하는 거지. 거기서 갈등을 하는 거야. 내가 도덕적이기 때문에 그냥 거기 젖어서 살아야 한다는 건 아니었지. 대부분이 어렵게 살고 하니까. 최소한 그 사람들의 어려워하는 모습들을 인정하는 속에서 같이 하려고 했기 때문에 그랬던 거지. 그게 바람직한 모습이었기 때문에 닮아 가고자 한 건 아니었어.(김주덕)

나중에 운동의 도덕성이나 순결성만으로 한 인자의 운동력이 판단되는 경우가 많았어. 예를 들어 어떤 상황에서도 흔들리지 않는 모습, 자신의 개인적인 욕망을 자제하는 모습, 집회에 충실하고 성실한 참여, 자기 생활을 줄이고 활동에 집중하고 적극적인 모습, 여자나 애인 문제로 고민하지 않는 것, 감정의 극한 절제 등이 그런 거지.(유재형)

나는 80년대 학생운동가들의 폐쇄적인 면 또는 자신의 존재 자체를 부정하려고 발버둥을 친 이유에 관해 이해하고 싶었다. 80년대 대학생 또는 운동을 했던 사람들의 내면 깊숙이 아로새겨진 가치와 자신들만이 간직하고 싶은 그 무엇인가가 존재할 것이라고 생각했다. 바로 '자신들만의 가치'가.

자신들만의 가치

80년대 공동체 내부의 지배적인 담론—대표적인 것이 민중 담론과 광주민중항쟁, 민중 투쟁 등에 관한 기억이다—을 통해 현재를 해석함으로써 대학생들은 자신의 정체성을 형성했다. 시간이 지나고 이제는 평범한 삶을 살고 있는 이 사람들에게도 80년대가 준 자신들만의 소중한 가치는 여전히 남아 있다. 그 가치는 앞서 언급한 광주민중항쟁의 민중 공동체, 노동자 · 민중을 향한 애정, 헌신, 민주화 투쟁의 기억과 환희 그리고 제도화된 권위와 권력에 관한 부정이다. 이런 가치는 80년대를 당당하게 살아온 자신들을 빼고는 건드려서는 안 되는 신성한 것이다. 학생운동가들은 87년 제한적인 민주화 이후 제도권 미디어에서 간혹 방송된 진보적인 프로그램에 강한 거부감을 표시하면서, 이것들이 자신들만의 전유물을 빼앗아 갔다고 생각했다. 그러나 광주민중항쟁, 민중 담론 등에 관한 과거의 사실이 공동체의 모든 구성원에게 동일한 의미를 지니는 것은 아니었다. 몇 가지 기억들을 살펴보자.

2~3년이 지나서 TV에서 5·18에 대해서 밝힌다고 난리를 떨었잖아. 그때는 왜 그렇게 TV에 그런 게 나오는 거 자체가 가소롭니. 그걸 보고 많은 사람들이 흥분했는데, 나도 그거 보면서 마치 신성한 것에 대한 모독 같은 생각이 들어서 되게 기분 나빴어. 우리가 늘 항상 부르짖고 우리의 주제였던 것을 언론이나 기존의 단체에서 거론하면 참 기분 나쁘고 뺏긴 거 같은……. "지네가 뭔데 이제 와서", "우리 건데 지네들이 감히"라는 식의 느낌말이야.(김영하·정민수)

지난번에 TV 다큐멘터리에서 서울 지역 영세 노동자들에 대해서 나오더라구. 제목이 '철의 노동자'라고……. 그리고 내일이 노동절이라고 선전이 나오고 그런 걸 보면 기분이 이상하고, 한편으로는 '세상이 참 좋아졌구나'라는 생각이 들기도 하고, 아직도 변한 건 없는데 이걸 어떻게 봐야 하나 고민이 들기도 하고……. 또 언젠가 명동 미도파 백화점에서 '참교육 공연'을 하더라구. 수준은 거의 우리가 오리엔테이션 공연하는 수준인데, 뭔가 빼앗겼다는 느낌이 들고, 저게 정말 진짜일까라는 생각도 많이 들어.(정민수)

다 들은 얘기지만, 광주는 운동을 하는 것에 무관하게 원죄 의식을 가지게 하지. 내 친구가 죽은 것도 아닌데 미안하고 안타까운……. 옛날에는 선배들이 광주 얘길 하면 괴로워하고 그러잖아. 그런데 요즘 보면 나도 그렇고, 과연 내가 알고 그런 건지, 정말 자기 경험이 아닌 걸 자기 것처럼 하는 게 어려운 거 같아.(최성원)

나는 87년 6월이라는 게 운동을 했건 안했건 간에 개인적인 추억거리로서 자그마한 자기만의 거리인 거 같아. 이후 엄청난 노동자들의 파업 내지 진출의 기폭제가 됐던 거지. 87년 6월은 학교에서도 아주 작은 시간이었어. 일반 개인에게 있어서도 자기가 그때 가투(가두 투쟁 — 인용자) 나가고 한 걸 얘기하면 조그만 추억거리로 얘기될 수 있지.(박근태)

80년대 구조적인 사건 가운데 학생운동에 가장 큰 영향을 미친 것을 나는 87년 6·10이라고 생각해. 난 그걸 집에서, 형과 집과의 관계, 갈등을 통해 경험했고, 대학 이후에는 선배들과의 만남 속에서 일종의 '승리의 확신'이라는 이미지로 다가온 거 같아. 87년 전에는 이른바 승리나 운동의 성과물 같은 게 가시적으로 없었는데, 6·10은 우리에게 그런 가능성을 던져 준 게 아닌가 생각해.(이성수)

그밖에도 학생운동가들은 일상적으로 기존의 권위와 기성세대의 보수적이고 권위주의적인 태도에 매우 비판적이었다. 특히 학내에서 일상적으로 부딪혔던 교수에 대한 태도는 거의 '적敵'을 대하는 그것과 다름이 없었다. 이미 교수들은 존경의 대상이 아니라, 경멸 또는 타도의 대상이었던 것이다. 나는 그 이유를 학생운동가들의 말을 통해 확인할 수 있었다.

'아비 죽이기' — 제도적 권위에 맞선 상징적 저항

학생운동가들은 일상생활에서 사회적으로 공인된 제도화된 권위를 무시했다. 그 대표적인 예가 교수에 관한 무시였다. 물론 그 과정에는 반드시 선배가 개입했다. 선배는 교수와 친밀하다는 사실은 반동적인 것이라고 주지시키며, 교수가 운동의 급진적 비전을 수용하지 않는 한 철저히 무시했다. 교수를 둘러싸고 학교 편/우리 편이라는 편 가르기가 진행되었고, 특히 경영대 교수들은 돈만 밝히는 '속물들, 파쇼의 주구들'이라고 공공연히 비난당해야만 했다.

어떤 친구는 왜 복학을 안 하느냐고 물으면 'ㅇㅇㅇ 교수가 아직 반성의 기미가 안 보여서……'라는 식으로 말하기도 하잖아. 그럴 정도로 교수들이 학생운동을 아주 터부시하고 진보적인 사상이나 태도에 대해서 알레르기 반응을 보이고…… 보수적이고 우리가 보기에는 자기 자리 지키기에 급급한 인간으로 간주되지. 어떤 교수는 전방 입소 때 학생들 뺨도 때리고 그랬다니 더 할 말이 없지.(유재형)

물론 교수와 학생 사이에 인간적 관계는 거의 존재하지 않았다. 교수가 사회에 관해 무슨 말을 해도 자신들의 관점과 비전에 맞지 않으면 "됐네, 그만 하시게"라는 식으로 의사소통의 경로가 막혀 있거나 의식적으로 회피하는 것이 일상화되었다. 학생운동가들에게는 교수 대 학생이라는, 이미 선험적으로 주어진 선이 분명했다. 자신들이 만들어 놓은 '실천하는 지식인'이라는 기준에 맞지 않을 경우 가차 없이 교수를 향해 공공연한 비판과 비난을 퍼부었다. 운동 엘리트이자 학생의 시각에서 아버지 세대의 자본주의적이고 엘리트적인 사고를 가진 자는 모두 '적'으로 간주하고 부정하고자 했으며, 모든 관계를 끊은 채 반항과 무시로 일관했던 것이다.

지금 보면 교수도 그냥 나보다 유명한 사람 정도일 뿐이지, 스승으로서 존경심은 눈곱만치도 없어. 주례를 서 달라 하고 싶지도 않다고.(박근태)

특히 보직 교수들은 반동反動 중에 반동이라고 생각했지. 한때는 그래서 '보직 교수 물러가라'는 식의 노래도 있었고, 우리는 그들의 기본적인 권위 자체를 무시했고, 단지 학교의 이익을 위해 고용된 고용인들이고 요기조기 눈치를 보다가 아부하는, 시류에 초지일관하지 못한 인간들로 취급했지.(이성수)

학민 투쟁(학원 민주화 투쟁 — 인용자) 때 복학생 형들이 중간고사 연기하려고 건물마다 바리케이드를 쳤는데, 선생들이 '니네가 뭔데 시험을 방해하느냐'고 쌍 욕지거리를 하고 멱살을 잡고 하는 걸 보면서 선생에 대한 실망이 더 커졌지. 그래서 우리도 선생을 '분류'하잖아. 문과대나 사회과학대에 비해 경영대 교수들은 현실 타협적이고 계산적이고 진실에 대해서 고민하지 않는 인간들이라는 식으로……. 이런 양 부류로 선생을 사고했지.(이성수)

학생운동가들은 교수의 별명을 화장실에 적거나 술자리에서 대담하게 말한다. 대표적인 예가 "○○ 쪼잔, ○○ 언니"라는 식으로 교수를 비하한 것이다. 그러나 심정적으로는 반발하고 뒤에서 비난했지만 공개적인 장에서 논쟁을 하거나 교수에 관한 예의 자체를 무시하지는 않았다. 다만 마음속에는 '교수들은 원래 저런 인간이다'라는 체념이 자리잡고 있었다. 대학이라는 제도화된 장에서 공개적이고 직접적인 저항은 너무 큰 희생 또는 비용이 들었기 때문에, 교수들을 향한 비난은 자신들만이 공유할 수 있는 욕지거리, 비난, 무시 등 비공식적 담론을 통해 진행됐다. 이런 태도는 학생운동가들이 이전 세대를 무의식적으로 지워 버리려는 반발심이자, 80년대에 자신들이 치러낸 운동 방식과 관련해서, 배타성과 폐쇄성을 만들었다고 볼 수도 있다.[3] 그러나 이런 제도적인 권위에 관한 무시가 서구 노동계급 자녀들처럼 교육 제도 자체에 관한 불만에서 나온 것은 아니었다.[4] 항상 특정 학교 제도에 피해를 입고 고통을 당하면서도, 제도 자체를 부정하지는 않는 모순적인 일면을 부분적으로 확인할 수 있었다.

서강대의 특징이면 FA(failure of absence, 학점의 2배 이상 결석을 하면 학점이 F로 처리되는 제도 — 인용자)라는 식으로 농담 반, 푸념 반으로 얘기들 하잖아. 이상한 게 FA에 대해서 자부심도 없지만 그걸 또 욕하는 건 아니란 말이야. 또 '서강' 하면 '만들어진 학교 이미지'가 있잖아. 뭐 작고 내실 있는 교육 같은 거 말이야. 그래서 FA에 대한 거부감도 나의 불편함 때문인지 본질적으로 절실하게 고민하지는 않았어.

오히려 FA를 없애기보다 안 받으면서 생활하는 걸 선호한다고나 할까.(정민수)

그렇다면 이런 일상의 권위, 더 확장시켜 말한다면 권력의 통제에서 벗어나 자신들의 정체성과 이른바 하위문화를 형성하던 장은 어디였을까? 나는 그 공간을 술집, 과방 등에서 찾을 수 있었다. 이제 이곳에서 학생운동가들이 자신의 적에 대항하는 방식을 어떻게 익혀 갔는지 들여다보자.

권력에서 '자율적인 장' ― 대항 헤게모니의 산실

80년대 대학생들이 지배 권력에서 자율적인 공동체를 형성한 대표적인 장은 다름 아닌 술자리 그리고 과방 등이었다. 먼저 가장 쉽게 접할 수 있는 술자리를 살펴보자. 80년대 '밤 문화', 이른바 술자리 문화라고 불리는 장의 가장 큰 특징은 '비장감'이었다. 술자리에 비장감이 서린 이유는, 80년대 초반에는 심지어 술집에 몇 명이 모여 진지한 얘기나 뭔가를 한다 싶으면 학내 전투경찰이나 형사에게 붙잡힌다는 방어적인 이유 때문이었다. 하지만 1984년 유화 국면 이후 학생회가 점점 많은 대중을 포괄하게 된 뒤에도 밤 문화 또는 술자리 문화의 상징적 의미는 계속 유지되고 재해석되었다. 80년대 초반 매일 학교에 상주하고 있던 전경들, 숨소리조차 떨리는 학교생활, 목청 높여 노래 한 번 제대로 부르지 못했던 조건들은 학생들을 어두운 밤의 허름한 선술집으로 모여들게 했다. 하지만 술자리에서도 '적'의 감시를 받았고, 즐겨 찾던 선술집 안에서는 형사들이 자주 사복 차림을 하고 동태를 살폈다. 사방이 감시로 둘러싸인 '판옵티콘'에 갇혀 있었던 것이다.

그럼에도 불구하고 술자리는 중요한 '역사적 경험'을 전수받는 장이었다. 술자리에서 80년 광주의 참상을 선배들과 광주 출신 동기들에게 듣는 과정은 급진적인 의식이 형성되는 중요한 계기였다. 잠시 그 말들을 경청해보자.

당시 술 먹으면 막걸리나 소주에 떡볶이, 두부, 파전이었고 83년 이후에나 술집에서 노래 부르고…… 당시에도 활동가들 자체의 독특한 모임과 문화가 존재했고 대중들과 만나는 공간은 따로 존재했지.(한경수)

당시 선배들은 80년 광주에서의 패배감이 항상 가슴 속에 남아 있었고, 그래서 어떤 학습을 하는 것보다 술 먹고 선배들 얘기를 듣는 것 자체가 '역사적 경험'의 전수였지. 신선한 경험이었어.(한경수)

막집, 물레야 같은 술집에 자주 간 것은 일종의 부르주아 문화와는 다른, 우리의 운동 인자들의 순결성을 지키기 위한 것이 아니었나 생각해.(유재형)

이런 술자리 문화의 다양한 형태는 사람 수에 따라 달랐다. 많은 사람이 모인 술자리의 경우 초반에 '전투적'으로 술을 마시다가 한두 사람의 선도로 투쟁가를 부르면서 분위기를 띄우고, 술자리가 무르익으면 개별적인 이야기를 한다. 반면 1~2명이 모인 술자리에서는 진지한 이야기를 하기도 하지만 서로 '씹기'나 '인신공격'을 하기도 한다. 이것은 상대방에 관한 관심의 표현이자 대학생들이 즐기는 일종의 익살이며 여가였다. 하지만 서구 남성 노동자들이 보이는 여성에 대한 무시나 음담패설은 금기시되었다.

우리 1학년 때는 과방이 없었어. 그래서 친구들이나 사람들이·많은 X라운지나 X관 잔디 앞에서 산악 축구를 하거나 막집 같은 데를 전전하는 게 일상적 문화였지. 과방이 생긴 이후에는 크게 두 가지 부류의 문화가 생겼지. 하나는 당구장이나 다방에 자주 가는 애들, 다른 하나는 술자리지. 당구장 같은 데 잘 안 간 거는 주변 사람들이 안 간 이유도 있었고, 집단적인 것이 아니라 몇 명이 끼리끼리 노는 것도 별로 안 좋게들 생각했기 때문이야. 하지만 특별히 가서는 안 된다는 장소는 없었지. 단지 암묵적으로 존재했지만……. 이러한 문화들이 아주 초보적이고 원시적이지만 나름대로 '민중 지향적'이라고 생각했지. 좀 관념적인 민중 문화에 대한 해석이 다분히 존재했지. 스스로 금기시한 문화들이 많았고 당시 시대의 암울함이나 민중 지향성이 대학을 규정하는 부분이 워낙 크기도 했지.(강영만)

밤 문화의 또 다른 특징은 '거칠다'는 점이었다. 학생운동가들은 술자리에서 취하고 선배에게 엉기는 후배를 선호했고, 술자리에서 '개떼'처럼 몰리는 문화, 정식 운동 경기에서 이기는 것보다 '땅따먹기'(두 패로 나뉘어 손과 발을 쓰지 않은 채 한편이 다른 한편을 넘어트리는 집단적 경기 — 인용자)에서 이기려고 기를 쓰는 문화가 지배적이었다. 이런 집단적인 스타일의 문화를 아무나 향유할 수 있는 것은 아니라고 자부했던 것이다. 또한 80년대 대학생들이 선호한 '거친 것', '집단주의적 스타일' 등은 노동자들의 작업장이나 농촌 공동체의 생활양식에서 빌려온 것이자, 국가가 강요하던 미국식 대중문화와 이것에 근거한 학생 대중의 개인화라는 주체화 양식에 맞선 반발이었다. 이런 집단적이고 거칠며, 개인보다는 공동체를 우위에 둔 문화적 행태는 다음과 같은 기억에서도 확연하게 드러난다.

다들 '우리'라는 것을 강조하는 것이 나에게는 매우 충격적이었어. 난 이때부터 남에 대해서 이해하고 같이 호흡하는 것에 대해 새롭게 생각하게 되었지. 전에는 전혀 남에 대한 사고가 없다가 모든 게 집단적인 것이 되니까 '떼거지'로 모여 다니는 게 기본이 되고, 거기서 그냥 빠져 나오는 친구는 무시하게 되지. 그땐 사는 게 참 거칠고 원시적인 면이 많았어.(강영만)

나는 어느 누가 물어 보더라도 술은 술에 취하는 게 아니라 분위기에 취한다고 얘기해. 엄청 먹어도 하나도 안 취할 때가 있고, 조금만 먹어도 팍 취할 때가 있어. 우리 공동체 술자리의 나름대로의 형식을 본다면, 처음에는 술을 막 먹고 그런 다음에 일어나서 노래 막 불러, 학번별로, 딱 끝나면 막 얘기하고 울고, 그러다가 2차 가고 3차 가고……. 거기에는 자기들도 힘든데 선배들이 후배들 챙기고 그런 마음이 대단히 많이 깔려 있던 거 같아. 아무리 술 처먹고 그날 개지랄을 떨더라도 그 다음날 그게 이뻐 보이고, 그런 측면에서 우리 술자리는 촉촉한 인간들끼리 모인 자리였던 것 같아.(박근태)

집단적인 문화가 가장 컸던 것 같아. 같이 놀고, 특히 같이 나가서 뒹굴면서 뛰고 부딪치고 술도 집단적으로 먹고 노래하고 집단을 강조하고. 나도 전까지만 해도 되게 개인적이었거든. 우리는 함께 해야 되고, 서로의 벽을 허물어야 하고, 그런 것들을 말로써 많이 강조를 받았고, 또 그래야 한다고 생각을 하면서……. 사람들이 어울리는 것을 대학 들어오기 전에도 많이 경험했지만 그건 한 자리에 모여서 논다, 같이 모여서 뭔가 한다는 의미였지 같이 모인 자리에서 나 개인을 속속들이 드러내야 한다는 문화는 아니었고, 그래야만 한다는 필요성도 별로 못 느꼈었거든.(정민수)

한편 80년대 중반 이후 밤 문화의 의미도 이전의 전통에서 크게 벗어났던 것은 아니었다. 다만 그 의미가 조금씩 변용되었을 따름이었다. 유화 국면이 시작된 1984년 이후에도 술자리에는 즐거움보다는 긴장감이 내재된 조심스러움과 경직됨이 여전히 존재했다. 비록 이제 눈앞에 가시적인 적이 보이지는 않았지만 술자리에서 계속된 정치적인 발언, 구호, 논쟁 그리고 이것을 지탱해 준 집단적인 문화는 계속 유지되었던 것이다. 나는 1984년 이후에도 밤 문화가 활성화됐던 이유는 그것 자체가 대학생들의 생활양식이 되었기 때문이라고 생각한다. 이미 이전 세대부터 발명된 밤 시간의 독특한 의미와 전통은 밤만

되면 진지해지고, 낮에는 하지 못하던 진솔한 얘기를 할 수 있는 관습 또는 정체성을 만들었던 것이다. 이런 생활양식은 학생운동가들이 밤에 커다란 의미를 부여하고, 밤이라는 시간이 다시 학생운동가들에게 활력을 부여하는 식으로 유지되었다. 나는 이런 밤의 시공간적 의미를, 학생운동가들의 생활양식이 가정이나 집보다는 사람과 사람의 만남을 선호했기 때문이며, 매일 반복되는 세미나, 과 행사, 투쟁의 마지막 의례 등이 모두 밤에 진행되는 일상성에서 기인했다고 해석하고 싶다. 과거의 역사적 경험을 전수받는 전통으로서 술자리가 그 뒤 공동체의 구성원들에게도 끊임없이 재해석되는 과정에서 구성원들에게 새로운 정체성을 부여했던 것이다.

그러나 술자리 문화의 한계도 있었다. 거친 남성적 문화에서 기인하는 남성 중심성은 여성과, 집단적이고 거친 운동 문화에 어울리지 못하는 공동체 성원에게는 배타성과 폐쇄성으로 작용했다. 바로 운동 엘리트가 만든 술자리 문화를 둘러싼 갈등이 존재했고, 그 결과 공동체 안에서 특정한 성별이나 대중을 배제하게 된 것이다. 이런 배제와 갈등을 나는 다음 말들에서 확인할 수 있었다.

대학 문화 내에서 운동권 문화가 반드시 지배적이었다고 생각하지는 않아. 그건 어쩌면 한 세대가 살아온 문화의 반영이지. 요즘 학교에 선배들이 오면 "학교가 많이 바뀌었어" 하는데, 그건 공간이나 건물 배치 상의 문제가 아니야. 마찬가지로 일반 대중들도 "니네 주장은 옳다. 그러나 왜 그렇게 생활은 개판이냐"는 식의 비판도 했고 "니네는 술 안 먹으면 얘기를 못 하냐"는 식으로 말하기도 했지. 바로 운동권들은 적어도 대학이라는 제도 안에서 지켜야 할 최소한의 것도 안 지킨다는 식이었어.(김영하)

'술'은 그 자체가 아니라 행사, 집회, 학회 등 모든 것의 뒤풀이 때 등장했지. 또

술자리에서는 '개떼'같이 몰려가서 마시고 그 속에서 '나의 모든 것을 드러내야 하는' 문화가 존재했어. 그러나 술자리도 시간이 지나면서, 선배들이 너무나 지나치게 목적론적이고 고리타분한 뻔한 얘기만을 한다는 불만들이 많았어.(유재형)

술자리는 또한 남자애들이 여자애들보다 많이 가는데, 그거 역시나 하나의 남성위주의 문화가 아닌가라는 생각도 해. 그래서 자꾸 여학생들이 학생회에서 떠나게 되고 술자리를 피하게 되고, 인간관계에 있어서 남자애들보다 좁은 관계를 가지게 되는 것은 남성 중심의 문화 때문에 그런 게 아닌가라는 생각이 들어. 좀더 절제된 모습 속에서 자신의 고민을 얘기하고 차를 마시면서도 자신의 고민을 얘기할 수 있는 그런 문화 역시도 양립을 했어야 좋지 않은가 생각이 들어.(남윤수)

다음으로, 80년대 공동체의 다른 장으로 '과방科房'을 살펴보자. 과방은 응집력을 지닌, 생활의 위안이 되는 공간이자 일상의 즐거움이 있던 공간이었다. 특히 과방은 초기에는 색다름과 호기심의 대상이었으며, 그 안에서 자신들이 알고 싶은 모든 것을 알 수 있는 그런 곳이었다. 즉 과방은 80년대 대학생들이 자신들의 정체성을 만들어간 장이었다. 그러나 이런 정체성이 만들어지는 과정은 과방이라는 공간의 이미지가 부여한 것이 아니라, 그 안에 존재하는 주체들과 맺는 '관계'들에 따라 재구성된 것이었다. 사람들에게는 얼마나 자주 과방에 있느냐에 따라 학생운동가들의 정체성이 인지되었다.

과 룸에 가면 적어도 늘 보던 사람들이 모여 있다는 생각을 가지게 되니까, 같은 과라는 정체성 같은 걸 느끼게 되지. 나 같은 경우에는 공동체 의식 같은 걸 나누게 되면서 거기서 뭔가 할 일을 발견해야 했고 뭔가 참여하는 게 자연스러웠고, 그래서 나름대로 부서 일이나 학회 등을 만들어 나가는 것도 즐거움이었지. 그때 선배들이 날 쑤시더라구(학회 활동을 같이 하자고 설득했다는 표현 — 인용자). 그래서 난 관심도 있었고 올바른 생각인 거 같기도 하고 해서, 친한 사람들끼리 뭔가 해보겠다는 건 좋았던 거 같아. 그런 의미에서 과방에서부터 정체성이란 게 만들어진 거 같고. (서용만)

일을 하고 만남을 갖기 위해서도 이런 공간을 많이 이용했지만 더 큰 것은 저 속에 한번 발을 디디니까 점차 익숙해져 간 거 같아. 갈 곳이 없고 약속이 없어도 항상 이곳에 사람들이 모여 있었고, 과방엔 뭔가 응집력이 있었던 거 같아. 물론 그게 소수에게 국한된 것이기는 하지만. 자신들이 정말 소수면서 정말 어디 사람 없나 하면서 가는 곳. 물론 그곳에서 즐거운 거리를 찾기도 했고, 여럿이 있다는 게 어느 정도 위안이 되기도 하고.(남윤수)

그러나 공동체 안의 문화를 향유하는 공간을 둘러싼 내부적인 갈등도 존재했다. 공동체 구성원들이 자주 간 공간들은 선배들이 "짚어 준 곳" 이상이 아니었고, 당구장, 극장, 생맥주 집, 디스코텍 등의 장소는 금기시되었다. 하다못해 인천 월미도를 몇몇이 가더라도 과방 안에서 터놓고 이야기할 수 있는 분위기가 아니었다. 개인의 즐거움이 과방을 지배하는 어떤 정서에 의해 억눌렸던 것이다. 그러나 학생운동가들도 과방 정서에서 벗어나려는 욕구가 있었고, 운동 엘리트들조차 가끔 신촌의 화려한 카페에 몰래 놀러 가는 일도 있었다. 이렇게 과거 공동체의 민중적 전통과 의례가 모의되고 집단적인 정체성을 만들던 장들이 모든 구성원들에게 동일한 의미로 해석되지는 않았으며, 공동체 안의 운동 문화와 문화적 취향을 둘러싼 갈등으로 나타나기도 했다.

도서관 같은 경우에는 특히나 더 그랬지. 일단 당장에 필요를 느끼지 못했기 때문에 설사 갈 일이 생긴다 하더라도 누가 혹시 내가 도서관 들어가는 것을 보면 어떡할까 하는 식의 생각을 하는 경우도 있고, 다른 한편으로는 그것에 대한 또 다른 반대 표현으로 도서관에 한번 들어갔다 온 것에 대해서 지나치게 사람들이 과장해서 표현을 하고 자랑을 하고……. 그런데 그때는 그게 나의 꾸며진 모습이 라기보다 진심이었다고 생각해. 지금도 그렇고. 그런데 시간이 지나서 생각해 보면 그런 것이 나로 하여금 지나치게 한쪽으로 치우치게 했던 측면이 있었던 것 같아. (정민수)

결론적으로 술자리와 과방 등으로 대표되던 공동체의 '장'들은, 지배 이데 올로기와 지배 권력에서 자유로운 자신들만의 가치와 도덕률 그리고 언어를 공유할 수 있고, 독자적인 문화를 창출할 수 있는 일상의 공간이었다. 공동체 구성원들은 이런 일련의 과정을 거쳐 기존 사회의 지배 이데올로기, 관습, 통념 등과 구별되는, 저항성을 지니는 역사적 블록을 형성했던 것이다. 아래 기억은 이것을 상징적으로 보여주고 있다.

난 사회나 국가 권력의 힘이 미치지 않는 공간이 존재하고, 이 공간 안에서 대항적 인 힘이 만들어져 가는 게 운동이고 학생운동의 논리였다고 생각해. 즉 적어도 그때는 부르주아지의 헤게모니가 침투하지 않는 곳이 있었다는 얘기지. 그런데 지금은 부르주아지의 헤게모니가 사회 각 공간, 영역에 안착되는 과정이고, 따라서 사회 각 공간의 일상에서 운동적인 고민을 조직하는 게 중요하다고 봐. 바로 이전 과 같이 일상에서 편입되지 않은 혹은 일상에서 분리된 공간이 아니라, 일상에 뿌리내린 운동의 모습이 필요하다고 봐.(유재형)

지금까지는 공동체가 형성되고, 그 안에서 정체성이 조금씩이나마 만들어 지는 과정을 80년대 대학생들이 지니던 가치, 지식인의 자기 부정 그리고 이 집단이 향유하던 공동체라는 시공간을 통해 살펴보았다. 여기서 나는 또 다른 궁금증이 솟아올랐다. 공동체 안에 있던 사람들은 어떤 사람들이며, 그 안에서 사람들은 어떤 관계를 맺었는가 하는 것이다. 이제 공동체 안의 사람들, 80년대의 언어로 말하자면 '동지'들을 찾아 나서 보자.

2. 동지들 — 전투적이고 헌신적인 인간의 창출

> 그대 가는 산 너머로 빛나는 새벽 별도
> 어두운 뒷골목에 숨죽이던 흐느낌도
> 피투성이 비구름 되어 진달래 타는 언덕 되어
> 머물 수 없는 그리움으로 살아오는 동지여
> — 〈동지를 위하여〉 중에서

'80년대'라는 시기는 학생 대중이 적극적으로 민주화와 변혁을 위한 투쟁에 참여한 시기였다. 대학생들은 서울역 광장이나 시내 각 곳에 기습적으로 운집하여 대로에 드러눕기도 하고 자신들의 주장을 구호와 노래 그리고 유인물을 통해 전달하기도 했다. 이런 적극적인 정치적 시위가 가능했던 이유는, 80년대 대학생들이 아버지 세대의 빨갱이 공포증을 이해하지 못하는 신세대인 동시에 부모 세대와 달리 생존을 꾸려 가는 데 공포가 크지 않은 집단이었기 때문이었다. 한편 대학생들은 교육이나 문화적인 면에서 중·고교 시절에 정답을 찍는 훈련만을 집중적으로 받은 평준화 세대이자, 군대식 교육을 받은 만큼 단순하고 권위주의적인 특성도 공유하고 있었다. 80년대 초반 학생운동가들의 관계는 선후배라는 인간적인 친밀감보다는 '패밀리'라는 조직적인 지도-피지도 관계를 통해 형성되었다. 선배의 이미지는 은밀하고 항상 심각한 것이었으며, 술자리의 선후배 관계도 1984년까지는 무척 제한적이었다. 패밀리 조직의 학습팀인 '언더 티'에서 성장한 활동가들은 권위적이고 경직되어 있었으며, 대중과 대면 접촉을 하는 데 익숙하지 않았기 때문에 술자리에 후배를 데리고 가는 것 자체가 어려웠다고 한다.[5]

워낙 우리는 언더 문화에 익숙했고 공개된 문화에 익숙하지를 못해서 사람들하고 잘 어울리지 못했지. 후배들이 "형은 왜 그렇게 권위적이고 억압적이냐"고 그러더라구. 한 6개월이 지난 뒤에야 좀 분위기 파악이 되더라구.(임상진)

당시 언더 문화라는 것이, 이른바 열린 대중문화와의 적응이 쉽지는 않았지. 또 언더 티는 다 약어를 사용하잖아. 그런데 학회에서는 그렇지가 않으니까 툭하면 '캡cap', '꼼com'(자본주의, 공산주의 ― 인용자) 등 말이 나오니까 애먹고, 이런 약어 문화도 일종의, 당시 감시 문화의 대응물이었지. 사회과학 공부도 다 일어日語로 하고…….(임상진)

UT(패밀리 운동 시기에 비합법적 세미나 팀인 'under team'을 가리킴 ― 인용자)에서 살아남는 건 5명 중 1명 정도지. 그만큼 기득권의 포기 자체가 어려웠던 거 같아. 보통 운동하다가 포기한 친구들은 휴학하거나 군대 감으로써 해결하지. 종교에 대한 태도도 운동하는 데 심각한 문제였어. 한번은 내 T(team ― 인용자) 후배 중에 독실한 신자가 있었는데, 그때 세미나 하다가 종교는 아편이라고 막 그랬지. 그랬더니 애가 막 울더라구……. 그렇게 애들을 방치하고 놔 두니까 떨어져 나가더라구.(임상진)

그러나 80년대 중반 이후 이런 관계는 약간의 변화를 겪는다. 고 학번과 저 학번 사이에 존재하던 4~5년이라는 문화적이고 세대적인 격차가 점차 해소되었던 것이다. 이런 변화의 외부적 원인으로는 1986년 '건대 항쟁'을 들 수 있다.[6] 건대 항쟁을 통해 구속당하고 강제 징집된 85~86학번은 패밀리 체계가 아니라 대중 조직인 학생회 안에서 생활하면서 대중 활동을 처음 경험했던 세대였다. 그만큼 이 세대는 자신들과 문화적인 차이가 존재하던 후배들과 쉽게 친화력을 발휘할 수 있었다. 따라서 이 시기에 들어서 선후배 사이의 높은 벽이 허물어져, 선후배가 격의 없이 술자리에서 취하는 등 대면 접촉이 손쉬워지는 과정을 거쳤다. 모성적인 선배가 후배를 끌어 주고 챙기면서 헌신적인 운동원을 양성했던 것이다.[7]

그렇다면 공동체 성원들 간의 동지애가 형성된 매개는 과연 무엇일까? 나는 이것을 크게 세 가지 정도로 해석하고 싶다. 첫째, 이념과 노선의 동질성만으로 구성원들 사이의 관계가 오래 지속되지는 않았다. 오히려 성실성, 신뢰라는 믿음이 구성원들 사이의 오랜 관계를 유지하는 주요 요인 가운데 하나였다. '동지애'라고 불리는 관계가 형성되는 경로를 몇 가지 유형으로 분류하면, 먼저 학회 세미나 등의 공식적인 프로세스process를 경험하면서 자연스럽게 동질적인 정체성이 형성된 사례를 들 수 있다. 학회 등의 과정을 통해 구성원들은 함께 운동을 하고 있다는 동류의식을 느끼게 되었다. 다음으로, 운동 노선이나 신념보다도 더 중요한 것이 있는데, 그것은 바로 서로 마음이 통해야 한다는 것이었다. 선배로서 경직성을 지니기보다는 따뜻함, 헌신성, 인간적인 면이 더욱 중요했다. 후배는 선배의 놀라운 현실 비판 능력이나 수업 또는 자기 생활을 거의 포기하는 헌신성을 바라보면서 일종의 동경을 느꼈고, 이 과정에서 후배들도 뭔가 바쳐야 한다는 생각을 가지게 된다. 당시 선배를 바라보던 학생운동가들의 기억을 살펴보자.

그때 현장 가면 안양이나 석수 등의 골방에서 생활했지. 조직적으로 가지 않는 경우에, 즉 혼자 가서 개기는 경우에는 너무 외롭고……. 밥하고 자기 공부하고 후배 교육시키고……하루 일과가 공장 노동, 노동자와 술, 조직적 학습의 연속이

고 이걸 견뎌내는 것 자체가 '철인'이지.(한경수)

대부분 운동하는 사람의 가정과의 갈등은 이해시키는 과정이라기보다 비밀로 하다가 한순간을 통해서 폭발하는 식이지. 우리 과에 운동하시다가 젊은 나이에 돌아가신 한 선배의 부친도 왜 딸이 풍족한 가정을 버리고 월급 10만 원을 주는 공장에 다녔는지, 왜 그 지저분한 학고방에서 살고자 했는지, 그 선배가 돌아가신 다음에도 모르겠다고 하시더라구.(차두식)

선배들을 만나면, 어떤 걸 분석을 해내고 비판을 하는 모습이 되게 충격이었어. 저 사람들은 내가 생각하지도 인식하지도 못했던 걸 비판해내고……. 왜 같은 현상을 바라보면서 나는 아직도 이런 측면들밖에 보지 못하나 하는 생각이 들었어. 그러면서 나도 학습을 하고 공부를 해야겠다는 생각도 들고……특히나 수업과는 단절된 생활을 했었잖아. 거의 자신의 수업이라든가 자신의 생활이라는 것을 포기할 수준까지 후배들을 만나고, 그런 부분들에 대한 고민을 하고. 그렇기 때문에 술 문화에 있어서 울고, 소리 지르고 그러는 모습들을 보고 나 또한 저런 모습을 보여야겠다는 동경심이 발동을 했었어. 그런 모습이 바람직하다고 생각했고, 하려면 정말 저렇게 해야 한다, 하면 정말 뭔가를 바쳐서라도 해야 한다는 것이라고 생각했었지.(남윤수)

다음으로 거리의 투쟁 경험을 공유함으로써 동지적 관계를 형성하고 서로 정체성을 확인했다. 공동체 구성원들은 가두 투쟁에 참여할 때 서로 챙겨 주고 조금이라도 더 감싸 주는 과정에서 동지애를 느끼고, 과거에는 알지 못하던 어떤 '전선front'을 느꼈다.

또 언젠가 페퍼(시위 진압용 가스탄을 장전한 일종의 탱크. 원래 이름은 페퍼포그다 ― 인용자)를 뿌개라고 하면서 페퍼 뿌개는 법을 가르쳐 주더라구. 그래서 한 열 명 정도가 앞에서 매복을 하고 있는데, 막상 페퍼가 오니까 다 도망가고 두 명만 남았더라구. 그래서 대충 화염병 꽂고 도망가는데 같이 있던 친구가 쓰러지더니 못 일어나더라구. 그래서 그걸 들쳐 메고 몇 백 미터 뛰었나 싶었더니 이제 에니('전투경찰'의 은어, enemy — 인용자)들이 안 올라오더만. 그때 참 힘든 순간에도, 서로 챙겨 줄 수 있는 게 이런 거구나 하는 생각을 했지.(유재형)

투쟁도 하나의 배워 가는 과정이라고 생각해. 우리 과는 평가 빼면 다 시체거든. 집회를 하든 뭘 하든 꼭 치열하게 사후 평가를 하는데, 한 번은 집회 평가를 하는데, 다 결의를 나중에 밝히잖아. 그때 집회 처음 나와 본 친구가 떨리는 목소리로 참가 후 결의를 얘기할 때 참 가슴이 뭉클했지.(유재형)

가투에서 열나게 도망 다닐 때, '여기 어딘가에 내 친구들도 있겠지'라는 생각을 하면 안도감 내지 묵직함 같은 게 생기고, 그런 게 동지가 아닌가 생각해.(정민수)

끝으로, 하위문화로서 운동 문화를 공유함으로써 공동체 안의 다양한 대학생을 하나의 정체성으로 통일시키려고 했다. 공동체의 구성원들은 자신들의 관계가 사심 없는 관계이자 숭고하고 헌신적이며 어떤 상황에서라도 지속될 수 있을 것이라고 믿었다. 동지적 관계는 일반 사회의 인간관계와 달리 구성원들에게는 절대적 가치였다. 또한 학회, MTmembership training, 농촌활동, 가두 투쟁 등 프로세스에서 자신들의 의례들을 습관화하고 공통의 운동 문화를 공유함으로써 동지애를 형성했다. 구성원들은 자신들의 관계를 '걸쭉한 인간관계', 서로를 '아름다운 사람들'이라고 불렀다.

대부분은 광주항쟁의 아픔, 도시 빈민의 생활 등을 보면서 자기만 잘 먹고 잘

살 수는 없다는 느낌을 가질 수밖에 없었지. 난 옛날에 도화동에 가서 빈민의 삶을 경험하는데, 선배들이 나도 모르는 새에 죄의식을 가지게끔 하더라고. 난 내가 보낸 대학 생활은, 민중들이 좀더 인간답게 사는 사회를 만들기 위한 것이었고 그렇게 노력했었다고 생각해. 그러나 아쉽다면 운동하는 것 이외에 현재 남은 게, 잘 하는 게 없다는 거야. 그건 나만이 아니라 같이 운동하던 친구들도 마찬가지고. 내가 운동을 했다면 지금도 그렇게 살아야 하는데…….(김세진)

난 인간을 사랑하는 것, 사회의 아픔을 같이 나누는 걸 운동이라고 생각했어. 난 그냥 사람이 좋고, 운동하는 사람들의 사고가 건강하다는 사실 자체가 좋았어. 또 난 '스펀지' 같은 사람들이 오래 운동에 살아남는다고 봐. 솔직히 운동한답시고 깝죽대는 놈 치고 오래 살아남는 놈이 없잖아. 특히 3학년 지나서 운동과 인생을 관련시켜서 갈등을 겪고, 거기에서 살아남는 친구들이 끝까지 운동을 하거나 아니면 운동을 직접 하지는 않더라도 운동의 '언저리'에서 힘겹게 사는 거 같아.(박근태)

나는 대학 안에서 동지는 민중 담론의 대리자로 상징되고, 민중의 이상적인 삶의 모습을 대리해서 실천하는 인간상으로 나타났다고 생각한다. 선배로 상징되는 민중 담론의 행위자는 후배들 그리고 공동체의 구성원들에게 집단적인 취향과 성향 체계를 형성시키고, 자신들의 경험과 의미 체계 그리고 운동 문화를 적극적으로 활용함으로써 구성원들이 새로운 정체성을 받아들일 수 있게 했다. 그러나 시간이 지남에 따라 동지로서 선배들에 관한 실망도 나타났다. 과거 공동체 안에서 드러나던 정체성과 다른 삶을 사는 선배들의 모습들을 보면서 그 사람들도 결국 나약한 지식인, 말만 하는 사람, 정신만 깬 사람이라는 인상을 주기도 했다.

고민 얘기하면 선배가 그걸 다 해결해 준다고 생각할 때도 있지만 조금 지나면 그게 아닌 걸 알잖아. 내 고민에 대해 선배가 같이 고민하는 부분도 있지만, 선배 자신의 고민도 있고. 선후배에 있어서 그런 고민들을 통해 서로 믿고 의지하는 거 같아. 적어도 토론하고 술을 먹을 수 있는 사람이 있다는 것만으로도 되게 즐겁게 생각했구. 어느 때는 또 그 선배 때문에 실망하기도 하고……. 그렇게 서로 믿는 사람을 만들어 나갔다는 게 중요하지.(이성수)

우리들이 알고 있던 개방적이고 수평적인, 전면적으로 통하는 오픈(개방적인 ─ 인용자) 관계는 현실적으로 그렇게 많이 존재한 거 같지는 않아. 우리가 알게 모르게 어떤 정형들을 만들어 놓은 게 아닌가라는 생각이 들어. 선배라면 어떤 모습을 갖추어야 한다는 커다란 틀은 같았지만 각 개개인이 지닌 틀은 조금씩 다른 것 같아. 내가 가지고 있는 선배의 정형은 넓은 마음을 가지고 있으면서 후배들의 얘기를 들어 주고, 그들의 고민을 적절하게 해소시켜 주고 운동에 눈을 뜨게 해 주면서 술도 좀 마시고, 편하고, 농담도 잘 하고, 다방면에 능한……이른바 과거 선배들의 이미지가 머리에 박혀 있어서 '나도 선배가 되면 저렇게 해야 되지'라는 강제가 있었던 거 같아. 그래서 후배를 만날 때 자연스럽지 못하고 인위적인 모습을 보여주었던 거 같고, 그리고 그게 계속 지속된 거 같아. 그리고 대화하는 과정에서 고민이라는 형식이 있던 거 같아. 선후배 간의 만남은 "너 요새 고민 있냐"로 시작되잖아. 고민이 없는 상태에서도 자기는 고민을 만들어야만 할 거 같은 느낌이 드는 거지. 일단은 고민거리가 없으면 얘기가 잘 안 될 거 같은 느낌이 드는 거야. (서용만)

다들 뭔가 하려고는 하지만 다 생각만이잖아. 생각은 빨개도 뭔가 움직이지 않으면 다 헛것 같고. 옛날에 하던 생각들을 과감히 어느 장에서나 할 수 있어야 한다고 봐.(최성원)

지금까지 80년대 공동체 안에 존재하던 동지들 사이의 관계 그리고 그 관계의 해체와 이완에 관해 살펴보았다. 이제 눈을 공동체 안으로 돌려서 이 구성원들 사이의 연대와 동지적 관계를 가능하게 한 다양한 의례를 살펴보려고 한다. 특히 널리 알려진 풍물, 운동 가요 등이 어떻게 학생회 또는 학생 대중 사이에서 저항의 무기로 변화했는지 구체적으로 살펴볼 것이다.

3. 급진적 의례의 전통

> 먼 길 걸어온 우리에겐 언제나 변함없이 곁에 있던 노래 있어
> 땀과 눈물 어린 오선지 위엔 아직은 못다 이룬 꿈과 사랑이……
> 하지만 쓰러져 간 벗들의 맑은 영혼과 오늘을 살아갈 너와 나의 다짐 싣고
> 따스히 보아준 모든 이의 희망을 새겨 이제 들꽃처럼 영원히 피어나리니
> 노래여 우리의 삶이여 어둠 속에서 더욱 밝게 비쳐 준 노래여 우리의 꿈이여
> 끝내 온 세상에 울려 퍼지리
> ― 꽃다지, 〈노래여! 우리의 삶이여〉 중에서

80년대 공동체 안에서 민중적 담론이 구체화된 급진적 의례의 형태와 그 기능을 살피기 전에, 그 기원으로 볼 수 있는 1970년대 '민족극'과 '마당극'에 관해 알아보자. 1970년대 민족극과 마당극은 민중 의식의 고양을 위한 생활 운동, 더 나아가서 민족문화 운동의 성격을 지녔다. 다시 말하자면 마당극과 민족극은 전근대 사회에서 민중의 삶이 현재 생산과 노동의 현장에서 어떻게 다시 발명되고, 자본주의 사회 속에서 어떤 의미를 지니면서 재해석되고 있는지를 확인하는

작업이었다.

초기 민족극 부흥 운동은 우리네 몸속에 잠재되어 있는 전통의 흐름을 육체적으로 확인함으로써 '민중성'을 실제 몸으로 체득하기 위한 것이었다. 이것은 민중성의 복원을 위한 이론적인 작업 이전에 민중의 삶의 현장에 존재하는 민속民俗 사회와 농촌 사회의 구체적인 현실을 확인하고, 이 내부에 존재하는 탈춤, 민중 연희 등이 보여주는 '함께 어울려 살아감', 즉 '공동체성'이라는 민중적 전통성을 복원하기 위한 것이었다.[8] 그 대표적인 예로 1975년 유신 직후 일어난, '5 · 22사건'이라 불리는 '김상진 열사 상여 행렬'을 들 수 있다. 이런 움직임은 과거 전통적 장례 의식 절차가 하나의 민중적 의례로 재해석될 수 있다는 것을 보여주었으며, 이런 움직임은 유신 체제의 탄압에도 불구하고 초보적으로 성장하던 노동운동과 연계를 맺음으로써 현장 의식화 교육의 역할을 담당하기도 했다.

1970년대 문화 운동을 대표했던 또 하나의 공연 양식인 '마당극'은 대학의 탈춤반이나 연극반 출신이 결합하면서 시작되었는데, 민중 연희를 통해 사회 내부의 모순을 공통의 관심사로 부각시키려는 '열린 판'의 의미를 지녔다.[9] 마당극의 가장 큰 특징은 대학 내 운동 조직에서 촉발되어 점차 민중의 삶의 현장으로 이동한 점이었는데, 이것은 당시 이념적 발전 수준이던 민중 중심성을 보여주었다. 그러나 이 모든 활동이 비합법적인 것으로 제약되었기 때문에, 마당극은 제도권 문화나 이념적으로나 공간적으로 분명한 '경계선'을 지닌 하위문화의 성격을 지녔다.[10]

민족극과 마당극을 중심으로 하던 1970년대 대학 문화가 발전되어 80년대에 들어서는 급진적 의례의 기능을 담당하는 다양한 문화 영역이 만들어졌다. 80년대에 들어서 학생 대중은 운동 문화의 '집단성'을 지향하면서 문화의 놀이나 창작적인 기능보다는 급진적 의례화를 통한 운동적 '당위성'의 획득을 강조했다. 이것은 대중적으로는 '공동체 의식'의 함양을, 정치적으로는 정치 · 계급

운동과 맺는 연대의 형태를 지향하는 방식으로 나타났다.[11]

또한 급진적 의례들은 이데올로기와 하위문화를 재생산하기 위한 극적인 효과를 가능하게 하는 생산과 교육의 기제였다. 대학생들은, 특히 운동 엘리트들은 민중 담론이라는 '문화적 코드'를 사용해서 공동체의 일체감을 형성하고, 과거 민중이 지배자들에게 당한 억압의 기억을 재해석함으로써 공동체 구성원 간의 민중적 정체성을 구축했다. 의례의 참가자들은 민중으로 상상되는 가장 세속적인 대상의 비엘리트적 문화 요소들을 동원함으로써, 좀더 구체적으로는 초라한 복장과 상스러운 말과 행위, 하층민이 일상적으로 사용하는 절제되지 않고 감정적인 표현을 즉흥적 형식으로 거침없이 사용함으로써 지배 집단이 향유하는 성스럽고 특권적인 문화를 '세속화'시키려고 했다.[12] 그 대표적인 사례가 풍물이나 탈춤 등의 저항적인 의례rituals였다. 특히 '전통', '민족성' 등 담론과 문화의 형태는 그 자체만으로도 저항적 의미를 지녔기 때문에, 집회 등의 공개적인 저항이 허용되지 않던 1984년 이전의 '마당극'은 지배 체제를 은유적으로 풍자하고 비판할 수 있는 거의 유일한 장이었다.[13] 이런 기능은 80년대 초반 이후에도 이어졌는데, 다음과 같은 80년대 운동 문화에 대한 기억들은 이 점을 잘 보여준다.

83년 이전에는 탈춤 공연이 유일하게 공개적인 집회 형식이었지. 탈춤 공연을 마무리하면서 투쟁을 조직화하고 은유적으로 정치를 풍자하고……. 한 300~500명 정도가 모였지.(한경수)

당시 대학에도 놀이 문화라는 게 있었잖아. 비록 유치한 수준이지만 외국 문화나 지배 문화에 대항하는 성격을 가졌고 더 사람들을 친하게 만들 수 있었어. 북 같은 경우에는 소리가 크잖아. 전경들을 만나면 쪽수(집회에 참여한 사람의 숫자 — 인용자)가 밀리잖아. 그래서 그런 것들이 구호나 소리로서 기여한다는 생각이 들었지.

또 한편으로 고민되었던 부분은 나도 전투적이었다고 생각하지만, 나보다 더 전투적인 친구들은 맨 앞에 나가서 FB(화염병, fire bottle — 인용자)도 던지고······. 나는 북을 치는 게 잘 하는 건지, 더 앞으로 갈 수 있음에도 불구하구 그게 올바른지 잘 모르겠더라구. 그 당시는 완전히 물리력을 가지고 싸우던 시기이기 때문에. 북치고 나가서 싸우는 친구들도 있었고, 그러다가 한발 한발씩 더 과격해지는 거지.(김주덕)

1학년 때는 술집에서 쟁가(투쟁가 — 인용자)를 부른다고 하면 뭔가 가슴이 떨리고, 막집이나 육교집 같은 데서도 다른 노래 부르면 안 되고, 쟁가를 누가 더 목쉬도록 부르냐가 중요했지. 어느 시점인지 정확하지는 않지만 학교를 다니면서 투쟁가를 부르거나 풍물을 친다든가 하는 거 그리고 교투(校鬪, 교내 투쟁 — 인용자) 같은 것이 있을 때 노래를 같이 부르는 거, 함께 한다는 것이 공동체가 된다는 거지.(서용만)

생산적인 문화를 되게 지향한 거 같아. 대중가요는 주로 연애하는 사람이 부르잖아. 다 내 얘기 같구. 그런 건 다 놀러 가서 춤을 추거나 해서 다 날려버리는 건데, 우리의 문화는 내가 저 노래를 들음으로써 힘을 얻어야 되고, 투쟁 의지가 불탈 수 있어야 되고, 저 노래를 들음으로써 의식화될 수 있어야 되구······저 영화를 봄으로써, 저 책을 읽음으로써, 저런 놀이를 함으로써, 내가 의식적 각성이라든가 실천적 의지 같은 걸 새롭게 만들어낼 수 있는 중요한 도구로서 문화를 생각했어. 그리고 그런 문화만이 올바른 것이고, 그러다 보니까 다른 건 되게 배척하게 되고, ······우리 문화는 달콤하고 잘 다듬어지고 세련된 것이 아니라, 거칠고 투박하고 어떻게 보면 덜 인위적이고 자연적인 것들. 노는 것도 그랬고, 되게 단순한 측면을 강조하구······.(정민수)

문화의 독자성은 폐쇄된 사회일 경우 더욱 강한데 군대, 형무소 등은 그 좋은 예이다. 학생 집단 역시 나름대로의 독자적인 문화를 그런대로 지니고 있는 집단이다. 특히 대학생들은 자신들의 엘리트 의식 등으로 대중문화를 조금씩 기피하는 현상을 보이기도 한다. ……우리나라의 대학은 근·현대사에 걸쳐 사회의 모순에 직접적인 행동을 취해 왔다는 점에서 남다른 독자적인 문화를 형성할 조건을 갖추고 있고, 또한 대학 문화라는 문화적인 모순을 극복해야 한다는 논리적 기반을 가지고 있어 대중 매체를 통하지 않는 독자적인 문화가 풍부하게 전승·발전되고 있다. ……80년의 경험은 대학생의 노래에 새로운 변화의 계기로 작용한다. 80년의 경험으로 학생들은 역량을 축적하였고 대중과의 유리, 삶과의 유리라는 인식을 통해 문화의 중요성을 인식…….(《서강학보》 1984년 5월 19일자)

먼저 80년대 전반에 걸쳐 급진적 의례의 가장 대표적인 사례라고 할 수 있는 '쟁가(투쟁가)'와 '풍물風物'의 저항적 기능을 살펴보자. 유화 국면 이후 대학 안에서 열린 공간이 점차 확대됨에 따라 술자리나 공개 행사에서 운동가요, 민요, 노가바(노래 가사 바꿔 부르기), 해방춤 등이 집단적인 의례의 형식으로 보급되기 시작했다. 이런 집단적인 의례는 대중 속에서 자생적으로 형성된 것이 아니라, 80년대 초반 운동 엘리트가 재해석한 전통의 재발명과 민속 문화의 저항성이 결합되어 대중화된 것이다. '쟁가'로 불렸던 운동 가요는 가장 쉽고 널리 사용된 의례로서 술자리의 흥을 돋우거나 분위기를 극적으로 고양시키기 위한 수단으로 정착되었다. 그러나 쟁가의 가사 내용은 급진적이었으며, 국가 권력과 자본가계급 등에 관한 적개심을 공공연히 드러냈기 때문에 가사 내용을 '공유'하기 전에는 같이 부를 수가 없었다.

대표적인 예를 들자면 "찔러 총! 총 어깨 매고 나가자 침략자 때려 부수러……"(〈반전반핵가〉), "꽃잎처럼 금남로에 뿌려진 너의 붉은 피 두부처럼 잘리어진 어여쁜 너의 젖가슴"(〈광주출정가〉), "죽창이 되자 하네 죽창이……"(〈죽창가〉) 등이 그것이었다. 또 어떤 쟁가들은 80년대 학생 대중의 분노의 대상이던 '주적主敵'의 실체를 노골적으로 드러내기도 했다. "……양주잔 부딪히며 이 땅을 주물러 골프채 휘두르니 총칼 춤춘다 아, 동지여 독점 재벌 타도의 깃발"(〈독점재벌 타도가〉), "……구속 수배에 백골단 폭력에 육해공군 상륙작전 전쟁 선포에 이제 우리의 선택은 하나다 죽느냐 민중권력 쟁취하느냐"(〈민중권력 쟁취가〉), "조국을 등질 수 없어 나로부터 가노라 풀 한 포기 하나도 자유로울 수 없는…… 나서거라 투쟁의 한길로 산산이 부서지거라 그대 따라 이내 몸도 투쟁의 한길로"(〈투쟁의 한길로〉), "가진 자들의 더러운 이빨 금빛으로 번쩍이고 온 세상을 휘휘 감아 피눈물을 달라 하네…… 일하지 않는 자여 먹지도 말라 자본가여 먹지도 말라…… 무노동 무임금을 자본가의 아가리에 아가리에"(〈무노동 무임금가〉) 등이 그것이었다.[14] 쟁가의 이런 기능은 80년대 학생 대중들의 기억들을 통해서도 확인할 수 있었다.

놀이, 공동체 문화 같은 게 강조되면서 노래 같은 경우에는 학번가, 과가도 생기고 ……막판에 술에 취해서 누가 노래를 부르기 시작하면 끝까지 연결이 되고 육교집에서 쫓겨날 정도로 때려 부수고 노래를 부르고 끝에 가면 과가科歌 부르고 끝나잖아. 그게 이데올로기로 동화되는지 몰라도 알게 모르게 그런 기제가 문화 속에 배어 있는 거고, 그런 걸 의식적으로 하는 건 아닌데 문화 자체가 그렇게 이루어진 것이고, 우리가 문화를 만들어 낸 거고, 그리고 알게 모르게 동화되면서 의식화되는 과정을 거치고. 그러면서 왠지 모르게 분노를 느끼게 되고 어떤 때는 어깨 꼭 잡고 노래를 부르기도 하고, 또 어떤 때는 〈임을 위한 행진곡〉이나 〈상록수〉 같은 거 부르면 처음에는 쑥스러워서 손이 안 올라가다가 나중에는 열 받아서 손이 올라가게 되지. 그러면서 공동체 의식이 형성되고, 그런 노래들이 그런 걸 형성하는 데 큰 역할을 한 거 같아.(차두식)

문화 선동하는 거 있잖아. 당시에 신디사이저로 음악이 '빠바바방 빠바바방 빵빵

'빵' 하면 갑자기 다 일어나잖아. 그러면 심장이 막 두근두근 뛰고 결의를 다져야 한다고 막 노래하고……. 또 데모하다가 북 가지고 둥둥둥 치면 '돌아오지 않는 화살이 되어' 같은 느낌이 강하게 들더라구. 그 효과가 엄청나고 사람을 끌어들이는 게, 크게 인간을 선동시키는 데는 그런 부분들까지 건드리는 게 아주 유효했다고 생각해. 대체적으로 술자리에서 많은 얘기를 하다가 〈함께 가자 우리 이 길을〉 같은 노래를 부르면 비장감과 함께 동지라는 느낌이 강하게 들지. 그러면서 또 어깨동무를 하잖아. 이런 거 하나가 엄청난 결속을 가져온 거 같아. 그런 것들이 단순히 이성적으로 접근하는 것만이 아니라 오히려 감정적인 결속들을 가져 올 때, 예를 들어서 손을 잡고 같이 노래를 부를 때 그게 큰 느낌이 온단 말이야. 어떤 말보다도 같이 어울려서 이렇게 할 수 있다는 게……술자리에서 노래하고 그런 게 여러 말보다 사람들한테 더 어필한 부분이 많은 거 같아.(심재원)

다음으로, 80년대 투쟁 과정과 학생운동에서 가장 적극적인 의례였던 풍물과 민속춤은, '신명神明'과 '저항성'이 결합되어 집회의 '앞풀이'와 공연이나 행사의 '길놀이' 등에서 선전 선동의 수단으로 사용되었다. 그밖에 '해방춤', '농민춤' 등 개량된 민속춤은 집단적인 놀이나 행사에서 자주 교육되고 이용됐다. 이런 의례들은 남녀를 가리지 않고 몸을 부딪치면서 서로 벽을 깨고, 개인이 아니라 집단으로서 하나가 되려고 하는 의도에서 사용되었다. 이것은 고교 시절에는 금기시되던 격렬한 신체적 움직임, 남녀 사이의 격의 없는 몸짓 등으로 즐거움을 느끼는 일종의 '몸의 정치body politics'라고 볼 수도 있다. 서로 손잡고 안고 고함치는 등 거침없는 감정 표현은 저항적 하위문화가 구체화된 양식이었다.[15] 풍물과 민속춤의 이런 구실은 아래와 같은 기억에서도 잘 드러난다.

대학교에 입학하고 보니까 계집애가 머슴애를 막 팍팍 치고 다리 막 걸고 그런 거 보며 신선한 충격이 있었던 거 같아. 풍물 같은 건 참 사람들한테 쉽게 어프로치를 하는 거 같아. 특히 우리가 이데올로기적으로 무장을 하려면 쉽게 접근하는 게 좋잖아. 무슨 자본주의가 어떻고 사회주의가 어떻고 하는 것보다는 우리 민족, 우리 것으로 다가가는 게 쉽잖아.(박근태)

풍물은 좋았으니까 쳤고, 신나고 흥이 나고, 흥은 또 배우는 거라고 생각했어. 바로 자기가 거기 몰두함으로써 흥을 내는 법을 배우는 거라고 생각했지. 우린 폐쇄된 문화, 개인적인 문화에 익숙하다 보니까 나의 즐거움을 함께 나누는 것에 익숙하지 못했잖아. 풍물을 친다는 것은 항상 공연자와 관객이 따로 없는, 무대와 관객석이 따로 없는 함께 어우러지는 문화고, 우리가 지향해야 할 가장 큰 문화적인 특성을 지니고 있지 않은가라고 했었지.(정민수)

그런 거 처음 배웠을 때는 신기하고 그랬지. 남녀가 손 붙잡고, 그 전 학교에는 손 한번 잡아 보기가 힘들었는데 이번에는 수월해지더라고. 어떤 춤이 신기한 게 아니라 남녀가 그렇게 하는 게 신기했어. 여자애들하고 이렇게 하다니, 정말 재밌다…….(최성원)

그러나 나는 80년대 급진적 의례의 한계 또한 무시할 수 없다고 본다. 구체적인 민중성, 계급 경험을 확보하지 못함으로써 의례가 단순한 기능이나 기술적인 도구로 전락한 점이나, 일상적인 즐거움 또는 놀이로 전화되지 못하고 선전 수단이 되면서 대중의 감성을 수용하지 못한 점이 그것이다. 결국 급진적 의례는 엘리트가 만들어 학생 대중에게 주어진 것이었다.

앞의 맥락과 관련시켜 보면, 과거에 몸body은 노동력의 공급원으로 상징되었다. 다시 말해 몸 또는 육체는 '노동의 신성함', '잉여의 안정적 재생산'을 위해 금욕적이고 청교도적인 윤리에 지배되었다.[16] 특히 한국에서는 근대화·발전주의 이데올로기의 강력한 영향력 때문에 '느끼는 것'으로서 육체보다 '일하는 것'으로서 육체가 강요되었다. 또한 80년대 생활양식의 변화, 단적인 예로 문화산업인 프로 스포츠, FM 라디오의 보급, 통금 시간 해제, 교복·두발의 자유화가 있었지만 그것이 몸의 해방이나 노동력의 의미 변화로 이어지지는 않았다. 이런 맥락에서 볼 때, 80년대 학생운동의 급진적인 의례는 몸의 느낌 이전에, 의례를 통한 운동적 가치와 스타일의 전달, 공동체의 형성이라는 목적성이 지나치게 앞섰다. 이른바 '몸—느낌' 등으로 대표되던 몸의 적극성이란, 서구성을 부정하면서 대중문화와 구별되는 저항적인 의미와 형식을 띤 의례를 대중들에게 강제한 측면이 강했다. 그러나 의례의 형식과 내용의 분리 때문에 본래 의례가 의도했던 생산·노동·놀이를 통일시킨다는 목적은 제대로 달성되지 못했다. 이런 한계는 급진적인 의례의 내재적 한계에 관한 인식으로 이어지기도 했다.

우리는 풍물을 즐겁게 쳤지만, 즐겁게 친 것 이상이 못된 것 같아. 사람들이 재밌다, 좋다는 느낌들을 가졌던 건 좋았지만, 한번 풍물을 치고 공연을 한다는 의미 이상을 다른 사람들에게 주지는 못한 것 같아. 점차적으로 풍물을 하는 선배들도 그냥 치는 건 지겨우니까 뭔가 같이 호흡하는 것들, 즐거우니까……그 사람들도 기능으로써 풍물을 익혔고, 학년이 올라가면서 그냥 내가 힘들고 지칠 때 한번 가서 풍물을 치는 그런 정도가 되었지. 소리가 원래 그렇잖아.(정민수)

'이런 걸(해방춤 등의 의례 — 인용자) 통해서 우리의 공동체 의식을 함양시킨다'는 건, 그게 다가 아닌 거 같은데, 얘기를 해 주고 싶은데 잘 모르니까. 그런 춤을 추면서도 의미들을 잘 모르겠더라구. 몇 달에 한번 그런 기회가 있더라도 잘 와 닿지가 않더라고. 우리가 춤을 잘못 배운 거 같고, 그건 춤 동작을 잘 못해서 그런 게 아니라 이런 문화를 우리가 왜 퍼트리고 해야 되는지, 그걸 몰랐던 거 같아.(최성원)

이제 마지막으로 공동체의 하위문화 가운데 가장 중요할 수도 있는, 운동의 진행 과정에서 겪은 통과의례를 살펴보자. 어쩌면 이것은 순진한 한 대학생이 맹렬한 학생운동가가 되는 과정에 관한 평범한 진술일 수도 있다. 하지만 내가 보기에 이 과정은 가장 많은 갈등과 번민을 포함한, 급격한 의식의 변화가 진행된 '하나의 시간 터널'이었다.

4. 경험의 공유 ─ 운동의 통과의례, 의례가 된 투쟁

사랑도 명예도 이름도 남김없이 한평생 나가자던 뜨거운 맹세
동지는 간 데 없고 깃발만 나부껴 새날이 올 때까지 흔들리지 말자
세월은 흘러가도 산천은 안다 깨어나서 외치는 뜨거운 함성
앞서서 나가니 산 자여 따르라
앞서서 나가니 산 자여 따르라……
─〈임을 위한 행진곡〉 중에서

80년대 발명됐던 민중 담론은 경제적인 수준에서는 노동자 · 농민 · 빈민 등과 맺는 연대를 통한 '계급 경험'의 공유를, 정치적인 수준에서는 계급 · 진보 정당을 공식적인 정치 과정에서 배제하는 것에 관한 반대를, 담론의 수준에서는 역사적으로 존재해왔던 민중의 '억압된 경험'과 민중의 전투성 · 저항성의 공유를 의미했다. 그러나 민중 담론은 민중이라는 '추상적이고 상징적인 담론'의 형태로 표출되는 경우가 많았다. 이것은 80년 광주민중항쟁을 거치며 아래에서 자치에 기반한 공동체의 기억에서 비롯됐다. 80년 광주에서 형성된 공동체적인

연대 의식, 항쟁에 참여한 민중의 헌신성, 근본적인 민주주의에 관한 요구 등은 한국전쟁 이후 한국 사회에서 '반쪽 불구'화된 이데올로기 지형을 복원시켰다. 뿐만 아니라 민중, 더 나아가 민중운동의 역사적 복원이라는 과제를 제시했다.17 광주민중항쟁의 경험은 80년대 학생 대중에게서 다양한 방식으로 표출됐다. 한편 항쟁의 경험은 민중에 관한 초보적인 상과 진보적 사회운동의 복원을 가능하게 했지만, 다른 한편으로는 1980년 '서울의 봄'을 주도하던 학생운동에게는 '패배의 경험'이기도 했다. 80년 당시 '타협에 따른 민주화'가 불가능한 상황에서 학생운동 지도부의 전략적 선택의 오류, 신군부와 정면 대결을 회피한 결정은 광주에서 피의 살육으로 종결됐다.18 이렇게 80년 광주의 경험은 학생 대중들에게 국가 권력의 억압성과 폭력성, 미국의 제국주의적 속성, 변혁 운동에서 민중운동의 중요성에 관한 인식 등으로 재해석되었다. 한편 언론·출판·집회·정치 활동에 관한 5공화국의 철저한 통제는 '80년 광주의 진실'을 공동체 안에서만 맴도는 자신들만의 이야기로 만들었으며, 학생 대중들에게 '광주'라는 두 글자는 정권에 대한 '무조건적인 반대와 분노'의 소재를 제공해 주었다.

내 최초의 충격은 뭐니 뭐니 해도 5·18 비디오였어. 당시만 해도 우리 과의 응집력이 대단해서, 한번 모여서 뭘 하자고 하면 거의 다 모였거든. 어쨌든 비디오를 보는데 그때까지만 해도 난 정부 말대로 간첩이 광주 시민을 선동해서 그렇게 된 건 줄만 알았는데, 보니까 군인들이 사람을 막 패고 죽이고 또 어떤 아줌마가 아들의 시체를 부여안고 우는 모습 같은 걸 보고, 난 너무나 충격적이었어. 그 비디오를 본 것이 내 대학 생활 전반에 엄청난 충격이었고, 그 이후 거의 내 모든 것을 좌우했지. 더군다나 그들의 행위가 집권 과정이든 뭐든지 간에, 난 결코 같은 체제에 사는 인간으로서 저럴 수는 없다는 생각이 들었지. 또 처음에는 저 비디오가 선배들이 어디서 합성해서 만든 거짓말일 거라고 생각하고 의심도 했는데, 도서관에서 일본 NHK 비디오를 보고 나서 정말이라는 걸 알았지. 난 그걸 보고 거의 2박 3일 동안 계속 울었어. 그동안 속고 살아온 것도 억울하고 그렇게 속고 공부만 하면서 산 내가 부끄럽기도 하고, ……정말 이 사회가 사람이 살 만한 세상은 아니구나, 과연 내가 이런 진실을 알았다면 고등학교 때 공부만 할 수 있었을까 생각이 들기도 하고.(김세진)

다음으로는 광주의 기억에 근거해 80년대 학생 대중의 투쟁 형태가 어떻게 변화했는지 살펴보자. 먼저 80년대 대학생들의 투쟁은 시간이 지날수록 폭력성과 급진성을 드러냈다. 특히 '87년 6·10'이라는 대중 투쟁의 경험은 학생 대중들에게 승리감과 자신감을 가져다주었다. 다음의 기사와 회고는 80년대 초반 선진적 학생 대중의 투쟁 형태를 단적으로 보여준다.

본교생은 11월 10일, 11일 양일 간 교내외에서 반정부 시위를 벌였다. 오전 10시 50분 경 ○○○ 군이 유리창을 깨고 나와 유인물 100여 장을 돌리며 시위를 시작, 3백여 명의 학생이 스크럼을 짜고 시위를 벌였다. 교외로 나간 학생들은 오후 2시 경 신촌 로터리에서 ○○○ 양이 육교 위에서 플래카드를 걸고 유인물 100여 장을 뿌리며 가두시위를 주동하자 합세해서 시위에 참가 …….(《서강학보》1983년 11월 17일자)

82년에는 과학관에서 광목으로 온 몸을 두르고 칼로 찢으면서 내려오는 과격한 시위도 했지. 많이 다치기도 하고……. 당시에는 거의 산발적인 투쟁이었어. 예를 들어 몇 시에 신촌 어디에서 모이자라고 약속하고 한 10분 하다가 깨지고……. 그런데 83년에 들어서면서 이른바 언더 티에서 배출된 역량들이 쌓이고 해서 한 40~50명 정도가 조직적인 투쟁을 하기도 했지. 84년 유화 국면이 오면서 학자추(학원자율화추진회 — 인용자)를 중심으로 투쟁을 조직하는데, 거의 개떼처럼 천 명 정도가 모이고. 그때는 농구장에서 집회하고 행진 한 바퀴하고 교문 앞에 나가면 전경들하

고 몸싸움하고, 또 그때 화염병이 처음 등장했지.(한경수)

둘째, 매년 5월 투쟁은 80년대 학생운동 정치에서 각별한 의미를 지녔다. 메이데이Mayday, 5·18이나 노동자 투쟁 등을 선전하기 위한 비디오 상영, 사진 전 등은 갓 입학한 신입생들에게는 문화적인 충격이었다.

참혹한 사진들보다는 애가 아빠 영정을 들고 있는 사진이 되게 쇼킹했지. 그때는 〈서강 TV〉가 생기고 해서 매일 5·18 비디오 틀고 했잖아. 나는 고등학교 때 5·18에 대해서 처음 들었어. 거의 5·18이 하나의 '유행 전시회'였어. 옛날에 5·18을 그린 박재동 만화가 생각이 나는데, 별이 반짝반짝거리는데 누나랑 동생이 앉아 있는 거야. 그 애가 하는 말이 "나는 비로소 알았다. 피를 빨아야 별이 된다는 것을……"(피는 광주 학살을, 별은 신군부의 장성들을 뜻한다 — 인용자). 굉장히 섬뜩했지.(김영하)

셋째, 80년대 대학생들은 광주항쟁의 경험 이외에도 철거 반대 투쟁, 공부방, 야학 등을 통해 새로운 투쟁 경험과 계급 경험을 공유했다. 학생들은 이 과정에서 그동안 중립적이고 이상적으로 여기던 국가라는 공권력의 실체와 본질을 깨닫고, 과거에 느끼지 못하던 민중에 대한 막연한 연대 의식을 확인했다. 공식적으로 국가가 독점하던 지배 담론을 재해석해 자신들의 새로운 정체성으로 만들어 갔던 것이다.

3월에 철거 투쟁을 갔었어. 그런 철거 얘기는 뉴스 같은 데서도 방송이 되고, 이런 게 이제는 없을 거라고 생각을 했었어. 과방에 갔는데 "목동에 철거 깡패가 동원이 됐다. 학생들이 요구가 된다"는 말이 있었지. 거기 가 봐야겠다는 생각이 들었어. 그래서 그때 처음으로 선배들이랑 그 곳을 가서, 정말 무자비한 탄압, 사람보다도

더 큰 쇠파이프를 들고 남녀노소를 가리지 않고 무자비하게 때리는 걸 보고, 그게 가장 충격이었지.(남윤수)

넷째, 가두 투쟁과 교내 투쟁 등의 투쟁 과정은 공동체 내부의 결속의 장이었다. 구성원들은 투쟁 과정에서 즐거움을 느끼며, 이 과정을 통해 공동체 내부의 집단적 정체성을 형성했다. '가두 투쟁'이라는 경험을 공유함으로써 정치적 경험을 나누고, 동시에 투쟁 신참자와 경험자 사이에 투쟁의 자원과 기술을 함께 했다. 또한 지하철과 가두에서 선전전은 "우리들만의 언어를 전달하는" 동시에 일종의 유언비어를 통해 사람들의 '관심을 유도'하는 과정이었다.

아침부터 밤까지 몸이 뻐근할 정도로 싸우고 아주 잘 자고, 그 다음날 일어나서 손수건이랑 휴지랑 챙겨 가지고 가방에 두둑하게 넣고…… 또 나가 싸우고 집에 가서 푹 자구. 몸의 고달픔과 비례해서 기분이 좋고. 옛날에는 싸우다가 목숨을 걸 수도 있다는 생각을 가졌고, 그런 노래를 들으면 가슴이 벅차고 힘이 나고…… 이젠 목숨을 걸지 못하겠더라구. 이것도 몸보다 마음이 앞서 가는 생각인가……. 그런 생각들이 있었기 때문에 당장 싸움이 고달프고 힘들고 해도 그게 더 마음이 편안했던 것이 아닌가 생각해. 그 자체를 즐기고, 오히려 자기 생활로 돌아와서 일상 사업을 하는 게 더 힘들고.(정민수)

가투는 나가기 전에 어느 정도 경험 있는 사람이 조를 짜 주잖아. 그러면서 서로 이야기도 좀더 많이 할 수 있게 되고, 베테랑들은 '이렇게 도망 다니면 된다'는 걸 가르쳐 주고.(심재원)

나갔을 때 힘든 건, 지하철 같은데 선전전 가서 대자보, 소자보 붙이는 건 정말 떨려. 여기저기 대자보 숨겨 가지고, 한 명이 망 보고……. 그게 섭섭한 게, 붙일

때 사람들이 와서 보기도 하지만 어떤 사람들은 무식하게 와서 밟잖아, 찢어 버리기도 하고……. 여기 지하철에 적들이 오면 도망칠 데도 없고, 당시에는 정보 통제가 심했잖아. 그런 데서 사람들에게 알릴 수 있는 접근 방법이 없었는데, 피켓 들고 하는 건 사람들한테 한두 마디 구호 이상이 아니잖아. 유인물이나 대자보는 좀더 심도 있게 접근하는 방식이니까 더 많은 위험을 수반했지만 효과적이었지. (심재원)

마지막으로, 방학 때마다 가던 '농활'은 또 다른 형태의 투쟁 의례이자 담론으로만 상상되던 민중을 직접 경험하는 장이었다. 열흘 동안의 농활은 머리가 아닌 몸으로 내 옆의 동지를 생각하게 하는 계기가 됐다. 참가자들은 열흘 동안 함께 생활하면서 학교에서는 느끼지 못하는 집단적 연대감을 공유했다. 농활 과정은 '생활하는 과정'이 더 중요했다. 새벽 2, 3시까지 꼬박 버티면서 생활하는 모습을 서로 확인하는 과정은 구성원들 사이의 신뢰를 형성시켜 주는 '경험'이었다. 또한 이 과정은 운동권만 참여하는 것이 아니었기 때문에 상이한 대중들의 다른 문화적 패턴을 하나로 통일시키는 역할을 했다.

초기 농활의 이런 엄격함은 일종의 활동가 훈련의 일환이었지. 그때는 잠도 못 자게 하고 세미나 시키고……. 잠을 안 재우니까 토론도 잘 안 되고 자다가 토론하다가 그런 식이었지.(임상진)

1, 2학년 때 농활 처음 가게 되는 사람들은 실제 가서 일해 보면 되게 힘들고, 모여서 보면 이게 사람인지 아닌지 못 느끼지. 맨 첨에 5시부터 일어나고 새벽 2시, 3시 혹은 밤 꼬박 새우고 그러면서도 그냥 잘 견뎌 내잖아. 일차적으로 사전 교육을 받으면서 농촌의 현실 같은 걸 알아 가는 것도 의미가 있을 수 있지만, 생활하는 과정 그 자체에서 서로에 대한 믿음이 생길 수밖에 없는 거야. 가서

거기 있는 사람들과의 관계들도 상당히 돈독해졌다고 보거든. 농민회가 힘을 가지고 있는 조직이 아님에도 불구하고 거기 있는 사람들한테 받게 되는 인간적인 감동 같은 것들도 대단히 많은 거 같아. 농활은 단순히 농촌활동을 통해 의식화시키는 게 아니라 서로가 자신을 확인하고 그 과정 속에서 활동하는 동력이나 서로 간의 인간적인 면모를 확인하는 계기가 아닌가 해. 거기서 뭔가 감동받고 변화하는 계기로 다가오는 건 당연한 거 같아. 또 육체적으로 힘든데 그 속에서 견디는 게 얼마나 힘들겠어.(차두식)

끝으로, 대학생들이 운동에 입문하면서 필수적으로 거쳐야 했던 통과의례들을 살펴보자. 운동권에 참여하게 되는 통과의례는 다양했다. 80년대 초반에 운동권으로 '낙인' 찍히는 결정적 통과의례는 "뒤치다"라는 말로 쓰인, 한번 투쟁을 조직해서 감옥에 가는 것이었다. 그때는 무엇보다도 '한번의 투쟁을 조직하는 것'이 중요했다. 다른 한편 학생운동의 마지막 의례는 학생이라는 지위를 다 포기하고 홀연히 '노동 현장'으로 떠나가는 것이었다. 하지만 통과의례들은 80년대 중반 이후에 대중 공간이 확대됨에 따라 다양한 양식으로 표출되었다.

무슨 책을 어디까지 봤냐, 또 학번이 중요했고, 어느 선배 밑에 있느냐가 중요하고, 거기다가 그 선배가 조직 내에서 차지하는 위치도 중요했지(선배가 조직에서 위치가 높으면 그만큼 받게 되는 정보나 지도의 내용이 달랐다 — 인용자). 어떤 선배를 아느냐 모르느냐 여부, 어떤 집회에 가느냐……. 집회는 공공연히 자신의 색깔을 드러내는 표식이었지, 모이는 장소도 중요했고……. 얼마나 R관(서강대학교 공대 건물의 명칭 — 인용자)의 구조에 대해서 빠삭하게 아느냐 여부, 소위 조직 내 높은 사람들의 모임에 참여했는가 여부, 얼마나 많은 문건을 가지고 있느냐의 여부, 마포서장을 아느냐, 몇 번이나 경찰서에 잡혀갔느냐 여부, 집에 얼마나 자주 안 들어갔느냐, 전대회(全大會,

운동 조직 내부 결의대회, 정당의 전당대회를 연상하면 됨 — 인용자)를 몇 번이나 갔느냐 등이지.
(김영하)

단순화의 위험이 있지만 이런 통과의례를 유형화하면 다음과 같다. 먼저 얼마나 안 빠지고 집회에 참여하느냐 하는 것이 중요했다. 집회 참여가 대중들에게는 활동가의 성실성으로 비쳤다.

둘째로 해당 정세에 맞는 구호와 슬로건을 얼마나 정확히 이해하고 외치느냐 하는 것이 중요했다. 구호는 각 정치 세력에 따라 달랐다. 어떤 경우에는 A세력이 주도하는 집회에 B세력이 '초를 치기 위해' 활동가를 집회장 구석구석에 깔아 놓아 '슬로건 대결'을 펼치기도 했다. 이런 경우에도 정세에 맞는 구호를 얼마나 숙지하느냐가 활동가의 중요한 자격 조건이었다.

셋째, 어떤 책을 어느 수준까지 읽고 소화했는지도 운동의 성숙도를 가늠하는 기준이었다. 초기에 읽던 사회과학 서적들은 거의 비슷했다. 그러나 점차 운동에 적극적으로 참여하면서 운동 노선에 따라 읽는 책이 달라지고, 또 책을 통해 얻은 지식과 단어, 내용은 대중을 설득하고 자신의 정치적 색깔을 드러내기 위한 무기가 된다. 이것은 대부분 운동 엘리트들의 '상징적 자원'이었다.

넷째, 수업에 얼마나 안 들어가는가였다. 운동권은 수업과 강의를 거의 무시했다. 물론 2, 3학년 들어서는 하는 일이 많기 때문에 부득이 수업에 못 들어가기도 했지만, 이미 수업은 '들어도 그만, 안 들어도 그만'이라는 사고가 지배적이었다. 또한 바빠서 수업에 안 들어오는 이들에게 동기들도 굳이 "왜 안 들어오느냐"고 묻지 않았다. 그 이유를 대충 알고 있기 때문이었다. 이때 동료들이 해주는 일은 시험 기간을 알려 주고 잘 정리된 강의 노트를 구해 주는 일이었다.

다섯째, 선배 활동가들은 정치적 훈련이라는 이름 아래 후배들을 여러 운동 공간에 배치한다. 집회에서 구호 외치기, 후배 꼬시기(이것을 FC, 이른바 포섭fraction이라 불렀다), 토론회에서 발언시키기 등 80년대 후반에 이르러 넓어진 대중 공간에서 활동가들이 해야 할 일은 많았다. 이런 훈련을 얼마나 능숙하게 하느냐에 따라 후배 활동가들의 역할이나 지위가 정해지기도 했다.

여섯째, 실제 투쟁을 경험하는 것이 매우 중요했다. 80년대 초반과 달리 후반에 이르러 많은 인원이 전투경찰로 대표되던 '적'에게 잡혀가는 일은 드물었다. 그런데도 앞장서서 투쟁하거나 화염병이나 돌 등을 던지는 일은 쉽지 않은 것이었다. 따라서 전경을 무장 해제시켰다든지, 화염병을 몇 개 던졌다든지, 어느 파출소를 "뽀갰다"(파출소에 화염병을 던져서 불태웠다는 말)든지, 경찰의 무전기를 빼앗았다든지 하는 것 등을 자랑스럽게 무용담처럼 얘기했다. 또한 얼마나 자주 잡혀가서 두들겨 맞고 전과가 생겼느냐 ─ 대부분 투쟁 과정에서 체포될 경우 특이한 사례를 빼면 훈방, 구류 등으로 풀려 나온다 ─ 하는 것도 운동 경력으로 간주됐다.

끝으로 함께 운동을 하는 사람들 사이에도 학번 간의 위계는 매우 엄격했다. 위계는 대부분 학번 순으로 결정됐다. RP(reproducer의 약자, 학습을 지도하는 선배)도 거의 학번 순으로 정해져서 운동 집단 또는 조직 안의 위계질서를 형성했다. 이런 일련의 통과의례를 통해 학생운동가들은 자신의 정체성을 전형화하는 패턴을 창출했다.

세미나 내용의 숙지나 혹은 세미나에서 몇 마디 한 것에 의해 의식이 변하는 식의, 장기적으로 완만한 곡선을 그리며 변한 거라기보다 단계적으로 바뀐 것 같아. 특히 자기가 후배에서 선배로 바뀌는 시점이라든지, 자신이 더 큰 세미나를 통과하는 일정에 오르면서 자기 책임, 의식도 같이 변해 간 거 같아. 1학년 때는 선배에게 개기다가(저항하다가 ─ 인용자), 2학년에 학회 교사가 되면 자기도 모르는 새에 선배가 하던 것을 자기가 해야만 하는, 그리고 그것이 당연시되는 것이지. 세미나는 굉장한 장이었지. 안다 모른다라는 사실을 떠나서 자기의 위치가 변함에 따라 고민하는

내용과 수위가 틀려 지니까.(서용만)

선후배 간에는 학번에 따라 암암리에 역할이 분담되어 있잖아. 1학년은 잘 모른 채 선배들의 도움을 받아 그것에 따르면서 생활하잖아. 그러다가 2학년이 되면 대학 생활을 조금 알면서 뭔가를 해야겠다는 방향을 잡고, 3학년이 일을 만들면 그걸 도우면서 1학년과의 중간 다리 역할을 하는……. 이런 역할 분담이 되어서 적어도 우리가 아는 범위의 '과룸 사람들'은 그런 식으로 돌아가는 것이라고 생각 해.(서용만)

결론적으로 80년대 대학생의 하위문화의 특징은 다음과 같이 정리할 수 있다. 먼저 윌리엄스R. Williams와 톰슨E. P. Thompson이 문화를 정의한 것과 같이, 한국 대학생의 하위문화도 80년대 한국 사회에서 어느 계급도 수행할 수 없던 민주적 집단주의, 제도, 협력적 운동의 전통을 선도적으로 만들었다.[19] 한국의 경우 지배 문화로부터 자율적이고 독립적인 장으로서 하위문화가 엘리트의 주도 아래 폭넓은 학생 대중 사이에서 형성된 것이다. 이런 맥락에서 80년대 대학생의 하위문화의 첫째 특징은 매우 원시적이며 거칠고, 어떤 면에서는 전근 대적이기도 한 '집단성'을 들 수 있다. 이것은 자본주의가 이식한 개인주의와 서구성에 관한 반대에 기초한 것으로, 초보적이나마 민중 지향성을 표현하는 하위문화의 한 형태였다.

둘째, 학생 대중의 하위문화는 거칠고 남성적인 스타일이었다. 서구의 노동계급 출신 청년들의 하위문화는 "얌전이들"의 중간 계급 문화와 지배적 가치에 맞선 상징적인 저항을 위해 거친 남성 노동자의 스타일을 차용했다.[20] 반면 한국 대학생의 하위문화는 성별과 나이를 떠나서 민중의 '상상적 이미지'를 모방했다. 서구 하위문화가 작업장 안 노동자의 스타일을 노동계급 자녀가 계승한 것이라면, 한국의 경우는 규범적인 의미에서 민중이 가지고 있던 과거를 재해석했던 것이다. 거친 스타일, 단순한 생활 습관 안에 내재된 의미는 '민중이 좀더 인간다운 삶을 살 수 있도록 하는 것', '민중을 사랑하고 사회의 아픔을 같이 나누는 것', '동지에 대한 신뢰' 등의 상상적 경험과 이미지에 근거한 것이었다.

셋째, 서구 하위문화의 중심적 가치인 폭주暴走, 소음, 독특한 복장 등이 노동계급 자녀들과 청년들에게 정체성을 부여했듯이, 어둡고 빈티 나는 복장, 반소비적 행위 양식, 독특한 술 문화 등은 80년대 대학생들에게 정체성을 부여했다. 동시에 서구에서 클럽club이나 바bar 등의 공간이 하위문화 구성원들의 일상적인 정치의 장이자 내부적 위계질서를 형성한 응집력 있는 공간이었듯이, 한국 학생 대중에게 과방, 선술집 등도 유사한 의미를 지닌 공간이었다.[21] 또한 서구 하위문화에서 싸움 경력, 여자 사귀는 기술, 모터바이크를 거칠게 모는 정도가 사나이들 내부의 위계질서를 만든 것처럼 한국 대학생들 역시 하위문화 안의 급진적 의례에 관한 익숙함, 많은 투쟁 경험 등이 공동체 내부의 위계질서를 만드는 요소였다.

그러나 서구와 한국은 하위문화의 형성 배경에서 커다란 차이가 있다. 서구 하위문화는 노동계급 공동체의 내적 통합력이 상실된 데 따른 것이었지만, 한국의 경우 80년대에 이르러서도 작업장 문화 또는 아래에서 형성된 노동계급 공동체의 전통이 비가시적이었기 때문에 운동 엘리트가 상상적으로 해석할 수 있는 민중 담론과 운동 문화를 발명할 수밖에 없었다.[22] 상상된 민중의 스타일, 기호, 의미 등을 추구한 한국 대학생의 하위문화는 서구의 '반학교 문화反學校文化'와 다른 특징을 지녔다. 먼저 서구 노동계급 자녀들의 하위문화에서 사나이들은 이론보다는 실제를, 정신노동보다는 육체노동을 중심적 가치로 삼았다. 반면 한국 대학생들은 저항과 투쟁의 원재료를 지식노동에서 얻으면서도 공동체 안의 지식인이나 정신노동에 관해 매우 부정적이었다. 지식인과 상상적 민중 사이의 갈등이 무척 컸던 것이다. 하지만 서구의 사나이들이 일체의 지식과 권력을 거부한 반면 한국 대학생들은 특정한 종류의 지식, 이른바 부르주아적이고 제도화된 교수들이 주입하는 지식만을 거부하는 특징을 지녔다.[23]

다음으로 서구 노동계급 자녀들이 추구하는 사나이들의 스타일은 작업장 문화에 관한 체험에 기반한 것인데 견줘, 한국 대학생 하위문화의 스타일은 아래에서 자생적으로 만들어진 것이 아니라 엘리트들을 통해 재해석된 것이었다. 서구 노동계급 자녀들의 하위문화는 고등학교를 졸업한 뒤 직업의 분화 과정에서 노동계급인 자신의 아버지 자체를 닮아 가는 것이 아니라, '아버지의 세계'이자 '남성의 이미지'로서 작업장 문화를 닮아 가는 것이다. 반면 한국 학생 대중은 의식적으로 민중 담론과 그 스타일을 재해석함으로써 선진 노동자의 전투성 등을 선호했다.[24]

셋째, 서구 노동계급 자녀들은 육체노동을 타협적으로 수용하고 노동의 착취적인 성격에 관해 '간파penetration'하는데 그쳤다.[25] 이것과 달리 한국 학생 대중은 한편으로는 농민, 생산직 노동자라는 추상적인 민중의 가치와 의미를 흠모하면서도, 다른 한편으로는 자본주의적 노동 또는 작업장을 자신의 삶의 미래로 생각하지 않고 간파를 넘어선 착취의 과정으로 사고했다. 학생 대중은 결코 육체노동 자체에 자신의 미래를 걸거나 만족하지 않았다.

끝으로 서구 하위문화의 집단적 정체성이 비공식적인 문화, 대표적으로 '사나이 문화'를 통해 형성됐던 반면, 한국의 경우 공식 문화인 학생회 문화, 운동 문화, 민중 문화를 통해 발명되었다. 모두 지배적 가치의 전복과 저항이라는 유사성을 지녔지만, 한국의 운동 문화는 교육 제도라기보다 거시적인 국가 권력에 대한 직접적이고 가시적인 저항을 목표로 삼았다. 이것은 저항 형태의 차이에서도 드러난다. "사나이 문화"와 "기호학적 게릴라전"은 지배적 가치에 맞선 상징적인 저항, 즉 싸움, 까불기 등의 형태를 통해 사회질서 자체를 부정하는 것으로 이어지지는 않고 회피, 상징, 도피적인 성격을 강하게 띤다.[26] 반면, 한국 대학생의 하위문화는 교수에 관한 상징적 저항을 제외하면 대부분 직접적이고 공개적인 저항의 형태와 방어적 폭력을 수반하는 목적의식적인 저항을 펼쳤다.

결국 한국 대학생들의 하위문화는 80년대 정치 변동과 강한 긴장 관계 속에서 학생운동 정치의 대중적 동원을 목표로 하는 민중 문화, 민중적 공동체의 형태로 발명되었다. 다시 말해서 80년대 하위문화는 과거부터 이어져 온 민중 문화가 80년대 정치 변동과 폭넓은 긴장 관계 속에서 재해석됨으로써 형성되었다. 역사의 주체로서 민중은 80년대 대학생들에게는 상징이지 실체가 아니었다. 여기서 '상징'은 관념이 아니라 실제 일상생활, 생활 세계에서 경험되는 것이다. 즉 80년대 대학생들의 현실에서 체험되는 것은 계급 그 자체가 아니라 계급으로 상징되는, 과거 억압의 기억과 전통으로서 담론 수준의 민중이었다. 따라서 80년대 학생 대중의 민중 담론은 하나의 '역사적 기호'였다.[27]

80년대 운동 문화로서 하위문화가 재생산될 수 있던 조건은 무엇보다도 계급투쟁과 형성된 긴장이었다. 엘리트는 대중이 운동적 과제에 걸맞는 생활양식과 민중적 의례 등을 따르기를 원했을 뿐, 일상에서 대중 스스로 만든 담론이나 문화 속에 있는 모순에 근거한 욕구, 불만, 즐거움 등을 가지고 투쟁을 조직하지는 못했다. 80년대 대학의 하위문화는 민중 문화적 내포를 지니고 있었지만 운동 엘리트들을 통해 만들어진 것이었다. 이런 점에서 80년대 대학 문화는 70년대와 다른 정서, 감수성, 상상력, 가치를 가지고 있었지만, 동시에 민중의 대변인으로서 파시즘과 투쟁하는 '민중 담론과 운동 문화'를 통해 다양한 학생 대중의 '차이'를 민중의 모습으로 통일시킬 수 있었던 것이다.[28]

80년대 대학생이 발명한 '공동체'는 지배계급과 구별되는 민주적 전통과 그 전통을 토대로 한, 지배 권력의 힘이 미치지 못하는 공간, 가치, 문화, 전통을 창출했다. 여기에서는 80년대에 대학 안의 공동체적인 면모들이 변화하고 사라지는 과정에서 발생한 엘리트와 대중 사이의 역동적인 상호 작용, 그리고 엘리트를 통해 다양한 의미와 내용으로 활용되는 과거의 공동체 담론이 무엇이었는지 살펴보자.

1980년대 공동체의 담론으로 사용했던 '민중'은 공동체의 지배적인 담론이자 공통의 목적을 위해 재구성된 이데올로기였다. 그러나 민중 공동체에서 사용되던 민중은 처음부터 공동체 안에서 합의된 개념은 아니었다. 오히려 민중은 운동 엘리트가 재해석한 과거의 민중적 전통, 공동체를 둘러싼 운동 문화로서 하위문화, 그리고 대학생들이 강요받은 투쟁의 경험 속에서 '만들어진 개념'이었다.

'민중'은 먼저 자본가, 지주 등 지배 권력의 착취를 당하는 사회 집단이다. 대표적으로 노동자, 농민, 빈민 등을 들 수 있다. 둘째, 민중은 권력 자원과 조직적 자원이 원천적으로 국가에 독점되어 있기 때문에 공식 정치 과정을 통한 정치 참여가 원천적으로 배제된 사회 세력을 지칭한다. 이것은 노동자·진보적 정치 세력이 부재하던 1980년대에 주요한 정치 변동의 행위자이던 재야 운동, 학생운동 등을 포괄한다. 셋째, 민중은 계급 이론만으로 설명되기 어려운 권위주의 체제 아래에서 중심적인 억압의 대상이 되었기 때문에 지극히 한국적이고 예외적인 현상인 동시에 주체였다. 따라서 민중 담론은 80년대 억압받았던 사회 집단에 관한 담론일 뿐만 아니라 과거 민중들의 '억압의 경험에 관한 전통과 기억' 속에 존재한 집단적 행위자다. 끝으로 민중은 혁명 또는 사회변혁의 주요 세력으로 변화할 가능성이 있는 미래의 행위자이자 능동적인 사회 세력active social force이다. 특히 이 중에서 80년대 대학생들이 주로 사용한 민중 담론은 미래의 행위자이자 능동적인 사회 세력으로서 민중을 의미했다.

이렇게 80년대 대학생의 민중 개념은 에드워드 팔머 톰슨이 개념화한 능동적인 역사적 행위자로서 노동계급, 민중 개념과 유사했다. 톰슨은 민중의 집단성에 관한 신뢰, 인민전선형 대중운동에 관한 애착 그리고 산업혁명이라는 변혁적인 경험에서 영국 민중이 물려받은 정치 문화와 투쟁의 전통을 강조함으로써, 민중을 고정된 주체이자 동원의 대상으로 보는 구좌파의 경향과 노동계급을 이미 부르주아의 품으로 돌아서 버린 추억거리로 바라보는 경향을 비판했다. 톰슨은 영국 민중의 현재적 냉소주의, 민주적 권리의 위기를 과거 민중이 지니던 민주적 전통의 복원을 통해 재조명하려고 했던 것이다.[29] 나는 이런 톰슨의 개념에 천착해, 능동적인 역사적 행위자로서 상상된 민중 담론은 80년대 대학 내의 공동체에서 하위문화로서 운동 문화, 급진적 의례, 과거 민중의 억압의 기억으로 재해석되어 대중과 엘리트의 현재적인 정체성을 구성했다고 본다.

그렇다면 1980년대 대학에서 민중 공동체는 특정한 조직 형태를 지칭하는 것인가? 아니면 구성적인 사회집단을 지칭하는 것인가? 1980년대 공동체는 학생회로 틀 지워진 분명한 조직체라기보다는, 엘리트와 엘리트의 지향에 동의하는 대중이 공통의 '목적'을 위해 협력하고, 내부 집단에 따라 다양한 공동체 이데올로기가 동원되며, 구성원들 사이의 상호 작용 과정에서 내부적인 갈등이 존재하는, 상징적으로 구성되고 경험되는 장field이었다. 공동체는 공식적이고 제도적 구조라기보다 하나의 상징체이며 내부 구성원들을 통해 구성되는 역동적인 과정이다.[30] 그러나 공동체의 동질성은 표면적이고 임시적인 것일 뿐이다. 공동체 외부의 압력이 커질수록 '변형된' 이전의 형태들에 다른 의미와 중요성을 불어넣음으로써 다시 공동체의 '경계'를 상징적으로 내세워 공동체 내부의 결속을 강화한다.[31]

흔히 공동체는 '사회집단의 한 유형'이나 '집단 구성원 간의 사회적 유대 유형'으로 구분되는데, 나는 이 중에 후자의 개념을 사용했다. 다시 말하자면 공동체를 '구조화된 공동체 집단'으로 보는 것이 아니라, 대학 내 하위문화의 공동체적인 측면과 내부 성원들 사이의 상호 작용을 일으키며 서로 관계를 조율하는 '유대의 원리'로 파악했다. 공동체는 '상상에 의해 경험되는 것'이며, 따라서 공동체 내부의 엘리트와 대중 사이의 관계와 내부의 공동체적인 특성으로 간주되는 요소가 발명되는 양상을 분석하기 위해서는 유대의 원리로 파악하는 것이 적당하다.[32] 그러나 과, 동아리, 학생회 등 어느 집단이든 공동체적 측면과 체계화된 조직의 측면—이 책에서는 공식 조직으로서 학생회—은 공존한다. 따라서 나는 대학생 집단 내부에서 나타나는 대립과 갈등의 측면들—분파 갈등, 엘리트와 대중 사이의 문화와 취향의 차이 등—에 주목하면서, 공동체 내부 구성원들이 민중 담론과 하위문화를 어떻게 활용하고, 공동체 내부의 문화, 실천이 정치 정세, 정치 변동, 국가 등 외부 세계의 변화와 어떻게 관련되어 있는지 살펴보았다. 그것은 공동체와 관련된 하위문화, 실천, 담론 등에 의해 생산되는 정치적인 효과와 의미를 파악하는 것이다.

앞서 말한 대로 공동체의 전통과 담론의 발명은 지식인을 통해 진행됐다. 지식인은 역사적인 과거와 민중의 연속성을 재발명해 새로운 상황에 맞는 민중을 발명했다.[33] 이 전통은 반복적이며 과거와 관련된 연관성을 특징으로 하는 형식·의례화 과정이자, 국가가 공식적으로 만든 지배적 전통과 달리 클럽, 친목 단체 등을 통한 비공식적 전통의 발명이었다.[34] 다시 말하자면 지식인들은 전통의 발명 과정에서 민중 담론을 체계적인 공간 안에 들여다 놓음으로써 '고유한 상상적 공동체'를 구축하고 과거의 경험 중에서 현재에 영향을 미치는 것을 선택적으로 구성한다. 이런 맥락에서 전통은 민중과 대상화된 지식인 양자 사이에 존재하는 권력의 적절한 기호들로 구성된 "기의 변조bricolage"이자, 종속된 민중의 세계를 복구하기 위해 전통적으로 주변적인 사람들, 소수파, 역사에서 배제된 사람들이 실천하던 것이 지식인을 통해 대신 발명된 것이다. 결국 전통은 국가가 날조한 전통에 대항하여, 민중의 살아 있는 현실에 근거한 정당성을 제공하기 위한 기제다.[35] 이런 맥락에서 80년대 대학생들의 민중적 전통의 발명은 지배 세력과 자신을 구별하기 위한 것인 동시에, 일상적인 생활과 달리 의례·상징적 기능을 통해 현실을 정당화하는 기제였다. 민중의 정체성은 먼 과거와 연결된 의례와 상징을 대중적인 수준에서 유포시키고 과거 민중의 역사, 행위, 의례 등을 통해 현재의 행동을 정당화하며 집단적 연대를 유도했다. 특히 나는, 80년대 대학생들이 '공식적으로 지배 권력을 통해 인정되는 사실'에 맞서, 민중·주변적 집단의 손으로 재구성되고 새롭게 의미가 부여된 '민중적 전통'에 주목함으로써 공동체 내부 성원들 사이의 대립과 연대의 실체를 밝히고자 했다.

그러나 80년대 대학생 집단을 '공동체'적이라고 지칭하는 것이 대학생 내부에 위계질서, 갈등 그리고 불평등이 존재하지 않았다는 것을 뜻하는 것은 아니다. '공동체'의 의미는 상황에 따라 다른 방식으로 분화되기도 했다. 이것은 과거 민중 공동체의 구성원들이 대학 내 공동체의 파괴 또는 위기를 언급하면서 80년대와 현재를 비교하는 과정에서 분명히 드러났다. 이 사람들은 공동체 담론과 하위문화를 매개로 80년대 또는 더 먼 과거에 기대어 현재의 상황을 평가하고 비판하며 과거를 재해석했다. 다시 말하자면 과거 공동체의 역사들에 관해 공동체를 경험한 모든 주체들에게 동일한 의미를 부여하는 것은 아니다. 오히려 광주민중항쟁, 억압의 기억으로서 민중 등 과거에 관한 기억이나 해석은 현재와의 연관성 속에서 의미를 지녔으며, 구성원들의 현재적 요구에 따라 재해석된다. 과거의 '실체'에 관한 질문만을 강조한다면 과거 경험의 주체가 어떻게 다르게 구성됐고 개인의 시각이 어떻게 구조화되었는지에 관한 해석을 배제할 수 있다. 다시 말해서 과거의 사실이 왜 구술자들에게 현재 다르게 인식되고 어떤 의도와 맥락에서 재해석이 진행되는지에 관한 분석이 결여될 수 있다. 80년대 대학생들의 과거와 역사에 관해 해석한다는 것은 현재의 상황에 관해 말하는 것인 동시에 현재 자신의 정체성을 확인하는 과정이다. 바로 과거를 재구성함으로써 자신들의 정체성을 확보해 나아가는 것은 국가, 지배 권력 등 대립적인 집단과 관계를 다시 설정하는 과정을 통해서 진행됐다. 이런 의미에서 과거는 동일한 사건을 경험한 대립적 성원들 사이에 '경합이 일어나는 장contest terrain'이다.

이처럼 80년대 지식인과 학생들은 민중 문화 또는 운동 문화라는 하위문화의 기치 아래 과거의 전통을 활용함으로써 민중 문화의 전통을 자신들의 하위문화의 일부이자 저항의 양식·스타일로 만들었다. 다시 말하자면 국가의 공식 이데올로기에 맞서는 민중의 이데올로기적 전통을 만들어 나아감으로써 '민중적 상상people's imaginary'을 발명했고, 민중론과 민중 문화 역시 지식인을 통해 제안되고 세련되어졌다. 이렇게 지식인과 대학생들은 민중의 하위문화의 독특한 의례와 스타일을 발명하고 이것을 민중과 학생 대중에게 보급함으로써 80년대의 억압 상황을 재해석하고 자신들의 운동적 정체성을 확보했다. 이것을 통해 허구적 공동체인 국가에 맞서 민중의 상상과 실천이 대립할 수 있는 민중 공동체라는 정치적 상상력이 확장될 수 있는 틀을 발명했던 것이다.[36]

서구 청년문화로 대표되는 하위문화subculture는 장발, 너저분한 옷차림, 섹스, 알코올, 마약 등 몰이성적인 기제를 통한 무규범적인 생활로 비판받아 왔다. 그러나 지배적인 규범으로 하위문화를 평가하는 것은 근본적인 한계를 지닌다. 하위문화의 기본적인 전제는 지배적인 사회적인 틀, 규범, 질서에서 탈피하는 것이었으며, 거대한 대중사회 안에서 주체로서 자신을 찾기 위한 인간적인 괴로움의 표현이었다.

60년대 미국에서는 베트남전 패배, 인종 갈등으로 전후 최대의 위기가 일어났다. 특히 정치적 위기와 문화적 위기가 거의 구분할 수 없을 정도로 결합되면서 대중의 위기의식은 폭넓게 정치화되었다. 이런 와중에서 주변 집단, 중산층 백인 청년을 통해 미국의 실제 모습을 볼 수 있다. 이들은 기존 좌파의 정치적 저항과 질적으로 다른 포괄적이고 근본적인 차원에서 지배적 가치에 도전했던 것이다.[37]

이런 도전의 두 가지 표현은 '신좌파 운동new left movement'과 '반문화 운동counter culture movement'이었다. 이들은 반문화를 통해 사회에 맞선 저항을 좀더 감성적으로 표현했고, 조직화나 여론 형성이라는 문제에 별로 신경 쓰지 않으면서 틀에 짜인 삶을 거부했다. 또한 마르크스주의 같은 특정한 이념을 지향하기보다는 차라리 유행하는 대중음악을 선호했다.[38]

그렇다면 하위문화의 저항적 기능은 무엇인가? 초기 노동자들의 조합 정치의 장은 공장 부근의 선술집bar이었다. 그러나 전후 매스미디어가 빠르게 보급되면서 많은 변화가 일어났다. 단적인 예로 노동계급의 자녀들은 노동자로서 정체성을 지녔지만, 실제로는 중산층을 지향하는 정체성의 혼돈에 빠졌다. 바로 노동계급으로서 '기표signi-fier'를 상실하게 된 것이다.[39] 또한 전후 노동계급 공동체의 통합력 역시 매스 미디어의 등장, 가족 제도의 변화, 노동과 여가의 상대적인 지위 변화, 도시화·산업화 등으로 붕괴되자, 노동계급 공동체는 과거에 유지되던 계급 경험을 아주 제한된 영역에서 최소한의 형태로만 생산하게 된다.[40] 이런 의미에서 하위문화의 발전은 노동계급 공동체의 분극화分極化, polarization의 일부였다. 이것을 반영하듯이 노동계급 청소년의 의식은 아직도 전통적인 노동계급의 경험에 뿌리를 두고 있었지만, 전통적인 형태와 뚜렷이 다른 방식으로 표현되었다. 청소년의 하위문화는 두 가지 모순적인 요구에서 기인했는데, 모순적인 요구란 부모 세대와 다른 자율적인 것을 표현하려는 욕구와 부모의 정체성을 유지하려는 필요 사이의 타협이다. 하위문화에 내재한 긴장은 안정과 일탈, 가족과 학교, 일과 여가라는 대립항 속에서 자신들의 독특한 스타일에 집중함으로써 그 안에 내재된 의미를 끄집어냈던 것이다.[41] 이런 맥락에서 서구 하위문화가 주목받게 된 이유는 계급이 아닌 그 하위 집단의 조건, 가치, 행위, 생활양식을 추적함으로써, 하위문화가 막연히 중산계급 지향적이거나 과거 노동계급 공동체의 향수에 젖어 있는 것이 아니라 독자적인 상상적 표상과 자신의 삶의 모순에 근거한 해결 방식을 지니고 있다는 사실을 밝히려고 했기 때문이다.

이런 맥락에서 하위문화는 지배 가치·제도·장치에서 독립적인 것을 의미하므로, 공식적인 문서만으로는 해석이 불가능하다. 따라서 증언, 구술, 수기, 영웅담, 일화 등을 통한 구술사나 역사인류학적 접근은 민중·대중의 일상 속에서 형성된 경험과 삶에 관한 새로운 해석을 가능하게 해 준다. 하위문화는 비록 반체제적 수준에서 급진성을 표현하지는 않지만 나름대로 대안적 비전을 제시하고 공유한다. 하위문화는 공공질서를 위협하고 지배계급과 종속 계급 사이의 긴장을 유발하는, 지배 체제가 금지한 정체성, 가치, 의미의 원천인 것이다. 하위문화에 기반한 거부의 몸짓은 지배 체제에 맞선 저항이자 권력을 향한 비웃음이며, 하위문화의 의미와 스타일은 전복적인 힘을 지닌다. 그러나 하위문화를 통한 저항은 지배 권력에 맞선 직접적 저항이 아니라 일상에서 스타일을 통해 나타나는 간접적이고 모호한 형태의 저항이다. 하위문화를 구성하는 의미 공동체sign community는 단일하게 통합된 실체도, 지배계급이 선점한 장도 아니며, 의미를 둘러싼 투쟁의 장이다. 또한 의미 공동체 안의 담론을 둘러싼 투쟁은 각 집단이 일상에서 자신들의 의미를 더 확고하게 얻기 위한 것이다. 이런 점에서 80년대 한국 대학생의 하위문화도 지배적인 의미의 규범화 과정을 뒤엎는 실천이었으며, 지배 문화의 스타일, 의미, 가치로부터 거리를 둠으로써 '상상적 민중 공동체'를 형성했다.[42]

그러나 하위문화가 지속적으로 급진적이고 대안적일 수 있는가를 둘러싼 문제는 여전히 쟁점으로 남아 있다. 그 이유는 다음과 같다. 첫째, 하위문화의 저항 목표가 모호하기 때문이다. 다시 말해서 하위문화는 상징적, 기호학적, 전복적 실천이라는 언급 이상을 하고 있지 못하다. 둘째, 상징적 저항이 어떻게 공식적이고 가시적인 저항과 결합하고, 더 나아가서 더 높은 단계의 저항으로 발전할 것인지에 관해 밝히고 있지 못하기 때문이다. 끝으로 하위문화의 저항성은 미시적 투쟁에 관한 지나친 강조로 치우칠 가능성도 있다. 다시 말해서 하위문화의 스타일이나 의미 체계를 통한 재생산 이외에 다른 메커니즘이 필요하다는 것이다.[43]

이런 점에서 대중이 사실이나 텍스트를 해석하고 이것에 근거한 행위를 스스로 조직하는 데에서 구조·맥락적인 변수가 지닌 '제약'은 여전히 중요하다. 이 맥락을 고려하지 않고 대중은 모든 텍스트에 관해 내재적 저항성을 지니고 있다고 주장하는 것은 구조적 요인을 간과하는 것이다. 이런 문제는 존 피스크J. Fiske와 폴 윌리스P. Willis에서 나타난다. 자본주의에서 착취, 인종·성 차별 등이 존재하는 것은 사실이지만, 피착취자들이 이것에 충분히 대처하고 자신들의 세계에 맞는 생각에 근거한 저항을 할 수 있다고 이들은 주장한다. 권력이 없는 대중이 권력에 맞선 저항으로서 의미, 쾌락 그리고 사회적인 정체성을 둘러싼 '기호학적인 게릴라전'을 강조하는 것이다. 종속적 의미 체계는 이데올로기적 동질성을 추구하는 자본주의를 침해하고 지배적인 의미를 뒤집음으로써 지배 계급의 지적·도덕적 지도력에 도전한다는 것이다. 이런 점에서 문화 영역은 투쟁의 장이자 지배 권력을 인정하면서도 싸우고 회피하는 듯하지만 저항하는 전략적 영역이며, 지배 이데올로기에 일상적으로 저항하고 탈출하는 장이 된다.

그러나 대중의 저항성을 지나치게 신뢰하는 '무비판적 대중주의'에 관해서 경계는 늘 필요하다. 하위문화 연구는 "생명력 없는 대중문화의 대상물에 생명을 불어넣는 산 경험lived experience"을 복권시키고, 인간의 능동적인 경험과 재생산 사이의 균형을 추구하는 것이다. 하위문화 연구는 지식인이나 엘리트만이 아니라 문화적 실천에 능동적으로 참여하는 사람들의 선택 또는 거부, 의미 생산, 가치 부여 등에 집중해야 한다.44

이런 의미에서 나는 하위문화가 지니는 저항적 기능에 적극적인 의미를 부여해야 한다고 생각한다. 톰슨E. P. Thompson이 "민중·평민의 공동체는 독립적인 자율성을 지니고 있다"면서 당시 영국 사회의 민주적 가치·전통의 건설자로서 대중·평민 문화를 강조한 것처럼, 하위문화나 평민 문화plebian culture는 지배 권력과 자본에 맞선 비판의 효과를 발휘하며 자신을 지배 문화와 엘리트 문화에서 분리하고 지배 문화에 종속되는 하위 체계화를 거부하는 정치적 효과를 지닌다.45

이런 맥락에서 나는 80년대 대학생의 문화적 유형을 나열하는 것이 아니라 구체적인 문화적 실천에 근거한 학생 대중의 세계를 해석했다. 80년대 운동 문화라는 특정한 유형의 하위문화가 형성되도록 강제한 대학생들의 실천 체계와 성향 체계를 살펴봄으로써, 엘리트와 대중의 차이가 내면화된 문화, 실천 그리고 구조의 체계를 고찰한 것이다. 또한 80년대 대학생들이 추구하던 정치적 목표가 민중 공동체 내부의 개인과 집단의 균형이나 역동적인 관계 속에서 어떻게 만들어지고 쇠퇴했는지 분석했다. 결국 80년대 학생 대중의 하위문화는 문화 자체만으로 이해될 수 없기 때문에, 지식인으로서 학생 대중이 지닌 집단적 성향과 행동의 논리를 추적할 때 비로소 그 이면에 얽혀 있는 권력 관계의 근원을 이해할 수 있다.46

3부
급진적 정치의 한계 — 제도화

80년대 학생운동의 실천은
엘리트와 대중이 발명한 '혁명을 향한 열정'의
기제로서 운동 문화에 따른 것이었다.
이 문화는 단지
생활양식, 스타일, 규범으로 제한되는 것이 아니라,
대중과 대학 안의 다양한 공간을 규정하는 상식이었으며
내일이라도 혁명이 오리라 믿어 의심치 않던,
광기(狂氣)로 가득 찬 열정
그 자체였다.
졸버그의 표현대로, 광기의 순간은
근대적 인간이 모든 것이 가능하다고 믿는,
정치적 열정으로 가득 찬 시기다.
불과 며칠 사이에 여러 단체의 폭발적인 등장과 소멸,
흥분과 설렘, 집단적 철야, 폭포와 같은 연설,
구름과 같은 집회와 인파, 수많은 노선과 쟁투(爭鬪)가
연달아 일어난다.
바로 이 모든 것들이 80년대 광기를 규정하는 것이었다.
집회와 투쟁, 자유, 행복,
정치적 충만감의 경험, 슬로건과 노래, 말의 격류.
나는 이 사람들이 그때 혁명의 마법에
취해 있었다고 본다.
적들에 그리고 역사에 갇혀 있던 이들의
육체와 정신의 억압이 해방되고,
사적인 것과 공적인 것이 통일되는
상상된 공동체가 구현된 광기의 시대는
또 다른 해방의 표현이었다.

앞서 언급한 것처럼 한국 정치에서 '제도·정상 정치'란 민중의 일상적 삶에서는 제한적이거나 거리가 먼 개념이었다. 장기간에 걸친 군부독재로 선거, 정당 등의 대표성이 부재하고 민중의 참여가 원천적으로 배제된 상태에서 제도적이고 합법적인 정치란 '립 서비스' 이상이 아니었다. 더군다나 시민사회의 이해를 대변하는 사회 세력이 취약한 조건에서 정당 등의 제도 정치는 원형적으로 보수적이었다. 특히 한국 정당제의 이데올로기적 균열 구조는 외형상으로는 '민주 대 반민주'로 나타났지만, 실제로는 좌파 이데올로기 또는 진보 이념을 금지시켜 이념 정당이나 계급 정당의 출현을 봉쇄하는 보수주의 또는 우경 일변도의 형태로 나타났다.

이런 조건 아래 80년대 초반 학생운동의 정치관은 엘리트의 선도 투쟁과, 정치사회 내부의 야당을 통한 제도화된 투쟁에 관한 거부로 요약할 수 있다. 80년대 학생운동의 정치관은 학생운동 자체가 지닌 내적인 운동 메커니즘, 계급 운동의 저발전이라는 구조적인 조건, 학생운동이 지니고 있던 역사적인 한계 속에서 이해되어야 한다.[1]

1984년에 유화 국면이 시작되기 이전 학생운동의 일차적인 과제는, 침체된 운동 역량을 복구하기 위해 대중 조직을 활성화시키는 것이었다. 학회의 재조직이나 졸업정원제와 강제 징집을 주요 이슈로 한 대중 투쟁의 조직화가 그것이었다. 그러나 당시 패밀리 체계만으로 대중 투쟁을 조직화하기에는 한계가 있었고, 1970년대 운동의 연장선상에서 "군부 독재 타도, 반군부 독재 연합 전선의 형성"을 외치던 상태였다. 그러나 1983년에 이르러 비합법적인 학생운동이 학생 대중 내부뿐만 아니라 전체 민주화 운동에서 '상징적인 의미'를 지니게 되자, 전두환 정권은 학원 자율화 조치를 실시했다. 이것을 통해 학생운동의 정치적 상징성을 약화시키고 학생운동 세력을 반‡합법 또는 합법 영역으로 끌어냄으로써 대중, 대중운동과 학생운동 엘리트 사이의 연대를 차단하려고 했다.[2] 유화 국면 이후 제적생의 복교, 대학 안에 상주하던 전투경찰의 철수, 시위 주도 학생의 구속 유보 같은 조치와 더불어 학생회의 모체가 되는 '학원자율화 추진위원회'가 건설된다.

이때부터 1985년까지 학생운동에서 일어난 가장 중요한 변화는 대중 자치 조직으로서 학생회가 부활하고, 이것과 독립적인 반합법 투쟁위원회가 건설된 것이었다. 이런 이원화된 조직 형태가 출현하게 된 원인은 초보적인 조직 형태인 학생회만으로는 정치 투쟁과 민중 연대 투쟁이라는 이중적인 운동 과제를 수행하기 어려웠기 때문이었다. 반합법 투쟁위원회는 매 시기 투쟁 사안을 중심으로 만들어졌으며, 투쟁위원회를 '삼민투三民鬪' 산하에 두어 학생운동 엘리트들을 중심으로 선도 투쟁을 시도했다. 그 대표적인 사례가 1985년 미문화원 점거 투쟁, 민정당사 점거 투쟁, 민정당 연수원 점거 투쟁 등이었다. 이 시기 학생운동은 아직 대중에 근거한 투쟁에는 미치지 못했지만, 학생회를 중심으로 대중들의 암묵적인 지지 아래 이른바 "파쇼와의 타협 없다"는 투쟁 목표로 '비제도화 전략'을 일관되게 추진했다.[3]

한편 1985년 2·12 총선에서 선명 야당이라는 기치 아래 야당인 신민당이 다수 의석을 확보하면서 '직선제 개헌'이 정치사회의 핵심 이슈로 등장했다. 그러나 학생운동은 직선제 개헌이라는 절차적 수준의 문제로 자신의 운동 과제를 제한하지 않았다. 1986년 민정당과 신민당 사이의 개헌 논쟁이 벌어질 때 학생운동의 양대 산맥인 '자민투'와 '민민투'는 정권에 타협적인 신민당을 적극적으로 비판했다. 1986년은 학생운동 지도부의 전투성이 가장 고양된 시기로, 급진적인 구호들이 거리와 집회 등에서 분출되었다. 이 시기는 학원 내 민중 공동체가 구체적인 대중운동 단위로 분화되고 학생운동의 대중 이데올로기가 자유민주주의라는 1970년대의 한계를 극복해 나가는 시점이었다.[4] 대표적인 흐름이 '반제국주의론'(속칭 반제론)의 대두, 5·3 인천 항쟁을 기점으로 하는 '노학 연대' 투쟁, 1986년 '건대 항쟁'이었다. 1985년 미문화원 점거는 광주민중항쟁과 부산 미문화원 방화 이후 잠재되어 있던 반제국주의 인식을 대중적으로 확산시키기 위한 선도 투쟁이었다. 민족 모순과 한국 사회의 대미 종속성을 대중적으로 알리는 한편, 운동 이념으로서 '삼민三民', 즉 민족, 민주, 민중이라는 이데올로기를 대중화시킨 것이다. 또한 1986년 이후 반제론은, 자민투 계열의 핵심적인 투쟁 이슈로서 지속적으로 제기되었다.[5]

1986년 5·3 인천 항쟁 역시 급진화된 학생운동과 노동운동의 지향을 드러낸 대표적인 사건이었다. "인천을 해방구로!"라는 상징적 슬로건이 말해주듯이, 민중 투쟁과 반파쇼 투쟁에 무관심했던 신민당을 향한 전면적인 비판, 민중 생존권의 보장 등 당시로는 급진적인 구호와 함께 격렬한 가두 투쟁이 펼쳐졌다. 이 투쟁은 구로 동맹파업과 더불어 80년대 노학 연대와 정치적 급진화를 명확하게 드러낸 사건이었고, 학생운동의 정치관이 야당인 신민당의 직선제 개헌 투쟁과는 본질적으로 다르다는 것을 보여주었다. 여기에 참여한 노동운동 세력은 1987년 이후 나타난 공식 노동조합이 아니라, 서울노동운동연합서노련과 1984년 이후 전면적으로 존재 이전을 감행했던 학생운동 출신 활동가(학출 활동가)가 주도하던 경기·인천 지역의 급진적 노동운동 써클들이었다.[6]

'건대 항쟁'도 학생운동의 여러 세력이 '전국반외세반독재애국학생투쟁연합'(애학투련)을 결성함으로써 자신들의 급진적 전략과 구호를 총집결시킨 장이었다. 그러나 국가의 이데올로기 공세로 1000여 명이 구속되었고, 그 결과로 학생운동 내부 엘리트 가운데 상당수가 활동에 어려움을 겪게 된다. 또한 이 사건은 대중 노선을 둘러싼 논쟁을 불러일으켜, 1986년 개헌 정국에서 자민투는 반미 투쟁의 관념성을 자기비판하고 직선제 개헌론을 핵심 과제로 내세우기 시작한다. 이것을 계기로 학생운동의 전술적 과제는 개헌 문제로 제한되어 버리고, 대중의 정서에 맞는 전술이라는 명분 아래 학생운동 엘리트들은 '제도화 전략'을 선택한다. 그러나 적어도 1986년까지 학생운동은 선도 투쟁, 비제도적 실천을 자신의 과제로 삼아 추진했다. 다음의 기억은 이런 분위기를 부분적으로 보여주고 있다.

과거엔 정치를 주로 '전선戰線'이라는 개념으로 이해했고 부르주아지 대 프롤레타리아트의 대립으로 이해했지. 실제 선거 같은 건 부르주아지의 선거판, 놀이판 이상으로 인식하지 않았고, 그러다가 92년 총선과 대선 때 우리의 문제의식을 가지고 참여했지. 당시 우리는 당선보다는 우리의 내용을 국민들에게 알리려고 나간다고 했지만 실제 참담한 패배는 우리를 당황하게 하고 스스로를 혼란스럽게 했지.(유재형)

총선(1992년 총선 때의 민중 후보 선거 운동을 가리킴 — 인용자)이 되게 컸던 거 같아. 기존에 학생의 신분으로 할 수 있었던 것보다 더 공개적인, 본격적인 것이었고. 결과는 참담한 실패였지. 1991년의 희망적인 상황, 들끓었던 분위기 같은 게 밀가루와 계란 몇 개(정원식 총리 사건을 가리킴 — 인용자)로 완전히 몰살당하다시피 했잖아. …… 87년 이전에는 우리가 개별화된 사람들이었지만 그 이후에는 많이 조직되었고, 이제 선거에도 우리가 참여할 부분이 있다 하면서, 우리에게 있어서 선거의 목표는 당선이 아니라 선전이다, 합법적인 공간에서 선전을 하고 우리의 지지 기반을 확장하는 것이라 했지. 그런 식의 생각을 지니고 선거에 임했는데 우리가 그 사람들에게 요구했던, 유권자들에게 제시할 수 있었던 건, 정말 이 후보자가 어떤 경력을 지니고 있는가, 얼마나 유능하고 어느 정도의 현실적인 정치력을 펼 수 있는가가 아니라, 그 사람이 어떤 시위로 어떻게 구속되고 어떻게 살고 있고 정도였고. 선거 때 우리가 내세우는 유인물이나 전단 역시도 학내에서 뿌리는 것 이상이 아니고. 물론 그때는 이런 게 일부에게만이라도 효과를 볼 수 있을 것이라고, 그 효과는 당선은 아니지만 일정 정도 기대치에 맞는 표의 결과로 나타나지 않겠는가 하고 생각했지. 어떻게 보면 '우리'라는 집단을 드러내고 싶어했던 거구. 나는 너무 황당했던 게, 선거가 끝나고, 다 민중 후보라는 개인 자격으로 출마를 했잖아. 그런 걸 우리나 알지 남들이 알게 뭐야. 표의 차가 상당하기도 했지만, 소위 무소속의 개인들이 나와서 정말 우습지도 않은 몇 표를 가지고, 선거에서 떨어졌다는 것 이상의 효과를 주지 못하는 결과였다는 거지……. 1991년의 정서가 그렇게 폭발했고, 그럼에도 우리의 것을 확인받을 수 있던 계기라고 생각했던 게 되지 못했고, 우리의 한계가 적나라하게 드러난, 그런 식의 모습이었던 거 같아.(정민수)

이제 구체적으로 80년대 학생운동 정치의 전략을 살펴볼 차례다. 먼저 학생운동의 전략이 1980년 서울역 회군에서 1991년 5월 투쟁에 이르기까지 서서히 변화했던 과정을 알아보자.

80년대 학생운동이 추구했던 운동은 민중의 다양한 민주적 권리를 쟁취하고자 하는, 자유민주주의를 넘어선 것이었다. 하지만 나는 80년대 학생운동의 정치 전략을 '최대강령주의'라고 비판하는 주장에 반대한다.[1] 비록 학생운동 지도부나 엘리트 가운데 '급진성'이 존재했지만, 전체 학생 대중운동을 '급진주의 · 최대강령주의'로 이해하는 것은 지나친 비약이다. 반면 학생운동을 소박한 지식인 운동이나 프티부르주아지 운동 또는 중산층 운동으로 규정하는 것 역시 오류다. 나는 80년대 학생운동의 실천은 결과적으로 실패로 끝났다고 생각하며, 주로 학생 대중운동의 정치를 중심으로 그것을 재구성함으로써 실패의 원인을 밝히려고 한다. 이것은 학생 대중운동의 정치와 전략의 한계를 대중운동의 수준에서 규명하는 것이다.

먼저 계급 운동이 아닌 제3의 성격을 지닌 운동으로서 학생운동의 한계는 물질적 생활 관계에 천착하지 못한 점, 계급 운동이 미분화된 상황에서 지식과 논리 중심으로 운동을 진행한 점을 들 수 있다. 물론 보수 일변도 이데올로기 지형의 특수성도 큰 몫을 했다. 당시 학생운동 활동가들의 문제의식도 이런 사정을 반영한다.

> 너무 짧은 기간 동안 사회주의적 사고방식 같은 게 유포되고, 그러다 보니 내부적인 성숙의 기간이 너무 짧았어.(박근태)

> 처음 학습할 때 신선했던 부분은, 생산력의 발전에 따라 자유가 최대한 실현되는

사회, 노동자가 노동으로부터 자유로워지는 사회, 이른바 낮에는 낚시하고 밤에는 독서하는 식의 발상이었어. 당시 우리를 지배하던 사고는 대부분, 유토피아적인 사고였던 거 같아.(유재형)

86년까지만 해도 학생운동을 노동운동의 모체, 배출구 정도로만 생각하는 경향이 많았어. 그러나 난 그간 학생운동이 보인 선도성이라는 문제가 중요하다고 봐. 학생운동 자체가 계급 운동은 아니기에 그 안에서 선도적으로 전선을 긋고 한 게 긍정적이라는 거지. 하지만 너무 학생운동 중심으로 전선을 그은 경향은 있어. (임상진)

학생 때 난 항상 나의 실존의 문제에 대해서 많이 고민을 했지만 개인적으로 학생운동에 별 의미를 두지는 않아. 사실 그 한계가 계급 운동에 비해 명확하고, 실제 물리력이나 대중 동원력 이상이 아니잖아. 사실 학생운동의 역할이나 그 의미를 과도하게 해석해서는 안 되지. 난 1970년대 이래 학생운동이, 계급 운동의 미발전 이전에 한 역할은 크지만 이젠 운동의 질적인 비약 속에서 제자리를 찾아야 한다고 봐.(강영만)

이렇게 학생운동을 전체 운동을 지도할 선진적 인자의 배출구이자, 운동이 아직 미분화되고 미처 발전되지 못한 상태에서 반파시즘 전선을 형성할 선도 투쟁 부대로 사고했던 것이다. 이것은 자신들을 전체 운동의 전위로 사고하던 학생운동의 한계이자 80년대 운동이 지닌 취약성에서 비롯된 현상이었다. 또한 상대적으로 자율적인 이데올로기와 이론의 수용을 통해 전개된 운동의 관념성도 지적될 수 있다. 급진적 관념성 자체가 학생운동의 대중화 전략의 방해물이 됐던 것이다.

현실에 대해 민감하고 정확히 파악해야 한다고 했지만, 실제 현실과는 동떨어져서 행동했지. 대부분 모든 걸 추상화시켜서 파악했고……, 또 지나치게 당위성에 매몰되어서 현실의 자신에게 돌아와서는 '그런 나는 뭘 해야 하나'라며 묵묵부답인 경우도 많았어. 당시 나에게 지배 가치를 부정하는 건 어쩌면 너무나 자연스럽게 다가왔지. 갈등이라고 하기도 뭐해. 주위 친구들이 너무나 쉽게 마르크스주의 내지 그런 걸 받아들였고, 일단 주어진 여건이 자연스럽고 열린 공간이 많았으니까. 내 생각에는 우리가 너무 쉽게 마르크스주의 같은 걸 받아들였기에 나중에 더 흔들리기도 쉬웠다고 봐.(이성수)

자본주의 내에서도 우리는 '비자본주의적인 인간형'이 가능하다고 했는데, 난 인간의 변화 가능성에 대해서 '역시 인간이니까 어쩔 수 없다'는 생각도 많이 들어. 그러다가도 그 과정의 고통을 보면 '난 아니다'라는 생각도 하게 되고……. 당시 자본주의의 모순을 밝히고 그 대안으로서 사회주의나 공산주의를 많이 받아들였는데도 불구하고, 우린 그 현실화의 문제는 많이 도외시했지. 혹은 유토피아적인 사고를 하는 경우가 많았어.(이성수)

난 급진성이라는 것 자체가 80년대 학생운동의 폐해라고 생각해. 학생운동의 주요 대상은 거의 1, 2학년인데, 이들은 주로 자신의 삶 속에서 모순을 경험하고 삶으로서 운동을 받아들이는 것이 아니라, 운동의 논리만을 주입받고 운동 자체에 대해서 넓게 고민하지 않고 운동을 하잖아. 그러다 보니 소화하지 못하는 사상이나 논리로 활동하는 게 지극히 관념적이고, 뭐든지 '모 아니면 도' 식이지.(유재형)

이렇듯 학생운동은 일상적인 계급 경험과 이것에 근거한 대중의 조직화가 결여되었기 때문에 특정 사안에 국한되는 일회적이고 계기적인 투쟁이 많았다. 그 결과 거리의 정치에서 '동원 부대' 이상이 될 수 없는 한계를 지녔다.

대중의 분노의 계기는, 학교 내에 경찰이 침입한다든지 자기 생활과 조금이라도 관련을 가지면 행동을 하는 거야. 일종의 '도덕적 정의감'이랄까. 특히 주변 사람이 불상사가 생기면 더 그렇지. 하지만 대중이 항상 '정의의 기사'는 아니잖아. 학생운동의 전략도, 노동자같이 물질적 기초가 있는 것도 아니고 아마추어적이고 일회적이잖아. 즉 정치의식은 있지만 조직화가 항상 되지는 않는 거. 그게 아마 학생이기에 그런 게 아닌가…….(김주덕)

결국 운동의 과정이, 나 자신의 문제 제기에 대한 답을 구하는 과정에서 나중에는 선배가 되었기 때문이 아닌 내 주위의 조건이 나를 운동하게 만들었고……. 자기도 모르는 새에 친숙해지지만 자기 중심축은 상실되지.(이성수)

다음으로 학생운동의 실천 안에 내재한 두 가지 모순적 전략인 '탈제도화 전략'과 '제도화 전략'을 둘러싼 문제를 살펴보자. 특히 80년 서울의 봄이나 87년 이한열 열사의 장례식 때 보인 학생운동의 선택은 학생운동의 제도화 전략을 명확히 드러낸다. 1970년대 말 박정희 정권 아래 실제적인 대중 투쟁을 조직하기 어렵던 학생운동 지도부의 일부는 '현장론'이라는 명분으로 대중 투쟁을 기피했다. 이런 세력들은 80년 민주화 대세론이라는 고양된 분위기에서도 "단계적 대중 압력 전술"이라는 미명 아래 '서울역 회군'을 강행해서 투쟁을 회피하고, 결국에는 안개 정국의 도래에 일조했다고 평가될 만하다.[2]

또한 87년 6월 항쟁은 '최대민주화연합'이 정점에 이른 시기였다.[3] 그러나 6월 항쟁의 과정에서 신민당이 거리의 정치에 참여할 수 있었던 것은, 신민당이 민주화 연합 안에서 가진 강력한 힘 때문이 아니라, 국가의 반공 이데올로기 공세에 밀려서 재야와 학생운동 지도부가 선택했던 제도화 전략—그 구체적인 표현으로 직선제 개헌 투쟁—때문이었다. 6월 항쟁의 절반의 실패는, 학생운동을 비롯한 운동 진영의 제도화 전략 선택, 반공 이데올로기 중심의 이데올로기적 지형, 그리고 박정희 시기 이래 지속된 지배 블록의 재생산과 저항 이데올로기의 확산을 제약한 발전주의 이데올로기의 물질적인 힘 때문이었다. 결국 87년 6월 항쟁의 결과는 학생운동에게 모순적이었다. 6월 항쟁에서 제기된 형식적 민주주의의 요구조차 제도 야당, 중간 계급의 배신으로 좌초되었으며, 6월 항쟁으로 폭발한 시민사회 내부의 요구, 세력 관계의 변화는 거꾸로 운동의 정치를 약화시켰다. 이런 제도화 전략은 87년 6월 항쟁 때 가장 많은 대중이 참가했던 이한열 열사 노제에서 학생운동 지도부가 시청 앞에서 대중의 진출을 제어한 사례에서도 드러났다.

난 결과적으로 87년 6·10은 너무나 잘못된 투쟁이라고 생각해. 6·10은 그 자체보다 이한열 열사의 죽음과 이로 인한 분노가 대중적으로 나타났을 때가 절정이었어. 그때 노제를 할 때 신촌에서 시청까지 온 거리가 꽉꽉 차고 지하철 위까지 사람들이 올라가고 그랬지. 그때 시청까지 가서 민중들의 분노는 폭발하고 다들 '다 청와대로 가서 전두환을 끌어내야 한다'고 외쳤지. 그때 서울대 총학생회장인가 하는 자가 나와서 떡 한다는 얘기가 "자제해야 하고 군부 개입의 빌미를 줘서는 안 된다"나, 그 따위 소리나 하고 앉았고, 마치 80년 서울역 회군 때하고 너무나 똑같은 상황이 연출되었지. 난 그때 민중들이 청와대로 가려는 것을 막지 않고 더 큰 분노를 이끌어 냈다면 지금보다는 좀더 민주화된 세상이 될 수도 있었을 텐데 하는 생각이 참 많이 들어. 87년 6·10은 중산층이나 많은 사람들의 사회의식의 변화를 가져오기는 했지만, 사실 의식이 변했다고 다 행동하는 건 아니잖아. 비록 소시민 계층이 학생운동에 대한 긍정적인 사고를 이 과정을 통해 가지게 되었지만, 청문회나 그런 것도 실질적 의미의 개혁은 아니지. 오히려 87년 이후에 이런 흐름은 지속되지 못하고, 중산층은 이반하고 거기서 결국 노태우가 되고 김영삼이 되는 식의 악순환만 계속되는 거지. 결국 난 6·10 그 자체는 소시민과 학생 대중의 일시적인 분노 이상이 되지 못했다고 생각해.(김세진)

87년을 겪은 세대는 제한적인 성과 내지 승리감을 느낄지도 모르겠지만, 우리는 87년 6·10은 분명히 '개량'이고 이런 걸 극복하려는 노력을 끊임없이 한 거 같아. (정민수)

87년 6월 항쟁의 주도 세력인 '민주헌법쟁취 국민운동본부'의 전략은 대중의 평균적인 의식에 비추어 볼 때 타당했을지도 모른다. 그러나 6·10과 같은 급격한 정치 변동의 시기에 대중의 무의식적인 자발성은 투쟁이 진행될수록 발전될 수 있다는 사실을 지도부는 간과했다. 나는 그 시기 운동 주체들이 저지른 핵심적인 오류는, 투쟁의 진행 과정에서 대중의 요구가 직선제를 넘어설 수 있는 가능성이 존재했는데도 이것을 직선제로만 국한시킨 재야와 학생운동의 제도화 전략이었다고 생각한다. 이런 제도화 전략은 노동자를 비롯한 민중 부문의 폭발 가능성을 스스로 제어하고, 지배 권력과 급격한 대치 상황 아래에서 대중의 무의식적인 힘을 지도의 논리로 제한했다. 더군다나 학생운동조차 대중 노선이라는 이름 아래 제도화 전략을 선택했던 것은, 제도화─온건 전략의 선택이 곧바로 대중의 지지를 가져올 것이라는 단순 논리의 함정에 빠져드는 결과를 가져왔다.

한편 6·29선언 이후 최대민주화연합의 붕괴는 1987년 대통령 선거에서 권력 블록, 야당, 민중운동 사이의 새로운 균열을 형성했다. 이런 균열의 원인은 6월 항쟁 과정에서 각 세력이 제시한 민주주의 수준의 차이 이외에도, 학생운동 집단이 스스로 '제도화 전략'을 선택했기 때문이었다. 학생운동의 중심적인 집단인 자민투(민족해방파, NL)와 민민투(제헌의회파, CA)는 1987년 대선 시기에 현실론에 근거한 '비판적 지지'나 '후보 단일화' 또는 '민중 후보 추대론'으로 자신들의 입장을 정리했다. 이것은 운동의 정치가 아닌 대통령 선거라는 제도의 정치로 자신들을 가두는 결과를 낳았다. 대선 시기에 관한 각 세력들의 생각도 마찬가지였다.

이건(학생운동 정치 세력 사이의 갈등 — 인용자) 아마 대선 때 가장 극명했을 거야. 물론 대선 이전에도 범민주 세력과 노동자 연대 투쟁을 강조하는 AF그룹(반제국주의 반파 시즘 그룹, anti-imperialism anti-fascism group — 인용자)이 갈리기도 하고, 또 투쟁을 해도 보통 서울역 같은 데서 하는 데, AF 같은 경우에는 투쟁 시간도 노동자들 퇴근 시간에 맞춰서 그것도 꼭 공단 주변에서 하는 모습을 보였지. 아마 그때 학생회 활동을 전면적으로 거부하는 형태로 나타났을 거야. 그리고 대선 때도 NL은 김대 중 비판적 지지, CA는 제헌의회 소집을 통한 백기완 후보 전술로 선거 혁명을 이루자는 식이었고, AF는 대선은 노동자에게는 아무 의미가 없다는, 일종의 선거 보이콧 전술이었지.(김세진)

87년 대선 때는 학내에 대선 본부 같은 게 있었어. 유세한다면 다 몰려 나가서 비판적 지지다 뭐다 하다가 갔다 오면, "씨발 대가리 수만 채워 줬네" 하고. 그때 여기저기서 유세할 때 학교 깃발도 가지고 나가고 여의도에서 걸어오기도 했어. 그때도 워낙 논쟁이 많아서, CA 애들이 김대중 비판적 지지가 어떻고, 어떤 애들은 후보 단일화가 어떻고……(박근태)

결국 초기에는 선거 등 제도 정치에 관한 거부를 지향했지만, 실제 1987년 대통령 선거에서 나타난 학생운동의 실천은 '선거주의'와 다름이 없었다. 두 가지 모순적인 전략 속에서 제도화 전략을 선택함으로써 대중을 정상 정치의 틀 안으로 가두었던 것이다.[4] 이것은 무질서나 정권의 위기는 군부와 강경파의 득세와 개입을 가져올 것이라는 학생운동 엘리트들의 인식을 반영한 것이었고, 87년이라는 주요 정치 변동에서 최소한의 제한적 민주주의조차 획득하지 못하는 결과를 낳았다.

다음으로 80년대 학생 대중운동의 쇠퇴의 결정적인 계기가 된 '1991년 5월 강경대 열사 치사 규탄 투쟁'(91년 5월 투쟁)[5] 과정에서 나타난 제도화 전략을 살펴보자. 91년 5월 투쟁은 이전 시기 대중 투쟁과 다른 점이 많았다.[6] 특히 87년 같은 중산계급 중심의 절차적 민주주의 수준이 아니라, 기층 민중운동의 초보적인 조직화에 기반하는, 특히 대중 조직을 통한 생존권 요구가 투쟁의 이슈로 등장했다. 91년 5월 투쟁이 과거 87년 6월 항쟁에 견줘 조직적이었고 그 주도 세력도 학생운동이 아니라 노동자 운동을 포함한 민중운동이라고 논하기도 한다. "91년 5월 투쟁은 노동 문제를 중심으로 한 계급 이해에 근거한 투쟁"이었다는 것이다.[7] 그러나 이런 해석은 과장된 측면이 많다. 투쟁 지도부인 '범국민대책회의'는 91년 5월 투쟁의 과정에서 만들어졌으며, '전민련'이나 '전노협', '국민연합' 등이 주도적으로 투쟁을 조직했다고 보기도 힘들다. 또한 투쟁 과정에서 노동자 주도성도 여러 자료에서 확인되는 것처럼 한시적이고 일시적인 투쟁에 국한되었으며, 그 성격 또한 시기적으로 4, 5월 임금 인상 투쟁과 연결된 국지적인 성격이 강했다.[8]

그렇다면 91년 5월 투쟁이 미친 정치적 효과는 무엇인가? 91년 5월 투쟁은 대중의 도덕률에 근거한 일회적인 반란이 아니었다. 이 투쟁은 80년대 학생운동의 정치관의 변화를 가져온 계기였다. 나는 이 투쟁을 기점으로 학생운동의 정치가 질적으로 변화했다고 본다. 80년대 학생운동 정치의 기반이었던 비제도적 직접 행동의 비율이 급격히 줄어들고 선거와 제도화된 정치 영역, 이른바 정상 정치 영역으로 흡수된 것이다. 대표적인 예가 1992년 총선과 대선 과정에서 학생운동의 전면적인 개입과 정치적 패배였다. 91년 5월 투쟁의 실패를 한낱 달걀 몇 개가 불러온 사태 또는 지배 블록의 헤게모니 강화만으로 파악해서는 곤란하다.

그 시기 시민사회 내의 사회 세력들 사이의 역관계를 살펴보면, 권력 블록은 직선제를 선호하는 김영삼의 민주계와 내각제 개헌을 지지하는 공안파 사이에서 심각한 균열을 보이고 있었다. 바로 이 시기에 억압적 국가 기구 때문에 명지대학교 1학년 강경대 학생의 치사 사건이 발생했고, 이 사건의 파장은 초기

의 '도덕적 분노'를 뛰어넘어 노태우 정권 자체를 향한 문제 제기로 이어졌다.[9]

그러나 91년 5월 투쟁은 이전 시기와 같이 파국적 공황이나 민중의 계급투쟁에 이은 정치적 위기로 귀결되지는 않았다. 80년 서울의 봄과 87년 6월 항쟁의 경우 정치사회가 국가의 강한 통제를 받았지만, 91년 5월 정치사회는 일정하게 열려 있었다. 또한 사회경제적 토대의 측면에서도 87년은 호황 초기인 반면—80년 '서울의 봄' 시기는 파국적 공황기였다—91년은 소공황 후 회복기였다.[10] 소공황기에서 일관된 탄압에 맞선 대규모 저항의 형태로 91년 5월 투쟁이 나타났지만 노태우 정권의 타도로 이어질 가능성은 과거에 견줘 적었다.[11] 특히 노태우 정권은 1988년 올림픽의 성공, 증시 활황 등으로 중산계급을 견인하는 데 성공하자 제도화된 정치사회를 개방하고, 80년대 이래 성립된 민주화 연합의 최종적인 봉인을 시도했다. 이것의 구체적인 표현은 재야와 제도 정치권을 분리하고 중산계급의 요구를 내세워 제도 정치권을 분할·견인하는 것이었다.[12]

그렇다면 91년 5월 투쟁의 결과는 '제한된 민주주의'에도 역행하는 것이었는가? 또한 그 과정에서 학생운동의 정치는 어떻게 변화했는가? 겉으로 보면 91년 5월 투쟁은 실패로 끝났다. 그 시기 대중 투쟁의 전설적인 과제인 '정권타도'라는 공유 지점조차 확보되지 못했고, 6월에 실시된 지방의회 선거도 민자당의 압승으로 끝났기 때문이었다. 이런 결과가 의미하는 바는 시민사회 자체의 보수화가 아니라, 1987년 이후 한국 사회에서 시민사회 내부의 계급적 이슈들이 초보적이나마 드러난 위기가 봉인되는 과정이다. 1991년에 민중운동이 정치적으로 조직화되어 대중 투쟁에 결합하지는 못했지만, 잠재적으로 미분화되어 있던 민중의 계급적 요구가 초보적인 요구의 형태로 분출되었다. 구체적으로는 5월 4일 한진중공업 노동조합 박창수 위원장 의문사 이후 5월 9일, 18일에 벌어진 선진 노동자의 정치적 파업, 5월 9일 전교조의 시국 선언, 5월 6일, 16일, 18일 전농의 '수입 개방 저지와 국민의료보험법 쟁취'를 위한 군 단위 집회 등에서 이런 모습을 볼 수 있었다. 그러나 구조적인 조건이나 사회 세력들의 정치적·조직적 수준에서 1991년을 위기로 판단하기는 어렵다. 87년 6월 항쟁에 견줘 조직된 힘으로 장기간의 투쟁을 지속한 사회 세력들의 힘은 확인됐지만, 결과적으로는 시민사회 내부의 힘의 관계가 역전되고, 정치사회의 개방에 따른 민주화 연합의 최종 붕괴와 분화로 귀결되었기 때문이다.

나는 이런 실패의 본질적인 원인이 궁극적으로 운동 세력의 제도화 전략이라고 생각한다. '범국민대책회의'는 보수 야당을 포괄하는 '범민주대연합'이라는 87년 '민주대연합' 구도의 연장선에 있었고, 이런 연합 구도는 5월 투쟁을 통한 노태우 정권의 타도보다는 '민주대연합'을 위한 물질적인 토대와 주체 역량의 확보라는 과제에 종속되는 것이었다. 결국 87년 6월 항쟁에서 운동 진영이 보여준 제도 정치를 향한 회귀와 선거라는 수의 게임에 몰두하는 정치 행태는 운동의 결과가 대중의 성과가 아닌 제도권 야당의 성과물로 흡수되는 악순환을 낳았고, 제도의 정치-정상 정치가 운동의 정치-대중의 정치를 압도하는 결과를 초래했다. 91년 5월 투쟁은 87년 이후 성장한 계급 운동의 진전 그리고 이것에 근거한 시민사회 내 세력 균형이 파괴되는 결절점이었으며, 더 나아가서 학생운동의 정치가 분화되는 시점이었다. 이제 구체적으로 학생운동 정치의 제도화가 공식 조직이자 대중 조직인 학생회 안에서 진행된 사례들을 80년대 대학생들의 기억을 중심으로 살펴보자.

3장 대중정치에 실패한 조직화 — 공식 조직의 문제들

1. 관료화되고 제도화된 학생회 조직

80년대 초반 학생회 건설 이전 비합법 패밀리는 파시즘 아래에서 최소한의 운동 인자를 재생산하기 위한 저항 조직이었다. 패밀리는 변혁 이념이나 마르크스주의로 무장된 조직이라기보다, 반파시즘 투쟁을 위한 선도 투쟁을 수행하는 소규모 실천·학습 집단이었다. 말 그대로 '패밀리 시스템'은 가족적인 단위라는 의미의, 써클 수준에 미치지 못하는 가장 초보적인 운동 단계로서 같은 운동적 의지와 신념을 지닌 사람들이 인맥과 학연 등 인적 연계망에 따라 결속되어 소수자의 선도 투쟁을 전개한 운동 그룹을 가리켰다. 때문에 패밀리 체계는 인맥, 학연, 지연 등에 따른 운영, 소규모 선도 투쟁에 관한 집중, 그 결과인 대중 노선의 부재, 대중운동으로서 자기 전망의 부재라는 한계를 지닐 수밖에 없었다.

한편 학원자율화추진위원회의 비판적 계승이라는 취지 아래 1984년부터 학생회가 재건되었다. 그러나 학생회 운동은 초기부터 많은 난관에 부딪쳤다. 학생 대중이 직접 학생회를 운영한다는 점에서 민주성과 자치성이라는 의미가 강조되었지만, 패밀리 운동의 잔재인 소수의 과도한 정치 편향, 선도 투쟁 우위론 같은 경향이 학생회 내부에서도 이어졌던 것이다.

우리 때가 처음 학생회가 만들어지고, 학생회 기구의 위상을 둘러싸고 논란이 매우 심했어. 결론적으로 학생회는 대중 조직이라는 결론이 났고 간부는 반드시 전문 운동가가 아니라 '선진 대중'이어야만 한다고 했지. 그때는 학생운동을 사회운동의 전위 부대로 생각했고 또 그럴 만한 역할을 하기도 했지. 86년부터는 저녁때 술 먹고 여관에서 자고 일어나면 데모하러 나가야 하는 식의 엄청난 양의 데모가 있었고, 학생회 활동이 거의 데모 일변도였어. 그러면서, 학생회는 대중 조직인데 학생 대중의 자발적인 행동을 이끌지 못한 채 왜 데모만 주도하느냐는 문제 제기도 있었지. 당시 주된 구호는 독재 타도, 반미 정도의 수준이었고. 그러다가 87년에 들어가면서 진짜 대중적인 학생회를 만든다는 주장이 나오고, 그때부터 학생회 내 정치 분파들 간의 '분리'가 시작되었지.(김세진)

그런데 대부분 운동적인 공동체는 끼리끼리 모이고 써클적인 형태를 띠었어. 단적인 예가 국악반, 민반(민속 연구 동아리 ― 인용자), 현문연(현대문학연구 동아리 ― 인용자) 정도지. 전체 학생운동 그 자체로 공동체가 형성되었다기보다 써클들을 중심으로 공동체의 기반이 형성되었지. 아마 더 대중적인 학회 같은 것이 서로 교류하면서 공동체를 형성하기도 했지만, 이것도 패밀리 성원이 주변 운동, 대중운동에 개입하는 식으로 유지되었지.(임상진)

언더 조직보다는 공개되니까 애들이 움직이는 것도 보이고, 학생회는 민주적이었지. 또 학생회 자체는 민주적으로 이끌고 가려고 했으나 대중의 훈련이 부족했어. 이런 어려움이 있다 보니 방법론적으로 권위주의적인 모습도 보이고 대중에 대한 지도·견인이 지나치게 강조되기도 했지.(박근태)

80년대 초에 공동체라고 볼 수 있는 패밀리는 크게 두 종류였지. 하나는 거의 철의 규율로 구성된 급진적 운동 패밀리였고, 그 내부에 긴장감이 매우 강했지. 다른 하나는 학내 운동에 주체적인 참여는 안 하지만 학습 정도 하는 외곽 운동 조직으로서 패밀리들이 있었지. 보통 좀 느슨한 패밀리가 대중과 급진적 패밀리 간의 가교 역할을 했고, 또 양자 간의 갈등도 많았어.(임상진)

대중적인 것의 유무가 가장 큰 차이인데, 83년까지는 논쟁이 대부분 밀리 운동(패밀리 운동을 의미 — 인용자) 내에서 일어났지만 84년 이후 대중노선을 고민하기 시작하고 이를 둘러싼 사투(사상 투쟁 — 인용자)가 벌어진 거야. 이런 밀리(패밀리를 지칭 — 인용자) 시스템을 가지고는 대중과 같이 할 수 없다는 인식이 늘어나고 기존에 대중을 도구화했던 경향들에 대한 반성이 일기 시작했지.(임상진)

이런 한계에도 불구하고 학생회가 지니는 의의는, 과거 정권·권력에 기생했던 '학도호국단' 체계와 달리 독자적이고 자율적으로 운영되었고 초보적인 수준이나마 대중의 이해와 요구를 수렴했다는 점이었다. 더 나아가 정권과 맞선 정치 투쟁의 과정에서 학생회 활동가 대오가 보여준 헌신성과 성실성은 학생회 운동의 가장 큰 동력이었다. 이들은 대중 자치 조직으로서 학생회가 지닌 상대적인 진보성을 다음과 같이 기억하고 있다.

학생회의 민주성에 문제는 존재했지만 그 자체가 비민주적이었다고 볼 수도 없어. 운동 자체가 대중의 움직임과는 동떨어져서 존재할 수가 없기 때문에 대중의 의사를 수렴하려는 속성이 운동 안에는 있는 거지.(유재형)

하지만 80년대 학생회 간부들이나 활동가들의 성실성·헌신성은 올바른 평가를 받아야 한다고 생각해. 당시에는 나름대로 열악한 사회 상황하에서 민주적 원칙을 지키려고 노력을 했잖아. 단적인 예가 운영위원회에서, 과제科祭 같은 때 1학년의 의견이라도 반영하려는 노력도 있었으니까.(최성원)

그러나 시간이 지나면서 학생회 조직은 대중과 거리가 있는 '관료화' 과정을 거친다. 특히 학생회의 지나친 정치 편향성, 의사 수렴의 부재 등은 학생 대중이 학생회를 자신의 조직으로 느끼지 못하게 하는 주된 원인이었다. 학생회 조직은 밖에서는 민주적으로 보였지만, 그것은 일면적인 것이었다. 나는 이런 학생회 내부의 운동 엘리트와 대중 사이의 권력 관계의 양상을 몇 가지로 정리할 수 있었다.

　　먼저 학생회 엘리트들은 형식적 민주주의 또는 다수결 민주주의에 거부감을 강하게 갖고 있었다. 학생회 엘리트들은 다수결을 통한 의사 결정에 관해 '이런 민주주의는 진정한 민주주의가 아니'라고 생각했으며, 다수의 형식적인 참여보다는 결의를 가지고 학생회 사업에 동참하는 과정을 중시했다. 특히 학생회 엘리트들은 '민주집중제'라는 이름 아래 조직 내부의 형식적 민주주의와 절차적인 민주주의는 부차적이거나 허구적인 것이라고 생각했다. 대신 대중을 내용으로 설득하고 이것을 반드시 통일시켜야만 한다는 것을 강조했다. 그러나 역설적이게도 학생회 엘리트들에게는 대중이 학생회 사업에 참여하는 숫자에 따라 사업의 성과를 판단하는 경향도 공존했다.

　　또 과거 고등학교 때는 민주주의의 핵심은 '다수결'이라고 생각했는데, 대학 와서는 이런 건 부르주아 민주주의에 불과하고 정말 민주적인 건 '자신의 의견을 다수에게 설득시키는 것'이라고 사고했지. 실제 학생회의 운영을 보면 간부 간의 상호 독선이나 운동권 간의 결정이 주를 이루었고, 대중이 참여하는 절차상의 민주성은 거의 없었어. 아마 이런 건 운동권이 민주주의라는 걸 썩 탐탁지 않은 개념이라고 생각하고 일종의 '허구'로서 생각한 것에 기인한 것이 아닌가 생각해. 그래서 민주주의는 굳이 우리가 지향한 것이 아닌 거 같고.(정민수)

　　또한 대중에 관한 도구적인 사고도 존재했다. 이런 사고는 80년대 초반 선도 투쟁의 잔영으로서, 대중을 학생회 조직의 주체로 세우기보다는 투쟁이나 정치 사업의 동참 여부를 통해서 대중이 학생회의 소속감을 얻는 경향을 낳았다. 그 결과 학생회 내부의 중심부와 주변부가 분리되는 현상이 나타나게 된다.

초기 학생회는 대중 조직이라기보다 투쟁 조직으로서의 의미가 강했지. 언더 조직식의 패턴이 유지되었던 거 같아. 특히 단위가 큰 학생회는 초반에 민주적인 의사소통보다는 지도, 투쟁을 강조하는 면이 컸지.(차두식)

사실 학회도 학회별로 이름은 다르지만 지향하는 바는 동일했지. 대중들을 끊임없이 하나로만 묶어 내려는 것이고, 이건 결국 깨져 나가고, 또 학생회는 이에 대해 수수방관하고……. 대중의 다양성 같은 건 무시되고 운동의 내용만으로 밀어붙이려는 경향이 강했지.(이성수)

다음으로 학생회는 대중 조직이면서도 일상적인 대중 사업을 무시하는 경향이 있었다. 이것은 대중의 고유한 이해와 욕구를 코드화하고 대중을 조직 내에서 집단적으로 몰적mole 코드화했다.[1] 대중의 자생적인 요구를 무시하고 대중 사업을 간과하는 이런 태도는 직접 학생회 사업을 하던 이들도 공유했던 문제다.

84년부터는 학생회라는 대중 조직에 대해서 고민을 시작했는데, 실제 대중 활동의 방식·내용에 대해서는 많은 것을 고민하지 못했어. 단순히 시대적 아픔을 공유하는 차원에서 대중을 끌어내리려고 했지. 86년에는 지도성과 대중성을 둘러싼 논쟁이 있었는데, 내가 2학년 때도 한 친구가 직격탄을 맞아서 실명 직전인데다가 광주 문제가 겹쳐서 수업 거부를 하는데, 적어도 광주 문제에 있어서 수업 거부는 동참하고 투쟁 대열도 많았지. 그런데 많은 애들이 수업 거부는 해도 그 이상은 하지 못하겠다는 분위기였어. 3학년 때는 경색 국면이어서 거의 수업 거부 분위기가 안 떴는데, 당시 우리는 수업 거부를 위해서 학생회 지도부가 혈서를 쓰면 학우들이 따를 것이라는 참 단순한 생각을 했지. 건대 항쟁 이후 대중 문제에 대한 고민이 등장하기는 했어도 고민이 심화되지는 않았어.(강영만).

보통 학생회에서 일상 사업은 논의의 우선순위에서 밀리는 경우가 많았어. 보통 투쟁 사업에 많은 비중을 두는데 결과적으로는 부정적인 효과를 낳은 거 같아.(김주덕)

실제 87년까지 학생회는 극히 '정치 지향적'이긴 했지만, 활동가들 간의 논의는 항상 다양한 대중의 요구를 수렴하자고 그랬지. 결국은 대중들 중에 일부의 정치 지향적인 욕구만을 수렴하는 결과를 낳았지만.(김세진)

우리가 학생회를 사고한 것은 '대중 자치 조직이어야 해'라는 당위적인 수준이었지. 그건 학생회를 자기 것으로 느끼는 사람들이 그렇지 않은 대중을 그 안에 편입시키려는 의도였어. 결국 '대중성'의 확보 역시나 다수를 전선으로 참여시키기 위한 것이고. 활동가들도 학생회 자체의 사업, 성질에 대해서는 잘 이해하지도, 고민하지도 않았던 거 같아.(정민수)

학회, 소모임 등은 일정 정도 대중적인 영향력이 존재하는 공간이기 때문에 학생회 일정과 대치될 때 이것을 조정하는 문제가 있었어. 만일 학생회 일정과 맞추지 않으면 참 곤란했지. 예를 들어서 농활 기간 동안 어떤 소모임이 답사 여행을 간다고 하는 경우에, 이건 당연히 소모임, 학회 활동이기 때문에 학생회에서 지원이 있어야 함에도 불구하고 학생회는 일방적으로 취소하라는 식이고, 이러다 보니 학회는 모두 학생회 일정에 '동원'되는 대상으로 변하고 말았던 거지. 대중들 자신

들이 지닌 고유한 활동을 학생회 일정이 강제해서 박탈한다고나 할까.(유재형)

세 번째로, 학생회 조직은 점차 엘리트 중심의 조직으로 변화되어 갔다. 특히 정치 사업에서는 대중이 스스로 정치를 만들어 가는 게 아니라 상명하달식이었으며, 학생회 운영을 둘러싸고 이른바 구상과 실행의 기능이 분리되어 학생회 사업은 간부와 엘리트 사이의 논의와 합의로 운영되었다. 이것은 학생회 조직이 부르주아적인 조직 원리를 닮아 가는 과정으로 애초 학생회의 지향과 모순되는 것이었다. 이런 대중과 운동 엘리트 또는 활동가들 사이의 의사소통의 단절은 다양하게 나타났다.

조직 자체가 전투 조직 같은 성격도 있지만, 반면 방만하고 느슨한 면이 더 많았어. 특히 학생회 같은 대중 조직으로 내려올수록 대오 이탈자에 대해서 수수방관하는 경우가 많았지. 가장 큰 문제는 자기 단위의 정체성이나 역할을 확보하지 못한 점이야. 또 조직 내부의 문제 제기에 대해서 받아들이지 못하고 일방적인 의사소통만 이루어지는 거지. 이러면서 밑에 있는 활동가들이 질리는 경우도 많았어.(이성수)

난 학생회의 무오류성 같은 주장을 한 것은 문제라고 봐. 다들 열심히 했던 것은 부정할 수 없지만, 한쪽 바퀴로만 달리는 기차 같았지. 아무리 민주적이 되려고 했어도 투쟁 사업이나 대부분의 일은 위에서 쑥닥쑥닥해서 결정하는, 지배자들의 정치와 별로 다른 게 없는 거 같았어.(최성원)

네 번째로 지적할 수 있는 문제는 이런 학생회의 관료화와 제도화 경향에 맞서 대중들이 비공식적인 저항을 조직했다는 점이다. 관료화에 관해 대중들은 공공연히 비판하지는 못했지만, 운동 엘리트들의 뒤에서는 '대배적對背的 비판',

'비공식적인 저항', '옆으로만 통하는 비공식 커뮤니케이션'을 통해 비난했다. 대중은 명목상으로는 참여자였지만 점점 학생회라는 장의 관객으로 전락했던 것이다.

> 보통 대중들은 학생회에 참여하기를 부담스러워 하고 그런 게, 항상 성급한 결론만을 유도하고, 얘기해 봤자 뭐든지 결론은 한 방향이니까 그랬던 거 같아. 당시에는 다들 학생회 활동에 있어서 대중추수주의를 경계했잖아. "많이 참여한다고 일이 잘 되는 게 아니다, 오히려 대중들을 얼마나 올바른 방향으로 이끌어 가는가가 중요하다"는, 일종의 대중을 이끌려는 '계몽주의'라 할까.(정민수)

다섯 번째로 학생회나 공동체의 핵심 공간인 과방 안에도 위계질서와 역할 분담이 존재했다. 학생회 사무실에 상주하는 이들—자신들을 스스로 '과룸 사람들'이라고 불렀다—사이에도 역할이 구분돼 있었다. 1년 정도 학생회 사업을 하다 보면 학생회 안에서 누가 무슨 일을 하는지 뻔히 알게 되고 점차 암묵적으로 선후배, 부서, 학회 사이의 역할 분담이 확정된다. 더 나아가서 학생회 상층에 존재하는 정치 조직, 비합법적 조직과 학생회 간부의 위계가 형성되고, 의식적이건 무의식적이건 간에 학생회를 자신들이 속한 분파의 대중 동원과 쪽수 늘리기의 대상으로 사고하는 경향이 존재했다. 이것은 피븐F. Piven이 지적하듯이, '운동의 정치'보다 '자기의 조직적 세만을 유지'하려는 공식 조직의 문제와 일치했다.[2] 이런 공식 조직의 자기 유지적 경향은 그 시기 학생회 간부들의 기억에서도 확인할 수 있었다.

> 패밀리 체계가 대중운동으로 이동하면서 가장 큰 문제는, 패밀리가 자기 패밀리를 계속 유지하려는, 즉 '자기 유지적 경향'이었지. 이런 게 운동의 발전에서 발목을 붙잡는 요소였어.(임상진)

학생회 간부와 조직 상층 간부 간의 갈등이 많았지. 조직 상층에서는 중요 정치 이슈에 대한 기조를 잡고 지침을 때리는데, 학생회 간부는 이걸 수용하면서도 대중들에게 이런 내용이 먹힐까에 대해서 회의가 많았지. 이러다가 제대로 집행이 안 되면 조직의 상층부는 학생회 간부의 능력 부족을 탓하거나 그러지. 하지만 의식이 모자란다고 해서 그렇게 간부를 깔아뭉개서는 안 된다고 봐.(이성수)

끝으로 공식 조직으로서 학생회 내부에서도 "근대 정치를 괴롭히는 억압들"이 존재했다.[3] 운동가와 대중 내부에는 남성과 여성 사이의 역할의 분담 또는 위계가 존재했다. 그 대표적인 예가 학생회장은 남성이, 부학생회장은 여성이 맡는 관습이었다. 학생회와 공동체 내부에서 여성 배제의 관습이 굳어졌으며, 학생운동의 대의와 민중적 공동체 속에서 여성은 다시 억압당하고 배제된 것이다. 그러나 더욱 모순적인 점은, 80년대 대학생의 생활양식에서도 드러난 것처럼 여성 운동가가 운동을 하지 않는 다른 여성을 무시하거나 속물snob인 양 대하는 태도와 그 결과 벌어졌던 여성 내부의 균열과 위계의 형성, 여성 운동가의 남성화된 정체성이 여성 운동가들의 무의식에 내면화되면서 또 다른 차이와 억압을 증폭시켰다는 사실이다.

1980년대 여성 활동가에 관한 규정은 이 집단이 운동에 '부적합한 정치적 주체라는 오명'에서 비롯되었다.[4] 남성 활동가들은 운동 안에서 특권적인 지위를 지녔던 반면, 여성들은 사회적 의식이 희박하거나 여성으로서 미를 추구하는 '프티부르주아 중간 계급'으로 호명되었기 때문이다.[5] 그 시기 여성들을 바라보는 시각이 어땠는지 살펴보자.

나중에 그 자리(1987년 '최루탄 추방대회'가 있던 이화여대 운동장 — 인용자)를 청소한 총학생 회 간부들은 깜짝 놀랐다고 한다. 학생들이 떨어뜨리고 간 시계, 반지, 목걸이, 귀걸이, 하이힐 등 귀금속과 값비싼 물건들이 박스로 하나 가득 수거됐던 것이다.

임미애 씨는 그 물건들을 보고, '그동안 학생운동 하는 사람들이 경원시했던 친구들이 그 자리에 그토록 많이 참석했었구나 하는 사실을 새삼 깨달았다'고 한다.[6]

이처럼 시위에 참가한 여성들은 착용하는 장신구부터 정치 투쟁에 부적합한 대상으로 연상되기 일쑤였다. 한편 운동에 부적합하다고 여겨지던 여자 대학생들이 학생운동에 진입하는 과정에서 '새로 태어난 느낌'을 갖게 된 것은 완전히 새로운 가치가 지배하는 세계로 들어가는 것을 의미했다. 처음 선배에게 운동이란 무엇인지 듣는 경험은 "20년간 굴속에서 살다가 빛이 들어온 느낌"이었다고 여성 활동가들은 회고한다.[7] 그러나 여성들은 일상 속이나 가투에 나가 전선에 서는 데 한계가 있는 '육체적인 허약함', 아름다움의 유혹에 굴복하고 샌들을 신거나 립스틱을 바르기를 원하는 '정신적 허약함', 가족적인 관심을 국가와 운동의 요구보다 앞에 두는 '개인주의'라는 오명에서 자유롭지 않았다.[8] 더불어 여성 활동가들의 운동 참여는 활동가 개인으로서 여성에 근거한 것이라기보다, 주변 남성과 맺는 관계 속에서 설정되기도 했다. 그때 형사들이 여성 활동가들에게 가장 먼저 물어본 질문은 "너, 애인 누구였냐?"였고, "…… 이대 운동권의 제1의 목표는 '이대는 데모 안 하는 애들, 시집 잘 가려고 간판 따러 온 애들'이란 인식을 극복하는 것"이었다.[9]

또한 사회적 금기, 지배의 규율로 인정되는 '질서의 체계'가 무의식중에 남성들, 남성 활동가들 안에도 내면화되어 있었다. 그 대표적인 예가 여성의 흡연 같은 기존 사회의 터부에 관해, 남성들의 자기 부정을 둘러싸고 벌어진 갈등이었다. 남성 활동가들은 역설적으로 보수적인 지배적 관습에 복종하고 성적인 차이를 묵인하면서 공동체 내부의 여성들에게 여성다움을 강요했다. 물론 이런 사례들이 모든 것을 설명해 주는 것은 결코 아니다. 하지만 남성 중심의 사회 질서가 개개인에게 내면화된 상태에서는 남성이라는 아비투스에서 누구도 자유로울 수 없었다. 물론 이런 제도와 체계에 관한 여성의 저항과 함께 부분적인 평등이 달성되기도 했지만, 근본적인 문제는 이런 차이를 무의식 중에 확대 재생산한 근대 정치의 논리가 아닐까 조심스럽게 생각해 본다. 여성 활동가들은 적극적으로 이런 문제를 인정하지는 않았다. 그러나 나는 언어의 이면에서 숨길 수 없는 흔적들의 일부를 발견하기도 했다.

정·부학생회장을 뽑아도 꼭 남자가 정이고 여자가 부고, 아무리 대학에서 평등, 평등 해도 그런 건 사회의 벽을 넘지 못한 거 같아.(김주덕)

여학생이라면 추상적으로 드는 이미지가, '보조자'로 남아 있으려고 한 거 같아. 자신은 보조자라는 역할을 자연스럽게 받아들이고…… 부학생회장의 역할, 부대 표의 역할, MT 같은 걸 가면 당연히 회계를 맡는 식의, 찬거리를 스스로 챙기게 되는 등의……. 또 아무도 불평등하다고 항의하는 사람도 없었고 오히려 그런 여학생들이 더 좋은 평가를 받게 되는 경우도 있지. 저 애 성격이 좋다든지 인간성 이 좋다는 식의……차별이라기보다 역할 구분인 거 같아. 하지만 남자 입장에서는 구분인데 여학생은 아닐 수도 있지.(서용만)

가시적으로 성차별은 없었지만 알게 모르게 기존 사회에서 받아들이던 남녀 역할 구분 같은 보수적인 사고는 있던 거 같아. 오히려 은폐된 게 아닌가 싶어. 어떤 상황에 당하면, 본연의 소위 한국 여성이라 불리는 그런 제자리로 숨어 들어가는 것도 있다는 생각이 들어. 정치적으로 첨예한 갈등이 과에서 일어났을 때 그걸 아예 회피해 버리는 식의……. 담배 때문에 갈등되는 경우도 있었지. 개방적이고 민주적인 남자 선배가 역시 개방적이고 민주적인 여자 후배가 담배를 피려고 그러 면 뺏어서 꺾어 버리는 경우가 있었어. 그런데 개인차가 많았던 거 같아.(서용만)

이제 학생회 자체의 문제에서 좀더 구체적으로 들어가서, 80년대 학생운동 그리고 학생회와 공동체 내부의 갈등과 균열의 양상을 학생회 선거와 분파 갈등이라는 현상을 통해 살펴보자. 학생회 내부의 제도가 급진적 정치의 쇠퇴에 미친 영향을 학생운동 당사자들의 기억을 통해 들여다보자는 것이다.

2. 학생회 선거의 제도화와 분파 갈등

80년대 대중 자치 조직인 학생회가 생긴 이래 학생회 선거는 대중들에게서 운동의 정당성을 검증받는 장이었다. 그러나 학생회가 성장하고 학생운동 내부에서 정치적 분화가 일어난 뒤에, 학생회 선거는 갈등의 시작이자 각 정치 세력 사이의 정체성을 인정받기 위한 경쟁의 장으로 자리매김됐다. 문제는 경쟁의 형태였다. 학생운동 세력들이 주장한 '함께 사는 세상'이라는 슬로건은 선거 과정에서 치열한 대립 때문에 의문시되었으며, 대중들은 정치 세력 사이에 벌어지는 대립의 원인을 쉽게 이해할 수 없었다.

매년 학생회 선거가 진행되면서 대중들은, 선거를 때 되면 치르는 의례의 하나로 생각하게 되었다. 대중의 눈에는 학생회 선거가 운동 엘리트들 사이의 '세 싸움'으로 비쳤고, 엘리트들은 겉으로는 학생회가 대중들을 중심으로 변화되어야 한다고 선거 정책을 통해 주장했지만 대중과 대중운동에 관한 행동이나 사고방식이 실제로 변화하지는 않았다. 대중은 바뀐 것은 단지 말 몇 마디, 정책 몇 개 이상이 아니었다는 것을 확인해야만 했다. 결국 대중은 학생회 선거도 부르주아적 선거와 다를 것이 없으며, 운동 엘리트 자신들이 그토록 비판하던 제도권 보수 정치의 정치 행태인 유언비어, 상호 비방 등이 학생회 선거에서도 유사하게 구사된다고 생각하게 됐다.

88년에는 세 세력(NL, CA, AF를 가리킴 — 인용자)의 분파 갈등에 대한 대중들의 비난이 너무나 빗발치니까 어쩔 수 없이, 서로에 대한 이해나 토론이 없는 상태에서 살아남기 위한 대응으로 총학생회를 공동으로 나갔지. 실제 이건 집행부나 그런 걸 짜집기하는 거였어. 실제 나눠 먹기 이상이 아니었지. 그러다 보니 결국은 탄핵을 받고 다 총사퇴하는 결과를 낳기도 했고.(김세진)

언젠가 학생회 선거 때 분파 대가리끼리 만나서 서로 학생장, 부학생장을 미리 나눠 먹었다는데, 그걸 듣고 난 기절할 뻔했지. 대중이 그 내부의 모종의 내막에 대해서 알겠어? 뭐 이건 기존 정치판하고 다른 게 없지.(최은혜)

학생회 선거도, 일반 사회에서 DJ(김대중 — 인용자)나 제도권 정치인들을 비판했지만 실제 우리네 선거에서도 그런 모습이 많지. 단적으로 선거로 새로운 세를 얻는 것도 좋지만 있는 애들은 뺏기지 말자는 식의…….(최성원)

학생회 선거의 모습을 온전하게 이해하기 위해 학생운동 정치 세력 사이의 '분파 갈등'의 기원을 살펴보자. 갈등의 기원은 1986년 무렵부터 찾을 수 있다. 이때 학생운동은 반제국주의론, 대중노선, 민중 연대 투쟁, 개헌론 등의 논쟁을 거치면서 정치 노선의 분화가 본격화되었다. 이전 시기의 갈등은, 예를 들면 선도 투쟁을 주요 역할로 하는 패밀리, 학습을 중심으로 하는 패밀리의 차이와 같은 패밀리 사이의 활동의 차이나 운동 세력과 대중의 결합, 대중에 관한 지도력의 부재 때문에 나타났다. 그러나 1986년 이후 학생운동이 '삼민투쟁위원회'가 표방한 민족·민주·민중 이데올로기인 '삼민三民'에 관한 자기비판을 한 뒤 등장한 자민투와 민민투의 대립은 기층 학생회에서도 분파 갈등을 가시화했다.

서강대에서 정치 세력이 분화한 것은 86년 여름 정도였지만 이건 운동권끼리만 아는 거였고, 이게 전면적이고 공개적으로 분화가 된 건 87년이지. 87년 여름에 전면적으로 세 분파, NL/CA/AF로 나누어지고 단대별로, 특히 이공대에서 전면적으로 기존 노선(NL 노선을 가리킴 ─ 인용자)에 대해 부정을 해 가면서 학생회에 등장했지.(김세진)

그렇다면 학생회에서 제도화된 분파들 사이에 벌어진 갈등의 형태에는 어떤 것이 있었을까? 먼저 학생회 내부 각 분파의 활동가들 사이에 의사 결정을 둘러싼 갈등을 확인할 수 있다. 단적인 예를 들어서 '투방'('투쟁 방향'의 줄임말 ─ 인용자)을 정하는 과정에서 학생회 다수를 차지한 세력은 선도 투쟁을 주장하고, 소수 세력은 대중 투쟁을 주장하면서 학생회장, 부학생회장, 학번 대표, 각 부서장으로 구성된 '운영위원회' 안에서 격렬한 논쟁과 사상 투쟁을 동반한 갈등이 반복된다. 그러나 이런 갈등은 다수파가 다수결을 통해 자신의 방침을 결정하거나, 운영위원회의 대표권을 지닌 학생회장의 직권으로 종결된다. 이런 과정은 반복되고, 의사 결정에서 배제되는 소수파는 학생회의 운영 자체에 불만을 지니게 된다. 이런 경우 소수파는 대중들에게 공공연히 학생회의 비민주성을 고발하고 학생회에서 자신들이 장악한 부서나 학회, 소모임을 동원해 집단적인 불만을 조직해, 다수파를 '비민주적인 간부, 독선으로 대중의 의사를 무시하는 종파주의'로 비난한다. 반면 다수파는 소수파를 '학생회의 규칙 자체를 무시하는 집단'이라고 비난한다. 이런 갈등 과정은 과 토론회와 비상 총회 등의 형태로 급격하게 폭발되며, 극단적으로는 다수파와 소수파를 대표하는 각 1인의 치열한 갈등으로 나타나기도 했다. 이런 공방전은 길 때는 한 달, 짧을 때는 며칠 동안 계속되지만, 학생회 내 대립의 실상은 공개적으로 드러나지 않은 채 갈등은 더욱 왜곡되어 대중에게 전해진다. 다수파(가해자)와 소수파(피해자) 사이의 갈등이 대중들 사이에 루머나 상호 비방이라는 형태의 담론으로 공론화되면서 학생회 내부의 한 세력이 다른 한 세력을 추방하기도 한다. 결국 운동 엘리트들은 자신의 실천을 대중과 결합한 실천을 통해 검증받지 않고 엘리트 사이의 논쟁—대중들은 이것을 '이빨 싸움'이라고 부르기도 했다—으로 해결하려고 했다. 이것은 학생운동 정치의 형태가 대중정치가 아닌 제도화된 정치로 전락했다는 것을 단적으로 보여준다. 이런 갈등의 왜곡된 형태를 나는 당사자들의 언어를 통해 이해할 수 있었다.

아주 사소한 부분에서도 곳곳에서 마찰을 일으키고 각자가 모든 사안에서 자신들만이 옳다고 아전인수로 해석하는 경우가 허다했지. 특히 그 갈등이 정치적인 내용을 둘러싼 것이 아니라 인맥, 지연 같은 걸 끌어들여서 자신들의 세를 불리려는 경우가 많았어. 초기에는 이런 분리나 갈등에 대해서도 대중들은, 운동이 발전하면서 싸울 수도 있다는 식으로, 그다지 부정적으로는 생각하지 않았지만 87년 이후 대립이 직접적인 행동으로 드러나면서 문제가 발생했지. 그 과정에서 운동권이 대중을 등한시한 것도 사실이구. 이런 갈등이 참 '감정적'이었어. 논리적으로는 서로 자신의 것이 옳다고 생각했기 때문에 논리를 통한 설득은 안 되고, 서로 사투를 해 봤자 소용이 없다는 생각을 했었지. 단적인 예로 학생회장은 NL, 부학생회장은 CA, 부서장은 AF로 나뉠 정도로 과 학생회조차 혼란했지. 하다못해 MT 하나를 놓고도 그 내용을 가지고 싸우고, 해소할 창구도 뚜렷이 없었고.(김세진)

운영위에 가면 맨날 싸워. 그래서 결정되는 것도 없고 맨날 공전空轉만 돼. 구체적인 집행을 해야 하는데……. 그런데 오히려 그렇게 공개적으로 싸우는 건 낫지. 어떤 애들의 경우에는 아예 첨예한 문제 같은 건 피해. 나도 그게 가능할 줄 알고 한두 마디 말을 걸면 말을 피해. 도대체 말을 걸 겨를도 없구. 이 사람 저 사람 이상하다는 듯이 쳐다보니까……. 만나도 서로 경계하는 듯한……. 특히 어떤 선배는 아주 기분 나쁜 듯한 눈으로 보는 거야. 나는 그걸 구분하고 싶었어. 나는 인간적인 정이란 것과 자신의 정치적 색깔은 구분하고 싶었어. 다른 생각을 가지고 있어도 인간적으로 친해질 수 있고, 그런 걸 교류해야 한다는 믿었는데 모든 게 틀어져 버리더라구. 완전히 그땐 삭막했지.(심재원)

운동의 도덕적 기준만을 가지고 서로 꼬투리를 잡고, 서로 사상 투쟁이 아니라 인신공격으로 치닫는 경우가 많았어. 단적인 예로 "너나 똑바로 해라!", "투쟁하지 않는 자는 말할 자격이 없다"는 식의. 이런 걸 보면 참 답답하고 위선적이고 혐오스럽기도 했지.(유재형)

"뭐 결국 잘 살자고 하는 짓 아냐, 그런데 그게 뭐 하는 거냐, 그래 가지구 뭘 할 수 있겠냐?"는 식의 부정적인 태도가 많았고, "뭐 그런 정도 가지구 싸우냐. 그건 또 나중에 달라질 수도 있는 건데, 지금 죽일 놈 살릴 놈 하고 싸우냐"는 식의 반응도 많았지. 그렇게 받아들이면서도 "쟤들, 주장하는 건 뭔데?"라는 식으로 이야기하기도 하면서, 오히려 그런 게 운동하는 사람들의 전반적인 불신으로까지 이어지고.(심재원)

다음으로 투쟁 과정에서는 대중 동원 역시 갈등의 주요한 형태였다. 집회에 얼마나 많이 나가느냐, 가두 투쟁에 얼마나 자주 나가느냐는 분파 사이의 보이지 않는 경쟁이자 세 싸움이었다. 엘리트들은 집회, 투쟁에 자기 주위의 대중을 얼마나 동원하느냐를 중시했고, 이것은 일종의 '엘리트 사이의 단합 과시의 장'이었다. 단적인 예로 중요한 투쟁이 있을 때 결의했던 '동맹 휴업'에서, 대중을 동원하는 정도가 분파 사이의 단합 과시용으로 전락하기도 했다.[10]

투쟁에 동참하고 한 번도 빠지지 않으려고 하는 것이 운동권이 지닌 하나의 정체성이었고, 선배가 되고 나서는 후배들에 대한 하나의 책임감이라는 생각도 들었지. 또 집회에 얼마나 많이 나가느냐, 가투에 얼마나 자주 많이 빠짐없이 나가느냐가

정파 간의 보이지 않는 경쟁이자 하나의 '세 싸움'이었어.(유재형)

　　끝으로 이런 분파 갈등의 전통은 80년대 후반까지 지속적으로 이어져 이후 운동 세대들에서도 재생산되었다. 세력들 간 대립의 전통이 갈등의 당사자인 선배뿐만 아니라 후배에게도 이어져서 대립이 제도화되었기 때문이다. 소수 세력을 대표하는 선배는 자신을 따르는 후배들에게 "우리는 피해자다. 그래서 우리는 하나로 뭉쳐야 한다"는 말을 세뇌시킨다. 이 과정에서 선배 운동가들은 은연중에, 후배들이 문제의 진실을 알지 못하는 상태에서 다수파에 적대감을 갖도록 유도하고, 반대로 다수파는 "쟤네들은 무식하다. 그래서 우리한테 진 거다"라는 우월감을 주입함으로써 다수파 후배들에게 정체성을 불어 넣는다. 이것은 일종의 '후배 갈라 먹기'였다. 결국 갈등은 사상이나 노선보다 초기 집단에서 하위 집단으로 나누어지는 과정에서 분파의 유지와 생존을 위해 재생산되는 것이었다. 편 가르기와 극한적인 갈등은 선배들을 통해 가속화되었으며 대중들에게 분파 갈등은 사람 뺏기 이상으로는 보이지 않게 된다. 이런 과정은 과거 공동체 내부에서 일어난 갈등의 경험을 후배들에게 기억시킴으로써 공통의 정체성을 만든 것이다. 위기 때 공동체에서 일어난 과거의 갈등을 적극적으로 활용함으로써 내부 결속을 강화했던 것이다. 또한 외부에 있는 정치 세력 지도부의 압력에 따라 개별 운동가와 공동체 성원들의 정체성이 변화하고 공동체 내부의 균열이 생기기도 했다.

　　편 가르기가 되는 것은 대부분 1학년 후배 애들이 그 선배를 얼마나 많이 만났느냐에 따라 결정되는 경우가 많이 있었거든. 예를 들면 오늘 내가 애를 만났어, 그러면 또 누가 애를 만나. 그리고 내가 또 만나고 또 만나고 하다 보면 마지막으로 만난 사람에게 낙찰이 되는 거거든. 그러면서 지쳐서 나가떨어지는 후배들도 많이 있었지. 예를 들면 "왜 선배들은 나를 못살게 굴까"라는 식의……. 그래서 결정적인

것은 몇 번을 만났고 최후에 누가 만났고, 가장 어려울 때 누가 만나 주느냐지.(김영하)

대중과 운동권 간의 관계에 있어서도 말은 대중을 중심에 두지만, 실제 운동 속에서는 정파 간의 '역관계'로 모든 게 판단되어 전술이나 지침이 수립되잖아. 마치 정파 간의 역관계가 운동의 전체인 양 사고하는 것은, 결국 한편으로는 종파주의로, 다른 한편으로는 관념적인 노선 논쟁으로 비화되지. 바로 대중과 같이 호흡하려는 것보다 운동 조직의 '폐쇄성'이 더 심했지. 이 과정에서 운동 조직은 그 나름의 자기모순에 봉착하게 되고 말이야. 결국 우리는 레닌주의를 얘기했지만 그건 스탈린주의 이상이 아니었지.(유재형)

나도 모르는 사이에 선진 활동가라고 남으로부터 규정된 양상이랄까, 그런 모습이 많았지. 자다 일어나 보니까 '선진'이 된 거지. 실제 "나는 선진이야"라고 자각하기 이전에 이미 선진이 되고, 그래야만 될 것 같은 스트레스가 생기고, 고민했던 거 같아. 뭔가 달라야 한다는 게 고민이 되는 거지. 공식적인 자리가 있으면 자신이 어떤 역할을 부여받게 되는데, 알게 모르게 일반 대중들과 정치적으로 안다는 사람들과 '편'이 갈리게 되는 순간에는 정치적으로 뭔가 안다는 사람들 편에 선다는 거지. 과에 굉장한 토론회가 있어서 막 강의실에 들어가면 선이 딱 보이는 거야. 그 상황에서 나도 어쩔 수 없이 한마디를 해야만 하는……. 그 자리에는 일반 대중과 선진 대중 사이의 괴리가 아니라 선진 대중들 사이에 갈라진다는 거지. 깨인 사람들만 그 공간에 있다는 이미지……. 그날 이후에는 아느냐 모르냐를 떠나서 뭔가 '벽' 같은 게 나뉘어져 있다는 생각이 들지.(서용만)

분파 간의 갈등은 대중을 대상화해, 대중과 엘리트 사이의 거리를 두게 되는 정치적 효과를 낳았다. 이것은 푸코 식으로 표현하자면 '생체 권력bio-power

화'이며 들뢰즈와 가타리의 표현을 빌리자면 '몰적 권력화'다.

> 내가 선배들한테 '프락'(포섭. 자기 정파로 설득하기, 'fraction'의 줄임말 — 인용자)당할 때는 부담이 없었는데 내가 후배를 프락할 때는 피가 마르더군. 결론적으로 보면 한 애를 선배들이 찍어서 돌아가면서 만나고, 그러다 얘가 한 라인(노선 — 인용자)으로 정리를 하고 나면 만나던 선배들이 (정리한 라인의 선배를 제외하고는 — 인용자) 더 이상 만나지도, 사람같이 보지도 않는 거야. 여기서 얘는 인간적으로 상처를 받는 거지. (김영하)

> 매우 유치했지. 한번은 OR(신입생 오리엔테이션의 줄임말 — 인용자) 갔는데, 학생회 집행부를 저쪽 애들이 다잡아서 서로 신입생에게 자신들의 세를 보이려고 개떼처럼 몰려가는 거야. 저녁 때 신입생들끼리 모여서 얘기하는 시간이 있는데, 집행부 애들만 들어가고 우리 애들은 못 들어가게 하는 거야. 그래서 나중에는 신입생들 보는 앞에서 멱살 잡고 싸우고 난리가 났지.(유재형)

나는 이런 분파들 사이에 벌어지는 갈등의 프로세스를 '사회 드라마social drama' 개념에 맞추어 재해석할 수 있다고 본다. 사회 드라마란 개인 또는 집단 사이의 정치적 투쟁의 과정에서 권력을 획득하고 유지하려고 하는 조작적인 전략의 발생과 해소 과정을 나타내는 개념이다. 먼저 1단계에는 각자가 정치적 자본을 동원함으로써 갈등 또는 규범의 위반이 나타난다. 2단계에는 이것에 근거한 겨루기 또는 조우전遭遇戰이 발생하고, 3단계는 대격돌의 단계, 4단계는 정치적 위기의 일시적 파국의 단계, 마지막으로 5단계는 상호 조정과 배상 기제를 동원한 평화의 회복 단계로 나눌 수 있다. 이것에 근거해서 학생회 내부 분파 갈등을 유형화하면 다음과 같다.[11]

① 1단계(규범의 위반): 노선 투쟁, 정치 노선을 둘러싼 갈등이 가시화되지만 대중은 이것에 관해 무관심하거나 방관한다. 학생회 선거 등에서 분파 후보 사이의 갈등은 선거운동본부 사이의 사소한 시비, 싸움 등으로 나타난다.

② 2단계(위기): 양 분파 사이의 극한적인 감정의 대립과 상호 무시, 비방 등이 벌어진다. 소수파와 다수파는 서로 총회를 개최하거나 지지자를 동원하고, 상대방의 주장에 관한 반박 대자보가 공공연히 나붙는다. 또한 다수파는 소수파에게 사퇴의 위협을 가하기도 한다.

③ 3단계(구제 행위): 양자는 갈등이 더 지속되면 대안이 없다는 것을 인식하고, 전략적인 선택으로 기존 학생회 체제를 인정하거나 선거를 통해 당선된 상대방을 인정해 운영위원회를 공동으로 구성한다.

④ 4단계(재구성): 양자는 기존의 공동체, 학생회라는 조직을 재구성하고 새로운 출발을 다짐하지만, 갈등의 여지는 여전히 존재한다.

이제 마지막으로 80년대 학생운동 정치에서 대중과 운동 엘리트 사이의 일상으로 눈을 돌려 보자. 앞에서 살펴 본 학생회 조직이나 내부의 제도를 넘어, 일상에서 대중과 엘리트의 관계를 살펴봄으로써 이 두 집단이 상대방을 바라본 관점과 이것 때문에 일어난 대중정치의 좌절을 좀더 풍부하게 이해할 수 있을 것이다.

3. 코드화된 대중 — 대중정치의 좌절[12]

앞에서 살펴본 대로 80년대 학생운동을 둘러싼 가장 큰 논쟁 가운데 하나는 학생 대중의 정체성 변화, 그리고 집단적 급진화와 쇠퇴의 원인을 밝히는 것이다. 80년 초반 대중의 급진화와 정체성을 규정했던 가장 큰 요인은 80년 광주민중항쟁이었다. 80년대 공동체의 구성원들은 광주민중항쟁에서 나타난 '민중 사회(혹은 절대 공동체)'를 자신들의 민중 지향적 공동체로 재해석했다.[13] 이것은 점차 80년대 대학 사회의 지배적 이데올로기로 전화했으며, 누구도 부정할 수 없는 절대적인 가치로 변화했다. 바로 이 시점부터 대중에 대한 운동 엘리트의 규율화가 시작되었고, '상상된 민중 공동체'의 실체가 변화했다. 80년대 초반 미래의 능동적 행위자로서 민중, 민중의 도덕률, 공동체적인 전통으로 재해석되던 민중 담론은, '대중으로서 민중'이 아니라, 운동 엘리트들이 강제한 '혁명가', '의식적 분자' 등의 의미로 변화했다. 즉 공동체는, 과학이라고 믿어 의심치 않는 운동의 진리에 독점되어야만 했으며, 그것에 따라 대중과 대중의 공간이나 일상이 일사불란하게 채색되어야 했다.[14] 운동 엘리트들은 혁명적인 일을 만들어 가는 자신들만의 언어를 비밀스럽게 만들어내기 시작했던 것이다.[15]

그렇다면 과연 공동체에서 민중의 상은 현실 노동자의 실제였을까, 아니면 운동 엘리트를 통해 발명된 것일까? 80년대 공동체의 지배적 담론으로 재해석됐던 민중 담론은 혁명가 또는 정치 운동가의 실제로서 존재했다. 70년대 말 경기 · 인천 지역 중소기업 노동자의 비참한 생활상과 87년 이후 대공장 남성 노동계급의 전투성은 학생 대중에게는 무모순적 존재로서 혁명가 또는 전위로 해석되었다. 또한 정치사회와 시민사회에서 노동계급이 정치 세력이 되지 못한 조건은 대학생들로 하여금 더욱 강한 전투성과 의식성으로 자신을 무장시킬 것을 강제했다. 그러나 80년대 후반 학생운동은 소수 운동 엘리트의 이데올로기이자 사상운동으로 전락한 채 대중과 결합할 구체적인 지점을 찾는 데 실패했다. 80년대 후반 학생운동 정치의 위기는 극심한 분파 갈등과 외부에서 강제된 이데올로기적 혼란으로 나타났고, 이것은 학생운동 정치의 '내부적 위기'로 이어졌다. 이런 편향된 또는 한쪽으로 꺾인 사고의 단면을 다음과 같은 기억에서 확인할 수 있다.

(당시 생각은 ─ 인용자) 노동계급화된 학생운동, 그 '헌신성'은 계급 운동에 대한 고민 속에서 학생운동이 지니는 한계에 대해 스스로 인식한 뒤에, 학생운동이 스스로 계급적 지반을 '전위(displace ─ 인용자)'시키려는 사고였지. 즉 계급적인 기득권을 포기하고 노동계급의 이해에 복무해야만 한다는 헌신성이지.(유재형)

대중들은 일반적인 그런 거(노동자의 정체성 ─ 인용자)에 대해서 거부감 내지 그런 노동자적인 문화를 인입시키려는 것에 대해서 반발을 했던 거지. 단적인 예로 왜 술집에서는 그런 노래만 불러야 하는가에 대해 말하는 친구들도 많았고, 운동권 은 독불장군이다, 지들 혼자만 세상 고민 다 짊어졌냐는 식의 말도 나왔었지. 그러 면서 왜 내가 기득권을 포기해야 하는지 이해하지 못하고 또 운동하는 사람들은 일방적으로 그걸 포기하라고만 강요하고. 노동자의 인간상을 심어 주기 전에 예비 노동자라는 규정 속에서 거짓 기득권을 포기하고 노동자화해야 된다는 주장은, 하다못해 사소한 체육대회에서도 염병(화염병 ─ 인용자) 던지기, 염병 들고 달리기 같은 걸 하는 수준이었으니까. 사실 메이데이를 명절이라고 생각하는 사람도 운동 권 이외에는 없었어.(유재형)

그렇다면 구체적으로 80년대 후반 운동 엘리트가 대중을 규율화한 형태를 운동 문화, 지식 그리고 대중과 엘리트의 관계를 통해 살펴보자. 먼저 운동 엘리트는 대중과 자신을 구별함으로써 자신의 지위를 재생산status reproduction했 다. 운동 엘리트들은 대중의 일상에서 욕구와 취향을 운동 문화라는 틀 안으로 제한함으로써 대중에 대한 길들이기를 가속화했다. 운동 엘리트들은 자신들만 이 알 수 있는 은어와 약어로 신비로움을 이끌어냈는데, 이것은 대중에게 자신 들을 드러내는 방법이었다. 이런 구별 짓기와 거리 두기는 운동 엘리트의 일상 적인 언어나 행동에서도 찾아볼 수 있었다.

쓰는 말로 걔 사상이나 걔가 하는 일이 뭔지 알 수 있었어.(최성원)

언어나 기호랄까 하는 것부터 차별화를 시키려고 '권'(운동권 — 인용자)들이 한 거 같아. 소위 인자와 날매스(일반 대중을 비하해서 운동권이 쓰는 은어 — 인용자), 인자들이 쓰는 다채로운 용어. NK/SK(North Korea/South Korea — 인용자) 하는 것도 이상하기도 했지만 뭔가 신비하고 끌린다는 느낌도 있었어. 선배들이 쓰는 교류, 가투, 아지('agitation'의 줄임말, 선동 — 인용자), 찌라시(선전물 — 인용자) 등등……. 그리고 '세미나'라는 말도 끌렸던 거 같아. 뭔가 알고 깬 사람이 하는 거 같고. 막 선배들한테 가서 "세미나 좀 시켜 달라"고 하면 선배들이 놀라고. 학생장이 단상 앞에 나와서 하는 말들도 "현 시국이, 현 정세가……"라는 식의 말들. "천착한다", "단초를 이룬다", 회의 때 쓰는 용어들에 대해 매력을 느끼게 만든 사람들도 '권'들이고……. 이런 말들을 일부러 씀으로써 '칸막이'를 친 거 같아. 그 이유는 차별화의 목적이 아닌가 해. 그럼으로써 자신이 뭔가 선진적인 걸 한다는 걸 일상적으로 드러내기 위한 것이 아닌가 생각해. 물론 우리가 생매스라고 부른 사람들이 올바른 삶에 대해서 고민하지 않은 건 아니지만…….(서용만)

우선 과방/비과방, 여자/남자, 술/비술 같은 게 하나의 운동권의 가치관에 있어서는 일직선상에 있는 거지. 또 운동권은 우리 자체의 특권 의식이라는 것도 있고. 물론 당시 상황이 그렇게 몰아간 거라고 생각하지만 나를 포함해서 굉장히 경직되었고……. 우리가 스스로 먼저 '다르다'고 선을 그어 버리는 경향이 강했지. 특히 남을 가르치는 듯한 말투 같은 게 굉장히 심하잖아. 그렇지만 대중들도 우리가 그은 분리의 선을 그냥 받아들인 건 아니지. 그들은 그들 나름대로의 사고방식이 뚜렷했어. 예를 들면 '왜 굳이 하나가 되어야 하는지? 다양할 수도 있지 않은가'라는 식의 것 말이야. 우리는 그런 것에 대해 쁘띠부르주아적인 속성이라는 식으로 비판했지만 그네들은 나름대로의 믿음, 예를 들면 종교나 학과 공부 등으로 잘

살아가거든. 한마디로 말하자면 하나 대 다양함이라고나 할까.(김영하)

엘리트는 일상의 생활 방식과 사고방식 등에서 의식적으로 대중과 차별성을 두려고 했다. 운동 엘리트는 대중의 스타일과 일상생활에 견줘 우월하다는 일종의 특권 의식을 지녔고, 이것은 일상에서 대중과 다르다는 거리 두기 효과를 낳았다.

사람들이 취중에 '나는 ○○이다⋯⋯'라는 식으로 선언함으로써, 대중과 자신이 다르다고 무의식중에 말하기도 하지만, 그건 일종의 선언이자 자족감을 느끼기 위한 경우가 더 많은 거 같아.(이성수)

먼저 언어 사용이 달라지잖아. 일반 대중들과 말할 때 우리는 의식하지 못하지만, 대번에 사소한 잡담을 해도 지적을 받고, 딱딱 끊어서 첫 번째, 두 번째 하는 식으로 논리적으로 분석을 하면서 얘기를 하려고 한다든가. 티를 많이 내고 다녔던 거 같은데, 사람들이 모인 자리에서도 유난히 분주하든가 혹은 외모나 복장 면에서도 깔끔함은 우리의 표상과 일치하지 않는다는 식으로, 부스스하고 그런 모습을 우리의 대표적인 것인 양 사고했지. 사람을 만나는 방식에 있어서, 예를 들어 저 사람을 만남에 있어서 평가를 먼저 하려 하고, 저 사람의 사고방식, 어떤 그룹과 사귀며 살고 있는 사람인가에 대해 먼저 평가가 되고, 그 평가에 근거해 사람에 대한 태도가 달라지고⋯⋯. 처음에는 어떤 목적하에서 시작됐는지 모르겠는데, 점차 일상적인 모든 말들까지 그게 배어 있다 보니까 자기와 비슷한 부류의 사람들을 만나는 데 있어서 훨씬 더 어렵고 배타적이고. 내가 나 자신의 일상에서 사소한 부분들을 나누는 것이 힘들어졌지.(정민수)

두 번째로, 운동 엘리트의 차별화는 대학 내부 하위문화의 수용에서도 드러났다. 운동 엘리트를 중심으로 이념적인 분화와 급진화가 진전되자 하위문화의 내용도 변했다. 따라서 대중이 운동 문화를 수용하고 자신의 아비투스로 받아들이는 데는 많은 통과의례가 필요했다. 결국 운동 엘리트의 티내기나 차별화는 대중의 일상에 근거한 정치, 대중이 만들어 가는 정치가 아니라, 의도적인 거리 두기, 무의식적인 엘리트주의, 일상생활에서 대중의 욕구나 불만 등을 투쟁으로 조직하지 못하는 등 의도하지 않은 결과를 낳았다. 이런 현상은 초기 하위문화로서 운동 문화가 지니던 저항성이 오히려 부정적인 정치적 효과로 나타났다는 것을 부분적으로 보여준다.

내가 참여하는 것도 즐거웠는데 그것(급진적 의례 — 인용자)을 통해서 남들도 같이 어울리고 참여할 수 있으니까. 술자리에서 투쟁가나 민요 같은 것도 많지. 항상 공동체를 많이 얘기했던 거 같아. 이른바 함께 사는 세상, 함께 부를 수 있는 노래를 많이 찾고 하니까. 투쟁가 같은 경우에는 그 내용에 대해서 어느 정도 공감을 해야만 같이 부를 수 있는 거잖아. 처음에는 상당히 껄끄럽다가 어느 정도 공감하고 이해를 하고 부를 수 있게 되었다가, 또 마찬가지로 당연히 술자리 가면 운동가를 부르는 거……뭐든지 처음이 힘들잖아. 가사에 피가 나오고 칼이 나오고, 정말 자기가 그걸 공유하지를 못하면 못 부른다고. 어느 순간 자기도 모르게 자연스러운 게 되었지.(김주덕)

아침에 교내 선전전하고, 수업도 뭔가 사안이 있기 때문에 안 들어가고. 그 시간에 뭔가 과방에서 준비를 하고 토론을 하고, 저녁이 되면 점심도 먹고 수업도 잘 들은 사람들을 모아 놓고 점심도 안 먹고 커피와 담배로 때운 상태에서 얘기를 꺼내고 술 먹으러 가구. 바로 생활 패턴이 다른 거 같아. 당시 운동을 한 사람들의 뇌리 안에는 항상 정치적인 이슈가 있었고, 그런 부분들이 다른 것을 결정하는 요인이 되지. 내가 어떻게 살아야 하는 것부터가 문제가 되니까, 일반 대중들과 우리가 얼마나 다르고, 운동하는 사람에 적합한지를 추구했지. 이러한 게 그들과 우리를 차별화하게 한 원인이 아닌가 생각이 들어.(서용만)

세 번째, 운동 엘리트는 대중의 자발성이라는 능동적인 힘을 간과함으로써 대중을 지도의 대상으로 고정화시켰다. 80년대 학생운동에는 '적'이라고 불렸던 군부독재, 재벌, 소수 가진 자 등을 타도하는 것 말고도 많은 내부적인 억압이 존재했다. 하지만 운동 엘리트들은 자신 주변 그리고 대중을 둘러싸고 아무리 많은 억압이 존재하더라도 잠시 없는 것으로 여겼다. 운동 엘리트는 대중의 무의식적인 힘과 자발성을 무시했으며 대중을, 목적의식적인 일상적인 지도가 있어야만 행동하는 대상으로 파악했던 것이다.[16]

노선이라든가 하는 걸 떠나서 생각해 보면 사람들의 감정은 명확한 거야. 뭔가 분노가 있기 때문에 거리에 나가는 거고, 계속적으로 적대 감정을 느낄 만한 사건들이 터져 주는 거야. 아직까지도 한편으로는 허전하면서도 대중의 힘이라는 것이 대단하구나 하고 느껴지구……. 난 역사적인 계기는 명확하고 단순하다고 봐. 대중들은 워낙 감성적이기 때문에, 죽음이라든지 하는 자극적인 계기가 주어진다면 언제든지 폭발할 수 있기 때문에, 자연스런 역사적인 현상이라고 봐.(차두식)

목적의식이 없이 사람들을 만나도, 거기에 익숙하지가 않으니까 할 말이 없는 거야. 내가 준비되고 이 자리에서 해야 하는 이야기들에만 익숙해지니까 할 말이 없고. 내 생활이라는 게 누구를 만나서 내 얘기를 하는 것으로 되니까 그 외에 내 생활이 없는 거지. 내가 나를 자연스럽게 드러내는 것에도 미숙하고……. 그런데 그런 것에 의미 부여는 많이 하지만 다 부질없다는 생각을 해. 애들을 내 손으로 잡고 있으면 그 관계들이 그대로 이어지겠지만, 내가 그걸 놔 버리면 다 끝나 버리는 식의 관계가 대부분이었지. 참 즐겁지만 피곤한, 그들이 나에게 그런 모습들을 요구하고 나를 억압하고……사람들은 누구나 그런 측면들이 있잖아. 내가 살고 있는 세상에 뭔가 좀 아름답고 숭고하고 성실한, 그래서 뭔가 보기 좋은 사람들이 내가 아니어도 한 사람 정도 있으면 좋지 않을까 하는 생각을 하고……내 주변의 사람에게 그 모습을 일치시키고 강요하고……. 그렇기 때문에 나는 아니지만 그런 사람이 있는 것에 대해 즐거워하고, 그렇지만 그게 본인에게는 질곡이 되는 거지.(정민수)

또한 운동 엘리트들은 대중의 목적 없는 즐거움을 민중 공동체와 배치되는 '프티부르주아적인 것'으로 사고했다. 정형화된 틀 안에서 대중을 만나고 얘기해야 했으며, 대중의 자생적인 의식과 행위를 무시했다. 다른 식으로 표현하면, 대중의 내재적인 저항의 가능성을 간과했던 것이다. 이런 엘리트와 대중들 사이의 관계는 지도와 피지도 관계로 나타났다. 엘리트는 '생매스'를 교화 대상으로 사고했으며, 낮은 정치의식을 지닌 채 편안함과 안락함만 추구하는 사람들로 파악했다. 이런 대중의 자생성에 관한 무시는 운동 엘리트와 대중 사이에 보이지 않는 간극을 만들어갔고, 이것은 점차 학생운동 정치의 실천에도 투영됐다.

우리가 배운 철학이나 그런 부분들에서는 일반 대중, 민중들을 중심에 두고 생각했는데, 학교에서는 그렇지 못하고, 앞서 나가는 삶과 따라오는 사람들을 항상 나눠서 선진·전위라는 의식적인 부분들이 '지도'를 해야 한다는 생각이 많았지. 의식적인 지도 부위가 있어야 하고 여기에 따라 대중을 의식화, 동원시켜야 한다는 생각이 많았어. 근데 우리가 졸업할 때쯤 되니까 '대중의 이해를 대변하는 학생회' 같은 얘기가 나왔잖아. 우리가 배운 철학과 우리가 실제 학우들에게 하는 모습들과는 모순이 많았다고 생각해. 철학의 핵심은 다수를 위한 건데 학교 내에서는 그런 게 없었던 거 같고.(김주덕)

대중은 교화 대상이고, 우리보다 뭔가 낮은 의식을 가졌다는 것을 전제했지. 우리
는 진보적이고 발전적인데 비해 (대중들은 — 인용자) 현실에 집착해서 편안함과 안락
함을 추구한다는 느낌이 그 단어에 내포된 거지. 대중들의 사고방식의 건전함에
대해서는 전혀 생각하지 않고 당장 그 사람이 어떤 사고를 가지고 있느냐만 생각한
거지. 일종의 흑백 논리야. 찬성이냐 아니냐는 식의…… 평소에 사람들이 자기
삶에 대해 얼마나 진지하게 고민하느냐에 대해서는, 우리만 고민한다고 생각한
거지.(김영하)

마치 브나로드 운동 식으로 무지몽매한 대중을 깨우치려는 듯한 자세가 많았어.
얘기할 때 "너 이게 왜 이런지 아냐?"는 식으로 얘기하고 뭐든지 끼리끼리 모여서
만 하는 식이 많았지.(최성원)

민중과 다수자의 해방을 위한 운동이 오히려 대중들을 통제와 규율의 대상
으로 만들어 버린 결과, 80년대 학생운동 정치는 의도하지 않은 또 다른 억압을
만들었다. 그러나 점차 시간이 흐르면서 운동 엘리트들은 대중들의 삶 속에서
자신들보다 더한 진지함을 발견했지만 쉽게 대중들의 욕망과 삶에 동의하기
어려웠다.

운동하지 않는 애들하고 밤을 새면서 얘기를 해 보면 차츰 차츰 인식이 바뀌더라구.
실제로 당시에는 어떻게 살 것인가라는 것에 대한 해답을 주는 것이 운동이었으니
까. 애들이 당장 같이 하지는 못하더라도 한두 가지 면에서만이라도 동의해 주었으
면 좋겠다는 생각들이 있었지. 말은 생매스라고 하지만 사실 나보다 더 깊이 있게
고민하는 경우도 있었고, 사람들을 지도해야지 하는 말을 들으면 내가 반감이
생기기도 하고, "도대체 지도할 게 뭐 있느냐"는 식의…… 물론 이것도 또 하나의
편향이겠지만…… 잠재적으로 결정적인 시기에 애들도 일어날 것이고 어느 정도

만 하면 점차 발전되는 모습을 보일 것이다라는 식의 생각을 했었지.(심재원)

우리가 보수에 대한 반대를 혁명이나 변혁으로 사고했다면, 대중들은 그것을 개인적인 자유, 즐거움 등으로 사고한 거 같아. 즉 어떤 틀에도 매이지 않고 어떠한 기존의 것에도 매이지 않는 거 말이야. 따라서 어떤 단일한 결론이 나올 수가 없지. 애들은 서로가 '같아서' 즐겁고 또 만나고 싶은 게 아니라, 서로 '다르기' 때문에 즐거울 수 있다는 거야.(정민수)

네 번째로 운동 엘리트는 '지식'을 독점하는 과정에서 대중을 규율화했다. 푸코에 따르면 지식은 생산하는 것이 아니라 신체에 수동적으로 각인되어 개인과 집단의 무의식적인 습관과 관습으로 표상되는 것이다.[17] 다시 말하자면 지식은 문자화·언어화되어 주체에게 인지되는 것만이 아니라 궁극적으로는 신체에 각인된다. 단적인 예로 80년대 대학생에게 지배 질서에 맞선 저항이 육체에 각인되어 나타났던 현상은 화염병을 든 손, 구호를 외치는 손, 스크럼을 짠 어깨와 어깨들, 골방에서 몰래 하는 세미나, 사회과학 서적에만 눈길이 가는 무의식적 체계였는데, 이것은 운동 엘리트가 재해석한 노동자·민중에 대한 지식이 대중들의 육체에 무의식적으로 각인된 것이었다.[18] 이렇게 지식은 대중의 육체를 관리하는 체계 안으로 전환됨으로써 노동자·민중에 관한 지식을 사전에 가진 집단과 그렇지 못한 집단을 공동체 내에서 분할했다.

80년대 대학에서 지식은 강의나 수업 등 제도적인 교육 체계가 아니라 세미나, 학회 등 비공식적 경로를 통해 재생산되었다. 이런 맥락에서 80년대 대학에서 지식의 재생산 과정은 곧 운동 주체의 재생산 과정이었다. 그러나 지배적인 지식과 담론에 대한 비판으로서 정당성을 지니던 학생운동 내부의 지식 체계는 점차 공동체 내부에서 대중과 엘리트 사이의 경계를 나누는 기준이 되어버렸다. 또한 학생회나 운동 조직은 이런 질서에 따라 개인과 집단을 규율

하는 수단이 돼갔다. 이것은 마치 서구 노동자 계급의 자녀가 학교 교육에 저항적인 자신들의 관습을 거부하고 중산 계급의 관습과 스타일을 추구하는 "얌전이"들을 배제·멸시하는 것과 일맥상통하는 논리다.[19] 나는 운동 주체들이 받아들인 지식과 운동 논리에 관한 기억들 속에서 과거 자신의 정체성에 대한 회의적인 측면이 존재한다는 것을 느낄 수 있었다.

운동할 때는 지식이 '경전'같이 느껴지기도 했지. 당시에는 너무 명확히 사회를 분석하고 그 대안을 제시했는데, 생각해 보면 조금은 '단정적'이었다는 생각도 들고, 거기에서 말하는 인간상도 하나뿐이었던 거 같아. 하지만 그런 얘기는 술 먹을 때나 하고 보통 때는 회의주의나 패배주의가 많았지. 물론 그런 걸 보여주지 않으려고 했지만……. 그리고 자기 자신에 대한 대리적 만족으로, 치열하게 사는 선배를 존경하기도 했던 거 같고. 당시 우리가 중시한 맑스주의에서 설명하는 자본주의의 재생산 논리는 너무나 자명했지만 사회는 그 설명과는 반대 방향으로 나갈 경우도 많았지. 책에서는 이렇게 하라고 했는데 실제에는 하다가 막히는 경우가 많았어. 일종의, 입력을 하면 그대로 출력이 되는 식의 지식이 '교과서'가 되었다고나 할까.(이성수)

내가 지식을 선택하는 과정에서, 우리 대학 사회가 굉장히 경직된 사고 풍토를 가지고 있다는 걸 느꼈어. 즉 현실에 너무나 쫓기는 듯한 인상이지. 오히려 난 항상 '삶이란, 인간이란 무엇인가'와 같은 추상적 가치를 둘러싼 갈등이 많았어. 또 그 속에서 소위 문자화된 것의 한계가 분명히 존재했고 특히 지식은 곧 과학이다 라는 식의 사고가 팽배해서, 그 자체가 우리 내의 지식에 대한 굉장한 폐쇄성, 우리 지식만 과학인 양 사고하는 경향이 많았지. 이러한 개방성의 부재는 결국에는 운동의 동력을 갉아먹고 스스로 무력감이나 상실감 같은 걸 느끼게 했지.(심재원)

마지막으로, 운동 엘리트들은 자신들이 독점한 운동 문화를 통해 공동체 내 권력 관계를 재생산했다. 공동체 구성원들은 맥주보다는 소주를, 밥보다는 300원짜리 라면을 선호해야 했고, 운동 문화에 거슬리는 서구적이고 화려하며 자본주의적인 것으로 간주되는 생활양식이나 스타일, 습관은 거부해야만 했다. 더불어 개인으로서 지니는 욕구도 운동 엘리트들에 의해 규제되었다. 공동체 성원들에게 운동 문화는 떳떳함이자 당당함이었던 반면, 풍요, 부유함, 개인주의적인 사고와 행동 등은 거부되어야 하는 것이었다. 대중이 다양한 욕구를 추구하는 것은 프티부르주아적이며 반민중적이고 지식인적인 '부정적인' 것으로 간주되었고, 이것을 받아들이는 경우 '대중추수주의'라는 딱지가 붙었다. 결국 80년대 공동체의 하위문화는 대중이 스스로 하위문화를 생산하고 향유했던 것이 아니라 오히려 이것에서 배제되는 결과를 낳았다. 운동 엘리트들은 운동이라는 한 가지 고민에만 매몰되었다. 비록 의식과 사고는 급진적이었지만 독선적이고 감정의 기복이 컸으며, 운동 엘리트들 사이의 인간관계는 굉장히 특수한 관계였다. 80년대 운동에서 생존한 이들은 가부장적인 봉건성을 지닌 '의리 있는 인간들'이었지만 끝없는 참을성을 지닌, 자기 정체성에 근거한 자신의 목소리를 지니지 못한, 대변자가 필요한 비주체적인 존재들이었다고 평가할 수도 있을 것이다.[20] 그 시기를 기억하는 이들의 목소리 속에서, 자신들도 개인적인 욕구와 운동적인 금기 안에서 갈등했으며, 그 속에서 정말 찾아야 할 자기 정체성을 상실한 채 무의식적으로 자신을 통제했다는 아픈 고백을 들을 수 있었다.

단지 학교만이 아니라 친구들을 만나도 술자리를 가야 하고, 맥주를 마시고 싶어도 맥주를 먹으면 안 되고 대신에 소주를, 막걸리를 마셔야 되고, 돈이 좀 있어도 밥보다는 라면을 먹어야 되고, '나는 라면을 좋아하고 라면을 먹어야 소화가 되고', 뭐 그런 식의 생각들을 갖게 되었던 것 같아. 그리고 '나는 햄버거를 원래 안 좋아해,

원래 안 좋아했기 때문에 갈 수도 없고 가는 건 말도 안 돼' 같은 생각들이 많았지. 그런데 지나서 생각해 보면 예전에는 햄버거 먹으러 들어가기도 하고 먹으면 맛있기도 한 거 같은데, 행여 햄버거를 먹는 경우가 있어도 "어유, 이런 걸 어떻게 먹어. 비위에 안 맞아서 못 먹겠어!" 하며 그 근처에 가는 것을 경원시하구. 나의 문화는 함께 모인 데서 함께 어우러지는 술집이어야 하구, 그때는 그것이 떳떳한 것이었고, 그것이 나쁜 것이 아니라 내가 가지고 있는 덜 궁색함이라든가 덜 빈곤함이라든가, 덜 공동체적인 사고방식은 내 스스로 죽여서 없애 버려야만 하는, 없었던 것처럼 생각하게 만드는 경우가 많았던 것 같아.(정민수)

그때도 전시회 등의 공간이 있었음에도 불구하고 활용하지는 못했고, 학교 울타리 밖의 문화는 극히 배타시했지. 학생회도 대중의 문화적 취향을 제대로 해소하지 못한 채 정치 지향적으로만 나갔지. 대동제 때 대중 가수들이 오면 너무 대중추수적이 아니냐며 비판을 많이 했지.(김주덕)

이처럼 80년대 대학 내 하위문화가 모두 집단적이고 정치 지향적이었던 것은 아니었다. 대중들은 자신의 다양한 취향에 맞는 문화를 만들었지만 공동체와 학생회 안에서 소수의 '비공식 커뮤니케이션'으로 소통되거나, "이걸 해도 되나……"라는 식의 눈치를 보는 정도였다. 대중들의 기억에 근거해 보면, 87년 이후 학생회 외곽에 있던 하위 집단의 자기 문화, 그때의 언어로 표현하면 '깔끔하고 소박한', 예를 들면 카페에 가서 조용히 얘기하고 술이나 간단히 한잔하는, 또는 끼리끼리 쇼핑을 하는 문화가 은연중에 존재했다. 이것은 80년대의 지배적인 운동 문화 대 90년대식의 새로운 문화, 즉 주변 문화와 부상 문화emer-gent culture 사이의 충돌을 예고하는 것이었다. 그러나 실제 양자가 공개적으로 급격하게 충돌했던 것은 아니었고, 다만 내재적인 갈등이 존재할 뿐이었다. '개인의 취향'은 공동체 안에서 쉽게 허용되지 않았고, 개인의 생활은 집단을 중심으로 조직됐다.

그러나 당시 공동체 안에서 진정으로 추구해야 할 하위문화는 '문화를 대중과 같이 만들어 내는 것'이었다고 생각한다. 운동 엘리트만의 문화적 실천으로서 운동 문화가 아니라, 대중의 즐거움과 고민과 취향, 대화 등이 '자발적'으로 만들어지고 이것이 공동체 안에서 공유되는 과정을 통해 하위문화가 형성됐어야 했다. 이런 견해는 현재 80년대 운동 문화를 바라본 이들의 기억과도 거의 일치했다.

운동가가 자기 자신에게도 투철해야 하지만, 얼마나 폭 넓은 틀로 사람들을 만나가고 조직하느냐도 중요하다고 봐. 적어도 운동가라면 모든 장을 활용해야 하지, 어떤 특권화된 운동의 정서나 문화만을 고집해서는 곤란하지.(임상진)

가장 필요했던 것들은 정말 문화를 '만드는 것'이 아닌가 하는 생각을 했었어. 대학의 문화가 사람들이 모인 자리에서 생긴 일반적인 기류일 뿐이지 정말 그것이 소위 말하는 문화적인 활동, 내가 이 시간을 이렇게 활용함으로써 이렇게 보낼 수 있고, 내가 이런 것을 얻고 즐거움을 얻을 수 있는 그런 거, 예를 들어 어떤 노래를 부를 것인가 어떻게 만나서 어떤 대화를 하고, 무엇을 하며 놀 것인가, 옷을 어떤 식으로 입을 것인가 등등……. 정말 문화적인 것들을 만들었어야 하고, 아니 만들지는 못했더라도 최소한의 고민을 했어야 한다고 생각하는데, 모든 문화패가 고민의 중심을 그런 것에 두지 못했기 때문에 지금 우리 모두에게 문화적인 측면이 부족하지 않았나 생각해. 개인이 향유할 수 있는 문화를 전반적인 사회가 향유할 수 있는 문화로 확산시킬 문화가 없었지. 개인의 생활이 거의 집단을 중심으로 되었기 때문에 거의 허용되지도 고민되지도 만들어지지도 않았고……. 우리에게 필요하지 않았다고 해서 다른 이들에게도 필요하지 않았던 것은 분명히 아닌데. 그런 부분에서 지금에 와서 공허하고, 다른 사람들에게도 그런 것이 설득력이

없었고, 다만 정치적인 구호만으로 사람들을 모아 내려고 하지 않았는가 하는 생각이 들어.(정민수)

요즘 신세대 문화 같은 걸 보면 비록 내가 다 이해하지는 못해도 배타시하지는 않아. 하지만 너무 문화에 방향성이나 중심이 없는 것 같고, 별 이유 없이 사람들이 좋아한다는 생각이 많이 들어. 언제부터인가 매스미디어에서 〈노찾사〉(노래패 노래를 찾는 사람들 — 인용자) 노래를 들으면 한편으로는 이거 지배 문화에 투항한 게 아니냐는 생각도 드는 반면, 그만큼 운동 문화가 대중 담론화되었다는 생각도 들어. 그러면서 매스미디어에도 운동 가요 같은 게 나오니까 내가 대학 때 누렸던 문화가 잘못된 건 아니구나 하는 생각도 들고. 과거에 대한 향수일 수도 있지만, 문화는 대중의 취향이니까 뭐라고 말하기는 힘들어. 물론 문화는 즐기고 누리는 것이지. 그런데 그때는 그런 문화를 만드는 사람이 없었지.(김주덕)

결론적으로 80년대 말에 이르러서도 대중이 아래에서 만든 하위문화는 취약했으며, 즐거움인 동시에 대중이 향유하는 문화는 공식적으로 존재하지 않았다. 집단적·정치적 수단이라는 맥락에서 운동 문화는 민중 문화, 사회주의적 문화 양식 등의 형태로 대중들에게 이식됨으로써 엘리트 문화/대중문화라는 구분을 둘러싼 개인, 집단 사이의 권력 관계를 형성시켰다. 이런 측면에서 하위문화는 엘리트주의라는 내적인 모순에 빠졌고, 하위문화로서 운동 문화가 대중의 실천으로 전화되지 못한 채 공동체의 유지 수단, 즉 공동체 안의 엘리트와 대중의 위계적 권력 관계를 형성하는 매개로 전락했던 것이다.[21]

흔히 정치 행위란 대중이 정상 정치 또는 대의제 민주주의의 과정을 존중하고 이것에 참여하는 것을 의미한다. 그러나 역사적으로 볼 때 정치, 사회, 문화적으로 배제된 민중이 정상 정치에 참여하는 경우는 매우 드물었다. 정치적 자원의 절대적인 열세 탓이기도 했지만, 대중의 위력, 물리력의 행사, 비합법적인 수단을 향한 호소 등에 따른 직접 행동이 민중에게는 더 합리적인 선택이었기 때문이었다.[22] 정상 정치는 권력 자원의 분배에서 근본적으로 불평등한 대중을 투표라는 이미 결정된 선택 안으로 밀어 넣는다. 이것은 자크 랑시에르의 표현처럼 '정치'라기보다 '치안'에 가깝다. 특히 한국처럼 정당과 선거를 통한 민중의 이익 대표 기능이 불완전하거나 지배 블록에 독점된 사회에서, 선거는 제한적인 의미를 가질 수밖에 없다.

따라서 시위, 봉기 등 직접적인 정치 행동에 관해 지배 권력과 엘리트가 취하는 태도는 민중이 사고하는 합리성과 크게 다르다. 지배 엘리트들은 비제도적인 직접 행동을 정치 행위가 아니라, 범죄나 문란, 무질서 등으로 간주한다. 2008년 촛불 시위가 대표적인 예일 것이다. 지배 권력이 볼 때 정치 행위는 그것이 제도적으로 승인되고 규율화되느냐 하는 데 초점이 맞추어져 있는데, 이것은 행위자가 제도를 활용하며 기존 정치 질서의 합법성을 어느 수준에서나 용인해야만 정치 행위로 인정된다는 것을 의미한다.[23]

이렇게 선거나 제도 또는 조직된 저항만이 '정치'라고 사고하는 것은 정치 세계에 관한 제한된 개념만을 제공한다. 오히려 정치 현상 뒤에 내재한 사적인 표현과 활동이 정치적인 현상의 본질을 더 잘 드러내며, 예외적인 상황 또는 일상 속의 정치를 검색함으로써 비가시적인 행위자들의 정치적인 면을 잘 파악할 수 있다.[24]

그러나 현실 지배 체제에 대항하는 운동 엘리트들도 민중의 비제도적인 투쟁과 저항을 유발하기보다 조직의 건설과 유지에만 전념하며, 이 과정에서 저항적인 민중은 정상 정치로 복귀하는 경우가 많다. 피븐이 언급한 것처럼 공식 조직formal organization은 조직의 규모가 커지고 힘이 강해질 때까지 적대 계급과 전쟁을 미루거나 회피하는 경향이 있다. 공식 조직의 엘리트에게, 조직을 통해 적대 세력을 공격하는 것보다는 조직의 보존이 더 중요한 문제이기 때문이다. 따라서 공식 조직의 엘리트들은 대중을 거리가 아니라 회의석상이나 조직적 방침을 수립하기 위한 회의실 안에 가두어 놓는다. 따라서 봉기나 폭동, 혁명 등에서 민중이 승리한 것은 민중의 조직적인 힘이 셌기 때문이라기보다는 민중이 거칠었기 때문이라고 해석할 수도 있다.[25]

80년대 초반 학생 대중은 엘리트를 통해 재해석된 공동체 담론과 저항적인 하위문화에 기반해서 지배 권력과 구분되는 공동체를 발명했다. 또한 직접적 정치 행동과 비제도화된 거리의 정치에 적극적인 지지를 표명했다. 그러나 87년 이후 절차적 민주주의의 진전 과정에서 학생운동 엘리트들이 보인 전술과 실천은, 87년 6월 항쟁이나 대통령 선거 같은 사례에서 볼 수 있듯이 공식 조직인 학생회의 조직을 유지하는 경향이 강했다. 시간이 지날수록 운동 엘리트는 학생회 조직의 유지를 위한 관료화, 분파 갈등의 재생산, 단합 과시용의 세勢 싸움, 공동체 내 의사 결정 과정의 독점을 거치며 공동체의 위계질서와 함께 대중과 엘리트 사이의 경계를 형성했다.

그렇다면 80년대 학생운동의 한계는 단지 대중을 바라보는 관점에 있었나? 다시 말해 '제도화되지 않고 조직화'되기만 했다면 풀릴 수 있는 문제였나? 80년대 학생운동에서 대중은 동원의 대상이자 지배 이데올로기에 포획된 대상, 엘리트를 통해 계몽되어야 할 대상으로 간주되었다. 대부분 학생운동 엘리트들의 실천에 내재된 전제는 "객관적으로 주어진 것에 안주하려는 대중의 태도에 대해 주동적 개입을 통해 주어진 것을 나름대로 찾으려는 철학"이었다. 주동성의 철학이라고 할 만한 것이었다.[26] 이른바 대중추수주의로 표현되는 대중의 자발성에 관한 강조는 물론이고 운동 엘리트의 지도를 간과하는 실천이나 경향은 자생성에 몸을 맡기는 기회주의로 재단되었다.[27]

레닌은 자발성을 초보적인 형태의 의식성으로 규정했으며, 대중이 파업이나 노동조합의 실천을 통해 얻는 최초의 각성으로 사고했다. 그러나 이런 시각에 서면 대중의 삶이 부르주아적 지배 아래에 있는 한 최초의 의식성인 자발성은 부르주아적 요소에 포섭될 수밖에 없다.[28] 반면 로자 룩셈부르크가 말하는 자발성은, "대중의 건강한 혁명적 본능과 생생한 지성의 표시로서 혁명적 시기에 드러나는 것이고 일상적인 시기에는 감추어지거나 억압되는 것"이며, 의식성과 대비되는 정도에서 무의식적인 힘을 지칭하고 이런 의미에서 무의식성은 의식성에 선행하는 것이었다.[29] 로자의 자발성은 지배 권력의 길들임, 코드화encoding 속에서도 틈만 나면 저항하고 투쟁하려는 대중의 무의식적인 힘을 의미한다.[30] 대중은 일상적으로는 체제 안에서 억압되고 코드화된 형태로 존재하지만, 기존 체제와 충돌하는 저항과 투쟁을 통해 지배적인 코드가 약화되는 혁명적인 시기에는 균열의 틈새를 뚫고 지배 체제에서 탈주한다. 로자는 의식적인 지도에 맞서 무의식적인 힘의 선행성을 강조함으로써 대중의 혁명적 무의식, 자본주의의 코드에서 탈주하는 대중의 능동적 힘을 강조했다.[31]

그렇다면 대중의 자발성에 관한 재해석이 80년대 학생운동에 주는 함의는 무엇인가? 흔히 비판되는 것처럼 생디칼리슴의 새로운 복권인가? 결론부터 말하자면 자발성에 대한 재해석은 '혁명의 대중성', 더 나아가 근대 정치의 문제틀을 뛰어 넘는 의미를 지닌다. 근대 정치의 문제틀은 통치와 통제의 문제 설정이다. 이른바 법 앞의 평등한 개인이라는 범주가 정치적인 근대를 만들었고, 이 시점부터 인간이라는 개념과 자유인이라는 개념이 등장했다. 근대 사회의 기초는 자유로운 개인, 즉 인간이었다. 그러나 여기에서 문제가 발생한다. '모든 인간이 자유로운 의지를 지닌다면 사회 질서는 어떻게 보장되는가'를 둘러싼 문제가 그것이다. 이른바 사회적 무질서를 통제하기 위한 정치가 제기되기 시작하고, 대안으로서 자유로운 대중에 관한 통제 기제인 정치가, 정치가와 대중, 통치자와 피치자라는 이분법을 법적·이데올로기적으로 정당화·물질화시킨다. 마르크스주의의 대중관 역시 교육자와 피교육자, 전위와 대중이라는 이분법을 정치의 기본 전제로 깔고 있으며, 대중은 기본적으로 비혁명적이며 지배 체제에

끊임없이 속박되어 있는 통제의 대상이라는 원리가 동일하게 발견된다.[32]

이런 근대 정치의 한계를 극복하는 단초를 로자 룩셈부르크와 질 들뢰즈의 논의에서 발견할 수 있다. 근대 정치의 문제 설정에 견줘 로자와 들뢰즈의 "객관적인 필연성으로서 자발성"은 지배 계급의 통제·통치를 정면으로 부정하는 것이고, 이것에 저항하는 대중의 무의식적인 힘과 세력을 강조한다는 점에서 대중정치의 가능성을 보여준다.[33] 대중정치는 대중을 새로운 정치의 기초로 정립하고 정치의 동력으로서 대중의 자발성을 우위에 두며, 통치자와 피치자로 정치의 주체와 대상을 나누는 이분법에서 탈피해 대중이 자기 자신의 삶을 만들어 가는 것으로 정치를 새롭게 정의할 수 있는 가능성을 제시한다.

그렇다면 대중정치는 권력과 권력의 중앙 집중화 일반에 관한 부정인가? 레닌은 노동계급은 공장과 작업장에서 이미 규율에 따라 훈련되어 있으며 이것이야말로 노동계급의 조직적 힘이라고 주장했다. 물론 다양한 형태와 질을 가진 대중은 조직의 규율을 통해서만 훈련될 수 있으며, 급진적 의식과 행동으로 무장할 수 있다. 그러나 조직의 규율이 지닌 부정적인 효과 역시 간과되어서는 곤란하다. 조직의 규율은 모순적이게도 대중을 길들이는 부르주아적인 규율이기 때문이다. 다시 말해서 조직 상부의 명령이나 지시에 복종하는 개인으로 대중을 주체화시키며, 표면적으로 집단적인 형태에도 불구하고 사회적으로 대중을 훈련시키는 것이 아니라 개인주의적 본성으로 길들인다.[34] 이런 규율화는 대중을 새로운 사회의 기초가 되는 주체가 아니라, 여전히 부르주아지가 만든 권력의 산물로 전락시킨다.

결국 규율을 둘러싼 문제는 마르크스주의 운동 자체에 내재하고 있으며, 레닌처럼 부르주아적 요소가 유입됐느냐 유입되지 않았느냐 하는 것만으로 사고해서는 곤란하다. 레닌주의의 근본적인 딜레마는 부르주아 사회에서 부르주아지와 투쟁하기 위해서 불가피하게 부르주아적 방식에 의존할 수밖에 없었다는 점이다. 이 딜레마는 대중이 권력을 사용하고 행사하는 방법을 배움으로써 해결할 수 있다. 그러나 여전히 남는 문제는 마르크스주의 조직 형태와 조직 이데올로기 안에 내재하는 모순을 인지한다고 해도, 대중의 자발성이라는 무의식적인 힘이 어떤 방식으로든 의식적이고 조직적인 요소로 전화되지 않는다면 그 지속성과 일관성을 보장하기 어렵다는 사실이다. 이런 모순이 단지 운동 지도부와 엘리트들에게 '대중의 숨결에 귀 기울여라!'고 외친다고 해결되는 문제는 아닐 것이다.[35]

하지만 나는 80년대 학생운동의 실천 과정에서 대중정치는 결과적으로 좌절되었다고 생각한다. 앞에서 로자 룩셈부르크가 비판한 것처럼 학생운동 엘리트들—자신들을 학생운동의 '전위vanguard'로 사고했다—은 대중을 무시하는 수준을 지나, 대중의 자발적이고 초보적인, 무의식적인 저항과 일상의 불만을 '대중추수주의'라는 자신들의 보편화된 언어로 단죄했다. 운동 엘리트들은 대중을 획일적으로 대상화했으며, 개인적이고 국지적인 대중의 자생적 이데올로기나 자발적인 저항을 주어진 운동적 틀과 사고 안에서 통제했다. 그 장이 학생회건, 투쟁 조직이건, 또는 학회, 동아리, 술집이건 간에 운동 엘리트들에게는 체제의 파괴, 반정부적 언술만이 의미 있는 것으로 간주되었고, 대중의 행위, 의지, 욕구 등은 프티부르주아적인 것으로 비판되었다. 또한 선진 대중이 발굴되어 의식적인 활동가로 성장하는 과정도 '재생산'의 논리라고 할 수 있는, 동일한 노선에 동의하고 이 노선에 근거한 행동의 통일, 즉 철의 규율에 종속되었다. 이 과정에서 활동가는 통제와 성실성과 규율에 길들여진 순종적인 주체로 재생산되었고, "지칠 줄 모르는 정력과 무한한 경험"을 지닌 소수 엘리트들의 권위만이 난무하게 되었던 것이다. 한 인터뷰에서 학생운동 활동가의 재생산 방식을 '붕어빵 찍기'라고 말한 것은 너무 지나친 걸까? 과연 대중의 "참을 수 없는 존재의 가벼움"은 존재하지 않는 것이었을까? 이런 맥락에서 로자의 언급은 시사적이다.

지칠 줄 모르는 정력과 무한한 경험을 지닌 소수 당 지도자들이 명령하고 ……
실제로는 그 중에서도 몇몇 탁월한 지도자가 전권을 행사할 것이며 노동계급
엘리트들은 가끔씩 회의에 초대되어서 당 지도자의 연설에 박수를 치고 이미
결론 내려진 제안을 이의 없이 만장일치로 통과시키는 들러리가 될 뿐이다.[36]

광기의 복원을 위하여

한밤의 꿈은 아니리
오랜 고통 다한 후에
내 형제 빛나는 두 눈에
뜨거운 눈물들
한줄기 강물로 흘러
고된 땀방울 함께 흘러
드넓은 평화의 바다에
정의의 물결 넘치는 꿈
그날이 오면 그날이 오면
내 형제 그리운 얼굴들 그 아픈 추억도
짧았던 내 젊음도
헛된 꿈이 아니었으리
그날이 오면

—

문승현, 〈그날이 오면〉 중에서

80년대 학생운동의 역사는 내일이라도 혁명이 일어날 듯한 혁명의 열기로 가득 찬 역사였다. 이들은 끓어오를 듯한 혁명 전야를 향해 내달렸고, 자신들의 미래보다는 노동자와 민중의 미래와 그 사람들의 상상된 공동체를 지향했다. 하지만 나는 90년대 이후 학생운동의 위기는 80년대부터 존재했던 대중 이데올로기로서 민중 공동체의 변질과 그 조직적 형태인 학생회의 관료화에서 비롯되었다고 생각한다. 대중정치는 자신만의 운동적 정체성에 근거하지 못하는 대리주의, 선거주의, 엘리트주의 또는 애초 자신들이 지향했던 탈제도화 전략과 거리의 정치에서 퇴각해 학생운동 정치의 정체성을 스스로 해체시킨 결과를 초래했다. 또한 운동 문화로 대표되었던 80년대 하위문화는 대중이 자발적으로 만들어 가는 실천의 과정으로서 형성된 문화가 아니었다. 다시 말해서 대학생의 독자적인 물질적 기반에 근거한 운동이 아니라 민중·노동계급이라는 상상된 실체 또는 공동체에 절대적인 가치를 부여한 나머지, '공통의 계급 경험'이 부재했던 학생 대중을 대상화했던 것이다. 또한 80년대 학생운동은 운동과 민중 문화를 자신들의 고급문화로, 대중 매체를 중심으로 하는 대중문화를 지배 문화, 소비 문화로 간주했다. 이렇게 공동체 내부의 운동 문화는 하나의 고급문화로 존재했으며, 오히려 아래에서 만들어진 자생적인 하위문화가 간과된 채 운동 문화가 공동체 내에서 고착화됐던 것이다.

그러나 80년대 후반부터 불거져 나온 학생운동의 위기에 관한 논쟁은 이런 역사적인 맥락을 고려하지 않은 채 진행되었다. 또한 여러 가지 현상으로 미루어 현재 상황이 '학생운동의 전반적 퇴조'임에는 분명하다. 이런 학생운동 정치와 관련된 위기와 퇴조는 대부분 절차적 민주주의의 진전에 따른 학생운동의 정치적 임무의 소멸과 제도화, 노동자 운동을 포함한 계급 운동의 성장에 따른 기능의 축소, 그리고 1991년 소련을 비롯한 사회주의권의 몰락에 따른 급진화 자원의 소멸과 내부적인 이데올로기적 혼란 등 외부적인 요인으로 해석됐다.[1] 다른 한편 학생운동 엘리트의 과도한 최대강령주의, 대중의 의식과 괴리된 이데올로기적인 급진성과 그 대표적인 표현으로서 스탈린주의의 폐해 등이 위기의 또 다른 원인으로 지적됐을 뿐, 학생운동 정치의 핵심적인 구성 요소인 운동 엘리트, 대중, 운동 문화와 학생회 간의 총체적인 관계로서 학생운동 정치에 관해서는 충분히 고려하지 않았다.[2] 이런 맥락에서 나는 이 책에서 80년대 학생 운동 정치의 형성과 위기를 상상된 민중 공동체의 내적인 딜레마를 통해 살피고, 더 나아가 학생운동 정치의 급진화의 기원에서 위기에 이르는 과정을 통해 80년대 이후 엘리트와 대중의 다층적 관계를 규명하려고 했다.

매일 쌀을 먹을 수 있다는 사실이 너무 창피해……

이 책에 마침표를 찍기 전에 민중, 노동자의 역사에 관한 내 간단한 편린을 적고자 한다. 앞서 본 것처럼 80년대 학생운동의 실천은 엘리트와 대중이 발명한 '혁명을 향한 열정'의 기제로서 운동 문화에 따른 것이었다. 이 문화는 단지 생활양식, 스타일, 규범으로 제한되는 것이 아니라, 대중과 대학 안의 여러 공간을 규정하는 상식이었으며, 내일이라도 혁명이 오리라 믿어 의심치 않던, 광기狂氣로 가득 찬 열정 그 자체였다. 졸버그A. Zolberg의 표현대로, 광기의 순간은 근대적 인간이 모든 것이 가능하다고 믿는, 정치적 열정으로 가득 찬 시기다. 불과 며칠 사이에 여러 단체의 폭발적인 등장과 소멸, 흥분과 설렘, 집단적 철야, 폭포와 같은 연설, 구름과 같은 집회와 인파, 수많은 노선과 쟁투爭鬪가 연달아 일어난다.[3] 바로 이 모든 것들이 80년대 광기를 규정하는 것이었다. 집회와 투쟁, 자유, 행복, 정치적 충만감의 경험, 슬로건과 노래, 말의 격류. 나는 이 사람들이 그때 혁명의 마법에 취해 있었다고 본다. 적들과 공식적인 역사에 갇혀 있던 이들의 육체와 정신의 억압이 해방되고, 사적인 것과 공적인 것이 통일되는 상상된 공동체가 구현된 광기의 시대는 또 다른 해방의 표현이었다.

그러나 상상된 민중 공동체가 역사의 주체로 상상한 노동자·민중에 관한 사회의 관심은 몹시 비뚤어진 것이었고, 노동자·민중은 시민사회 내부에서 최소한의 시민권을 얻기 위해 또 더 많은 시간을 기다려야 했다. 80년대 학생운동의 희망과는 달리 한국 노동자들에게 사회주의 또는 마르크스주의라는 요소는 그다지 중요한 문제가 아닐 수도 있었다. 다만 노동자들은 자신이 놓인 모순적 구조가 너무나 고통스러웠고, 왜 자신들의 노동력과 한 명의 시민으로서 누려야 할 존재가 법적으로나 사회적으로 인정받지 못하는지 심사숙고한 끝에 약자의 무기로서 정권과 산업화에 대항하는 투쟁을 선택했던 것이다. 노동자들은 다닥다닥 붙은 두세 평짜리 방에서, 숨쉬기조차 힘든 다락방에서 고통스러워했고 '공돌이, 공순이'라는 말로 사회적 차별과 무시를 받으면서도 이것을 운명으로 받아들여왔다. 그러나 공정한 법의 중개자라고 믿어왔던 국가와 자본가로 대표되는 가진 자들이 자신들에게 퍼붓는 저주스러운 욕설과 폭력 앞에서 노동계급으로서 집단적 계급 정체성을 알아 나가고, 마침내 하나의 사회 세력으로 80년대에 들어서 역사 앞에 등장했다.

하지만 역설적이게도 광기의 시대를 경험한 세대 가운데 다수는, 이제 80년대에 자신들이 그렇게도 되고자 한 민중을 잊고 사는 듯하다. 현재 시점에서, 이제 과거의 주인공들은 민중에 관한 관심을 거두어 버린 것일까? 아니면 이제 다시 광기의 시대는 오지 않을 것이라는 자기 부정 속에서 일상으로 함몰해 버린 것일까? 역사가 반복된다는 금언을 우리는 어떻게 이해해야 할까? 여전히 이런 질문들은 놓칠 수 없는 한국 사회의 자기반성의 계기로 작용할 것이라고 나는 믿고 싶다.

이 글을 마치면서 1990년대 초반 TV 드라마 〈모래시계〉에 등장한 한 여대생이 동일방직 노동자의 투쟁을 보고, 술에 취해 쌀 한 봉지를 흔들며 흐느끼던 대사가 머리를 스쳐 간다. "저기 노동자들은 목숨을 걸고 단식하며 싸우고 있는데 나는 이렇게 매일 쌀을 먹을 수 있다는 사실이 너무 창피해." 이 말은 1970년대와 1980년대 적지 않은 지식인들이 공감하던 시대적 정서의 한 단면일 것이다. 그러나 30여 년이 지난 지금 한국의 지식인들은 너무 일찍 민중을 향한 부끄러움을 거두어버린 것 같다. 아니, 어쩌면 그 부끄러움은 한때 지식인들의 위선이었을지도 모른다는 생각과 함께 글을 맺는다.

나는 유복한 집안의
아들로 성장했다
······

그리고 나는 나의 계급을 떠났고
미천한 사람들과 어울렸다

—

베르톨트 브레히트

1. 들어가는 말 ─ 무엇이 학생과 권력을 접착시켰나

학생과 권력, 어찌 보면 그다지 어울리지 않는 조어다. 역사적으로 우리네 인상에 박혀 있는 학생의 이미지는 권력에 맞선 저항의 이미지다. 기존 체제의 모순과 부조리 그리고 그것들이 껴안고 있는 제도에 대항해 가장 선도적으로 투쟁해온 집단 가운데 대표적인 세력이 학생이기 때문이다. 특히 계급 정치가 취약했던 한국 현대사에서 학생은 취약한, 아니 잠시 유예된 복종의 품 안에서 허덕이는 민중을 대신하는 전사 또는 투사의 이미지로 아로새겨졌다.

　　그러나 시각을 조금만 삐딱하게 바꾸면 사정은 달라진다. 학생들은 권력을 타도했고, '아비'로 상징됐던 권력을 부정하려고 했다. 그리고 새로운 권력을 세우려고 했다. 그 권력의 수준은 아주 높고 지엄한 국가 권력, 이른바 저 가공할만한 부르주아 계급의 집행위원회에서, 한국전쟁 세대의 반공주의, 권위주의, 가부장주의에 이르기까지 광범위했다. 어쩌면 학생들은 모든 권력을 부정하고 새로운 자유의 왕국을 세우려 했는지도 모른다. 그러나 권력을 부정해서 새로운 권력을 세우는 일은 참으로 어렵다. 멀게는 1917년 러시아 사회주의의 거친 숨소리가 그러했고, 가깝게는 기성세대와 제도, 모순 구조에 맞서 가장 강렬하게 저항한 1980년대 학생운동 세대가 그러했다. 과연 권력은 풀리지 않는 수수께끼처럼 돌고 도는 마약 같은 존재인가? 그래서 적을 닮아가는 쌍생아적 기형 구도를 우리에게 선사하고 있는 것인가?

이 글에서는 부조화하게 들리는 동시에 아주 낯익은 모습이기도 했던 학생과 권력에 관해 다루려고 한다. 특히 두 가지 현상에 주목하려고 한다. 하나는 1980년대 한국 사회에서 파시즘적이고 극우적인 권력에 저항한 80년대 세대들의 권력관이다. 다른 하나는 80년대 이후 현재까지 대학 사회에서 강력한 영향력을 지닌 대학 내 학생 권력에 관한 문제다. 특히 두 번째 문제는 학생운동 진영과 그 대중적 기반인 학생회 조직을 중심으로 평가하려고 한다. 이 두 집단과 조직은 과거에 권력을 타도하려고 했지만, 이제는 권력과 가까워지거나 권력의 모습을 띠고 있다. 누군가는 이런 문제 제기가 학생운동—더 정확하게는 학생 권력—의 역사성을 부정하는 짓이라고 힐난할지도 모르겠다. 하지만 진정 역사에서 배우고 있지 못한 것은 바로 우리 자신이다.

2. 세대론의 귀환 — 386세대와 권력

돌아온 탕아들, 386세대

'세대generation'라는 용어가 한국 사회를 설명하는 데 쓰인 것은 최근의 일이 아니다. 이미 4·19세대, 6·3세대, 민청학련 세대 등은 학생운동을 통한 한국 사회의 구조적 변화에 기여했다. 실제 오늘날 정계와 학계의 중심인물 대다수가 이 세대 출신이다.[1] 그런데 문민정부 이후 최근에 이르기까지 세대론이 급격하게 화두로 떠오르고 논란의 대상이 되는 이유는 무엇일까? 여러 세대론 가운데 80년대 세대, 이른바 386세대라는 단어는 특정 사건을 가리키는 것도 아니고, 30대라는 현재 진행형과 80년대라는 세대적 경험 그리고 60년대라는 출생이라는 요소들이 결합된 복합 명사다.[2] 80년대 학생운동 세대의 권력관을 살피기에 앞서 386이라는 용어가 중요한 이유는, 이 용어에 지극히 '권력 지향적' 의도가 숨겨져 있기 때문이다. 먼저, 386이라는 용어에 관한 몇 가지 반응을 살펴보자.

먼저 부정적인 견해로, 단지 젊다는 생물학적 기준이 과연 세대를 나누는 데 어느 정도 중요하냐는 반론이 있을 수 있다. 과거에 세대 간의 차이를 사회 구성의 주요 기준으로 삼았던 것이 농본사회農本社會의 전통이었지만, 현재 한국 사회에서 세대별로 집단의 특성을 나누고 이것을 부각시키는 일은 전근대적인 발상이라는 말이다.

둘째, 역시 부정적인 견해로 386세대론은 구태의연한 집권당의 선거 전략이라는 주장이다. 1988년 이후 여러 차례 재야인사들이 제도권 보수 정당—특히 김대중이 보스로 존재하는 보수 야당—에 진입했고, 2000년 4·13 총선에서 386세대와 젊은 피라는 이름 아래 출마한 후보들 역시 과거와 질적으로 다를 게 없다는 것이다. 다시 말하자면, 정당정치의 활성화를 통해 선거에서 지지를 얻을 수 없는 조건에서 집권당이 선택할 수 있는 가장 확실한 선거 전략으로서 '수혈론'의 일종이 386세대론이라는 것이다.[3]

세 번째로, 386세대론을 생물학적 연령을 기준으로 하는 것이 아니라 '정치성을 지닌 지식인 집단'으로 이해하는 경우다. 여기서 60년대 생이란 60년대 산업화 이후 대자적 자의식이 형성된 세대로서, 전전 세대와 한국전쟁 세대의 '보릿고개' 같은 극단적 빈곤의 경험을 겪지 않았다는 의미다. 다음으로, 80년대에 대학을 다녔다는 말은 이전 세대에 견줘 훨씬 격렬하게 권위주의적 국가와 전면 대결을 벌인 세대인 동시에, 박노해의 표현을 빌리자면, "좌절보다 승리의 경험을 더 많이 가진 세대"라는 의미다. 끝으로, 30대라는 표현의 함의는 아직 사회 각 영역에서 의사 결정을 하거나 조직과 제도를 이끌 지위에 있지 못한 '실무자'라는 현재 지위를 나타낸다.[4] 이런 맥락에서 보자면 386세대는 산업화 이후 자의식이 형성된 최초의 세대로, 80년대 권위주의 체제에 대항해 가장 대규모적이고 집단적으로 투쟁한 대학생 집단이라고 정리할 수 있다.

끝으로 《조선일보》 같은 극우 언론 매체가 해석한 386세대론은 대강 3가지 정도의 의미로 해석할 수 있다. 《조선일보》는 386세대를 '소비 주체'로 내세우고 있다. 이것을 뒷받침하기 위해 30대라는 생물학적 연령에 도달한 여러 인물을 시리즈로 내세운 뒤, 이 인물들을 과거에는 체제에 비판적이었지만 현재는 아주 건전하게 잘살고 있으며 이제는 사회의 구성원으로 돌아온, 속되게 말하자면 '돌아온 탕아蕩兒'처럼 묘사하고 있다. 여기에 자신들의 극우적인 정치적 지향을 정당화하기 위해 386세대도 이젠 한국의 근대화를 달성한 박정희를 지지하고 있다는 말도 빠뜨리지 않고 덧붙이고 있다.[5]

각각의 견해들이 상이하지만, 여기서 알 수 있는 점은 386세대라는 용어가 80년대 대학 생활을 경험한 모든 집단에 적용될 수 없다는 사실이다. 특히 이 집단을 학생운동에 적극적으로 참여한 지식인 집단으로 좁혀서 이해하는 것이 현재로서는 타당하다. 이 집단은 높은 수준의 정치의식과 이념 지향성을 지녔고, 한국전쟁 이후 최초로 전국적인 반정부 조직을 운영했으며, 또한 87년 6월 항쟁을 통해 '승리의 경험'을 공유했다. 구체적으로 말하자면 80년대 대학 공동체 내에서 학생운동이라는 정치적 자원을 통해 강력한 '학생 권력'을 조직하고 운영했다. 그만큼 80년대 세대들은 의도했건 의도하지 않았건 권력을 타도하기 위해 자신의 권력을 사용했다. 그리고 그 권력은 정권에 맞선 정면충돌이라는 지극히 단층적인 성격을 지녔다. 이 집단에게 중요했던 것은 한국 사회에 내재한 다양한 사회관계 전반의 변화라기보다는, 가시적인 정치권력의 교체와 민주화였다. 이런 의미에서 다음 지적은 타당하다.

현실의 극단적인 억압과 폭력이 계기가 된 80년대 세대의 현실비판과 사회운동은 국가 권력의 폭력에 대해 대항폭력을 조직하는 목표에 한정되는 정치주의적 한계를 지니는 것이었다. 10여 년간의 사회운동을 이끌어 간 위계적인 조직과 전체주의적인 집단문화 속에는 역사적인 의미를 갖는 정치적 목표 이외에 개인이 존중되고 다양한 이해가 표현될 수 있는 자리가 없었다. 이것은 결국 80년대 사회운동이 한국 사회의 정치적 과제에 기여한 것을 넘어서 일상에서 뿌리박고 있는 비민주적이고 가부장적인 가치와 규범을 변화시키는 것으로까지 나아가지 못한 이유이다. 동시에 이 세대 스스로가 사회정치적 과제를 앞세우며 개인으로서의 욕구실현을 금기시함으로써 지속적으로 느끼게 되는 집단적 피해의식과 결핍감의 근거가 되기도 한다.[6]

이런 점에서 80년대 세대가 80년대가 종결된 2011년 현재 공유하고 있는 정체성, 특히 권력에 관한 시선을 파악하는 것이 중요하다. 먼저 386론이 가시화됐던 2000년 4·13 총선에서 대거 후보로 출마한 80년대 세대들의 움직임을 통해 이 문제를 살펴보자.

386세대의 권력을 향한 자기 검열

386세대의 정치 진출에 대한 주변의 시선은 애초부터 따가웠다. 그 몇 가지 예를 들면,《조선일보》의 경우, 2000년 2월 8일자 사설에서 총학생회장 경력이 국회 티켓인가, 또는 이 사람들 역시 정치 개혁과 거리가 먼 낙하산식 정계 입문이 아닌가 하는 문제를 제기했다. 또한 명문대 출신 운동권이라는 카드와 호남 출신이라는 것만 결합되면 386이냐고 반문하며 젊은 피에 관한 부정적인 견해도 제출된 바 있다. 그밖에 386은 운동권 노멘클라투라nomenklatura이며 정계에 입문하려면 순수한 '개인'으로 갈 것이지 왜 386이라는 이름을 파느냐는 문제 제기부터, 말로는 정치 개혁을 위해 정계에 입문한다고 하지만 자신이 정치를 시작하려는 지역에서 차근차근 조직 기반을 다지거나 아주 초보적인 실무부터 배우는 자세가 아니라 개인적 명망이나 선거라는 짧은 시기에 바람에 따라 국회의원 배지를 달려는 치기가 엿보인다는 준엄한 비판도 제기됐다. 다시 말해서 80년대 학생운동과 그 기반이던 정치적 성격을 평가하고 반성하는 과정이 생략된 채, 자신의 운동 경험을 카드섹션 하듯이 청산하는 졸렬한 태도를 보이고 있다는 것이다. 좀 지나친 표현일지 모르지만, 80년대 자신들의 학생 권력을 일방적으로 부정하는 과정을 보였다는 것이다. 그 몇 가지 예를 보자.7

살아오면서 후회스러운 점이 있다면 어떤 겁니까　제가 학생운동에 참여한 것은 하고 싶어서 한 게 아닙니다. 경찰들이 학내에 들어와 최루탄을 쏴 대며 공부하는 것을 방해해 이에 분노하다가 문제의식을 갖게 되었던 거죠. 지금 돌이켜봐도 당시의 역사적 역할은 다했다고 보지만 투쟁에 너무나 많은 에너지를 쏟느라 실력을 기르는 데 다소 소홀했던 불행한 세대라고 생각합니다. 만일 지금 대학에 들어간다면 정보통신혁명과 세계화의 물결을 선도해 나갈 수 있는 실력 연마에 집중할 것입니다.(원희룡)

任위원장은 주체사상에 빠져 있지 않았습니까. 당시 일반 학생들 사이에선 全大協의 지도부는 주사파가 장악하고 있다고 믿었는데요　주체사상 이론이 문건으로 유포되어 있었던 건 사실이지만 全大協 지도부가 주체사상 이론에 따라 全大協의 운동을 실천했던 것은 절대로 아닙니다. 全大協은 全大協의 사상과 문화가 독자적으로 있었고, 저는 그것이 「대중운동 방식」과 「민주주의와 통일운동을 조화시키는 운동 방향」, 그리고 「문화적 공간을 통한 운동의 대중화」였다고 생각합니다. 물론 학생운동 과정에서 마르크시즘이나 주체사상에 대한 이론적 검토가 일부 있었지만 全大協의 운동 방향이나 방식으로 직접 연결된 경우는 없었고 학생운동 리더들의 대안이나 신념은 아니었다고 봅니다.(임종석)

저는 솔직히 말하면 제가 학생운동의 지도부로 있을 때 제 주변에 主思派 친구들이 있었습니다. 저는 그런 친구들의 사상적 변화를 지켜보면서 저런 생각이 어떻게 변화될 것인가를 주시한 적이 있습니다. 주사파 외에도 트로츠키주의자, 모택동주의자, 마르크스주의자도 있었습니다. 저 역시 지도부에 있어서 한 묶음으로 NL로 분류되는데 이것은 제 업보이고 그 속에서도 나는 학생운동을 대중운동이 아닌 이념 운동으로 왜곡시키는 것에 대해서는 비판적이었고 억제하려고 했습니다. 그래서 사실 외톨이가 되기도 했습니다.(우상호)

이 인터뷰가《월간조선》이 이른바 386 후보들의 사상 검증을 위해 마련했던 위악적인 것이라고는 해도, 위의 인터뷰에 실린 이들의 모습은 너무 헐값으로 80년대 자신의 운동 경험을 흥정한다는 느낌을 준다. 이제 와서 학생운동은 하고 싶어서 한 게 아니라느니, 이미 사회구성체 논쟁을 통해 널리 알려진, 아니 그 시절 대학에서 조금이라도 학습을 받은 사람이라면 알 만한 전대협과 학생운동의 핵심 이념에 관련된 사실을 뒤집는가 하면, 자신은 학생운동을 이념 운동이 아닌 대중운동으로 유지하려고 노력했다는 논리적으로나 현실적으로 이해하기 어려운 이야기를 되뇌는 젊은 피들. 무엇이 이 사람들을 이토록 비굴하게 만들었으며, 스스로 구축한 학생 권력의 실체를 부정하고, 또 다른 권력을 향해 충성하게 만들었는가?

이런 방향 전환을 가능하게 했던 것은 80년대 세대로 하여금 자기 검열의 구조를 만들고 권력에 복종하게 만드는 권력 메커니즘이다. 나는 이 사람들이 완전히 자신의 사상과 신념을 버렸다고 믿고 싶지는 않다. 또한 한국 사회에서 가장 보수적인 집단인 정당에서 생존하려면 어느 정도 '자기 부정'이 필요했을 것이다. 그리고 이런 경로는 이전 재야 출신 운동가들도 유사한 방식으로 걸어왔던 길이다. 1987년 이후 재야는 여러 차례 제도 정치권에 진입하는 실험을 했다. 1987년 대선에서 김대중이 패배한 뒤 평민련은 2선 퇴진론을 내세우며 100여 명이 평민당에 입당했고, 한창 때는 지역에 평민당 지구당과 독자적인 평민련 지회를 만들기도 했다. 그밖에도 3당 통합 뒤 민주연합, 1991년 지자체 선거에서 패배한 뒤 신민주연합, 1995년 국민회의 창당 때 통일시대 국민회의 등은 그 대표적인 사례다.[8] 그러나 이 모든 시도는 자신의 정치적 위기를 극복하고, 당내 보스로서 정치적 자원을 독점한 상황에서 재야를 영입해 세력을 확장하려는 이른바 김대중의 '동맹 정치'의 일환이었다.[9] 2000년 총선 당시 80년대 학생운동 출신 후보들도 여기에서 한 발자국도 벗어나지 못했다.

1995년 지자체 선거에서 '참여와 자치를 위한 청년 캠프'라는 이름으로 집단 출마한 전대협 동우회 출신 후보들, 1996년 총선 참여 과정에서 만들어진 두라, 21세기 전략 아카데미, 젊은 연대, 21세기 프론티어 등의 단체들, 그리고 4·13 총선에 많은 후보를 낸 이른바 386 모임이라고 불리는 제3의 힘, 젊은 한국, 미래정치연구회 등은 모두 정치 참여를 위한 일종의 정치-조직적인 자원이었다. 한두 단체를 제외하고 대부분 친여 성향을 띤 이 단체들은, 김대중 정권의 개혁을 지속시키기 위한 파견대이자 후방 지원대를 자임하는 구성원을 다수 포괄하고 있다.

그러나 이 단체들이 외면하고 있는 또 하나의 진실이 존재했다. 그것은 김대중 정권의 실정, 특히 신자유주의적 정책으로 다수 민중이 실업과 최저 생계 수준의 위협, 시장 경쟁의 논리에 내몰렸다는 사실이다. 그러나 386세대 정계 진출 후보들은 이 문제들에 침묵했다. 논란의 여지가 있지만, 이 학생운동 출신 후보들은 김대중의 '젊은 피 수혈론'에 고무되어 기성 정치권에 '흡인'된 것이다. 출마의 변도 대개 크게 다르지 않다. 예를 들어 임종석의 경우, "정치가 바뀌지 않고는 어떤 개혁도 이뤄지기 어렵다고 판단해 새천년 민주신당에 참여했다. 정치를 개혁함으로써 다른 부분의 개혁을 선도하겠다는 것이다"라고 말했다.[10] 사회를 바꾸려면 정치를 변화시켜야 한다는 논리다. 그러나 87년 이후 수많은 정치인을 바꾸어왔다. 실제 14대 국회에서 초선 의원 비율은 33.7퍼센트였고, 15대의 경우 44.6퍼센트로 결코 작지 않았다. 그러나 패권적인 정치 풍토는 변하지 않았다. 수많은 사람이 개혁을, 세대교체를 부르짖었지만 그 결과는 정치개혁법의 날치기 통과와 개악뿐이었다. 그밖에도 80년대 타도의 대상이던

5, 6공 세력의 부활 움직임, 돌출적으로 튀어나오는 김영삼의 지역주의 발언 등에 대해서도 강 건너 불 보듯 침묵했다. 과거의 투사들은 이제 '현재의 운동'에 대해서는 침묵하고 오늘의 모순에는 묵시적으로 동의하고 있다. 나는 한국 정치가 몇몇 정치인들 때문에 변화하리라고 생각하지 않는다. 87년 이후에도 80년대 운동 의제들이 엄연히 잔존해 있으며, 시민사회는 여전히 '보수적'이다. 사회를 변화시키려는 조직적인 노력이 없는 상태에서 진행되는 정치 참여란 개인의 출세욕에 불과한 것이다. 과연 정치에 참여한 386세대들은 80년대 운동이 발견한 다음과 같은 과제에 관해 지금 어떻게 생각하고 있을까.

80년대 세대들은 국가주의적 반공 동원 체제에 대한 일상적인 충성과 체제 내에서 생존을 위해 동원화된 부모 세대의 역사에 맞서서, 금기와 금단의 영역이라고 불리운 '국가' 자체에 대한 반역을 집단적으로 꿈꿔온 세대일 것이다. 이들에게 자신의 부모이기도 하며, 길가에 널려진 인간 군상 중의 하나이기도 했던 민중은 산업화와 정치적 근대화 과정에서 배제된 사회 집단이었으며, 왜곡된 한국적 근대의 온갖 일그러진 초상을 품안에 안 살아온 주체들이기도 했다. 바로 80년대 대학생들에게 '민중의 발견'은 이 시기 학생운동을 이끈 가장 중요한 문화적 코드 중의 하나였다. …… 이러한 80년대 민중은 무엇보다도 1980년 광주민중항쟁이라는 '역사'로부터 이들의 기억에 각인되었다. 80년대 세대에게 광주는 '반미'와 '민중 공동체'란 화두를 제공해 주었다. 광주는 몇몇 정치군인들의 범죄 행각이 아닌, 국가에 의해 자행된 국가 권력의 절대성을 확인한 과정이었고, 이 속에서 마지막까지 국가에 대항한 도시 하층민을 중심으로 한 '민중 공동체'는 80년대 세대들의 삶의 가치로 전변되었다. 이를 통해 광주는 전라도 사람들의 사투리가 아닌 표준어가 되었으며, 민중은 80년대를 가로 지르는 한국 지성사에서 거역할 수 없는 현실 속의 '신화'의 영역이 된 것이다. 그 당시 광주와 전두환에 대한 상징적인 정서는, "이 살인마가 우리 대통령입니까? 이 자의 손톱 밑엔 광주 시민들의 피 냄새가

배어 있습니다" 같은 구호가 대변해준다.11

학생 권력, 이 세대의 대표인가

386들에게 가장 많이 제기되는 비판 가운데 하나는 과연 386이 80년대 세대의
대표성을 지니느냐를 둘러싼 문제다. 80년대에 외쳤던 거대 담론들이 사라지자
또 다른 담론을 가지고 돌아온 386들은, 언론의 주목을 받으며 정치판에 등장했
다. 이 '화려한 귀환'을 우리는 반겨야만 할까?

　　80년대 운동 엘리트들의 심리 구조 안에는 아마 진보 정당이나 사회운동의
'후원회원' 정도로는 성에 차지 않는 야심이 있었을지도 모른다. 이것을 나는
'엘리트주의'라고 부른다. 이 386들은 80년대의 '하늘 같은 의장님'으로, 전국적
인 대학생 조직의 대표였다. 그런 인물이 작은 후원회에 쉽게 만족하기는 어려
웠을 것이다. 우후죽순으로 등장했던 386세대 모임을 바라보면서 "높은 대중적
지명도라는 환상을 바탕으로 모임을 만드는 것을 직업이라고 여긴다"고 혹평하
는 이도 있다. 어쩌면 이 사람들은 생존과 정계 진출이라는 화려한 자아실현을
꿈꾸는 '특권층'인지도 모르겠다. 여기서 나는 한 가지 질문을 던질 수 있다.
비록 386세대의 일부지만, 이렇게 권력 지향적 성격이 강한 집단이 존재했던
이유는 무엇인가? 80년대 세대는 광주민중항쟁의 피를 먹고, 그 속에서 민중
지향성을 품고 이전 세대와 다른 사회과학 논쟁을 겪으며 성장한 집단이다.
그리고 거대하며 결코 흔들리지 않을 것 같던 파시즘의 항복을 끌어낸 세대이기
도 하다. 또한 부모 세대가 경험했던 가난이나 생존을 위한 '맹목적인 처세론'에
서 자유로운 동시에 분단과 군부 독재 체제라는 사회적 시공간을 경험했던
세대였다.12 그러나 이 세대에게는 숙명적인 취약성, 즉 강제된 선택이라는
한계가 존재했고, 그만큼 운동의 깊이는 얕았다.

　　80년대 초반 대학에서 운동 관계는 운동이 어느 정도 발전한 시기의 '정치

조직' 또는 '정파'와 달랐다. 초기 운동은 지식에 관한 공통의 욕구와 인간관계의 친밀감을 지닌 개인들 사이의 '학습 모임' 형태였다. 쉽게 말하자면 반합법적 학습 써클 수준이었다. 공개적인 학생회 조직 자체가 불허된 조건에서 이런 학습 써클을 통해 선배가 운동 인자를 선택하고 재생산하는 수공업적인 구조였 다. 이렇게 느슨한 만큼 학습의 범위와 폭은 마르크스주의나 자유주의를 포함한 다양한 흐름을 자유롭게 사유할 가능성이 있었다. 그러나 1985년 무렵을 지나 면서 이런 학습 써클들은 전국적인 해체 과정을 겪는다. 써클이 운동과 투쟁의 효율성을 해치는 '패밀리'적인 요소로 여겨졌기 때문이었다. 이제 정치 조직 또는 정파를 통해 조직된 전투 조직으로 각 과가 재편되면서 최상층 단위부터 가장 말단인 과 학생회에 이르는 위계질서가 정립된다.[13] 그러나 상층에서 시작 된 이런 조직화 과정은 운동에 참여하는 지식인의 내면화된 사유 능력보다는, 당장 투쟁에 필요한 정치적 자원과 내용을 재생산하는 데 치우치는 경향을 보였다. 어느 순간부터 운동의 기반인 학습이 토론과 비판과 논리적 사유의 장이 아니라, 특정 정치 세력이 자신의 정치적 견해와 전술적 태도의 정당성을 설득하기 위해 만든 팸플릿을 머릿속에 구겨넣는 과정으로 변질되기에 이른다. 바로 운동이 '정치 공학' 차원으로 변질된 것이다.

이런 변화는 운동 엘리트에 대한 태도에서도 드러났다. '하늘 같으신 의장 님'이라는 말에서 드러나듯이 전대협 시기부터 학생운동 엘리트들은 마치 장군 처럼 떠받들어졌고, 운동에 뛰어든 많은 학생들은 대중 조직의 의장을 숭배하는 문화를 별다른 문제 제기 없이 받아들였다. 이것이 학생운동의 기풍처럼 여겨지 기도 했다. 한총련 출범식을 관람한 어느 재미 동포 인권 운동가의 소감은 매우 시사적이다.

새벽이 다가오면서 마침내 한총련 의장이 운동장 끝에서 무대를 향해 가마를 타고 함성과 타오르는 횃불 사이로 다가오고 있었다. 너무도 뜻밖이었다. 한편으로는 어느 두목(?)의 취임식을 연상케 하는 장면이었다. 왠지 썩 좋은 기분은 아니었다. 왜였을까. 왠지 민주적이지 못하고 우리 모두의 대표라는 한 사람을 우상화하는 것 같아서였을까.14

개인의 우상화와 권위의 개인화는 이미 이승만과 박정희 시기부터 한국 정치 문화에서 나타나기 시작했다. 물론 운동 엘리트의 이상화는 학생운동 내부의 특정한 정치 세력이 지닌 군중 노선과 지도자관에서 기인한 것이었다. 그러나 이런 사실을 인지했던 것과 무관하게 지도자 숭배는 무의식적으로 승인됐다. 70년대 유신이라는 숨 막힌 상황 속에서 유년을 보낸 80년대 세대가 이토록 역설적 현실을 쉽게 받아들였던 이유는 무엇일까?

나는 이런 역설을 80년대 세대가 겪었던 유년 속에 잠재된 파시즘적 내면 세계의 또 다른 얼굴이라고 생각한다. 386세대는 이승복과 "무찌르자 공산당", 연례행사처럼 김일성을 찢어 죽이자는 구호가 난무하는 웅변대회, 포스터 등을 통해 일상적인 반북-반공 의식을 내면화했다. 또한 군사 교육을 학원 안으로 연장시켰던 교련, 사열, 조회, 국민교육헌장 등은 국가주의적 실체를 향한 일상적인 의례를 반복적으로 경험했다. 다른 한편 대학에 입학한 뒤 386세대는 선배들을 통해 자신의 과거를 '왜곡된 근대화'라고 배우기 시작하면서 유년기의 이런 경험을 점차 부정하기 시작했지만, 또 다른 극단으로 흐를 가능성은 늘 내재돼 있었다. 조국 통일과 주체사상으로 대표되던 극단적인 연북 의식, 국기와 국가 그리고 대한민국이라는 국체의 전면적인 부정, '혁명'과 '개량', '신속전달', '집행', '정리시키다', 'RP' 같은 용어는 이 시기의 또 다른 극단을 보여주었다. 특히 이런 모습은 1980년대 후반에 이르러 심각해졌다. 운동 조직 내부의 민주주의가 이른바 '민주집중제'라는 이름 아래 약화되고, 운동의 대의를 위해 개인 또는 활동가의 희생과 헌신은 상식으로 자리잡았다.

바로 이런 유산이 386세대들의 세대 대표론이나, 대학 내 학생 권력이 아닌 또 다른 권력을 자기 세대 내부에 세우려는 시도로 나타났다. 권인숙이 정확하게 지적한 것처럼, 이런 점에서 나는 과연 정치권에 진출한 386들이 과거 자신의 사상적인 오류에 관해 진지하게 자기반성을 했는지, 또한 새롭게 내세우는 주장들이 과연 진심에서 우러나는 것인지 무척 회의가 든다. 이 세력들은 80년대와 다른 새로운 '거대한' 사상과 담론을 생산하려고 하며, 미디어는 이런 주장에 눈부신 스포트라이트를 비춘다. 과거 양극단을 넘나들며 상식에서 벗어난 행동을 저지르고, 현실에서 한참 동떨어져 극으로 치달은 조직의 이념적이고 문화적인 오류를 주도하던 이들이 이제 다른 장에서 권력을 만들려고 한다. 그런데 그 과정에는 10여 년 전 그러했듯이 민주적 토론이나 의사 수렴의 구조는 없다. 이 386세대들의 권력 지향성은 결코 한 개인의 문제가 아니다. 그것은 80년대에 자신들이 뿌려놓은 씨앗의 뿌리 깊은 잔재들이다.

3. 학생 권력 — 반권력 또는 권력 추종 세력?

이제 다시 학생 권력으로 돌아왔다. 앞에서 나는 80년대 학생운동 출신 후보들의 권력 지향성이 80년대 학생 권력의 어떤 유산에서 비롯됐는지 살펴봤다. 이제 90년대에서 현재에 이르는 학생 권력에 관해 살펴볼 차례다.

90년대 학생운동 그리고 그 내부에 자리잡은 학생 권력의 초상은 조금은 일그러진 모습이다. 1991년 5월 투쟁 이후 '아비를 죽인 패륜아'로 학생운동의 정치적·도덕적 정당성이 약화되는 국면에 들어선 뒤, 1996년 연세대 사태 이후 대학 사회의 정치적 무관심과 반정치성이 강화됐고, 그 뒤 현재까지 대학 학생회 선거에서는 노골적으로 운동권을 향한 적대감이 가시화되는 사례도 발견된다. 이런 현상의 본질에는 대학 사회의 변화와 여전히 학생운동을 주도하고 있는 운동 진영의 문제점이 도사리고 있다. 나는 1996년 이후 한총련으로 대표되는 학생운동 지도부, 더 정확히는 학생운동 내부의 학생 권력이 지닌 정세 인식과 대학 사회를 바라보는 시각에 동의하지 않는다.15 그러나 현재 학생운동이 퇴조한 원인을 90년대 한총련 운동으로 대표되는 학생운동, 더 정확하게는 NL적인 정치 성향을 지닌 세력에게만 뒤집어씌우는 것에도 반대한다. 문제의 원인은 더 깊은 곳에 있다. 변화한 대학 사회의 지형과 이런 변화에 조응하지 못하는 운동 주체에게 모두 원인이 있다. 이런 시각이 '양비론'으로 비판받을 수도 있다. 운동 진영의 탓이기도 하고, 정권의 탄압 때문이기도 하며, 대학 사회 주체들의 문제이기도 하다는 지적은 지극히 기회주의적인 논리가 아니냐고 반문할 수도 있다. 그러나 내 비판은 분명히 운동 주체, 즉 학생회와 학생운동을 주도했던 권력 주체를 향하고 있다. 다만 이 문제는 특정 정치 세력의 오류로 환원될 수 없는 복잡성을 지니고 있으며, 오류의 근원은 80년대 학생 권력의 소재에 비롯된다는 점을 망각하면 안 된다. 그럼 먼저 현재 대학 사회의 자화상을 살펴보자.

오늘날 대학이 구조조정 중이라는 담론은 이미 일반화됐다. 이미 사회화된 '88만원 세대'와 '청년 실업'이라는 의제 이외에도 대학 사회의 각종 의제는 고등교육을 '시장' 논리에 따라 재조정하는 신자유주의 논리에 따라 재구축되었다. 새정치국민회의는 1997년 대선에서 전체 GNP 중에서 5퍼센트를 교육 재정으로 사용하겠다고 공약했지만, 실제로는 1999년에 4.3퍼센트에서 2000년에 4.2퍼센트로 하락한 실정이다. 또한 각 대학별로 불거지고 있는 등록금 투쟁 역시 배부른 학생 권력의 반항이 아니다. 현재 대학 등록금은 학기당 500만 원에 이르므로 1년 치 등록금은 쌀 50가마에 해당된다. 이런 비싼 등록금은 농민과 도시 노동자의 자녀가 도저히 대학 교육을 받을 수 없게 만들었다. 정부의 대학 정책은 사학의 자율성을 대학 당국의 자율성으로 변조하고, 자율이라는 미명 아래 교육도 시장 논리 아래 복속시키고 있다. 그밖에도 학생자치권을

침해하는 사례도 노골화되고 있다.[16]

　　이런 대학 자체의 변화에 관한 문제 제기는 1992년 이후 학생운동 내부에서도 나왔다. 이전에 진행된 학원자주화 투쟁과 다른 맥락에서 생활 진보나 생활 학생회 같은 문제의식이 학생회의 정책 노선으로 제출되기도 했다. 다시 말해서 사회적 이슈가 아니라 대학 자체의 의제와 이슈를 가지고 '대학'에 뿌리를 둔 운동을 펼치려고 한 것이다. 그러나 대학 개혁 운동은 과거의 운동 의제와 관련해 또 다른 역편향을 낳았다. 대학에 기반한 운동 의제를 전면에 내세웠지만, 이 과정은 80년대 학생운동과 그 권력이 지향하던 대학과 사회의 긴장이 실제로 해체되는 과정이었던 것이다. 이런 흐름을 '대학 개혁 운동의 조합주의적 성격'이라고 평가하기도 한다.[17] 운동의 의제와 방식의 변화 자체가 대학 사회 내부의 구조적인 변동을 따라잡지 못했던 것이다. 이런 모습은 2000년대 이후 몇 가지 현상으로 설명할 수 있다.

반운동권 또는 반학생 권력

먼저 대학 내 학생 대중의 경우, 과거의 이념 지향적 또는 정치 지향적인 의식은 빠르게 변화하고 있다. 거칠게 말하자면, 시대정신의 변화라고 말할 수 있겠다. 이제 대학생들은 '스펙'으로 상징되듯이 강의나 대학 생활이 자신의 미래에 유용한지 재빨리 파악하는 기민함을 보이고 있으며, 이런 변화는 대학 사회의 모토이던 '저항 정신', '집단적인 대항문화'의 급격한 약화를 가져왔다. 바로 기능적 실용주의자의 가면을 쓴 인간형으로 길들여지고 있는 것이다.[18] 이런 변화는 매년 반복적으로 등장하는 등록금 투쟁에서도 확인할 수 있다. 앞서 지적한 것처럼 등록금은 대학생들에게는 첨예한 이해관계가 걸린 문제라 학생들의 불만 역시 높다. 그러나 등록금이 자신의 권리와 이해관계와 관련된 문제라고 느끼는 것하고 상관없이 등록금 투쟁 참여율과 총학생회가 독자적으로

관장하는 민주납부율은 저조했다.[19]

두 번째, 학생운동, 좀더 정확하게는 한총련을 중심으로 하는 학생 권력을 향한 반발과 적대감이 구체적으로 드러나고 있다. 1996년 연대 사태 이후 한총련의 주류였던 자주 대오의 학생회 장악력과 정치적인 영향력은 빠르게 약화됐고, 더 나아가 운동 진영 일반을 향한 반감이 나타났다. 2000년 서울대학교 총학생회 선거에서 승리한 '광란' 선본이 선거 운동을 하던 과정에서 일반 학생들이 보인 반응은 조금 놀랍다.

> "좀 꺼져줘라… 데몬지 지랄인지 학교 밖에서 해라, 니네들 민중이랑… 드디어 평민의 시대가 온 거야! 우리들의 시대!" "운동권에게 진정한 민주주의가 뭔지 보여줍시다. 걔네는 맞아야 정신을 차리는 종족들이거든요."[20]

대중이 학생회를 권력체로 사고하고 있으며, 운동 진영의 권력 독점에 강한 반감을 품고 있다는 사실이 단적으로 드러난 반응이다. 이런 모습은 그동안 모든 자치체를 통제하려고 한 학생회로 대표되는 학생 권력과 대중 사이의 네트워크가 단절된 결과다. '정파적 학생회' 또는 '동사무소 학생회'라는 단어가 상징하는 것처럼 학생회 선거에서 이기는 것으로 모든 권력을 배타적이고 독점적으로 사용하려는 학생회를 정파적 학생회로, 정치적 견해 없이 학우들에게 최상의 서비스만 제공하겠다고 약속하는 학생회를 동사무소 학생회라고 불렀다.[21] 80년대 학생회의 모형이 정파적 학생회에 해당했다면, 90년대 그리고 현재는 이것이 착종된 모습이 공존하고 있다. 80년대 학생 권력과 학생운동 엘리트들이 학생회를 분파 투쟁의 장으로 만들고, 개인의 욕구와 취향을 획일화시키던 유산은 아직도 극복되지 못한 채 남아 있다. 물론 이런 모습은 80년대 중반 이후 마르크스주의 조직 형태가 학생운동에 도입되고, 뒤이어 20세기 사회공학이 낳은 견고한 혁신물인 레닌주의적 조직 형태가 도입된 결과였다. 학생회나 대학 공동체를 오직 '투쟁'을 위한 조직으로, 정치적 색채만으로 둘러싸인 대상으로 만들고, 대중의 자생적인 자기 정체성 또는 운동 문화와 다른 문화적 코드를 억압하고 규율화한 또 다른 극단을 만들어냈던 것이다. "구체적인 조직 질서와 개인들 간의 문화적 질서를 바꿀 수 있는 대안을 제대로 못 꾸린 세대이자, 전적으로 투신하지 못하는 소위 우호적인 학생들이나 비운동권 학생들의 대학 문화와 정체성을 송두리째 앗아버린 독선을 저지른"[22] 우울한 역사는 대중들을 통해 그 대가를 치르고 있는 셈이다.

그러나 학생운동 진영의 안티테제로 등장한 비운동권 학생회 역시 대안적 운동 형태는 아니었다. 총학생회 선거 투표율이 저조해지고 비운동권 성향을 띤 후보의 당선이 갈수록 증가하는 현상은 새로운 이슈가 아니다. 다만 반운동권이라는 구호와 실천이 상당한 괴리돼 있는 것처럼 보인다. 1997년에 연세대 총학생회를 운영했던 이른바 비운동권 집단 역시 스스로 내세웠던 민주주의적 질서와 거리가 있었다. 몇 가지 예를 들면, 대부분 기독교도인 총학생회 집행부의 정서와 맞지 않는다는 이유로 총학생회실에 걸려 있던 이한열의 영정을 철거한다든지, 총학생회와 협의 없이 서울지역총학생회연합 집회를 열었다는 이유로 한총련 의장 등을 주거 침입과 퇴거 불응으로 고소하겠다는 극단적인 반응, 한총련 탈퇴를 선언하면서 학내 의견을 수렴하는 과정을 전혀 거치지 않고 일방적으로 결정하고 발표한 점, 대동제 기간 동안 모든 학생들이 즐겨야 할 백양로를 '순결 서약식', '경배와 찬양'이라는 종교 집회를 연다며 기독교 연합 학생들이 독점한 사실 등 여러 가지다.[23] 이전 시기 운동 진영을 비판하던 논리가 비운동권 총학생회에서 유사하게 재연되고 있는 것이다. 총학생회가 기독교 동아리처럼 됐다는 힐난, 비민주적인 의견 수렴 통로, 정치에 관한 지나친 혐오 등은 또 다른 역편향으로 다가와 대중의 지지를 얻지 못했다. 현재 대학 사회 내 학생 권력의 난맥상은 어느 특정 집단이 총학생회를 장악하느냐, 다시 말해 운동권이 선거에서 승리하느냐 아니면 비운동권이 이기느냐를 넘어서서, 대학 사회와 학생 권력의 재구성 자체와 관련된 문제다.

바스티유는 무너졌지만, 앙시앵 레짐은 남아 있다?

이런 상황은 80년대 학생 권력의 본질이 그대로 남아 있기 때문이다. "바스티유는 무너졌으나, 앙시앙 레짐(=학생 권력)은 남아 있는 상황"이 바로 지금이다.24 87년 전대협이 만들어진 뒤 학생운동 주류 진영은 일관된 정치-조직적 태도를 보였다. 대표적인 예가 전민항쟁全民抗爭 슬로건, 사상적 순결성, 변화를 두려워하는 강박관념, 비민주적이고 권위주의적인 의사소통 체계다. 이것들을 하나씩 살펴보자.

  1996년 연세대 사태 이후에도 한총련은 여전히 전민항쟁 슬로건을 선거 이슈로 내걸었다. 전민항쟁이란 1987년 6월 항쟁의 부활을 상징하는 것으로, 전면적인 가두 정치를 통한 정권 타도 투쟁을 의미한다. 그러나 정세와 무관하게 시도 때도 없이 제기되는 정권 타도 투쟁과 전민항쟁 슬로건에 동의할 대중이 과연 몇 명이나 될까? 1997년 한총련 의장이던 강위원은 다음과 같은 자기비판을 하고 있다.

  지금 한총련 앞에 초래된 고난과 역경이 "누구의 책임인가?"라고 묻는다면 난 고개숙여 "절대적으로 내 책임이 크다"라고 대답할 것이다. 한총련의 위기 상황은 결코외부 탓으로만 돌릴 수 없다. 관성의 길을 원칙이라 우기며 무모한 행동을 강행하고, 과오의 불인정과 과도한 정세 인식을 신념과 지조라고 강변하며, 현실 변화에무감한 지적 게으름을 우직함이라 자처했던 나와 한총련 지도부에 그 책임이 있음을 솔직히 고백하고자 한다. 진정 무서운 것은 실패나 패배가 아니다. 5기 한총련은실패했고 패배했다. 5기 한총련이 총노선으로 채택했던 전민항쟁은 결국 실현되지못했다. 동시에 이석, 이종권 씨의 죽음으로 인해 학생운동의 최대 자산이요 무기인 순수성과 도덕성은 거의 바닥을 드러낸 상태다. 게다가 수백 명의 대의원들은 구속, 수배되었고 급기야 학생운동 사상 처음으로 이적단체라 낙인되었다. 그간 나는 승리적 총화를 빌미로 애써 패배를 부인하려 들었고 실패의 원인을 외적 요인에 떠넘기려 했다. …… 고백하건대, 5기 의장으로서 나는 현실에 대한 치열한 분석 없이 외부로부터 규정된 정세관에 의존하여 시대가 요청하는 의장의 본분에 충실하지 못했다. 이는 곧 편견과 선입견을 낳았고 비판과 충고를 무시해 버리도록 했다. 경청이 없는 주장은 독단으로 흘렀고 그것은 고립을 자초했다. …… 대중은 내게 피눈물 쏟는 반성과 참회를 요구했으나 나의 결단과 실천은 미흡했다. 위기를 감지하지 못하고 여전히 오만했던 것이다. 그러한 오만은 상처 입은 대중의 가슴을 읽지 못하고 왜소해진 자신을 보지 못하게 했다. 조직의 수준은 지도부의 능력에 비례한다. …… 운동의 과정에는 늘 실패가 있기 마련이다. 불패의 신화만이 존재 하리라고 생각하는 것은 과학이 아닌 관념론이다. 나는 실패가 두려운 것이 아니라 성찰을 게을리 함으로써 계속해서 실패를 자초하는 것이 두려울 뿐이다.[25]

강위원의 고백처럼 학생운동의 대표체를 자임하던 한총련은 자기 파괴적 인 과정을 겪었다. 다른 정치적 의견이나 대중의 자발적인 견해를 사상적 순결 성이라는 미명 아래 묵살하는 모습, 의사소통과 정책을 집행하고 결정하는 과정 에서 보였던 비민주성과 패권주의적 행태, 대중의 존재를 향한 규제적 태도 등이 전혀 새로운 것이 아니다. 그 뿌리는 80년대 학생운동 속에서 쉽게 발견된 다. 학생회 조직의 관료화와 제도화, 분파 갈등과 내부 갈등의 체계화, 대중의 규율화를 통한 일상적 욕망의 규제는 분명히 80년대 학생운동의 유산이다.[26] 좀더 구체적으로 두 가지 예를 살펴보자. 먼저 1996년 연세대 사태—불행히도 한총련은 아직도 이 사건을 '연세대 항쟁'이라고 부른다—에 관한 당당하지만 허위로 가득 찬 태도를 보자.

강위원 의장은 선거 유세를 통해서도 "전민항쟁은 우리의 현실이 아닌 민중의 현실을 보고 판단해야 하며 민중의 현실은 전민중적 항쟁을 요구하고 있다"며 이를 강조했다. 그리고 선거자료집에 제시한 8가지 약속의 첫 번째로 "연세대 항쟁의 빛나는 정신으로 97년에 제2의 6월 항쟁이라는 역사적 신화를 창출하여 김영삼 정권을 조기에 종식"시킨다는 것을 꼽고 있다. 이를 놓고 볼 때 5기 한총련의 주된 목표가 '전민항쟁을 통한 정권 타도'가 될 것은 명백한 일이며, 이는 4월 5일 열린 5기 한총련 대의원대회에서 통과된 총노선 속에 공식화되어 있기도 하다.[27]

또 1999년 3월 한총련 의장 출마를 선언한 송영우 경북대 총학생회장이 35분 늦게 추천 서류를 냈다고 등록을 거부한 한총련 중앙상임위원회는, 4월 22일에 이렇게 공식 발표를 했다.

현상적으로 의장 선거를 둘러싼 문제로 보이지만 본질적으로는 조직에 심대한 해악을 미치고 단결을 막는 분열주의적 행각이라는 생각을 지울 수 없다. ······ 조직에서 가장 중요한 것은 사상적 순결성이다. 따라서 조직의 순결성을 해치고 조직을 분열시키는 행위는 더이상 좌시할 수 없다고 했다.[28]

사상적 순결성, 분열주의, 개량주의, 전민항쟁과 정권 타도는 그다지 낯설지 않은 단어들이다. 80년대에도 널리 사용됐기 때문이다. 이 순간 두 가지 생각이 머리를 스친다. 하나는 현재 한총련 그리고 학생 권력의 중심 주체들은 객관적인 조건과 대중의 상태와 무관하게 '자기 충족적 예언'에 사로잡혀 있다는 점이다. 또한 역사를 심각하게 왜곡하고 있다. 87년은 운동 지도부와 야당 그리고 중산층에게는 승리였지만, 더욱 근본적인 민주주의의 심화를 요구했던 민중에게는 패배이자 새로운 항쟁의 시작이었다. 시도 때도 없이 내뱉는 "우리는 승리하는 싸움을 하고 있다"는 주문은 그야말로 마술사의 주문일 뿐이다.

여전히 학생 권력의 눈에 대중은 보이지 않는 신기루일지도 모른다. 과거 학생회 운동 시기 부분적으로 나타났던 '조직 유지 경향', 즉 운동이 조직의 궁극적 목적인지 조직 자체의 유지가 목적인지 구분하기 어려운 경향이 90년대 이후 학생운동에서도 반복됐던 것이다. 아직도 학생 권력은 80년대 학생 권력이 그러했듯이 '지향' 또는 '대상'으로서 민주주의를 상상하지만, 실제적 과정이나 절차로서 민주주의를 사고하고 있지는 못하다. 여전히 학생 권력과 학생운동 엘리트들에게 민주주의는 익숙하지 않은 제도다. 민주주의를 극단적 상황이 해결되는 것으로 보고, 다른 구체성을 상상하고 싶지 않은 것이다. 다시 말해서 민주주의를 상상하고 염원하기는 하지만 진정한 민주주의를 모르는 탓에 싸움을 위한 투쟁 조직체에 적합한 인간상만을 만들어냈던 것이다.[29] 그 결과 주의主義나 학설은 토론이나 논박의 대상이 아니라 감격과 열정의 대상이었고, 이성적인 판단보다는 구국의 결단 같은 식의 혁명적 의지나 동지애가 선행할 수밖에 없었다.[30]

4. 나오며 ─ 이제 '사회'를 바꿀 때다

오랜 길을 돌아서 나는 다시 권력의 문제로 돌아왔다. 80년대 이후 학생 권력과 그 권력이 구현됐던 공간인 대학 사회는 유난히 집단적 정체성을 향한 갈망이 강했으며, 그만큼 상실된 개인사와 관련된 상처와 권력 지향적 성격도 강했다. 이런 상처들이 오늘날 이삼십대의 정치적 무관심 또는 "결국 그놈이 그놈"이라는 탈정치화를 가속화시켰다. 그리고 학생 권력과 사회를 잇는 연결 고리는 갈수록 약해지고 있다. 가끔 대학의 교지나 학보사에서 글을 청탁하러 오는 '신세대 운동권'들이 던지는 질문 가운데 빠지지 않는 게 '미래와 대안'이다.

무너진 바벨탑은 다시 곧추세워질 수 있느냐 하는 말이다. 나 자신도 어느덧 20년이 넘게 대학 주변에서 살아가면서도 별다른 뾰족한 답을 하지 못하는 게 늘 안타까웠다. 다만 매번 비슷한 질문에 했던 대답은 "사회와 대학 사이의 연결 지점을 찾아야 한다"는 것이다. 대학도 이제는 사회관계의 일부일 뿐 예전 처럼 해방구로 기능하지 못하고 있다. 2000년대 이후 오히려 시민사회의 보수 화는 심화되어 근본적으로 변화시켜야 할 게 많다. 80년대의 학생 권력 그리고 그 유산인 학생 권력은 이미 실패한 모델이다.

87년은 운동 지도부와 야당 그리고 중산층에게는 승리였지만, 더욱 근본 적인 민주주의의 심화가 필요하던 민중에게는 패배이자 새로운 항쟁의 시작이 었을 뿐이다. 90년대 후반 그리고 2000년대에 일어난 '정권 교체'도 절반의 성공이었고, 이제 정치 권력이 아니라 사회를 근본적으로 변혁할 과제를 던져준 셈이다. 학생 권력이 부활했던 80년대 초반 이후 30여 년이 흘렀지만 노동계급 과 민중의 경험을 통해 사회 제도가 변화할 조짐은 보이지 않는다. 학력주의와 권력을 향한 자기 검열, 신분 상승 등의 이데올로기가 이제 '이해관계'라는 이름 으로 그나마 살아남은 학생 권력의 장으로 파고들고 있다.

지금이야말로 과거 학생 권력의 품속에서 세상을 바꾸려던 사람들이 '사 회'를 바꿔야 할 때다. 지역 공동체와 대학 사회의 연계이든, 지역 사회운동 지원 센터의 형태이든, 진보 정당이나 각종 인권 단체의 후원회원이든 상관없 다. 사회와 대학은 연대해서 사회를 변화시키는 작은 밑거름이 돼야 한다. 미디 어의 화려한 스포트라이트를 받는 386 엘리트들, 권력의 시선 안으로 웅크린 채 돌진하는 사람들이 무시하던 개인과 집단들이 여전히 운동의 주변을 배회하 며 살아가고 있다는 사실은 여전히 80년대 담론의 희망이 남아 있다는 것을 보여준다. 이제 우리는 권력에 길들여지지 않고 보수적인 사회에 맞설 수 있는 민주적 공동체를 위한 '연대'를 진정으로 희구해야 한다.

이 글은 10여 년 전 2000년 《당대비평》 여름호에 실렸다. 널리 알려진 대로 2000년대 초반은 386세대론이 풍미한 시기였다. 전대협 의장 출신 유명 인사들이 집권 여당의 공천을 받아 국회의원에 대거 출마했고, 이런 현상은 2004년 탄핵 정국 직후 실시된 총선에서 절정에 이르렀다. 그러나 운동 엘리트의 정치 실험은 처참한 실패로 막을 내렸다. 정당과 의정 활동에서 집단적으로 진보적 목소리를 내지도 못했고, 앞선 정치 참여가 그랬던 것처럼 기존 정치권의 일원으로 전락했다. 이런 현실을 반영한 듯 최근 뉴라이트 논자들은 '잃어버린 10년'의 원죄가 '386의 삐뚤어진 역사관'에 있다고 지적하고 있다. 이 무렵 나는 386세대론의 사회·문화적 뿌리를 이전 시기 학생 권력에서 찾으려 했고, 상당히 냉소적인 어조로 비판했다. 돌이켜보면 선거 때마다 잊힐 만하면 고개를 드는 '비판적 지지론'의 연장선상에서 이 문제를 본 까닭도 없지 않은 것 같다. 그러나 이 글을 쓰던 당시에 여전히 놓지 않던 '80년대 담론'의 희망에 내가 여전히 기대하고 있는 것일까? 최근 몇 년간 나는 민중 담론을 포함한 80년대 담론 자체도 재구성해야 하지 않을까 곰곰이 생각하고 있는 중이다.

연대를 구해 고립을 두려워하지 않고

힘 미치지 못해 쓰러지는 것을 개의치 않지만

힘 다하지 않고 꺾이는 것을 거부한다.[1]

1. 들어가는 말 — 5월의 기억

'91년 5월', 이 용어는 아직도 시민권을 얻지 못했다. 80년 광주민중항쟁, 87년 6월 항쟁이나 노동자 대투쟁과 달리, 91년 5월은 투쟁에 참여한 이들마저 외면하고 있다. 이 글을 준비하면서 요즘 1991년 5월을 주제로 글을 쓴다고 하자, 몇몇 사람들은 "91년 5월?"이라고 강한 의문을 던졌다. 내 질문은 여기에서 시작된다. "91년에 5월은 우리에게 무엇이었으며, 현재 우리에게 5월이 주는 정체성은 어떤 것인가, 또 80~90년대 운동 안에서 91년 5월 투쟁을 어떻게 평가해야 할 것인가?"

나는 1990년대 역사가 '현재형'으로 평가될 수 있느냐고 묻는 질문에 회의적이다. 91년 5월 역시 아직 역사적 평가의 대상이 되기 어렵다고 판단하기 때문이다. 5월의 주변과 중심을 겹겹이 에워싸고 있는 장벽과 신화들은 여전히 91년 5월 이전의 경향성 속에 전개되고, 그 여진에서 자유롭지 않은 기억들은 침묵 등 형태로 쉽사리 발언을 허용하지 않는다. 이런 이유들 때문에 나는 근대적 역사학에서 말하는 객관화된 역사적 대상으로 91년 5월을 평가하기는 어려울 듯싶다. 오히려, 지극히 주관적이고 개인적인 경험, 그리고 이것들이 알알이 모인 몇몇 집단적 · 개인적 증언을 기초로 해서, 5월을 둘러싼 80년대와 90년대 운동을 재현해보고자 한다.[2]

나는 크게 두 가지 이야기를 하려고 한다. 하나는 91년 5월 투쟁을 기점으로 만들어진 기억들이다. 이 기억들은 어떤 지점에서 91년이 과거 운동의 단절이며, 어떤 지점이 연속인지 보여주는 하나의 '징후'다. 다음으로 이런 징후들과 집단적 기억이 91년 5월을 결절점으로 해서 운동에 어떤 변화를 불러왔는지 살펴보려고 한다. 다시 말해서 나는 91년 5월을 87년 이후 만들어졌던 정치-사회적 세력 관계의 역전만으로 파악하지 않는다. 오히려 91년 5월이라는 '사건'을 통해 변화한 집단적 기억을 추적하고, 그 동시대적 경험이 현재에 미치는 파장을 최대한 가깝게 전달하고자 한다.

2. 91년 5월의 기억 — 패배, 죽음 그리고 이탈

기억 하나, 도둑처럼 찾아온 91년 5월

내게 5월은 뜻하지 않게 찾아온 도둑 같은 기억으로 남아 있다. 그리고 그 긴 투쟁은 무척이나 지루한 끝이 보이지 않는 행렬이었다. 1991년 4월 26일, 공권력이 저지른 한 죽음이 알려지고, 사람들이 속속 연세대로 몰려들기 시작했다. 그날 내가 속한 학생운동 조직이 급히 소집한 회의에서, 역시 급하게 쓴 문건을 하나 받았다. 제목은 '파쇼는 흔들리고 있다'였다. 그리고 삼삼오오 조직화 지침과 선전 지침이 하달됐다. 그런데 과연 우리는 정권이 쓰러질 것이라고 생각했을까, 아니 이 투쟁이 정권을 무너뜨릴 때까지 이어져야 한다고 바랐을까? 좀더 도발적 질문을 던진다면, 과연 5월은 정원식이 맞은 밀가루의 위력으로 종결된 것인가? 혹시 투쟁의 와중에서 언제쯤 이 투쟁을 정리해야겠다는 생각들은 존재하지 않았을까?

87년과 91년은 늘 비교의 대상이 되어왔다. 두 투쟁이 모두 공권력이 저지른 우발적 살인으로 시작됐기 때문이다. 특히 91년 5월 투쟁은 그 규모로 보나 거리 투쟁이 진행된 기간으로 보나 90년대 최대의 대중 투쟁이었다. 당시 운동 진영은 강경대 열사의 죽음을 공권력과 억압적 국가기구가 저지른 '타살' 그 자체만으로 보지 않았다. 오히려 수서 비리, 물가 불안, 90년 3당 합당에 따른 대중의 불만이 공권력이 저지른 타살이라는 계기를 통해 분출된 '필연적 사건'으로 해석했다. 그리고 87년 이후 후퇴하던 민주주의의 복원을 주장했다.

그러나 '과연 누가 결정적 상황이라고 인식했는가? 그리고 그것은 정당한 판단이었는가?'라는 질문이 제기될 수 있다. 이 질문에 관한 내 기억, 그리고 주변의 기억이 주는 대답은 부정적이다. 도둑같이 찾아온 만큼 당황했고, 허둥지둥하면서 거리를 휘젓고 다녔지만, 결과에 관해서는 마음속 깊이 회의하곤 했다. 바로 세상이 뒤바뀔 것이냐 하는 문제에 관해서 말이다. '필연적'이라는 수사는 공식 담론이었을 뿐, 어느 누구도 91년 5월의 정세가 죽음과 열사를 통해 오리라고 예측하지 못했다. 다만 선거가 있는 92~93년을 눈앞에 둔 '권력 재편기'라는 단어가 머릿속을 맴돌고 있을 뿐이었다.

이런 현실 인식은 91년 5월의 투쟁 슬로건에서도 드러난다. 대표적인 슬로건은 '백골단 해체, 평화적 집회, 양심수 석방, 내각 사퇴, 민자당 해체' 등이었다. 물론 항쟁이 길어지면서 대체 권력 또는 혁명적 정세론 등이 한쪽에서 제기됐지만, 그 흐름은 소수였다. 91년 5월은 이슈 측면에서는 급진성이 부재했으며, 대체 권력 논쟁은 에피소드에 불과했다.[3] 애초 범국민대책위원회는 노태우 정권 타도라는 투쟁 목표 이상을 상정하지 않았는데, 이것은 87년 6월 말에 학생운동 일부에서 제기된, 아니 80년 서울역 회군 이후 때만 되면 제기됐던 운동 진영의 자기 억제 전술의 일환이었다.[4] 1991년 6월에 5월 투쟁의 열기가 잦아들면서 출범식을 선택했던 전대협 지도부의 방침, 광역의회 선거에 관한 대책위원회의 애매한 태도가 그런 전술의 대표적 사례였다. 이런 맥락에서 91년 5월 투쟁에서 운동 진영이 자기 자신을 제한했다는 말이 전적으로 틀린 것은 아니다. 대중의 봉기성, 자발적 투쟁의 역동성을 스스로 억제한 셈이다.[5] 이제 두 번째 기억인 대중 동원으로 넘어가자.

기억 둘, 조직화된 운동으로서 역사적 한계

1991년 4월 26일. 그날 이후 거의 한달 동안 진행된 투쟁은 '조직된 대중'에 근거한 투쟁이었다. 기억을 되살리자면, 매일 새벽같이 열렸던 단과대 학생회 단위 회의에서 선전과 대중 동원 지침이 제출되고, 이게 다시 과 모임으로, 그리고 또다시 공개 학생회 단위로, 그곳에서 학번 학생회와 각급 집행부 단위로 하달됐다. 거리 투쟁은 선전조, 전투조, 연락조 등으로 구분해서 질서정연하고 체계적으로 진행됐다.[6] 거리는 '해방구'를 연상하게 했다. 내가 다녔던 학교가 91년 5월 투쟁의 중심지인 신촌에 위치했던 탓도 있었지만, 신촌 로터리를 기점으로 거리는 투쟁하는 학생과 투쟁에 동참하거나 지켜보는 대중으로 가득 차 있었다. 대형 트럭 위에서 각 학교 총학생회장이나 지정된 선동대가 대형 마이크를 놓고 대중 선동을 진행했으며, 미리 조직된 소규모 선동대, 가두 '피세일'팀(유인물 배포조), '물량 운반조'(화염병 운반조) 등이 숨 가쁘게 움직였다. 그러나 노제를 정점으로 투쟁이 좁은 지역 안으로 고립되고 있다는 느낌을 지울 수가 없었다.

87년 이후 학생회를 중심으로 대중운동은 양적으로 성장했다. 공개적인 학습 체계 안에서 마르크스-레닌주의와 주체사상 학습에 익숙하던 운동 주체들에게 열사의 죽음 이후 닥쳤던 정세에서는 대규모 정치적 동원이 필요했고,

마치 슈퍼맨처럼 이리 뛰고 저리 뛰는 생활의 연속 속에서 우리는 여기에 빠르게 적응했다. 90년 이후 약간의 위기 징후와 함께 심한 내부 갈등으로 문제를 드러냈던 학생운동은, 91년 5월 투쟁을 통해 대중 조직을 운영하고 가두 정치에 대중을 동원할 충분한 능력을 지녔다는 것을 보여줬다. 바로 그 속에서 우리는 진정 살아 있다는 사실을 확인했는지도 모른다. 이런 감정은 김별아의 반자전적 소설에도 등장한다.

> …… 약간의 기능과 기술의 매매를 통해 돈을 벌고 쓰며 속되고 현실적인 생활을 영위하는 사람들에게 약간의 경멸과 함께 다분히 질투에 가까운 숨길 수 없는 특별한 호감을 가지는 것. 하지만 소시민의 꿈은 일찌감치 포기해야 할 것으로 간주했던 나는 그저 청춘을 불사르고 해방을 희구하며 달리고 또 달리는 사람들의 대열에 시치미를 뚝 떼고 합류하고 싶을 뿐이었다.7

이것이 91년 5월에 관한 내 두 번째 기억인 '대중 동원'의 기억이다. 확실히 91년은 이전 시기에 견줘 조직된 대중에 근거한 투쟁이었다. 그러나 기층 민중의 주도성이 존재했다는 일부의 주장은 조금 과장된 해석이다. 대책위원회와 전국노동조합협의회전노협의 평가에서 드러나는 것처럼, 가두 투쟁과 거리의 정치를 주도했던 학생운동 대오와 민중운동 사이에 '진정한' 의미의 연대는 취약했다. 다시 말해서, 91년 5월 대중 동원을 이끌었던 대책위원회를 중심으로 한 운동 진영의 조직적 역량을 과대평가해서는 안 된다. 91년의 조직적 수준은 87년 국민운동본부의 연장선상 아래 있는 수준이었다. 87년 국민운동본부는 대통령 선거 전술을 둘러싸고 조직적인 분열을 겪게 된다. 그 뒤 전민련에 이어 90년 3당 합당에 반대하는 연합 조직체로 국민연합이 결성됐지만, 상층 조직과 대중 조직이 모인 연합체 이상의 위상을 지니지 못했다. 각각의 전선체들은 민족민주운동의 정치적 대표체를 자임했지만, 실제로는 그렇지 못했다. 이런 과정에서 등장했던 대책위원회는 정치적 지도력에서 한계가 명확했다. 87년과 비교할 때 상대적으로 많은 조직 대중(조직)을 포괄했지만, 공안 통치와 강경대 열사 치사에 대한 도덕적 공분에 근거한 낮은 수준의 연대였다. 더불어 91년의 대중 동원이 지닌 역사적 한계는 87년 이후 재야 중심의 전선체 운동이 여전히 생명력을 가지고 있었다는 사실이었다.

기억 셋, 패배와 이탈

91년 5월의 세 번째 기억은 좀 복잡하다. 몇 마디 단어로 나열하자면, 사상 투쟁, 대체 권력, 조직 세 싸움, 이탈 등이 아닌가 싶다. 결과적으로 말하자면, 91년 5월 이후 많은 활동가들의 이탈이 가속화됐다. 특히 4학년 단위 활동가들은 더는 버티기 힘든 뒷모습을 보여주며 운동을 정리하거나, 더 높은 조직으로 떠나갔다. 91년 5월 그리고 곧이어 다가온 여름은 혼란으로 얼룩진 시기였다. 기나긴 대중 동원의 시기에 거리를 휘젓고 다닌 활동가들은 지쳤고, 스스로 '패배'라고 규정한 투쟁의 평가를 둘러싼 조직 지도부의 의견은 점차 엇나가기 시작했다. 또한 5월에는 여러 슬로건과 구호가 제기됐다. 임시민주정부, 과도정부, 임시혁명정부 등 마치 내일 혁명이 일어날 것처럼 다양한 구호들이 거리에 뿌려졌다. 그리고 그런 혁명의 구호 안에는 대립하는 사유들이 공존했다. 다른 견해들은 5월 이후 잠복해 있던 힘을 발휘하며, 자기 정당성을 얻기 위한 길로 다가섰다.

마지막 기억, 91년 5월에서 민중 그리고 대중

마지막으로, 거리에서 구호를 외치거나 혹은 차마 거리에 나가지는 못하더라도 심정적으로 5월 투쟁을 지지했던 대중들에게 91년 5월은 어떤 의미였을까. 아주 복잡한 문제다. 91년 당시 나는 이 문제를 진지하게 고민한 적이 없다. 다만 신촌 로터리에 구름같이 몰려든 대오가 얼마 뒤 썰물처럼 일상으로 돌아가는 모습을, 한편으로는 갑갑해 하고 한편으로는 당연하다고 생각하는 이중적 심정으로 바라볼 뿐이었다.

대중과 91년 사이에 존재하는 관계의 문제는 91년 5월을 둘러싼 담론에서 기인한다. 5월을 둘러싼 담론은 복잡하다 못해 무척 왜곡돼 알려졌기 때문이다. 겉으로 드러난 분신, 폭력, 대항 폭력, 죽음의 사주 등은 아직은 역사적 사실 그 자체는 아니다. 91년 5월 투쟁은 거리의 정치, 대중 동원에 근거한 80년대 거리의 정치가 사그라지는 계기가 됐다. 80년 광주 이후 운동을 지배했던 주요 양식의 약화, 그리고 이것을 지탱하던 반파시즘 투쟁이 내부 분화를 겪게 되는 계기라는 의미에서 그러했다. 이제 91년 5월이 80년대와 90년대 운동에서 가지는 의미를 구체적으로 살펴보자.

3. 91년 이후 운동의 단절과 연속

우리는 보통 어떤 일을 평가하면서 '계승과 단절'이나 '비판과 계승' 같은 단어를 많이 사용한다. 나는 개인적으로 이런 규정을 좋아하지 않는다. 무척 애매할뿐 더러, 한 운동의 지배적인 경향의 덩어리가 상이한 갈래의 평가로 함께 존재한다는 것도 상당히 중앙파中央派적 속성이 아닌가 하는 생각 때문이다. 하지만 91년을 전후로 한 변화와 연속의 지점에 관해서는 정리할 필요가 있다. 먼저 91년 이후 운동의 경향이 80년대의 전통과 질적인 단절이라고 생각하지 않는다. 운동 노선이나 대중 조직의 위상, 활동 방식 등에서 변화가 있었다. 그러나 운동의 큰 스펙트럼을 변화시키는 수준은 아니었다.

'변화'라는 이름의 화두

먼저 '단절'부터 살펴보자. 먼저 지적하고 싶은 부분은 변혁 노선의 기본적 패러다임이 '공식적'으로 변화했다는 점이다. 이미 80년대 후반부터 조짐은 있었지만, 극적으로 변화했던 시기는 91년이었다.[8] 몇 가지 개인적인 경험을 보면, 91년 이후 학생운동 학습 패러다임의 변화가 찾아왔다. 그때 나는 교육 · 선전 파트에서 일했다. 그 이전 시기의 주된 학습 커리큘럼은 마르크스-레닌주의 원전 중에서도 특히 레닌의 글을 중심으로 하고, 소시기 전술 지침 또는 다른 정치 세력의 전략-전술론에 관한 비판을 주로 학습하는 것이었다. 그런데 91년 이후 대부분의 모든 커리와 자료에는 그람시, 진지전, 헤게모니, 이데올로기적 국가기구, 이데올로기 같은 낯선 개념들이 등장하기 시작했다.[9] 91년 이전에 나는 다른 정치적 견해를 가진 활동가들과 사회구성체와 구체적인 전술이나 슬로건 등을 놓고 논쟁을 했다. 그러나 91년 5월 이후에 학습과 자기 정체성의 패러다임이 변하기 시작했다.

특히 91년 5월의 정치적 패배 이후 운동 진영 안에서는 지배 체제의 변화와 헤게모니적 능력을 둘러싼 고민이 심화되었고, '변화'라는 용어로 상징되는 담론이 등장했다. 이것은 한편으로는 '변화'라는 모토를 중심으로 한 대중적 정치 활동 방식과 대중 조직에 관한 고민으로, 다른 한편으로는 '위기론'을 중심으로 한 운동 노선의 '우경화'로 구체화됐다. 어느 노동운동 조직의 학생운동 비판에서도 이런 변화는 잘 드러난다.

…… 그러면 학생운동식 투쟁관과 전술관이란 무엇을 말하는가? …… 첫째로, 시위 투쟁 중심의 협소한 투쟁관과 소위 '이슈 파이팅' 식의 투쟁 방식 — 시위 중심의 협소한 투쟁관은 운동권끼리만의 투쟁, 선도투를 끊임없이 재현하고 사사건건 반대 투쟁을 해야 직성이 풀리는 이슈 파이팅 식의 투쟁 방식은 투쟁의 잡화점을 차리게 된다. …… 둘째로, '정권 타도 투쟁(노퇴진투쟁)=혁명적 투쟁'이라는

등식을 바탕에 깔고 그 외에 모든 투쟁을 어쨌든 빨리 그것으로 발전시켜 나가야만 한다는 전술관과 여타의 다른 목표를 가진 대중운동이나 정치 활동에 대해 '개량주의적 투쟁'이라고 경멸하는 태도 — 이것은 하루아침에 혁명을 이루고자 봉기, 봉기만을 외치는 무정부주의자의 심성과 일맥상통한다.10

　　91년 위기론을 구성했던 담론들을 다시 정리할 필요성은 느끼지 못한다. 다만 변화라는 자기 주문식 모토와 운동의 우경화는 별개의 것이 아니라 함께 따라가는 문제였다. 그리고 이것은 91년 이전 학생운동을 재생산하던 운동 질서의 폐기를 동반하는 것이었다. 91년 학생회 선거를 결절점으로 등장했던 학생정치조직(이하 학정조) 노선, 학생운동지도조직(이하 학지오) 노선의 폐기 그리고 대중조직론 등이 그 대표적인 사례다.11 특히 몇몇 총학생회 선거에서는 과거 특정 정치 조직의 전유물처럼 여겨지던 학생회를 '대중에게 돌려주자'는 움직임이 나타나기도 했으며, 이런 흐름은 운동 진영이 지녔던 정체성의 혼란으로 이어졌다.12

　　이런 변화와 단절의 조짐에 불을 붙인 사건은 '한국사회주의노동당 창당준비위원회'(이하 한사노)의 출범이었다. 이른바 '3파 연합'이라고 불린 이 사건은, 정치적 노동운동과 전위 조직을 지향했던 정치 조직들이 비합법적 전위정당 노선을 폐기하고 공개적인 진보 정당 노선을 표방함으로써 학생운동 활동가들에게 커다란 충격을 줬다.13 이 조직들의 문제의식도 학생운동과 비슷 — 오히려 학생운동이 한사노의 영향을 받아들였다는 설이 지배적이다 — 했고, 변화보다는 '고백' 같은 청산주의적 용어를 사용하면서 과거 운동 질서나 운동 노선과 단절하는 작업을 추진했다. 결국 전위 정당 폐기 노선(이른바 '신노선'), 학생운동 내부에서 전개된 변화의 모토와 그 안에 깔린 학정조 노선, 그리고 '학생운동 질서 재편'(속칭 '학질')은 91년 이후 정체성의 혼란에 빠진 활동가 대오의 공중분해와 전면 재편을 가속화한 원인遠因이었다.

그러나 나는 91년 이후 운동 주체의 단절을 표면적인 운동 노선의 문제만으로 환원할 수 없다고 본다. 그 속에는 91년 이전 운동이 남겼던 유산들과 단절하는 문제가 똬리를 틀고 있었다. 91년 5월 이후 학생운동 활동가들의 공황 상태는 몇몇 대학이나 정치 조직에 국한된 문제가 아니었다. 91년 5월 투쟁 직후 그리고 학생회 선거 이후 3, 4학년 단위 활동가들이 대거 이탈하기 시작했는데, 주로 88, 89학번이었다. 이 활동가들은 5월 투쟁과 그 속에서 벌어진 논쟁을 자기 운동으로 체현한 집단이었다. 전민항쟁 세대라고 불렸던, 학생운동 진영의 힘이 상대적으로 가장 강했던 87년 이후 대학 사회에서, 91년까지 가장 전투적인 대중 투쟁을 펼친 역사의 중심에 존재했던 이들의 '좌절' 또는 '전선 이탈'은 위기라는 담론이나 몇몇 사건만으로 해석하기는 어렵다. 이 세대는 87년 이후 '혁명 운동의 필연성'을 체계적으로 교육받은 세대이자 학생회를 중심으로 활동했던 집단이다. 또한 1988년 이후 합법적인 마르크스-레닌주의 학습과 대중화된 학생회 안에서 운동 정서를 키웠으며, 누구보다 강력한 학생 권력을 행사했다. 적어도 사회주의와 혁명이 대중 담론으로 정착된 시기에 의식화의 세례를 받은 집단이었다.

그렇지만 나는 이 세대가 그토록 이념과 운동에 철저한 세대였는지는 의문스럽다. 다시 말해 이 세대가 학습을 통해 관철시킨 것이 어떤 의미의 사회주의와 혁명으로 다가왔는지 의심스럽다는 말이다. 80년대 후반 그리고 90년대 초반 세대들은 유신 후반기와 5공 정권 아래에서 이분법적인 흑백 논리에 길들여졌던 세대다. 이 세대의 청년기는 조국 근대화 세대가 지녔던 의식 세계의 연장 선상에 있었으며, 야간 자율 학습, 국민교육헌장, 군사 교육, 국민윤리 등 80년대 초반 학번이 경험한 학교 교육의 규율 체제에도 맞닿아 있었다. 물론 87년을 전후로 고교 시절을 겪었던 이 세대는 규율이라는 내부 공간과 민주화라는 사회적 환경 변화를 동시에 겪었던 세대이기도 하다. 전교조 세대라고 불리는 80년대 후반 학번과 90년대 초반 학번들이 고등학교 학생회의 직선제를 요구한 운동을 벌였던 것으로 대표되는 교육 환경의 변화가 단적인 예다. 그렇지만 나는 이 세대가 유년기와 청년기에 길들여진 군사주의적 속도전의 경험과 세계에서 완전히 자유로울 수 없다고 생각했다. 10여 년에 걸친 교육을 통해 형성된 정체성이 1~2년 동안의 의식적 자각을 통해 전면적으로 부인될 수 없었고, 근대화 과정에서 만들어진 정체성은 의식화라는 효과를 통해 단번에 무너질 정도로 허약하지 않았다. 그만큼 역사적 토대와 의식적 기반이 두터웠다.

87년 이후 우리는 적이라고 불리는 대상이 단순히 군부 독재가 아니라 독점자본의 반동적 테러 독재인 종속적 파시즘 또는 여전히 제국주의에 군사적으로 예속된 식민지 반봉건 사회라고 배웠고, 이것에 대한 대안은 명확했다. 파시즘에 맞선 운동의 조직화는 추상적인 사회주의 교육을 통해 가능했고, 이것이 전민항쟁과 가두 정치를 통해 혁명이 가능하다고 믿게 한 조건이었다. 그러나 권력을 향한 도덕적 비난과 지금은 권력에 묵종하지만 언젠가는 저항을 위해 일어날 것이라는 민중의 의식성에 거는 기대만으로는 사회를 변혁할 수는 없었다. 우리는 권력이 운영되는 메커니즘과 그 역사적 토대의 근원적 전복을 사고해야 했지만, 거기까지 사유가 미치지는 못했다. 이런 80년대 그리고 그 연장인 91년 운동의 한계는 그 뒤로 꽤 긴 기간 유지된 학생운동 활동가들의 정체성과도 연관이 있다.

운동 위계질서의 유지, 재생산

80년대 그리고 90년대 초반 나는 "우리 전선에서 만납시다!"라는 말을 자주 들었다. 활동가들의 미덕 또는 품성 가운데 최고로 여겨졌던 것은 치열함과 물러서지 않는 태도였다. 가두 투쟁에 나가지 않고 입으로만 운동하는 사람은 혁명을 논할 수 없다는 것이었다. 과연 그 전선이라는 게 어디였을까? 아마 가시적인 적이라고 불리던 '청카바', 백색 '화이바'를 쓴 전투경찰 그리고 '백골단' 등을 가리켰을 것이다. 1989년 이후 5~6월마다 하루가 멀다 찾아오는 집회와 가두 투쟁 등에서 무수한 지랄탄과 최루탄을 뒤집어쓰면서도 집회 말미에는 '우리는 승리하는 투쟁을 하고 있다'는 평가와 다짐이 뒤따랐고, 더 많은 학우들의 동참을 결의했다.[14] 오월대와 녹두대 등 물러설 줄 모르는 사수대는 투사의 상징이자 존경의 대상이었고, 사수대의 무용담은 오랫동안 회자됐다. 동지 또는 동료애라고 불리는 운동의 기본적 틀은 지속됐고, 운동과 투쟁은 최고의 선이어서 비판의 대상으로 여겨지지 않았다. 이런 점에서 91년을 즈음한 운동도 자기 비판의 기회나 가능성이 결여되었으며, 이것은 학생회를 포함한 운동 조직 속에서 여전히 드러나고 있었다.[15] 전대협 의장은 존경의 대상이자 수령 같은 존재로 여겨졌고, 하급 단위 학생회에서도 비슷했다.

이른바 '높으신 학생'들이 학생운동 진영 안에 적지 않게 있었고, 요즘 말로 표현하자면 '스타 시스템'에 근거한 대중 동원 체제가 운동 안에 하나의 정서로 존재했다.[16] 이런 문화에 거부감을 느끼던 나 자신도 다른 장에서 다른 인물에게 비슷한 행태를 보인 기억에 소스라치게 놀라곤 한다. 돌이켜 보면, 이런 운동의 메커니즘은 박정희 시기 국민교육헌장, 국가와 국기에 대한 맹세 등으로 내면화된 국가주의적 학교 교육의 '역동일시' 효과였다. 맹세와 충성의 대상으로 대한민국이라는 국가가 아닌 다른 무엇을 무의식적으로 갈망했던 것이다.[17] 1948년 남한 정권이 수립된 뒤 폭넓은 역사적 토대를 지닌 미세한 규율 권력에게 운동 진영의 급진적 정치 노선이나 수사는 두려움의 대상이 아니었을지도 모른다. 1980년 이후 몇 차례에 걸친 정치적 위기에도 불구하고 대중이 다시 일상으로 돌아가는 역사의 반복은 이런 현실을 웅변해준다. 오히려 당시 천착해야 했던 것은 국가 권력의 탄압에 대한 저항을 넘어서는, 대중의 삶, 사고, 행동 양식을 길들이는 메커니즘 자체를 향한 근본적인 문제 제기였다. 다시 말해서 운동의 담론은 급진적인 성격을 지녔지만, 그 작동 방식은 기존 사회 질서의 규율화 메커니즘과 비슷했다.

한편 91년 5월 속에서도 소수자의 자유, 반대의 자유를 무시한 사례가 발견된다. 소설가 김별아의 반자전적 기록을 보자.

어느 새벽을 틈타 도서관의 대리석 벽에 붙은 대자보를 슬그머니 찢어 말아 안고 돌아오며, 우리는 어느새 투쟁의 현장에서 함께 만나자고 목놓아 부르는 학우들의 언로言路를 원천적으로 봉쇄해버리고 있었다. …… 둘둘 말아져 내 옆구리에 쑤셔 박힌 괴대자보들 사이에 '임시혁명정부' 따위의 듣기만 해도 가슴 떨리는 비합법 정파 조직의 이름으로 '임박한 일대격전, 무장을 조직하자!'며 이념적 급진성을 노골적으로 드러내던 극좌파의 대자보들도 끼어 있었다. …… 자유란 항상 달리 생각하는 사람들의 자유여야 한다며 언제나 기꺼이 소수자의 길을 기꺼이 택했던 로자 룩셈부르크의 카랑카랑한 목소리가 내 가슴속에 찢겨 너덜너덜해진 낙랑의 자명고처럼 잉잉대며 울었다.[18]

80년대 대학 사회를 특징짓는 담론은 민중 지향적 공동체였다. 그러나 민중 지향적 공동체는 그 자체로 운동적 토대를 둔 게 아니었기 때문에 어느 시점에 가서는 실체가 부재한 '민중 집착적' 공동체로 변질되고, 그 안에는 운동 지도부의 일괴암적인 엘리트주의가 자리잡게 됐다.[19] 조금 과장해서 표현하자면, 80년대 후반으로 갈수록 문건이 운동을 조정했고 개인은 정치적 정당성을 위한 실험용 모르모트로 전락했다. 91년을 즈음해 나타난 운동 조직들의 '변화'라는 지향도 이전 시기 운동 구조와 근본적으로 다른 것은 아니었다. 변화라는 담론이 활동가들을 지배하게 된 계기는 활동가 자신의 문제의식이라기보다 문건이었고, 그만큼 자신을 둘러싼 현실 인식은 피상적이었다.

내가 경험했던 한 가지 사례를 보자. 1991년 서강대학교 총학생회 선거에도 변화라는 모토가 휘날렸고, '학생회를 다시 학우 대중들의 손으로'라는 구호 아래 선거를 치렀다. 이른바 운동 조직에 속하지 않은 일반 학우를 후보로 내세우는 등 변화의 움직임이 보였다. 그러나 실제 운동 조직은 여전히 비민주적으로 운영되고 있었고, 집행은 위에서 아래로 문건을 통해 일방적으로 관철되었다. 80년대 후반 이후 학생회 선거에 관여했던 사람들은 대부분 아는 사실이지만, 운동 조직은 각 학과 재학생 명부를 입수해서 표 점검을 하는가 하면, 특정 정치 세력이 운동 역량을 독점한 학과나 단과대의 경우 릴레이식 투표를 하기도 했다. 91년의 경우, 더욱 심각한 문제는 변화를 공언한 진영의 후보 사퇴였다. 변화를 지향한다던 조직은 성향이 조금 다른 운동 조직과 공동선거운동본부를 꾸렸는데, 공동선거운동본부에서 변화라는 자신들의 문제의식을 관철시키기 어려워지고 두 조직 사이의 갈등이 표면화되자 후보를 사퇴했다. 그리고 학우들은 변화를 갈망하는 자신들을 따라줄 것이라고 선전했다. 변화를 바라는 대중의 갈망이나 활동가들의 동의 여부는 제쳐놓더라도, 이런 정치 활동 자체가 변화라는 구호에 걸맞지 않는 것이었다.[20] 선거라는 절차 속에서, 그리고 대중을 상대로 하는 정치 활동에서 조직의 문제의식이 흐려진다는 이유로 게임의 룰을 거부하는 선택은 대중과 괴리를 자초하는 행위였다. 더군다나 내부의 논의가 거의 생략된 채 비합법 선거운동본부 지도부가 사퇴를 결정하는 과정과 그것이 불러온 파장은 변화라는 구호를 무색하게 하기에 충분했다. 이렇게 91년 이후 나타난 '변화'의 움직임은 기존 운동 질서에서 자유롭지 못했다.

죽음과 투쟁 — 대안 담론의 결여

91년 5월, 지하는 말했다. 그대들은 시체 선호증, 자살 특공대, 싹쓸이 충동에 사로잡혀 있다고. 죽음과 분신에 출발하고 폭력과 비폭력의 담론에 휩싸인 91년 5월의 순환 구조를 지적한 한 연구에서 말한 것처럼, 5월은 80년부터 91년까지 죽음의 이미지가 짙게 드리워져 있었다.[21] 87년이 그랬듯이 91년 5월 투쟁 역시 백주 대낮에 타살을 자행한, 공권력으로 상징되는 억압적 국가기구를 향한 도덕적 공분이라는 80년대 정서에 의존했다.

　1970년 전태일의 분신에 이어 80년 광주 이후 파시즘 정권에 맞선 저항의 수단이 된 분신은 한국 사회에서 어떤 의미를 지니는가? 김정한은 91년 5월의 분신을 "자기희생을 통해 대중의 도덕적 분노, 힘의 결집을 이끌어낼 수 있는 실천"으로, 최장집은 "변화를 추구하는 강력한 열망에도 불구하고, 지배 권력의 압도적 폭력성으로 인해 이를 실현할 수단을 갖지 못할 때, 약자가 최대한의 도덕적 힘을 발휘한 가장 치열한 무기"로 규정했다.[22] 열사 정신의 계승을 외치며 추모 집회 때마다 열사의 현재성을 강조하는 현대 한국 운동사의 의례는 민주주의의 진전에서 중요한 구실을 했다. 실제로 91년 5월, 현수막, 만장, 플래카드 등을 메운 '열사는 싸우고 있다'는 구호에 담긴 정서는 이런 한국 운동사의 역사적 특징을 표현했던 것이다.

　그러나 죽음과 투쟁의 연쇄 고리로 이어진 운동의 역사만으로 91년 5월을 이해할 수는 없다. 김기설 열사의 분신 이후 이어진 유서 대필 논쟁, 김지하와 박홍 등 극우 지식인들의 음해 기도 등은 그때까지는 볼 수 없던 죽음과 투쟁을 향한 공격적인 문제 제기였다.

　그렇다면 91년 5월에 죽음은 투쟁에 어떤 영향을 미쳤을까? 5월 내내 거리와 집회, 투쟁 현장을 뒤덮은 '젊은 벗의 초상'은 투쟁의 상징이었다. '열사는 싸우고 있다'는 구호로 시작된 기나긴 노제와 밀고 밀리는 거리 투쟁은, 열사의 죽음을 향한 분노에서 시작해 기나긴 분노와 죽음의 꼬리를 물고 이어졌다. 이제는 열사보다 전사가 필요하다며 학우들의 불감증을 질타하는 박승희 열사의 절규와 운동과 소박한 일상 속의 신념을 메모장 등에 적어놓은 김귀정 열사의 애잔함은 저항에서 타살로, 그리고 부활로 이어지는 운동의 동력이었다.[23] 다시 살아나는 열사들의 죽음은 투쟁하는 자들, 약자들의 무기였다. 그러나 이어지는 죽음과 분신은 투쟁을 지루하게 늘어뜨린다는 불만도 가져왔다. 91년 당시 연세대 총학생회에서 일했던 김별아는 당시 체험을 다음과 같이 기술했다.

죽음은 삶의 단절이라는 개인적인 의미를 벗어나 집단을 자극하고 움직였다. 누군가의 말처럼 그것이 재앙이었다. …… 5월 투쟁은 다분히 돌발적이었다. 돌발 투쟁으로 시작된 싸움은 숱한 죽음을 매개로 어느덧 복수극이 되어가고 있었고, 죽어간 사람들은 살아남은 자들이 감당하기에 너무도 버거운 빚을 남겼다. …… 싸우는 사람들이 싸움 자체를 지겨워하고 있다는 것을 그들이 놓칠 리가 없다. 도덕적 우월감과 설득력은 싸우는 사람들이 즐거움으로 충만할 때에야 비로소 얻어진다. …… 하지만 '죽음'을 거역할 수 없는 화두로 잡고 언제까지나 즐거운 싸움을 할 수는 없었다. …… 죽음의 의미는 50여 일의 짧고도 긴 시간 속에서 확대되거나 축소되거나 심지어 비틀어져 훼손되었다. 사람들은 서서히 진저리를 쳤다. 싸움의 목표나 대안에 대한 고민보다는 언제쯤 이 불가해한 죽음의 투쟁이 끝날 것인가를 궁금해했다.[24]

시간이 흐름에 따라 이제 죽음은 하나의 복수극이 되기도 했다. 또한 역사적 사실과 별개로, 91년 5월 이전 운동 진영 안의 심리 구조 안에는 "운동의 진전을 위해 누가 하나 죽는다면"이라는 무의식적 멘탈리티도 존재했다.[25]

운동권에서 빠져나가는 게 말처럼 쉬운 일은 아니었어. 내가 아는 한 ○○대 81학번이 있는데 유서 대필 사건을 보면서 운동권이라면 그럴 수도 있다고 하더라구. 그때 참 '○○대 운동권은 섬뜩하군'이란 생각이 들더라구. 또 과 후배 중 운동을 그만둔다는 사람이 있으면 모임 내 토론이란 의식을 거쳐서 나가게 하구. 그게 별로 좋지 않았지. 정리한 이후에도 이런 건 '인생의 상처'로 남는 경우가 많았어.[26]

5월이 잦아들면서 이른바 전민항쟁 신드롬이라는 이름 아래 '노태우 정권 퇴진을 위해 6월 항쟁의 깃발을 다시 들 때'라는 구호가 등장했다. 1991년 부산에서 열린 전대협 출범식은 왠지 투쟁이 상승되기보다는 이제 정리해야 할 때가 아닌가 하는 생각을 더욱 깊게 했다. 이제 거리에 나서려면 대체 권력이나 생존권 요구보다 먼저 자기 자신을 설득해야 했다. 폭력과 죽음 속에서 우리들의 투쟁은 지쳐갔던 것이다. 물론 이런 현상은 91년 투쟁이 87년과 80년대 운동의 한계를 고스란히 안고 있었기 때문이었다. 결국 폭력과 죽음이 91년 5월의 핵심 담론이 된 것은 '비극'이었다. 그리고 죽음은 5월의 재앙이 돼 대안 담론이 형성되는 것을 방해했고, 민중운동을 의도하지 않은 배신자의 위치로 몰아넣었다.27

91년 5월과 민중 — 밥풀떼기의 상징

87년에 견줘 91년 5월 투쟁에는 조직된 민중 또는 기층 대중 운동이 상대적으로 많이 참여했다. 87년이 미조직 대중과 민중 그리고 넥타이 부대에 좌우된 투쟁이었다면, 91년은 유사한 도덕적 공분으로 촉발됐으면서도 조직된 대중의 참여가 상대적으로 눈에 띄었다. 그러나 여전히 대다수 민중은 침묵하거나 개별적인 분노에 머문 게 사실이었다. 여기에서 나는 1991년 신문에서 주목받았던 '밥풀떼기'들을 통해 91년 5월 속의 민중의 일면을 살펴보려고 한다. 91년 5월 투쟁 과정에서 '밥풀떼기'라고 불렸던 문제적인 민중은 80년대 운동이 바라본 민중과 다른 걸까? 우선 어느 일간지에 난 기사와 소설가 김소진과 김별아가 묘사한 밥풀떼기에 대한 운동가들의 태도를 살펴보자.

> 1일 오후 서울 종로경찰서 형사계의 한 직원은 과격 시위꾼(속칭 '밥풀떼기')이라는 혐의를 받고 지난 30일 연행돼 온 19명에 대한 수사의 어려움을 토로 ……
> 이날 오후 늦게 경찰서에서 풀려난 이순봉(42 · 노점상 · 서울 구로구 독산3동)씨는 "30일 밤 청계천에서 완구 노점상 일을 마치고 종로 3가 삼일빌딩 앞에서 집으로 돌아가기 위해 50번 좌석버스를 기다리다 엉겁결에 경찰에 연행됐다"면서 "무고한

사람을 이렇게 붙잡아 놓고 폭력배인 듯이 떠들어대면 어떻게 하느냐'고 볼멘소리를 했다. …… 수사의 어려움을 토로하는 경찰이나 풀려난 뒤 집으로 돌아가 자신이 과격 시위꾼이 아니라는 것을 어떻게 설명해야 할지 고민하고 있는 '밥풀데기' 혐의자들의 모습에는 최근 당국이 호들갑을 떨며 진행하고 있는 '밥풀떼기'들에 대한 뺑튀기 수사의 한계가 잘 드러나고 있다.[28]

"당신들 밥풀떼기들 때문에 민주화시위가 일반 시민들한테 얼마나 욕을 먹는 줄이나 아쇼? 당신들 도대체 누구, 아니 어느 기관의 조종을 받고 이런 망나니짓을 하는 거요?" …… "누가 쓰기 시작한 말인지는 모르지만 소위 밥풀떼기라고 불리는 우리 같은 축들을 학생인지 아니면 대책위 사람인지가 손가락 끝으로 백골단에게 찍어주는 바람에 달려갔시다." …… "무슨 소리야. 가장 앞장서서 싸워야 할 대학생들이 시신 사수에만 정신이 팔린 나머지 시위를 해서 싸울 생각은 안 하니 그게 바로 문제가 아니고 뭐란 말이야. 싸우기가 겁나는 놈들은 당장 이 자리를 뜨라구." …… "필요 없다. 기회를 따지는 놈들이야말로 바로 기회주의다. 우리에게 토론은 더이상 필요 없어. 당장 청와대로 가자."

밥풀떼기로 불린 사내들은 들고 있던 각목으로 시멘트 바닥을 두들기며 구호를 외치기 시작했다. …… "그만들 두지 못해! 이게 뭐 하는 짓거리야. 더이상 두고볼 수가 없다구. 이 따위로 나오면 우리는 당신들을 적으로 규정할 수밖에 없어. 어서 그 각목을 바닥에 놓고서 순순히 물러서라구. 아니면 이후로 당신들이 어떻게 되든 우리 책임이 아냐."[29]

그해 5월에도 숱한 희비극이 교차했다. 그중 기억나는 하나는 소위 '밥풀떼기'라고 불리던 일군, 나폴레옹 점령군에 대항하여 일어난 민중봉기의 주역을 맡았던 에스파냐의 목소리 큰 거지들이나 프랑스대혁명과 파리코뮌 당시 큰 역할을 하고, 많은 희생을 냈던 거지군단과 마찬가지로 어떤 알 수 없는 이유로 인해 자발적으로 집합한 민주적 부랑자들이었다. …… 그들 중 어떤 이는 노상 집회를 마치고 엠프를 정리하고 있던 내게 다가와 더없이 진중한 눈빛과 은근한 목소리로 '여성 동지'라고 부르며 치약을 듬뿍 묻힌 마스크 하나와 컵 라면 값 1000원을 빌려 가기도 했다. 그들은 얼마간 골칫거리일 정도로 통제 불능 상태였고 매우 즉흥적이었으나, 지극히 비타협적이고 원칙적이기도 했다.30

이른바 밥풀떼기로 불렸던 '민중답지 못한 민중'들은 민주 불량배로 불리며, 운동 진영의 손으로 경찰에 넘겨지기도 했다. 또한 밥풀떼기의 과격한 행동은 단세포적 복수 심리로 취급받거나 심지어 적으로 간주되기도 했다. 여기에서 91년 5월 투쟁 과정에서 보인, 또 80년대 운동에서 드러난 운동 진영의 민중관을 부분적이지만 엿볼 수 있다. 이미 87년 6월 항쟁에서 일부 나타났지만 직접 행동에 관한 운동 진영의 자기 제약성, 비조직적 대중의 저항을 바라보는 부정적인 태도는 운동 진영 특유의 조직 보존 경향이라고 볼 수 있는데, 이것은 밥풀떼기에 관한 시각에서도 드러났다.

그렇다면 우리는 밥풀떼기와 같은 민중을 어떻게 이해해야 할까? 일제 강점기와 오랜 분단 속에서 민중은 '기회주의'라고 불릴 만큼 이중적 태도를 보였다.31 근대 이후 민중은 한편으로는 민족과 국가의 하위 범주로서 독자적인 지위를 상실했으며, 해방 이후의 반공주의적 국가주의 시스템은 자율적이고 독립적인 주체로서 민중의 입지를 약화시켰다. 근대 한국의 국가 주도형 민족주의는 자율적이고 능동적인 민중을 양성하기보다, 조국 근대화라는 지배 담론의 하위 범주로 민중을 위치시켰다. 특히 해방 이후 민중이나 인민이 자기 형성의 계기로 기능할 수 없는 조건 아래에서, 배제적이고 억압적인 국민 또는 민족의 논리가 내부적 통합의 계기를 가로막았다.32 이렇게 민족의 하위 범주로서 민중은, 근대적 의식과 합리성보다는 국가 주도 민족주의에 종속된 강제적 통합의 계기 또는 원초적이고 정서적인 민족 담론의 희생양이 됐다.

한편 운동 진영 안에서는 여전히 민중을 낭만적으로 사고하거나 민중을 변혁적 주체로 등치하는 경향이 강했다.[33] 이런 경향은 민중 속에 내재된 지배와 저항 사이의 균열을 적절하게 천착하지 못한 결과다. 동시에 민중이라는 실체의 역사적 구체성에는 눈감은 채 초역사적 실체인 붉은 메시아로 바라본 결과였다. 그러나 체계적 이데올로기로서 변혁 이념이 민중 속으로 침투할 힘이 결여된 상황을 단지 반공 이데올로기 탓으로 설명할 수 있을까? 강제와 동의, 지배와 저항은 현실에서 동시에 나타나는 것이며, 민중의 묵종이나 비조직적 성격을 억압의 과잉으로만 해석하는 것은 적절하지 않다. 다시 말해, 파시즘의 근대화 담론이 민중에게 제공한 기회 구조는 확실히 존재했다.[34] 80년대 민중 인식은 상당수 운동가들이 공유하고 있던 중산층의 낭만적 민중관으로, 역설적으로 역동적인 항쟁의 시기에 나타나는 민중과 대중의 역능을 무시하는 결과를 초래했다. 밥풀떼기의 예처럼, 민중의 직접 행동이 지닌 역동성에 관한 진지한 고민이 부재한 채, 정치적 구호가 일치하는 것만으로 연대를 사고하는 민중관을 드러냈다.[35] 왜 대다수 비조직 민중들이 과격한 직접 행동을 하게 될까 하는 의문은 버려두고, 동시에 이런 민중들이 지배 집단에 복종하게 되는 일상적인 메커니즘에는 눈감고 말았던 것이다. 현실의 부조리와 파시즘의 비이성에 분노하지 않는 개인을 비겁자나 기회주의자라고 호명했다고 주장한다면 지나친 말일까? 또는 이런 담론 구조가 국가 주도 민족주의나 조국 근대화 담론의 민중관과 유사하다는 느낌을 받는다면 잘못된 걸까?

결국 91년 5월의 민중관은 여전히 운동 담론이라는 자기 독점적이고 폐쇄적인 지식 권력의 작동을 통해 재생산됐다. 대학은 민주화의 성지이자 해방구였으므로, 구체적인 민중성이나 대학 외부의 사회와 일상적으로 연대하는 문제를 생각할 겨를이 없었다. 운동 진영은 91년 5월 이전 그리고 이후에 끊임없이 민중과 노학연대를 외쳤다. 그러나 대학의 시스템 자체를 민중에게 개방하려는 시도가 운동 진영 안에 있었는지 묻는다면, 나는 부정적이다. 대동제 때나 특정한 이슈가 벌어질 때 노동자나 민중들이 대학의 일부 공간을 공유했던 경험은 있지만 일시적이었고, 집회 장소를 제공하거나 공동 가두 투쟁을 펼치는 정도가 최대치였다.[36] 80년대 이후 민중에게 대학을 개방하고 대학 내부의 기존 질서에 파열구를 내려고 한 시도는, 내 기억에는 한 번도 없었다. 바로 이런 점에서 91년 5월은 80년대 운동의 연장이었다.[37]

나는 91년 5월 투쟁에서 나타났던 밥풀떼기라는 민중들, 그리고 여전히 80년대의 유산을 지니고 투쟁한 모든 것을 비판할 생각은 없다. 문제는 80년대 이후 민중 연대라는 의제가 지니고 있던, 정치적 슬로건의 공유를 연대라고 본 사고에 있다. 이제 지난날 우리가 민중성이라고 인식하던 운동의 한계를 근본적으로 사고해야 한다. 그런데 이런 한계는 거대한 파시즘 탓이라고 변명한다면 설득력을 가질 수 있을까? 이제 마지막으로 91년 5월 투쟁이 활동가들의 의식 세계에 남긴 유산과 활동가들에게 준 피해 의식, 좀더 구체적으로 조직과 개인을 둘러싼 문제를 살펴보자.

사라져간 동지들 ― 단절의 심리 구조

먼저 내 기억부터 이야기하자. 10여 년 전 내 가장 큰 희망은 무엇이었을까? '4학' 또는 '5학' 운동을 하던 운동 주체들이 감히 드러내놓고 이야기하지 못한 작은 소망은 무엇이었을까? 좀 부끄럽다는 생각도 들지만, 나는 하루 종일 책이나 실컷 읽고 싶은 게 소망이었다. 매일 아침부터 새벽까지 이어지는 회의, 세미나, 실무에서 자유롭고 싶었다. 또한 남의 눈치 보지 않고 개인 시간도 갖고 싶었고, 내 삶의 지나친 무거움을 떨쳐내고 싶었다. 한참 주변 활동가들이 운동을 정리하던 91년 무렵, 나는 시간도 없었지만, 앞으로 무엇을 해야 할지 막막했다. 91년 이후 조직적인 운동의 전망은 극소수에게 국한된 문제였고, 많은 동기들은 3년간 깎아 먹은 학점을 만회하기 위해 강의실로 향했다. 91년에 활동가들은 5월이라는 집단의 열기 안에서 개인적 고민을 풀지 못한 채 많이 사라져갔다. 잠시 참고가 될 만한 김별아의 자기 고백을 살펴보자.

우리에게 남겨진 것은 폐허가 되다시피 한 교정과 집단의 열기 속에 개인적인 고민을 풀지 못한 채 깃발을 내던지고 사라져버린 몇 명의 동료들, 누적된 피로와 축제라는 일감이었다. …… 당연히 내부적 진통이 있었다. 축제를 하지 말고 선거 국면(6·20 광역의회 선거 — 인용자)에 걸맞은 투쟁을 하자는 입장과 5월 투쟁 내내 원하든 원치 않든 학교를 투쟁의 메카로 임대했던 학우들에게 축제라는 최소한의 공간은 돌려주어야 한다는 입장이 맞부딪혔다.[38]

91년 5월 이후 활동가들은 공동체적 삶의 지향과 개인적 시간을 찾으려는 강렬한 욕구 사이에서 계속 갈등했는데, 이것은 어찌 보면 명분과 욕망 사이의 괴리라고 말할 수도 있다.[39] 당장 할 일은 많지만 투쟁의 대상은 철벽처럼 더욱 견고해지고 정작 할 수 있는 일은 부족한, 도망치고 싶은 심리 상태였다. 이런 심리 상태를 김소진이 〈혁명기념일〉에서 쓴 것처럼 묘사한다면 과장된 걸까?

이젠 달라져야지. 현실은 완강하잖아. 우리의 그 지독했던 낭만주의로는 아무 일도 할 수가 없다고. 낭만적 허위, 그것은 이렇게 활짝 핀 장미꽃과 같아서 곧 기울고 마는 신세지. 찬란한 허위라고나 할까.[40]

조국, 민족, 해방의 영광을 위해 민중과 운동가의 희생과 헌신을 강요하는 운동의 논리는 자기 자신의 정체성을 잃게 만드는 역설적인 결과를 가져왔다. 그러나 이전 시기 공동체 문화의 억압을 받던 개인들이 91년 이후 자유로운 개인으로 변화했느냐 하고 묻는다면, 그 대답도 부정적이다. 나는 80년대 대학 그리고 그 안에서 작동하던 민중 지향적 공동체가 생명력을 가지고 운동을 이끈 중요한 원인 가운데 하나가 민중 문화를 표방한 운동 문화라고 생각한다. 활동가들은 이 문화를 자신의 것으로 만들고, 대중에게 전파하려고 노력했다. 그러나 운동 문화는 대항문화가 아니었다. 단지 하위문화, 또 어떤 경우에는 활동가와 대중을 길들이는 규율로 작용하기도 했다.

이렇게 운동 문화가 대항문화가 아닌 하위문화로 전락했던 이유는 앞서 지적한 민중성의 체현에 실패했기 때문이며, 스스로 부르짖던 조국, 민족, 당파성이라는 추상적 가치 속에서 구체적 개인의 삶은 실종됐기 때문이었다. 대신 그 자리에 다양한 경쟁 시스템이 복구되고, 80년대 그리고 91년은 잊고 싶은 에피소드, 부정하고 싶은 소극笑劇으로 전락했다. 몇 년 전 한 인터뷰에서 들은 고백으로 그때의 심리 구조를 대신 살펴보자.

> 몸과 마음이 일치되진 않았다고 생각해. 그렇기 때문에 우리의 생활 자체를 목적의식적으로 만들고, 계속 잘라 나가고 구획을 지워서, 나름대로 공동체를 지향했음에도 불구하고 고립화시켜 나간 거지. 우리들이 대학 생활 내에서 일구어냈던 공동체를 떠나왔을 때 우리의 입장은 헷갈릴 수밖에 없을 것 같아. 지향점을 잃은 상실감이 조금씩 있을 것 같아. 자기 나름대로의 한계에 대해서 반성 내지 정신적인 스트레스를 지니고……41

4. 글을 맺으며 ─ 우리는 91년 그리고 오늘, 왜 모인 걸까

지금까지 나는 91년 5월을 비판적으로 회고했다. 논의의 핵심은 91년은 80년대 운동의 연장선상에 있으며, 91년 이후 실험된 다양한 노선과 정치 실천은 운동 진영과 주체들이 겪은 곤란함을 해결하지 못했다는 것이다. 그런 점에서 91년

5월은 아직 현재형이며, 연구의 대상으로서 난점을 지니고 있다. 91년 5월을 둘러싼 기억이 그리고 그 운동사적 의의가 '비극인가, 아니면 소극인가?'라고 누군가 묻는다면, 대답은 몇 가지로 정리할 수 있을 것 같다.

먼저 비극적 요소는 죽음 그리고 폭력의 알레고리였다. 죽음은 투쟁의 시발이자 대중적 공분의 소재였지만, 활동가와 대중을 지치게 했다. 더군다나 연이은 분신이라는 한국 운동사의 상징은 문제를 더욱 복잡하게 만들었다. 죽음을 등 뒤에 메고 나간 거리에서 벌인 투쟁은 악순환을 낳았다. 죽음을 실체로 보는 게 아니라, 관성적 의례로 파악하게 됐던 것이다. 더는 죽음과 분신 자체가 전국적인 불만과 저항의 계기가 되지 못했다. 또한 폭력과 비폭력의 순환 구조는 대항 담론을 생산하지 못하는 결과를 낳았다. 아마 91년 5월의 운동사적 단절은 80년대 운동 담론이 많이 약화됐다는 데 있을 것이다. 공식적으로 표명된 운동 노선의 폐기와 변화라는 모토, 신노선, 도덕성 담론 등이 생생한 증거였다. 그러나 더욱 중요한 점은 변화한 담론과 운동 노선들이 운동 주체와 대중을 규정하는 방식이 비슷했다는 사실이었다. 그래서 91년 5월은 소극이기도 하다.

그렇다면 소극적 요소는 무엇일까? 이 글을 시작하면서 91년 5월에 관해 글을 쓴다는 내 말에 많은 사람이 "91년 5월?"이라며 강한 의문을 던졌다고 말했다. 그러나 그 속에는 침묵과 망각이라는 의도가 짙게 배어 있다. 많은 이들이 91년을 잊고 싶어하거나, 공개적으로 이야기하고 싶어하지 않는다. 물론 당사자의 현재 위치에 따라 다르겠지만, 앞서 말한 대로 91년 5월을 달구었던 많은 '동지'들은 그 뒤 뿔뿔이 흩어졌다. 91년 5월을 추모의 대상으로 삼아 아름다운 투쟁으로, 90년대 민족민주운동의 월계관으로 이야기할 수도 있다. 그러나 현실은 반드시 그렇지만은 않았다. 91년 5월이라는 역사가 내게 그리고 한국 운동사에서 중대한 사건이었던 것은 분명하다. 그런데 '중요했다'를 넘어서는 규정은 나오지 않고 있다. 앞에서 다소 과장되게 설명한 변화, 운동 질서, 죽음과 폭력, 5월과 민중, 사라져간 동지들이라는 기억은 여전히 5월과 80년대 운동을 휘감아 돌고 있는 화두들이다. 나는 80년대와 90년대 운동의 결절점으로 91년 5월을 말했다. 그러나 그 결절점이 80년대 운동의 요소들—현재로서는 비극적 요소가 더 많은—에서 멀리 떨어진 것은 아니다. 어쩌면 그것은 91년 5월을 통해 넘을 수 없던 시대적 한계였다. 그리고 시간은 흘러갔고, 91년 5월은 사건 또는 운동으로서 잊혀갔다. 많은 사람들의 아픔을 품은 채 말이다.

결국 나는 명쾌하게 91년 5월의 운동사적 의미를 규정할 수 없을 것 같다. 그만큼 91년 5월이 나의, 당시 참여자들의, 운동의 현재를 고스란히 반영하고 있기 때문이다. 다만 나는 20년을 맞은 91년 5월을 둘러싼 기억들과 침묵들이 좀더 공론화된 장에서 논의돼야 한다고 생각한다.

나는 91년 5월은 특정한 개인이나 집단의 전유물이 되면 안 된다고 생각한다. 80년 5월 광주처럼 특정 집단이 정치적으로 악용하거나 담론의 진리성을 독점해서는 안 된다. 또한 91년 5월은 신화화되어서도 안 된다. 그때 운동에 참여했기 때문에, 그때 일어난 사건으로 피해를 당했기 때문에, 현재 활동하고 있기 때문에, 학력이나 연배 때문에 91년에 관한 자기 평가와 91년에 관한 담론을 독점하거나 배타적 해석의 권리를 지닌다고 생각해서도 안 된다. 이것이 91년 5월의 운동사적 의미가 화석화되지 않는 첫걸음일 것이다. 이런 인식이 확산될 때 91년 5월은 좀더 자유로운 평가의 지평 위에 설 수 있을 것이다.

갓 서른 살이 넘어서 썼던 글이다. '91년 5월 10주년'을 매개로 모인 젊은 연구자들이 그 시절을 되새기며 모아낸《그러나 지난 밤 꿈속에서 이 친구들이 나에 대하여 이야기하는 소리가 들려왔다, 91년 5월》(2001)에 실렸던 소품이다. 무엇을 분석하기보다, 91년이라는 시대적 기억이 '내게' 무슨 의미였는지 생각하며 썼던 글이다. 내가 자주 쓰는 '독백체' 글 중 하나인데, 91년과 92년 사이에 고민했던 기억들을 모아서 짜깁기한 모양새다. 이 글에서 이야기한 대중, 봉기성, 사회와 대학의 연계에 관한 기본적 생각은 10년이 지난 지금도 변하지 않았다. 하지만 이 글을 썼던 2001년과 달리 변화라는 화두가 경쟁으로 바뀌고, 주변 사람들은 그 사이에 다른 곳으로 떠나갔다. 어느 토론회에서 '제도 외부의 지식인'에 관해 이야기했더니, 어느 선생님이 "스스로를 배제하면 안 된다. 계속 시민권을 얻으려고 노력해야지, 그건 패배주의"라고 말씀하셨다. 그 말도 전적으로 틀리지는 않지만, 내가 막 서른 살이 넘을 즈음 가진 '다른 글쓰기'를 향한 욕심을 쉽게 버리고 싶지는 않다. 사회와 주변을 변화시키는 길은 여럿 있고, 그중에 가장 마음에 드는 것을 선택하면 되는 일이다. 10년 만에 이 글을 다시 고치며, 작고한 소설가 김소진 생각이 났다.

80년대에서 배운 것이 있다면 열사라고 이름 붙이는 사람들의 역사적 의의를 계승하기 위해서는 민민운동 진영에서 '장례'도 하나의 투쟁이라고 인식하고 이것을 역사의 정사正史에 올려놓고자 하는 운동이다. …… 장례위원회가 구성되고 고문도 배치되고 장례위원장단이 서고 집행위원이 일을 맡고 장례위원들이 '동지'의 반열에 서게 된다. 특히 고문과 장례공동위원장의 경우 여러 사람이 배치되는데 운동계의 선배와 원로, 교수, 변호사, 목사, 신부와 수녀, 승려 그리고 민중단체의 책임자들이 들어선다. 이만하면 부귀영화를 누리다가 간 사람에게 '조-동-중' 수구 신문에 이름이 자주 오르내리는 '명사'들이 즐비하게 장례위원이 되는 장례에 못지않게 '빛나게' 진열되는 모습을 갖춘 것이다. …… 그렇지만, 생각해 보라, 아무리 장례가 엄숙하고 장엄하다고 해도 분신은 해서는 안 될 일이다. 한국 사회가 사람 목숨을 이렇게 가볍게 대접하는가? 살아 있어서 절규하는 이야기를 왜 귀 담아 들으려고 하지 않는가? 우리나라가 어느 지경까지 추락하고자 하는 것인가? 내가 장례위원 명단에 들어갈 때마다 소름이 끼치는 것은 이런 연유에서이다.[1]

'91년 5월'이라는 고유 명사

이 글에서 91년 5월에 관한 '거대한 담론'을 대상으로 삼지 않는다. 오히려 91년의 한가운데 또는 그 주변에서 겪었던 '주체들의 내면세계'에 주목한다. 그러기위해 먼저 80년대와 91년 5월에 저항 운동의 동력이 된 저항 담론과 정치적 상징인 열사-전사, 거리 정치, 공동체 등 의례가 어떻게 지배적인 위치에 올라섰는지 살피고, 다음으로 저항 담론과 상징들이 91년 5월 활동가 내부에서 어떻게 균열을 불러일으켰는지 살펴볼 것이다.

이런 과정을 통해 91년 5월을 기점으로 활동가들을 둘러싸고 있던 저항 담론과 상징 차원에서 일어난 균열과, 이것들과 군사주의militarism의 관계, 그리고 91년 5월에 저항 담론과 상징이 보여준 '동원의 한계'를 밝혀내려고 한다.

91년 5월 투쟁의 역사적 복원을 다룬 연구들은 여러 가지 방식으로 91년의 '귀환'을 시도했다. 그러나 정작 91년 속에서 살아온 이들의 '내면 세계'에 관해 진지하게 이해하려는 노력은 많지 않은 것 같다. 특히 거리에서 투쟁을 주도했던 대학생들의 '일상 세계'에 관한 탐구는 거의 전무했다.

나는 1991년 5월을 다룬 김별아의 자전적인 소설《개인적 체험》(1999)과 그 시기에 생산된 담론들을 텍스트로 해서, 91년 5월의 일상을 살던 활동가들의 내면세계와 이것을 규정한 담론들을 추적하려고 한다.[2] 5월 투쟁의 진원지인 연세대학교 총학생회 집행부로 일했던 김별아는, 91년을 가장 가깝게 느낄 수 있는 대중 활동가였다. 따라서 91년 5월 투쟁 과정에 학생운동 활동가가 느낀 갈등, 모순, 자기 한계 등을 진솔하게 밝히고 있다. 특히 여성 활동가이자 문학도로서 김별아의 '글쓰기'는 분신, 거리 정치, 패배 등으로 각인된 91년 5월 안에서 사람들이 무엇을 고민했고, 어떤 선택을 했어야 했는지 들여다볼 수 있는 중요한 사료다.

《개인적 체험》을 쓴 김별아는 연세대학교 국어국문학과 88학번으로, 91년에는 4학년에 다니고 있었다. 학생운동에서 '4학'[3]은 각별한 의미를 지닌다. 대학과 사회의 관계에서 자신의 위치, 이른바 '존재 이전'을 구체적으로 고민하는 시기이기 때문이다. 80년대 '현장 투신'이라는 존재 이전 방식은 87년 이후 변화하기 시작했다. 활동가의 존재 이전은 '애국적 사회진출론'이나 부문 운동에 결합하는 방식 등으로 다양해졌다. 김별아의 《개인적 체험》 중에서 91년 5월과 연관된 부분은 제2부다. 제1부는 대학 입시를 치른 직후 '버스 안내양'으로 지낸 삶을 기록한 것이고, 제3부는 91년 5월 투쟁 이후의 기억들이 중심이다. 따라서 이 글에서 가장 중요한 부분은 2부인 '여성 활동가' 김별아의 일상이다.[4]

《개인적 체험》 이외에 사용하는 자료는 크게 3가지다. 먼저 지배 세력과 저항 세력의 담론을 구체적으로 다룬 잡지와 신문 기사다. 특히 저항 세력의 담론은 월간《말》에 실린 텍스트를 주로 살펴봤다. 《말》은 1985년 창간된 이래 운동 진영의 다양한 입장과 소식을 전달한 대항 언론으로, 특히 91년 5월을 포함해서 80년대 열사 또는 전사들과 관련된 여러 사진과 자료를 풍부하게 담고 있다. 물론《말》이 생산해온 담론은 이른바 NL계열과 정치적 친화력을 갖고 있지만, 그만큼 운동 진영 내부에서 다수파를 차지했던 세력의 입장을 잘 반영하고 있다.

둘째, 학생회나 정치 조직 등 운동 조직의 문건, 운동 조직 내부의 투쟁 지침, 조직 운영 방침, 소시기 방침, 팸플릿 등 공식 또는 비공식 문서들이다. 마지막으로 학생운동과 민중운동 내부에서 열사와 전사라는 담론을 상징화한 '문화적 의례'들을 살펴볼 것이다. 대표적으로 '운동 가요'라고 불렸던 노래, 대중의 집단적 동원을 끌어낸 '노제', 열사를 추모하거나 상징화하기 위해 만들어진 시, 걸개그림, 만장, 거리 정치에서 쓰였던 집단 창작물과 문예물 등이다. 예를 들어 운동 가요의 가사는 저항 세력이 열사와 전사 담론을 어떻게 형상화하고 대중 이데올로기로 만들려고 했는지 보여주는 좋은 사료다.

끝으로 이 글은 내가 이전에 진행했던 학생운동과 91년 5월 투쟁 관련 연구에 관한 '자기비판'이다. 과거 나는 80년대에서 90년대 초반에 걸친 학생운동, 더 나아가 운동 조직의 관료적 성격을 비판하면서, 이것이 대중정치의 실패로 귀결됐다고 주장했다. 그러나 여성 의제와 여성 주체를 배제했던 담론에 관해서는 거의 언급하지 않았다. 허나윤의 연구에서 지적되었지만, 인터뷰 대상자 가운데 여성 활동가와 여성 주체가 존재했는데도 전형적인 남성적-중성적 시각에서 접근이 진행됐다.[5] 이 점은 91년 5월 투쟁과 학생운동 그리고 운동 조직을 다룬 연구들도 유사하다.[6] 이 연구들은 91년 5월을 둘러싼 '집단적 기억'을 복원하고, 쟁점이 된 폭력, 분신, 죽음 그리고 91년 5월 투쟁의 성격과 이후 운동에 미친 영향에 관해서는 치밀하게 정리했다. 그러나 한걸음 더 나아가 91년 5월 그리고 이것을 전후로 한 운동 담론이 은폐한 담론 질서와 메커니즘에 관한 분석까지 나아가지는 못했다.

한편 허나윤은 90년대 초반 학생운동의 '위기 담론'을 운동의 위기 일반이 아니라, 운동 조직과 담론 내부에 장착된 여성 배제와 여성 주체에 관한 특정한 시각을 중심으로 비판적으로 재구성했다.[7] 그러나 허나윤의 논의는 위기론과 학생운동이 지닌 모순의 출발점을 여성 주체의 결여, 좀더 직접적으로는 남성 활동가의 여성 활동가 지배로 '환원'시켰다.[8] 급진적 여성주의에 입각한다면 성별이 모든 연구에서 '우선적인 준거'로 자리잡게 된다. 이런 접근은 마르크주의자들이 '계급환원론'이라는 자기 한계에 빠진 것과 마찬가지로 '젠더 환원론'에 매몰될 가능성이 크다.[9]

물론 나도 80년대 운동 문화와 조직에서 이런 현상이 존재했다는 지적에는 동의한다. 그러나 한걸음 더 나아가서 80년대 그리고 91년 5월 등을 통해 국가 권력에 대항하는 일련의 투쟁 과정에서 젠더와 성별이 어떻게 작동했는지를 답변해야 할 필요가 있다. 다시 말해서 여성들의 주체화 과정에서 어떻게 성별화 효과가 나타났고, 주체들이 차별-배제된 담론 또는 원리가 무엇인지 해명해야 한다. 이런 점에서 80년대 이후 사회운동과 운동 조직의 가부장제를 중심으로 접근하는 것이 조직 내 여성의 주체화를 파악하는 데 충분한지 의문이 제기될 수 있다. 가부장제는 근대 이전부터 여성 억압의 주요한 기제로 작동했다. 그렇다면 왜 근대화 이후, 특히 80년대에 가부장제가 변형돼서 학생운동과 사회운동에서 중요한 요인으로 작용했는지 해명돼야 한다.

나는 권위적인 국가 권력에 대항하는 저항 담론은 '아버지'로 은유되는 국가 권력에 맞선 공격과 더불어, '동지'라고 지칭되는 '아들들의 연대', 구체적으로 '형제애'에 기반한 것이었다고 본다. 사회운동의 가부장성이라는 개념은 실제로 운동 세력이 지배적 담론으로 차용한 동지나 열사 같은 언어들이 강한 '가족적 은유'를 내장하고 있다는 것을 파악하는 데 한계를 지닌다.[10] 더불어 거리 정치와 운동 조직에 여성이 존재했는데도 불구하고 여성 활동가들이 중성적 주체가 되거나 배제된 맥락에 관해서 설득력 있는 설명을 제시하고 있지 못하다.

다시 정리하자면 사회운동의 가부장성을 강조하는 연구나 사회운동의 문화적 통합성을 강조하는 연구 등은 91년 5월이라는 사회적 시·공간을 설명하는 데 한계를 지닌다.

특히 91년 5월 투쟁 시기 은폐되거나 배제된 주체와 그들을 둘러싼 지식 체계가 80년대 운동 담론과 어떻게 결합돼 있는지를 규명하는 데 한계가 있다. 따라서 나는 먼저 80년대 저항 담론과 정치적 상징이 91년 5월 투쟁에서 활동가의 일상이라는 미시적 영역에서 어떻게 균열됐고, 이 균열들과 열사-전사 담론, 거리 정치 등 지배적 저항 담론과 운동 질서 — 군사주의와 여성의 부재 등 — 의 연관성에 관해 살펴보려고 한다.

앞에서 말한 대로 김별아의 글에는 활동가로서 '일상'을 고민한 흔적은 있지만, '여성' 활동가로서 고민은 찾아보기 어렵다. 이런 여성의 '침묵' 혹은 91년 5월 활동가의 일상 속에 '여성'이 부재했다면, 그 이유는 이전 시기 80년대 활동가들의 일상에서 유추할 수 있을 것이다.[11] 그리고 그 내부에는 운동 조직의 '군사주의'가 은폐돼 있었다.

먼저 80년대 운동 조직과 여성에 관해 살펴보자. 80년대에는 '여성' 자체를 의제화시키는 것을 스스로 꺼리는 심리적 구조, 이른바 '자기 보호 심리'가 있었다. 독재 타도, 계급, 통일 등이 더 시급히 해결돼야 하는 문제였다고 인식했고, 이런 거대 담론에서 소수화되기 싫었던 여성 활동가들의 심리 구조가 존재했다. 집단의 이해를 최고의 가치로 여겼던 조건 속에서 여성이 자기 문제를 발현하고 성차를 인정받으며 여성으로서 정체성을 찾아가기는 쉽지 않았다.[12]

1980년대 후반에 나온 〈청년 여학생운동과 여학생 전투 조직론에 관한 제언〉이라는 문건을 보면, 여대생의 존재 조건을 미제국주의와 식민지 한반도를 살아가는 '민중 여성'이라고 규정한다. 물론 "봉건적 가부장제, 사회 모순의 온존 그리고 남녀차별주의"가 언급은 된다. 그러나 여성과 민중이 결합되는 매개에 관한 언급은 되지만 여성 활동가에게 '여성'이라는 존재 조건은 부차적인 문제였다. 같은 여학생 전투 조직의 노래 가사에도 여성은 제국주의와 맺는 관계 속에서 규정되고, '순결'–'처녀' 같은 상징으로 구체화되는데, "…… 죽음으로 짓밟힌 목숨일 수는 없다. 능욕으로 더럽혀진 순결일 수는 없다"가 대표적인 사례다.[13]

운동 주체의 형성 과정 — 남성화 전략

비록 유화 국면과 87년 이후 대학 내 활동 공간이 상대적으로 열렸지만, 이런 성격은 재생산됐다. 단적인 예가 토론 문화였다. 토론은 선배와 학번이라는 권위와 위계에 따라 진행됐다. 학생회 내부에서 벌어졌던 토론은 문건이나 가명을 가진 조직 상부의 '메모'에 따라 좌지우지되었다. 더불어 써클 내부에서 여성을 선발하지 않기도 했는데, 이것은 써클과 학생회 내부의 여성은 '투쟁에 부적합하다'고 사고됐기 때문이었다. 한마디로 "여성에게 닫혀진 멤버쉽이 치열한 투쟁성의 상징"이었다.14 권인숙은 자신의 경험을 이렇게 회상한다.15

끊임없이 학내에서 자기의 위치를 계산하고 출신 써클의 입김을 강화하기 위해 애쓰며 서클 동료나 후배 우선주의에 빠져 있는 계파 의식, 학생 대중 앞에 나서는 것보다 뒤에서 조정하는 사람이 실력자로 대접받는 풍토, 밤늦도록 술을 마시고 아침 늦게 나타나 남들이 열심히 짜놓은 계획을 칼질 하듯이 한번 굴린 머리로 뒤집어놓고는 만족하는 룸펜적 생활 태도와 성숙하지 못한 영웅심. 이 모든 것을 주변에서 계속 접하며 나는 휘청거리기 시작했다.

이런 조건 속에서 여성 활동가들은 자신들에게 부과된 '오명'을 제거하기 위해 자신의 '여성성'을 제거해야 했다. 여성 활동가들은 자신을 여성이라고 사고하지 않았으며, 이른바 '남성화 전략'16을 통해 만족스런 정체성을 형성할 수 있었다.17 이런 현상은 '오월대' 등 90년대에 국한된 것이 아니었다.18 활동가의 '남성화–중성화'는 이미 80년대 운동 문화 속에 깊숙이 자리잡고 있었으며, 여성 활동가들이 육체적으로 약하다는 이유로 가두 투쟁 등에 동참하기가 어렵다고 간주했다. 〈청년 여학생운동과 여학생 전투 조직론에 관한 제언〉을 다시 보면, "…… 이제 소극적이고 순응적이라고 손가락질 받던 여학우들이 기존의 모습을 과감히 버리고, 자주, 민주, 통일의 거세찬 대열에 힘차고 당당한 모습으로 합류해 나가도록 조직화해내야 할 것이다"라고 지적한다. 이런 말은 90년대 초반 '여성' 활동가(또는 여대생)에 관한 운동 조직의 기본적인 사고방식을 그대로 드러낸다. 또한 1989년 이철규 열사 투쟁 때 여성 활동가들을 묘사하는 대목에서도 비슷한 시각을 확인할 수 있다.

> 선전, 선동결사대에 있어서 여성 대원들의 헌신적인 모범이 또다시 드러났다. 여성 동지들은 **신체적 조건에도 불구하고**, 각 지방 전국을 휩쓸면서 이철규 열사의 혁명 정신을 힘차게 외치면서, 승리의 여신으로 투쟁을 전개 …….19

위에서 드러나듯이 여성 활동가들은 '신체'에 따라 운동 조직 내부에서 역할이 분담됐으며, '대원'과 '여신女神' 등으로 표상되고 있다. 앞서 인용한 〈청년 여학생운동과 여학생 전투 조직론에 관한 제언〉은 여학생 전투 조직에서 여성 활동가의 위상을 '후비대'인 선전·선동조, 짱돌 운반조, 의료반으로 규정했다.

1990년 고 김귀정 열사가 동아리연합회 회장 후보에 나갈 때 사용했던 선거용 사진을 보면, 여성 후보자들은 교복처럼 민복을 즐겨 입었고, 대부분 웃음조차 띠지 않은 채 자세를 고정하거나 한쪽 팔을 치켜들어 선동가의 전형을 재현했다. 이런 한복('민중복')은 대표로서 집중성을 높게 해주어 민족성과 강력한 리더십을 상징했다.20 반면 복장에 관한 여성 활동가들의 태도는 '보수적'이었다. 여성 활동가들은 활동하기 편한 바지를 주로 착용했으며, 스커트를 입을 경우 '변했다'는 말을 들을 정도였다. 특히 운동 진영의 여성의 복식과 신체 노출에 관한 보수성 때문에 반바지나 민소매 등은 거의 찾아보기 힘들었다. 옷의 색상도 검정이나 회색처럼 눈에 띄지 않는 중간색을 많이 착용했고, 유니섹스 스타일이 압도적이었다.21 이런 복식에 관한 시각 역시 여성 활동가들의 남성화 전략의 일환이었다. 물론 여성 활동가들이 '외모 가꾸기' 등을 의식적으로 거부했던 이유는 '여성다움' 자체를 거부한 게 아니라 자본주의 소비문화를 향한 비판이라는 맥락 때문이었다. 그러나 담배를 피우고 술 마시고 청바지를 입고 거친 말투를 쓰는 여성 활동가들의 행동은 여성성을 부정하고 자신을 남성과 동일시하는 데서 비롯된 것으로, 운동에 부적합하다고 전제된 여성다움 대신에 남성다운 외양, 말투, 의례를 차용한 결과다. 물론 이 과정에서 '활동가= 남성성'이라는 전제는 공동체라는 틀 속에서 은폐됐다.

이런 남성화 전략은 여성 활동가를 '여성 전사'로 재현하는 방식으로 극대화되었다. 김귀정 열사의 죽음을 형상화한 〈누가 내 누이의 이름을 묻거든〉이라는 헌시는, "누이의 이름은 한반도에서 가장 아름다운 여성 전사라네 한반도에서 가장 용감한 여성 전사라네"라고 고인을 호명했다.[22] 이런 여성의 전사화에 관해 활동가들은, "…… 후보자의 개성이나 인간적인 면모는 치명적 약점이 될 수 있다는 생각 …… 시대가 그들에게 요구한 무게를 감당하기 위해 그들은 스스로에게 더 많은 '금욕'과 '엄숙주의'를 명한 것은 아닌가"라고 말한다.[23] 그러나 여성 활동가를 '전사'로 재현했던 것은 군부 파시즘이라는 시대의 무게 또는 지배적 분위기만으로 환원할 수 없다. 다른 한편 여성 활동가와 열사의 중성화와 반대로, 여성 활동가에게 '모성성'을 은연중에 강제했다. 80년대 초반 활동가의 인터뷰에 따르면, 남자 동료의 팬티와 양말을 빨아주고 음식을 만들어주는 게 80년대 초반 여성 활동가의 전형이었다.[24] 이런 모습은 다른 80년대 여성 활동가 인터뷰에서도 발견된다.[25]

> 우리 학생운동할 때 여성운동하는 애들을 아주 우습게 봤어. 계급 문제만 중요하게 생각했지 여성 문제는 눈에 안 들어왔어. 오히려 여성운동은 극복 대상이었지. …… 그리고 나는 합숙하면서 남자애들 팬티, 양말 다 빨아주면서도 그걸로 열받지 않았으니까. …… 심지어 2학기 때는 집 하나 얻어서 남자애들이랑 살면서 내가 밥 삶아대고 빨래해주고 그럴 정도였으니까.

앞에서 인용했던 〈청년 여학생운동과 여학생 전투 조직론에 관한 제언〉에서도 여성 활동가의 '보조적 위치'를 고정화하는 부정적 관념을 비판했지만, 여성 활동가의 헌신성과 여성다움이 강조됐는데, "…… 하지만 생활 속에서 성실성과 규율성, 헌신성, 동지에 대한 따뜻한 애정과 섬세한 보살핌 등을 보여 주었던 조직된 많은 여학우들이 잠재적 혁명성을 유감없이 발동했던 모습 속에서 이것은 여학우들을 헌신성과 끈기를 가지고 조직화하지 않았기 때문이지."[26] 또한 역설적으로 여학생 전투 조직 구성원의 정체성은 전통적인 '모성성'으로 회귀한다. 단적인 예로 다음과 같은 구절이 있다. "…… 여성이 가지고 있는 세심함, 따스함, 끈기, 부드러움 등 어머니다운 품성을 간직하여 여성으로서 강한 자긍심을 갖도록 한다."[27]

결국 여성 활동가를 둘러싼 이런 담론들은 남성 활동가들이 '순결한 누이'를 보호해야 한다는 누이 콤플렉스의 반영인 동시에, 여성다움 또는 여성성을 '부정적인 것', '비본질적인 것', '비규범적인 것', 다시 말해 '타자화'시킨 결과였다.[28]

박정희 시기와 운동 조직의 '군사주의'

그렇다면 운동 조직 내부 남성화 전략을 어떻게 해석할 수 있을까? 권인숙은 이것을 군사주의 또는 사회의 군사화로 설명한다.[29] 70년대 집단적 동원과 반이성적 광기라는 이념과 문화적 코드는 80년대의 격렬한 학생운동의 '기초'였다는 것이다. 투쟁을 가장 잘할 수 있는 집단적 경험과 이념을 모은 '군대'의 질서를 모방하는 게 그 핵심이었다.[30]

1980년대 학생운동권의 투쟁력과 통일된 힘에 대한 정수는 상당 부분 박정희 대통령에게 가야 …… 터무니없이 몰아붙였던 반공의식과 반북한 의식들은, 학생들에게 강한 반전의 사고 경험과 구질서에 대한 거절의 힘을 불어 넣었죠. …… 우리는 적에 대한 적개심을 곧추 세우고, 그것을 표현하고 싸우는 문화 코드에 익숙한 채로 살았습니다. 공통의 적을 위하여, 집단의 영광을 위하여, 자신을 죽이도록 훈련받은 세대…….31

반공에 대한 절규의 상징으로 배를 긋는 자해 행위를 동반한 멸공 궐기대회 맨 앞에서 깃발을 잡기도 했고, 고등학교 때는 학도호국단 간부로 대열의 앞에 서기도 했다. 대학 시절에는 폭력 투쟁을 큰 의문 없이 정당한 방법으로 받아들였고, 돌이나 화염병을 잘도 던지는 남학생들 옆에서 왠지 자신의 육체적 열등함이 혐오스러웠던 경험도 있었다. 게다가 군사 정권에게 직접적인 억압을 당하기도 했던 나였다. 어떻게 이런 삶을 산 내가 한 번도 군사주의나 군사화와 연결지어서 생각해보지 않았었을까?32

20여 년에 걸쳐 군사 정권 아래 교육, 경제, 사회를 조직하는 원리 곳곳에 군대 조직의 원리가 사용됐다. 한 사회의 군사화와 탈군사화를 측정하는 기준은 성별 분업화된 노동과 문화가 확산되는 등 시민들의 일상적인 삶에 군대의 가치나 관습이 어느 정도 침투했느냐이다. 이런 점에서 60~70년대 남북한의 적대적 상호의존 관계하에서 창설된 향토예비군 등은 반공주의를 조장하기 위한 것이었지만, 역설적이게도 활동가들이 박정희식 사회관과 교육관을 내면화한 이른바 '우리 안의 군사주의'가 자리잡게 되는 계기이기도 했다.

이런 사실은 80년대 후반 전남대학교 오월대의 투쟁 사례에서도 확인된다. 오월대는 자신들의 전투성을 신화화하고, '오월대=민족'이라는 담론을 형성했다. 예를 들어 1988년 8·15 투쟁에 관한 서술을 보자.

쇠파이프로 방패를 내리치고 페퍼포그에 화염병을 던지는 공방전 끝에 어느새 전경들은 줄행랑을 치고 …… 한민족의 아름다운 마음씨와 곧은 마음을 상징하는 하얀 옷을 입고 거침없이 투쟁하는 오월대원의 전투력은 어느 누구도 당할 자가 없다.[33]

그밖에도 "환상의 진격 작전"(89년 한양대학교 평양 청년학생축전 투쟁), "영광의 탈출 투쟁" 등 공권력에 맞선 전투를 지속적으로 '신화화'했다. 남대협 투쟁국에서 정리한 오월대와 녹두대 관련 자료를 보면, "…… 미제가 유포한 식민지 지배 이데올로기를 깨부수고, 과학적이고 자주적인 구국의 사상, 운동 이론을 통해 …… 군부독재의 강한 물리력에 대항하기 위한 조직적인 체계와 질서, 오월대원 스스로 지키는 자각적 규율을 가지는 대중정치군사조직"이라며 자신의 위상을 군사 조직으로 규정했다.[34]

또한 〈오월대 선언문〉을 보면, "나는 민족해방투쟁사에 빛나는 오월혁명 전사의 자랑스러운 후예로서 강고한 **적과의 투쟁**에서 한 치의 물러섬 없이 떨쳐 일어나, 이 땅의 민중의 염원인 조국의 자주, 민주, 통일의 위업을 이룰 때까지 …… 결사항전, 임전무퇴의 자세를 임하여 **조국과 민중의 부름** 앞에 기꺼이 나설 것을 선언"한다는 구절이 있다.[35] 이처럼 '적', '신심', '적개심' 같은 용어들이 일상적으로 사용됐는데, 조선대학교의 '1·8 결사 투쟁'을 다룬 부분 을 보면, "…… 의연하고 흐트러짐 없이 승리에 찬 목소리와 적에 대한 **불타는 적개심**으로 가열찬 구호와 노래를 부르면서, 죽기를 각오하고, 승리의 신심으로 투쟁"했다고 기록돼 있다.[36]

저항 세력의 재현에서도 군사주의는 반복해서 드러난다. 녹두대 보고서에 서 제기한 학생 전투 조직의 질서는 흡사 군사 조직과 유사했다. "…… 올바른 명령 체계가 확실하게 존재치 않았기 때문에, 또한 책임 주체가 자위대를 마치 자신의 개인적인 조직으로 착각하여 교투나 가투 시 여기저기에서 이동을 마음 대로 명령하고 …… 자위대 내부의 명령 체계는 일방적인 체계가 아니라, 전투

지휘자가 항상 하부의 어려움과 고통을 수시로 파악"해야 한다거나, "자체 무장력을 확고히 하기 위해 '장봉'(긴 파이프)을 자체 제작하여 처음으로 전투 시에 사용 …… 다시 말해 고지대의 적을 일시에 급습하여 높은 지역을 점령하여 다시는 폭력 경찰이 고지대에 올라 설 수 없도록 하기 위함"이라는 구절에서 드러나는 것처럼,37 '적'과 '아'를 나누는 전투 개념이 빈번하고 일상적으로 사용 됐으며, '적의 무장력 해제'는 카타르시스처럼 활동가들의 승리와 성취감의 상징으로 자리잡았다. 1986년 당시 학생운동의 분위기를 보여주는 한 기사를 살펴보자.38

민민투측이 5·3 집회를 기해 전국적인 무장봉기가 일어날 것이라는 상황 인식을 갖고 '혁명적인 시기에 축제가 뭐냐. 모든 상가는 철시하고 노동운동 쪽에서는 동맹 파업을 할 것이다. …… 그러나 대중의 감성을 파악하고 있는 총학생회측은 그와 같은 상황 평가에 동의할 수 없었던 것이다. …… 그(오연호, 당시 총학생회 간부 ― 인용자)는 이때 운동권 친구들이 이미 기계화되어 버렸다는 것을 깨닫게 된다. 그처럼 대중 정서와 유리된 투쟁이 성공할 수 없다는 것을 뻔히 알면서도 반발하는 사람이 하나도 없었던 것이다.

군사 조직의 원리에 기초한 상하 복종의 조직 메커니즘의 결과인 대중과 운동가의 괴리를 극복할 대안으로 제기되었던 것이 이른바 '품성론'이었다. 《강철서신》을 통해 확산된 품성론은 운동가가 가져야 할 품성으로 '솔직, 소박, 겸허' 등을 들고, 동지애와 승리를 향한 낙관주의를 강조했다. 민민투 계열의 활동가들도 '품성론'에는 공감하는 분위기가 형성됐다. 이것은 "상부의 명령에 복종하는 것이 올바른 조직 생활의 태도라고 자기 자신을 강제하면서도 그 명령이 올바른 지도 방침이라고 믿을 수 없었던 학생운동가들의 내적 고민" 속에서 자라났던 것이며, "조직 활동은 이들의 인간성을 형해화시켜갔다고도

할 수 있다. 이 때 던져진 '당신은 동지를 사랑하는가'라는 질문이 이들의 가슴에 엄청난 충격으로 다가온 것은 당연"했다.[39]

그렇다면 품성론 이후 운동은 군사주의적 편향을 극복했는가? 불행하게도 품성론에 입각한 운동론은 운동의 '군사주의'화를 더욱 강화시켰다. 품성론에 입각한 운동 노선은 87년 이후, 특히 90년대 들어서면서 '높으신 학생'들이 학생운동 진영 안에서 적잖게 존재하게 만들었다. 결국 80년대 운동의 메커니즘은 70~80년대에 국민교육헌장과 국가와 국기에 대한 맹세 등으로 내면화된, 군사주의에 기초한 국가주의적 학교 교육의 '역동일시' 효과였다. 운동 진영은 충성의 대상으로서 대한민국이 아닌 다른 무엇을 무의식적으로 갈망했다. 1948년 남한 정부가 수립된 뒤, 기층 사회와 일상에 작동해온 미세한 규율 권력에게 운동 진영의 급진적 정치 노선이나 수사는 두려움의 대상이 아니었을지도 모른다. 몇 차례에 걸친 정치적 위기 속에서 대중들이 다시 일상으로 돌아가는 역사의 반복이 이런 점을 잘 보여준다. 다시 말해서 1980년대의 운동 담론은 급진적인 성격을 지녔지만, 그것의 작동 방식은 기존 사회 질서의 규율화 메커니즘인 '군사주의'와 유사했다.

91년 5월 투쟁과 군사주의

이런 맥락에서 91년 5월도 운동 조직의 군사화라는 자장에서 자유롭지 못했다. 91년 5월에 드러났던 학생운동의 관료화와 개인으로서 운동 주체의 상실에 관해 조직이 답을 주지 못했던 상황은, 91년 5월 투쟁을 실패냐 성공이냐 하는 이분법으로만 볼 수 없게 만든다. 특히 87년 이후 학생운동에서 드러났던 우상화와 수령관, 조직 문화는 북한 정권 특유의 민족주의나 선민의식만으로 설명하기는 어렵다. 전대협의 역사를 다룬 책에서는 '의장님'이라는 전대협 의장의 호칭을 별다른 문제의식 없이 미화하고 있다. "집행 간부들은 직선 간부에 의해

임명된 간부들이기 때문에 아무리 학번이 높아도 깍듯하게 존댓말을 쓰게 된다. …… 1년 전까지 후배였던 사람이 의장단이 되고 나서 그에게 존댓말을 쓰는 선배의 경우도 드물지 않게 있다. 그것은 관료주의나 봉건적 위계질서에 의해 …… 예우를 갖추는 것이 아니라 그를 선출해준 학생들에 대한 예우라고 생각하기 때문"이라는 것이다.[40] 또 하나의 대표적인 예가 군대를 다녀온 예비역의 재현 형태였다. 91년 5월 성균관대학교의 '결사대'에 관한 자료를 보자.

> 결사대장의 호루라기 소리에 맞춰서 전진하거나 후퇴했지. 일사불란하게 신호체계를 정한 거야. 결사대원들 중에는 예비역 형들이 많았는데, 하사로 전역한 노석철 선배가 내 호루라기 소리에 200명의 결사대가 움직이는 모습을 보고 "우리 부대 중대장보다 네가 더 무섭다"라고 말한 적이 있어.[41]

예비역과 복학생으로 상징되었던 예비군복은 '맏형'이라는 이미지로 재현되는 동시에, 가두 투쟁에서 부당한 국가 권력에 맞서는 투쟁으로 패러디됐다. 박승희 열사 추모사업회 건준위가 발간한 《해방의 코스모스》에는 91년 5월 전남대학교 교정에 나붙은 '경영대 예비역 야전 사령부' 명의의 포고령을 소개하고 있다.

> 지난 5월 18일, 19일 운암대첩의 승리를 발판으로 또 다시 성전聖戰에 임하자! 5월 25일 박승희 열사의 장례식 때 도청 노제를 원천봉쇄하겠다는 파쇼 무리배를 단숨에 걷어버리고, 꽃다운 청춘을 조국에 바친 어린 후배 여학생의 마지막 가는 길을 외롭지 않게 끝까지 지켜주자.[42]

이렇게 91년 5월에 나타난 학생운동의 군사주의적 흐름은, 집단주의 문화의 효율성이 극도로 미화될 때 가능할 수 있었던 형태였으며, 후기 주사파 학생운동에 의해 주도되었다. 단적인 예가 자본주의적이고 개인주의적인 인간상을 부정하고 모든 반제국주의적 흐름을 미화하는 것이었는데, 집단적 경험만 강조되는 민족주의 문화도 큰 구실을 했다. 역설적으로 말하면, 군사주의라는 우상이 역전된 것이 '혁명적 수령관'이었다. 실제 녹두대의 전투 조직 활동 보고서에는 전투 단위를 군대 단위인 '중대'나 '소대'로 지칭하고, 내부 규율로 "…… 정치 군인의 요소에는 철저히 학우들에 의거하는 투쟁"이라고 명시적으로 밝혔다.43 91년 5월에 일어났던 운동 조직의 군사화 과정에서도 여성 활동가를 대상으로 하는 '여성성의 배제'가 유사하게 드러났으며, 이것은 백골단의 과잉 진압으로 사망한 김귀정의 재현에서도 반복됐다.44 남성 열사들이 운동을 향한 헌신성이나 변혁을 향한 용기 등으로 재현되었던 데 견줘, 여성 열사는 혁명가라기보다 '한 명의 순수한 인간'으로 재현되었다. 단적인 예로 "인간적인, 마치 어머니와 같은 모습이었다", "나는 사실 투쟁이고 혁명이고 하는 그녀의 운동가적 모습보다 순수한 인간으로서의 그녀를 기억하고 싶다. 매사에 열심히 하려고 하였던 성실한 인간으로서의 귀정이", 그리고 1991년 4월 2일 일기에 김귀정이 쓴 "난 혁명성이나 투철한 사고방식, 해박한 지식도 없었고, 그냥 심산이 좋아서, 선배가 좋아서 올라오기 시작했고, 마칠 때까지 그래왔다"라는 담론 등이 그런 사례다.45

이런 모습은 1986년 권인숙의 성고문 사건을 둘러싼 담론에서도 볼 수 있다.46 1987년에 출판된 《우리들의 딸, 권양》이라는 책 제목에서 드러나듯이, 권인숙은 구조적 폭력의 '희생양'으로 재현됐고, 여성이라기보다 '여성 노동자'로 자신을 호명했다. 예를 들어 이 책에서 자신이 성고문당한 사실을 폭로한 것은 일제 강점기 때부터 가족만을 알고 가족에게 희생된 여성들을 일깨우기 위한 행동이라고 주장함으로써 여성 활동가를 정치적 주체라기보다 순결한 희생양으로 규정했던 것이다. 저항하는 주체로 자신을 부각시키기 위해 여성 활동가들은 여대생이나 여성이 아닌 '여성 민중' 또는 '여성 노동자'로 내세웠다.

다시 말해서 자신이 희생자로 재현되는 것에서 벗어나 동지라고 불리는 남성 활동가들과 연대할 수 있는 '여성 전사'라는 자격에 안착하려면 여성 활동가들은 '여성 노동자'나 '여성 민중'이라는 코드를 취해야 했다. 정치적 능동성의 여지가 제한된 조건에서 희생자의 자리이자 오명과 결부된 '배운 여성'의 자리, 곧 부정적인 '여성성의 표지'를 벗어버리려면 '민중'이라는 표상이 필요했던 것이었다.47

흔히 반식민지 민족주의는 민족해방투쟁에 헌신한 자기희생적인 여성을 이상화했다. 대표적인 것이 혁명적 남편과 출산을 위해 수용되는 육체를 지닌 무성적인 어머니상이었다. 동시에 반식민지 민족주의 담론은 여성과 남성을 단일화시키려는 충동을 민족 개념을 통해 균질화시키려고 했고, 여성과 여성의 순결에 특정한 규범을 부과함으로써 여성을 가부장적 질서에 귀속시키고자 했다.48 80년대와 91년 5월 여성 활동가들이 자신들을 '민중'으로 대치시켰던 것은 남성들의 형제애에 기반한 대안적 민족 공동체에서 생존하기 위한 전략이었다.

이상에서 살핀 바와 같이, 80년대와 91년 5월 투쟁에까지 이르는 학생 조직에서 '여성의 부재'는 복합적인 결과물이었다. 80년대와 91년 5월에서 운동 주체의 '일상'은 연속적이었다. 특정한 정치적 노선과 무관하게, 학생운동 조직은 거리의 정치와 대중투쟁을 위한 유사-군사 조직과 매우 닮아 있었다.

운동 조직의 군사주의-군사화와 여성의 부재는 박정희 정권기에서 80년대로 이어지는 특정한 역사적 '국면'과 '계기'들의 효과였다. 91년 5월 투쟁에서 학생운동 활동가의 일상이 사회의 군사주의로 연장된 것은 운동 내부적 효과만으로 설명할 수 없다. 이것은 70년대 이후 '군사주의적 근대화'의 장기적 효과였다. 적대적 상호의존 아래의 60~70년대 속도전에 비유되는 근대화는 운동 주체를 '적'으로 호명했다. 민족으로 상징되는 집단의 '우위성'은 가상의 적인 북한과 그 '내통자'에 대한 지속적이고 강력한 적개심을 통해 주체들을 재생산했다.

이것은 군사주의 근대화를 이루어낸 이데올로기적 국가기구의 효과였다.

그러나 '적'의 존재는 그리 오래가지 않았다. 80년대 대학은 '적'이라는 개념이 역전된 시기였다. 물론 시민사회의 반북·반공 이데올로기는 이전 시기 군사주의와 절합되어 재생산되었지만, 유년기의 '적'은 이제 우상이 되어 80년대 학생 활동가들 앞에 다가왔다. 군사주의적 사회관계 속에서 유년기를 겪었던 대학생들은, 학생운동의 일상 속에서 군사주의가 재생되는 것을 목도했다. 80년대 그리고 91년 5월에서 운동 주체의 주체화 과정은 운동 조직의 군사주의화에 기초한 중성-남성적 대중 동원의 틀 안에 갇혀 있었다. 그 과정에서 여성 주체는 운동 질서에서 '보조적 역할'에 머무르게 됐고, 이 안에 남성 형제 중심의 운동 질서를 합리화하는 지배적 운동 담론이 재생산되고 있었다.49

91년 5월 '분신'을 둘러싼 저항 담론의 균열50

다음으로 91년 5월을 구성한 지배적 담론들 가운데 대표적인 '열사-전사' 담론을 둘러싼 의미 구조는 무엇이고, 80년대부터 사용되던 이런 담론들이 어떤 방식으로 내부적으로 균열되었는지를 살펴보자. 80년대 열사-전사 담론은 남성 주체를 중심으로 한 연대의 형식으로 재현되었다. 열사-전사 담론이 91년 5월에 대중 동원에 실패했던 것은 지배 담론에 의해 확산된 분신 형태의 자살이 대중과 운동 주체에게 불러일으킨 일상적인 불안과 대항 폭력의 자기 한계성 때문이었다.

91년 5월 투쟁을 구성한 담론들은 그 자체로 91년 5월만의 '특이한' 성격을 지닌 것이 아니었다. 지배 담론들은 중성적-남성적 외양을 지니며 80년대 이후 지속적으로 재생산돼왔다. 특히 91년 5월 투쟁에서 주목되는 담론은 '열사',

'전사' 혹은 '투사'이다. 그동안 1991년 5월 투쟁은 주로 운동 진영에 의해 해석돼왔다. 그 해석의 바탕을 이루는 구성 체계는 민주화 투쟁, 분신 투쟁, 반파시즘 투쟁 등이었다. 특히 한국 변혁 운동과 민주화 과정에서 열사와 전사 담론은 저항 세력의 지배적인 담론으로 자리잡았다.

열사와 함께 대표적인 저항 담론 가운데 하나가 '전사'였다. 열사가 죽음을 통해 자신을 희생하며 운동의 대의와 목표를 위해 헌신한 '대안적 인간상'이라면, 전사를 이런 열사를 '집단화'시키는 담론이었다. 죽음으로 상징되는 열사 담론과 열사의 대의를 따르는 전사 담론은 분리된 것이 아니라, 저항 세력의 대중 동원에서 핵심적인 기제였다. 특히 거리 정치가 지배적이던 80년대와 91년 5월 투쟁에서 두 가지 담론은 거리의 슬로건에서 일상의 노래와 구호에 이르기까지 지속적으로 재생산되었다. 그렇다면 먼저 정치, 문화적 맥락에서 본 '한국에서 분신'에 관해 살펴보자.

한국 '사회'와 '사회운동'에서 분신

열사 추모일을 기념하거나 일상화시키기 위한 장치들은 수첩이나 달력 등에서 쉽게 찾아볼 수 있지만, 분신은 한국에서 익숙하지 않은 죽음의 방식이었다. 그 이유는 전통적으로 부모가 물려준 신체는 머리카락 하나도 다쳐서는 안 된다는 유교의 원리 때문이었다. 한국인에게 몸은 조상 시절부터 대대로 이어져 온 역사적 산물이며, 조상과 부모가 공동으로 소유하는 영속적 존재corporate body였다. 이 점에서 분신을 포함하는 자살은 온전한 죽음의 과정이 아니라, 조상들에게서 받은 역사를 파괴하는 행위이다.[51]

70년대와 80년대의 경우, 자살 방법은 할복과 투신이 많았고, 이 점에서 80년대 중반 이후 분신은 희귀한 현상이었다.[52] 분신은 힌두교의 '사티suttee'와 같이 과부가 남편의 시신을 화장할 때 자신의 몸을 던져 죽는, 일종의 순사 형태가 일반적이었다. 그러나 한국에서 분신은 종교적 의미를 지닌 힌두형 분신보다는 베트남 승려들의 분신과 흡사했다.[53] 특히 한국의 분신에서 공통적인 특징은 은폐된 자살이 아니라 공개된 자살인 동시에 자신의 요구를 관철시키기 위해 군중을 의식했다는 점이다. 그리고 분신은 치사율이 높고 죽음이 참혹하고 그 과정이 잔인한 만큼 당사자에게 용기의 표현이 된다는 점에서 사회적인 효과가 컸다.[54] 이런 점에서 80년대 중반 이후 분신은 개인의 죽음에 그치지 않고 열사라는 저항 세력의 담론을 통해 사회화되는 동시에, '전사'라는 투쟁의 기호를 통해 대중적 동원에 활용되었다.

이처럼 분신은 자기희생을 통해 대중의 도덕적 분노와 힘을 이끌어낼 수 있는 주요한 형태였다. 최장집도 분신을, "변화를 추구하는 강력한 열망에도 불구하고 지배 권력의 압도적인 폭력성으로 인해 이를 실현할 수단을 갖지 못할 때, 약자가 최대한의 도덕적인 힘을 발휘할 수 있는 가장 치열한 무기"라고 언급한다.[55] 다른 식으로 표현하자면, 스스로 죽음을 선택하는 극한적인 저항은 기존의 지배적인 사회적 관계망을 절단하고, 새로운 의미망 속에 자신을 위치시키는 결단이라는 점에서 저항 세력의 새로운 '정치적 상상'의 기폭제였다.[56]

80년대 운동과 분신을 둘러싼 담론과 한계

80년대 죽음을 형태와 연도별로 살펴보자. 이 글 뒤에 부록으로 실린 〈1960년대 이후 사망한 열사들의 사망 원인〉을 보면, 80년 광주항쟁에서 86년 사이에 열사들의 사망 원인은 분신 11건, 투신 5건, 의문사 12건 등 모두 28건이었다. 87년 이후에 비해 분신 숫자는 적었고, 오히려 의문사들이 눈에 띈다. 다음으로 87년부터 90년 사이를 보면, 분신 30건, 투신 5건, 의문사 21건, 타살 7건으로 모두 63건이다. 80년대 초반에 비해 분신 사망자의 수가 급격하게 증가했으며, 여전히 공권력에 의한 타살과 의문사도 많다. 마지막으로 91년의 경우, 분신 12건,

투신 1건, 의문사 5건, 타살 2건 모두 20건으로, 87년 이후 평균 6~7인이던 분신에 의한 사망자 수가 12명으로 급격하게 증가했다. 이처럼 분신은 70년대에는 전태일 열사를 제외하고 거의 존재하지 않았지만, 80년 광주항쟁 이후 증가했다.

80년대는 폭력과 대항 폭력이 극한적 형태로 대립했던 시대였다. 사회학자 최재현은, "80년대 대학 캠퍼스는 폭력에는 폭력으로 하는 운동 노선이 휩쓸었다. …… 대학생들은 민주화 운동의 전위임을 자임했고, 기성세대는 이들을 진정시킬 수 있는 어떤 명분도 찾아내기 어려웠다"라고 진단했다.[57] 그러나 대다수 죽음은 군부 파시즘과 이것의 연장으로 나타난 학원 내부의 숨 막힐 것 같은 상황에서 기인한 것이었다. 잘 알려지지 않은 사건 가운데 하나가 동작대교에서 사망한 박혜정(당시 22세)이었다.[58] 박혜정은 자살 며칠 전 같은 학교 이동수의 분신 현장을 목격하고, "아파하면서 살아갈 용기가 없는 자, 부끄럽게 죽을 것 …… 살아감의 아픔을 함께 할 자신이 없는 자, 부끄러운 삶일 뿐 아니라 …… 이 땅의 없는 자, 억눌린 자, 부당함에 빼앗긴 방관……"이라는 유서를 남기고 자살했다. 평범한 여대생인 박혜정의 죽음은 당시 대학가의 분위기를 단적으로 보여준다.[59] 하지만 대항 폭력으로서 분신에 대한 지배 세력의 담론은 긍정적이지 않았다.

> 자살은 …… 객관적인 평가를 가볍게 할 수 없는 전적으로 주관적인 행위 …… 주관적으로는 그것이 너무나 인간적인 행동이 될 수 있어도 객관적으로는 반인간적인 행위……[60]

자살에 대한 지배적 담론은 자살 주체를 불순분자로 만드는 적극적인 측면과 동시에 희생자로 만드는 소극적인 측면도 존재했다. 지배 담론은 국가 폭력의 희생자를 은폐하거나, 우연적인 계기에 의해 소수만이 희생자가 되었다고 주장했다. 다시 말해서 저항형 자살에 대해 행위자의 저항적 의미를 축소해서 파급력을 최소화하려고 했다. 이럴 경우 행위자의 자율적 행위의 가능성은 말소되고, 과도한 흥분 상태, 정신 이상, 개인적인 절망에 따른 이상 상태에서 저지른 행동으로 여겨진다. 특히 자살이라는 저항적 형태를 설명하기 위해 동원되는 '외부 세력의 사주'라는 담론은 행위자가 스스로 결단해서 저항할 능력이 존재하는 것을 부정하는 '특수한 방식'이었다.[61]

하지만 이것은 죽음에만 국한된 것은 아니었다. 80년대 대학생들의 저항에 대해 지배 담론은 '공권력의 정당성'을 옹호하면서, 아들 세대에 대한 '부성적 지도'의 형식을 띠었다. 1985년 학원안정법 제정이 시도되었을 때 당시 국회의원이었던 장성만의 발언은 이런 점에서 징후적이었다. "…… 대학생이란 우리들의 자녀들이다. 애정을 가지고 그들을 선도할 책임과 의무가 우리들에게 있다. …… 사회의 기능도 크게 나누면 두 가지가 있다. 즉 부성적 기능과 모성적 기능이 그것이다. …… 물론 자녀들을 따뜻이 포용하고 어루만지는 모성적 역할이 필요하겠지만 때로는 삐뚤어진 자식에 대해 채찍을 들어 꾸짖는 부성적 역할이 더 중요한 애정의 표시 …… 좌경화된 학생들이나 여기에 맹목적으로 추종하는 세력에 대해 부성적인 역할을 이 사회가 담당해야 한다."[62] 지배 담론은 운동권을 부성적 지도를 통해 공권력과 대한민국이라는 민족 공동체의 건강한 아들로 다시 태어나게 해야 한다고 강조했다.

그러나 저항형 자살에서 중요한 점은 저항 담론의 중심에 존재한 열사가 '남성 주체'로 재현되었다는 것이다. 예를 들어, '식민의 땅 아들', '이 땅의 청년들아' 같은 가사는 이것을 분명하게 드러낸다.[63] 또한 **그림 1, 3**에서 보이는 대항 폭력의 동원과 절합된 투사의 정체성은 광주민중항쟁의 기억과 밀접하게 연결되어 있다. 광주항쟁은 '내전적 상황'을 의미했으며, 이것은 각종 유인물과 슬로건 등을 장식한 동지와 적이라는 단어들 속에서도 확인할 수 있다. 광주민중항쟁 시민군의 대표적인 유인물이 《투사회보》였으며, 시위대에서 널리 불리던

〈투사의 노래〉와 함께 무장 항쟁에 나선 주체들을 가장 잘 드러내는 단어가 투사였다.64

그렇다면 열사와 전사가 남성 주체였던 이유는 무엇인가? 이것은 열사와 전사가 어머니 조국의 아들로 호명되었기 때문이다. 다시 말해서 가부장인 아버지를 대체할 중심적 재현 질서로 조국의 아들인 열사-전사를 위치시켰던 것이다. 91년 5월 투쟁 당시 전대협의 슬로건인 '조국은 싸우고 있다. 백만학도의 사랑, 투쟁, 영광. 오늘은 빛난다'65에서 드러나듯이, 학생운동은 초기부터 '열사=전사=조국의 아들'이라는 의미 계열을 지향했다. 특히 열사는 군부독재를 '식민지의 기억'의 연장선상에 놓이게 함으로써 '적'의 비정통화를, 저항운동 세력의 '정통화'를 이루어냈다. 이념적 색조와 결이 다양한데도 불구하고 저항 세력은 '반독재 민주화 운동'을 민족의 수난사와 해방을 위한 투쟁에 연결시킴으로써 군부독재를 '민족 공동체'(혹은 조국)의 외부로 추방시키려고 했다. 이것은 저항 세력을 민족 공동체의 적합한 '주권자'로 만드는 작업이었으며, 국가 폭력에 따른 '고통의 보편화'와 국가 폭력에 연루된 이들의 '영웅화' —그 극적인 표현이 열사와 전사였다— 를 통해 가능해졌다.66

그렇다면 이런 영웅화는 저항 세력들에게 어떤 의미를 지녔는가? 87년 열사 담론의 대중화를 이룬 박종철 열사를 보자. "…… 살아서 보지 못한 것 살아서 얻지 못한 것/인간 자유해방/죽어서 꿈꾸며 기다릴 너를 생각하며/찢어진 가슴으로 네게 약속 한다/거짓으로 점철된 이 땅/너의 죽음마저 거짓으로 묻히게 할 수는 없다." '우리는 너를 결코 빼앗길 수 없다'라는 제목으로 87년 열사의 추모제 때 낭독된 조사는 열사가 단순히 국가 폭력의 희생자에 그치지 않는다는 것을 드러낸다. 오히려 열사는 죽음이라는 극한적인 선택을 통해 가장 정의로운 자가 되며, 동시에 죽음을 통해 영원히 사는 '강력한 영웅'이 되어야 했다.

열사-전사로 이어지는 80년대 저항 세력의 담론은 가두 정치와 정치적 변혁을 위한 정치적 열망의 기폭제였다. 그러나 앞서 밝힌 바와 같이, 열사–전사 담론은 부권으로 상징되는 기존 민족 공동체에 대항하는 '강력한 형제애'에 기반한 '헤게모니적 남성성'에 기반하는 것이었다. 반면 열사–전사 담론 내부에 '여성'은 부재했다. 이것은 대부분 어머니라는 표상으로 나타났지만, 어머니는 독립적인 주체라기보다 열사–전사의 행동을 요청하는 역사적 고통의 의인화, 투쟁의 보조자로 한정되었다.[67] 그렇다면, 다음으로 구체적으로 91년 5월 투쟁에서 죽음–열사 담론이 어떻게 변형되고 굴절되었는지 살펴보자.

91년 5월에서 '죽음–분신' — '훼손된 열사' 담론

91년 5월 투쟁에서 죽음과 분신은 대중들에게 '집단적 공포'를 불러일으키면서, 저항 세력이 열사–전사 담론을 통해 운동의 자원을 동원하는 과정을 침식해 나아갔다.[68] 대표적인 것으로 분신 등 저항형 자살을 숭고한 순교殉敎가 아닌, 인명 경시 풍조나 자살증후군 등 '범죄'라고 비판하는 것이었다. 예를 들어 서울대학교 철학과 교수 김태길은 "자살은 인간이 할 수 있는 행동 가운데 가장 부자연스럽고 비정상적인 극한적 행동"[69]이라고 규정했는데, 91년 5월 당시 《동아일보》에 실린 〈분신, 해결책 안 된다〉라는 사설을 보자.

> 강경대군의 구타치사에 항의하는 대학생들의 **분신**자살이 열병처럼 번지고 있다. 스스로 몸을 불살라 목숨을 끊는 이러한 극단적인 항의표시는 그러나 인명 경시 풍조라는 우려와 함께 국민에게 엄청난 충격을 안겨주고 있다. 또 정상적인 항의 수단을 포기하고 자살이라는 극한적인 최후수단을 택하는 것은 문제 해결에 도움이 되기보다는 단 하나뿐인 고귀한 생명을 저버리는 결과만 가져온다는 지적이 많다. …… 이런 가운데 비록 **분신**은 아니지만 경찰의 고문이나 시위도중 최루탄에 의한 사망이나 고문치사와 같은 「공권력에 의한 살인」으로 대표되는 박종철

이한열군의 죽음은 민주화를 향한 커다란 물줄기를 트는데 기여했다. …… 젊은 대학생들이 사회의 구조적 부조리에 주체할 수 없는 염증과 갈등을 느끼면서 목숨을 끊는 방법 이외에 돌파구를 찾아내지 못하는 것은 개인 책임이라기보다는 사회 전체의 책임이기 때문이다. 그러나 사소한 문제까지도 몸을 던져 항의하는 방법은 과거의 사례에서도 알 수 있듯이 결코 바람직한 것은 못 된다.

이처럼 분신자살을 '열병'이나 '인명 경시 풍조'라고 비판하면서 87년이나 그 이전의 열사 담론과 '분리'시키려고 했다. 비슷한 시기 정원식 총리 사건에 대해서 《조선일보》는 〈충격…이게 무슨 학생인가〉라는 시론을 통해 이렇게 말한다.

학생이라는 자들이 쇠파이프를 들고 서 있다. 째진 눈에 붉은 띠를 매고 서 있다. 이 나라가 미제의 식민지라나, 「민족해방」이요, 대통령 직선의 이 정부 언론권력의 이 사회를 가리켜 「파쇼타도」라고 외쳐대면서 버티고 서있다. 명동성당과 백병원과 그리고 **대학의 모든 「해방구」 전선에 이 천둥벌거숭이들이 날뛰고 있는 것이다. 급기야 이 폭력배들이 패륜아의 정체를 드러내 환갑을 넘은 국무총리에게 온갖 행패를 다하며 수모를 주었다. …… 부모가 낳아 길러준 육신을 처참하게 불태워 죽인 자를 「열사」 칭호 붙여 숭배하는 무리들이 무슨 인간사랑을 내세우며 겨레사랑을 노래하는가!** 죽음의 사제가 어찌 목사이며, 생명의 구원체가 되어야 할 성당과 병원에서 어찌 죽음의 굿판이 계속되나!(강조는 인용자)

'패륜아', '부모가 준 육체를 불사른 자', '천둥벌거숭이' 등 원색적인 단어를 사용하면서 열사-전사 담론 그리고 열사의 영웅화라는 저항 담론에 균열을 냈다. 더 나아가 91년 당시 분신은 《신동아》 6월호에 실린 정신과 의사 이부영에 의해 '영웅 신화'로 격하되었다. 잠시 내용을 보자.

…… 정치적 구호와 함께 자행되는 자살의 경우는 …… 다른 종류의 자살과 마찬가지로 이 경우에도 **우울증이나 성격장애의 요인**이 자살행위를 유발 …… 공동의 적을 가지고 자기 내면의 그림자를 외부로 투사하고 있는 상황 …… 자아는 마침내 그 신화소 가운데 하나인 **영웅신과 동일시**된다.(강조는 인용자).

정신과 의사인 이규동도 5월에 연속된 분신이 나타난 원인을 자살의 계절이자 자살 수단이 집단 심리적인 전염력을 지니기 때문이라고 해석했다.[70] 결국 이것은 분신의 '조장', '방관' 그리고 '미필적 고의에 의한 살인'이라는 논리로 나아갔다. 같은 해 5월 29일 홍사중은 〈아무도 움직이지 않았다〉는 칼럼에서 이렇게 언급했다.

…… 그의 눈에는 그처럼 끔찍한 죽음을 앞두고도 눈 하나 깜짝이지 않을 만큼 냉혹할 수 있는 사람들이 사람같이 보이지 않았을 것이다. 그리고 이번 분신자살의 「구경꾼」들이야말로 반인도적인 범죄자들이나 다름없다고 그는 규탄하고 싶었던 것이다. …… 내가 직접 죽이지는 않아도 그냥 두면 죽는 줄 뻔히 알고 있으면서도 손을 쓰지 않아 사람을 죽게 만드는 것도 살인에는 다름이 없다. 법률에서는 이것을 「미필의 고의」에 의한 살인이라 한다고 한다.

널리 알려진 김지하와 박홍의 '죽음의 사주', '자살특공대' 같은 발언을 언급하지 않더라도, 분신-열사라는 저항 담론의 범죄화는 '데마고그'라고 치부할 수 없는 형편이었다.

문제는 분신에서 끝나지 않고, 화염병과 쇠파이프 등 대항 폭력에 대해 불안과 의심을 가중시키는 담론이 확산되었다는 것이다. 87년을 전후로 대항 폭력이 '정당한 약자의 무기'로 자리잡았다면, 91년 5월을 경과하면서 '불안의 징후'로 읽히기 시작했다. 이런 징후는 1990년 6월 24일 유근일이 《조선일보》에 쓴 칼럼 〈화염병도 최루탄도 아닌〉에서 이미 발견할 수 있다.

　　…… 이러한 움직임들은 이른바 운동권 현상과는 분명히 구별되는 새로운 기운이
　며, 「최루탄진영」도 「화염병진영」도 아닌, 사람들의 구체적인 생활의 저변으로부
　터 자연스럽게 솟아나는 삶 …… 그리하여 이런 민주시민은 「화염병진영」과 「최루
　탄진영」의 복판으로 밀고 들어가 그 둘을 양쪽 가장자리로 밀어젖히고 대로의
　한가운데에 드넓은 자유, 민주, 정의 그리고 개혁의 광장을 만들어 그것으로 21세
　기의 한국의 주류를 이루려고 하고 있다.

　이것은 기존의 대항 폭력에 기초한 저항 세력에 대한 '대안'을 적극적으로
유포하는 논리였다.

　더 나아가서 지배 세력은 '부권 상실'이라는 논리를 내세우며 이 형제들이
'다른 아버지' 혹은 '부적절한 우상'을 숭배한다고 공격했다. 예를 들어 김상철
은, "…… 묻는다. 나라가 허물어져도 당신들의 쾌락은 계속될 수 있는가. 이
나라의 자유민주적 기본질서가 조롱, 난타당하면 나라가 그 꼴 당하는 것이요,
만일 민족해방 되는 날이면 김일성신께 경배하는 날이 되고 마는데, 이런 악행
이 마냥 계속되고도 늘 위기의 연속 같은 이 나라가 온전할 수 있다고 진정
그렇게 믿는가"라고 말했다. 또한 김상철은 "…… 안하무인이 된 무서운 아이들
이 언제 그 진보적 지식인마저 기회주의자, 개량주의자로 매도해버릴지는 시간
문제 …… 이 나라에 지금 김일성 주석의 주체사상을 신봉하고 김주석과 조국통
일을 위해 몸 바치기로 헌신서약하는 무서운 아이들이 급격히 늘고 있다"고
선언했다.[71]

　국민대 총장인 현승일도 〈그대들은 이제 민주화 말 할 자격이 없다〉라는
칼럼을 통해, "…… 백보를 양보해서 그대들이 윤리의 원리를 깨우치지 못하고,
알았던 것을 민주화 투쟁 바람에 까먹었다고 하더라도 그대들이 국가와 민족을

위한다고 밤낮으로 외친 애국자요 민족주의자라면 그대들의 행동이 외신을 타고 세계를 돌아 나라를 국제 망신시킨 것은 웬일이며 **이 민족의 5천년 미풍양속을 짓밟는 것은 또 웬일이냐고 묻고 싶다**"라며, 미풍양속을 기초로 한 부권의 재림을 호소했다.[72] 이것은 "…… 국민을 괴롭히는데 마치 희열을 느끼듯 이 단체 저 운동이 일어나 국민 겁주기 시합을 벌이고 있다"는 보수 기독교 계열 학자인 손봉호의 글에서도 확인할 수 있다. 저항 세력은 '겁주는 자(집단)'로, 무기명의 국민은 겁을 집어먹은 '어린 자녀'로 재현된 것이다. 손장순도 〈병든 대학, 더 이상 방치할 수 없다〉라는 글에서, "…… 집단속에 자신을 숨긴 익명의 존재로 비겁하게 얼굴을 가리고 포악한 행동을 자행하는 학생들에게 한때 교수로서 비애를 느끼게 되는 일은 얼마나 허다했던가. 집단의 그늘에 매몰하여 익명의 존재가 될 때 비겁해지고 악랄해지는 것은 사회심리학적인 메커니즘의 실례다"라고 주장했다.

91년 정원식 총리 사건을 정점으로 가시화됐던 대항 폭력의 '추방'은 우발적인 사건이라기보다 이미 87년부터 지속적으로 균열을 보이던 대항 폭력을 배제, 약화시키려는 지배 담론의 연장선상에 있었다. 정 총리 사건은 그 진위와 다른 차원에서 그동안 축적된 균열이 폭발된 것이었다.[73] 그렇다면 91년 열사 담론은 왜 이전과 같이 대중 동원에 성공하지 못했을까? 87년의 경우 열사와 열사의 죽음은 대중들로 하여금 국가 폭력의 방관자가 아닌 '책임 있는 목격자'가 될 것을 요구했다.[74] 그러나 91년 5월 투쟁에서는 '열사=영웅화'라는 저항 세력의 '보편화 전략'이 오히려 대중들 사이에서 '일상적 공포'로 다가왔기 때문이었다. 그렇다면 91년 5월의 일상 속에서 저항 담론 내 균열이 일어났던 구체적인 과정을 살펴보자.

91년 5월 투쟁과 상징 — 의례, 노제 그리고 거리

1991년 4월 26일, 강경대 열사의 죽음 이후 거의 한 달 동안 진행된 투쟁은 '조직된 대중'에 근거한 것이었다. 매일 새벽마다 열렸던 단대 학생회 단위 회의에서 선전과 대중 동원 지침이 제출되었고, 이것은 다시 과 모임과 학생회 단위로, 그곳에서 학번 학생회와 각급 집행부 단위로 하달되었다. 또한 거리에서 투쟁은 선전조, 전투조, 연락책조 등으로 구분되어, 질서정연하고 체계적인 투쟁이 전개되었다.[75] 당시 거리는 '해방구'를 연상하게 하는 장관이었다. 내가 다니던 학교가 항쟁의 중심지인 신촌에 위치했던 탓도 있었지만, 신촌 로터리를 기점으로 한 거리는 학생과 투쟁에 동참하거나 이것을 지켜보는 대중으로 가득 차 있었다. 대형 트럭 위에서 각 학교 총학생회장과 선동대는 대형 마이크를 가져다놓고 대중 선동을 전개했으며, 미리 조직되었던 소규모 선동대, 가두 선전팀, 물량 운반조 등은 숨 가쁘게 움직였다.

91년 5월 투쟁에서 상징이라는 용어는 다소 낯설다. 91년 5월은 죽음, 분신, 화염병 등 적나라한 폭력과 대항 폭력 사이의 대결로 묘사되는 것이 일반적이기 때문이다. 그러나 가시적인 정치적 행위 이면에 대중들의 집단적 동원을 가능하게 했던 것은 '정치적 상징'들이었다. 대표적인 것이 거리에서 진행됐던 가두시위, 거리 노제와 열사의 걸개그림 그리고 만장, 거리에서 불린 노래 등이었다. 거리 정치에서 저항 세력과 이 세력이 '적'이라고 지칭했던 지배 세력-권력 간의 대립은 '사건화'된 방식으로 나타났다. 그러나 사건의 이면에는 적과 저항 세력을 분명하게 구분해주는 상징들이 자리잡고 있었다.

80년대 그리고 91년에 거리는 '정치적 공간'이었다. 거리는 시민과 대중들의 일상생활의 장인 동시에, 대중들이 거리의 정치에 참여해서 특정한 정치적 효과를 발휘하기도 했다. 이 점에서 거리라는 공간은 '정치화'될 수 있는 가능성을 내장하고 있었다. 특히 80년대 그리고 91년 5월에 지배 권력과 저항 세력 간의 투쟁의 장이었던 거리는 저항 세력에 의해 지속적인 '점거' 시도가 반복되었다.[76] 거리에서 '연좌' 혹은 '연와'하고 '정권 타도'를 외치는 구호, 노래, 행진을 거듭했고, 전투경찰과 백골단을 향해 짱돌과 화염병을 던지는 집단행동을 통해 대중들은 '해방구解放區'를 경험했다. 이런 경험은 일상적으로 억눌리고 통제된 권위주의적 사회관계에서 벗어나는 축제의 성격을 지니기도 했다. 대표적인 것이 가두 투쟁 그리고 87년과 91년 열사의 노제路祭였다. 그렇다면 91년 거리 정치에 등장한 상징들의 몇 가지 사례를 노래, 열사의 상징물 그리고 노제를 통해 살펴보자.

첫째, 대표적인 정치적인 상징은 운동 가요였다. 80년대, 특히 91년 5월처럼 적과 저항 세력 간의 구분이 분명할 경우 이것을 극적으로 승화시키는 기제가 운동 가요였다. 운동 가요를 통해 저항 세력은 군부독재 정권을 민족 공동체와 민족의 삶 외부에 있는 '적enemy'으로 의미화했다. 80년대 저항 세력에게 '적'이라는 단어는, 뉘앙스와 주요한 대상의 차이는 있지만, 제국주의, 군부독재, 자본가 등 자신들이 상정한 민족 공동체 외부의 대상물로 상징되었다.[77] 따라서 '청년' 혹은 '활동가'들은 비타협적인 투쟁을 통해 '조국에 부름에 화답'할 것이라는 의미를 반복했다. 〈열사가 전사에게〉라는 운동 가요에서도 이 점을 확인할 수 있다(강조는 인용자).

복수에 빛나는 총탄으로 이제 고인 눈물을 닦아 다오
마침내 올려질 승리의 깃발 힘차게 펄럭여 다오
꽃무더기 뿌려 논 동지의 길을 피비린 전사의 못다한 길을
내 다시 살아온대도 그 길 가리라
그 길 가다 피눈물 고여 바다 된대도 싸우는 전사의
오늘 있는 한 피눈물 갈라 흐르는 내 길을 가리라

동지여 그대가 보낸 오늘 하루가

어제 내가 그토록 살고 싶었던 내일

동지여 그대가 보낸 오늘 하루가

내가 그토록 투쟁하고 싶었던 내일

(후렴) 복수에 빛나는 총탄으로 이제 고인 눈물을 닦아 다오

　　　마침내 올려질 승리의 깃발 힘차게 펄럭여다오

　　투쟁과 승리에 대한 '낙관적인 비전'으로 가득 찬 이 노래는 죽어간 동지인 열사와 전사를 이어주는 역할을 했을 것이다. 91년 5월에 많이 불린 두 곡의 운동 가요를 통해 이것은 더욱 분명하게 드러난다(강조는 인용자).

〈결전가〉

깃발을 들자 투쟁의 깃발 이제 우리 출정이다

치 떨리는 분노 가슴에 품고 결전의 전장으로

북을 울려라 진군의 북을 태풍으로 몰아쳐가자

혀를 깨물고 죽는 한이 있어도 물러서지 않는다

조국에 대한 뜨거운 사랑으로

서로에 대한 뜨거운 믿음으로

마침내 자주 민주 통일의 길로 달려 나가자

식민지 조국의 가슴 찬 해방을 안고

먼저 가신 선배 열사의 뜻이어 받아

돌아오지 않는 화살이 되어 기쁘게 싸우러 가자

〈투쟁의 한 길로〉

1. 역사의 부름 앞에 부끄러운 자 되어
조국을 등질 수 없어 나로부터 가노라
풀 한포기 하나도 자유로울 수 없는
식민의 땅 아들아 어서 일어나거라

(후렴)
붉은 태양 떠올라 깃발이 서면
탄압의 총소리 나를 부르는 함성
나서거라 투쟁의 한길로 산산히 부서지거라
그대 따라 이내 몸도 투쟁의 한길로

2. 힘들 때 같이 웃고 슬픔은 나눠가져
우리 모두 더불어 사는 새날 위해 나가자
이 땅의 청년들아 너와 내가 하나 되어
향그러운 우리 강산 손잡고 달려가자

'식민지 조국의 가슴 찬 해방을 안고/ 먼저 가신 선배 열사의 뜻이어 받아/
돌아오지 않는 화살이 되어 기쁘게 싸우러 가자'라든지, '나서거라 투쟁의 한길
로 산산히 부서지거라/ 그대 따라 이내몸도 투쟁의 한길로'라는 구절은 열사와
전사의 의식적이고 정서적인 결합을 극적으로 보여주는 구절들이었다.[78] 91년
거리 노제와 시위에서 대책위원회 산하에 문예위원회들이 조직되어 노래 공연,
영정과 대형 그림의 제작, 장례식과 노제 등의 구성, 연출, 연행, 가두 홍보
등을 이끌었다. 당시 노제와 시위를 이끌었던 조직들은 서노문협 소속 현장,

한두레, 터울림, 노동자노래단, 예울림, 민요연구회, 노문연 소속 새벽 등이었으며, 말 그대로 "발이 부르트도록" 뛰어다녔다. 더욱 흥미로운 것은 공연을 보던 관객들이 점차 준비된 이야기를 '보는 것'에서 벗어나 "진짜 구경꾼들이 나서서 이야기를 시작"했던 사실이었다.[79]

둘째, 거리에서 열사와 투쟁을 형상화했던 상징들을 살펴보자. 91년 5월을 둘러싼 사진들에서 재현되는 바와 같이, 투쟁의 중심에는 '열사'라는 상징이 위치하고 있다(**그림 1, 3, 11**). 흥미로운 점은 영정이나 걸개그림 등 재현은 열사와 전사를 모두 '(남성) 아들'로 위치짓고 있다는 것이다. 또 하나 흥미로운 점은 **그림 2, 7**에서 드러나듯이, 재현 주체가 아들의 죽음에 오열하는 '어머니'라는 사실이다.

눈에 익은 **그림 9**에서 알 수 있듯이 91년 투쟁에서 열사는 '투쟁하는 열사', 당시 표현을 빌리자면 '강경대는 싸우고 있다'로 재현되었다. 강경대의 사망 이후 긴급히 소집된 그림 일꾼들은 강경대의 대형 영정과 경대가 구호를 외치고 있는 모습의 걸개그림을 제작했고, 도서관 앞에는 '내 아들을 살려내라'는 제목으로 강경대의 어머니가 울부짖는 모습이 그려진 걸개그림이 걸렸다. 91년 성균관대에 세워진 〈고 김귀정 추모비〉를 보면, 깃발을 들고 한쪽 팔을 높이 곧추세운 채 어딘가를 향해 급히 내달리는 역동적인 모습이다(**그림 5** 참조). 이 추모비에 새겨진 고 김귀정 열사의 모습도 함성을 지르는 듯한 입 모양, 보는 자를 응시하는 강렬한 눈매 등을 통해 무언가 '행동'을 요구하는 '투사'로 형상화되어 있다.[80]

셋째, '노제'의 구조를 보면, 91년 5월 18일 제2차 국민대회 때 신촌 로터리와 공덕동 로터리를 가공할 만한 인파가 점거하고 숱한 연사, 봇물 같은 구호, 투쟁가 등을 내뿜으며 노제를 진행했다. 80년대 초반에는 이처럼 도심으로 집중된 거리 정치의 창출이 불가능했지만, 87년 폭발적인 대중투쟁의 경험은 새로운 거리 정치의 상징과 양식을 만들어냈다. 특히 거리에서 진행됐던 노제는 열사를 상징하는 집단적인 의례 속에서 극적으로 드러났다. 노제는 희생된 자들의 신체를 공적인 것으로 기념하기 위한 의례로, 정치사회 내부의 의사소통 경로가 봉쇄되었던 한국에서 가두 투쟁으로 곧바로 연결되는 저항적 의례였다. 특히 가두 정치의 활성화는 대중들이 위계화되고 구획된 도시 공간을 점유함으로써 국가 권력의 정당성을 의문시하고 새로운 정치의 확장을 기도하는 것인 동시에, 국가 권력에 의해 죽거나 이것에 대항해 죽음을 선택한 이들을 열사로 만드는 절차였다.

김재은은 이런 노제의 의미를, "…… 노제는 신성한 주권을 대표하는 자의 숭고한 죽음을 상징화함으로써 민족, 국민으로서의 정체성을 확보하는 의례 …… 열사의 노제는 권위주의 정권에 의해 압살되었던 국가 탄생의 신성한 순간을 재활성화함으로써 지금과 다른 국가 공동체의 건설을 꿈꾸는 상징적 실천"이라고 규정한다.[81] 이것은 87년 이한열 열사의 시청 노제에 대한 기록에서도 확인할 수 있는데, "…… 7월 9일 거행된 장례식은 6·29의 여파 때문인지 승리의 분위기에 가득 찬 기쁜 장례식이었다. 영구 행렬이 광주로 떠난 뒤에도 시청 앞에 운집한 1백만 대중은 흩어질 줄 몰랐다. 수천만 명의 시민들이 '조기 게양'을 외치자 프라자호텔측은 자진해서 조기를 게양했으나 시청측은 완강했다."[82]

노제와 관련해서 한 가지 흥미로운 사실은 노제와 서울 도심―대표적으로 시청, 청와대―의 관계이다. 흔히 '시청 진격 투쟁' 등으로 불렸던 거리 정치에서 시청 광장을 점거하는 것은 국가 권력을 상대로 한 직접적 대결을 의미했다. 80년 서울의 봄이나 87년 이한열 열사 노제 그리고 91년 강경대 열사 노제 등이 대표적인 사례였다. 더욱 흥미로운 사실은 시청과 광장은 87년 저항 세력에 의해 점거되었지만, 청와대는 한 번도 직접적인 위협의 대상이 되지 않았다는 점이다. 명동성당이 이른바 '성소聖所'로서 저항 세력의 은신처로 기능했던 데 비해, 시청 광장은 지배 세력과 저항 세력 간의 권력 투쟁의 상징적 장소로

기능해왔던 것이다.[83]

또한 열사는 노제라는 집단적 의례를 통해 개인이나 한 가족의 '아들'이 아닌, '조국의 아들', '전국민의 아들'로 재발명된다. **그림 10**에 나오는 긴 장례위원 명단에서 드러나듯이, 장례식의 명칭, 안장 과정, 묘지 선정 등 열사의 죽음에 대한 권리는 가족들의 것이 아니었다. **그림 10**에 보이는 김귀정 열사 민주국민장이라는 명칭, **그림 8, 9, 10**의 만장에 쓰인 '기설아, 내 아들 조국의 아들', 대형 걸개그림 앞에 붉은 색으로 쓰인 '구국의 횃불' 등의 구호와 글자들이 대표적인 예이다. 그렇다면 정치적 상징이자 저항 담론으로서 열사-전사 담론이 91년 활동가들의 일상 속에서 지속적으로 투쟁의 상상력으로 작용했는지 김별아의 《개인적 체험》을 통해 확인해보자.

91년 5월과 일상 — 활동가들의 내면세계

그동안 91년 5월은 당시 사건들을 중심으로 구성되어왔다. 몇몇 글들 속에서 징후적인 해석이 있었지만, 91년 5월의 일상, 특히 활동가들의 내면세계는 '사건'과 '구조' 속에 묻혀 있었던 것이 사실이다. 내가 《개인적 체험》이라는 텍스트를 보면서 91년 5월의 '일상'에서 발견한 것은 두 가지이다. 한 가지는 91년 5월과 활동가들의 '혼란'이고, 다른 한 가지는 '여성'의 부재이다.

활동가들의 혼란과 관련해서 91년 5월 투쟁은 87년 6월 항쟁에 비해 조직적이고 체계적인 대중 조직화를 통해 진행되었다. 학생운동의 경우 학생회 단위를 기반으로 전대협이라는 대중조직을 통해 87년보다 체계적으로 거리에서 가두 투쟁과 노제 등을 조직해냈다. 하지만 '더 조직적'이었다는 것은 운동의 표면적인 양상을 보여줄 뿐, 그 안의 주체들을 둘러싼 일상의 깊이를 드러내지는 못했다. 특히 91년 5월 투쟁의 중심지인 연세대학교 활동가였던 김별아의 한 달에 걸친 일상에 대한 기록을 통해 91년 5월을 둘러싸고 활동가들이 지녔던 투쟁, 죽음 그리고 사업 등에 대한 내면세계를 살펴볼 수 있는데, 그 특징은 '혼란confusion'이었다.

　　반면 여성의 부재라는 문제는 징후적이다. 여성 활동가였던 김별아의 기록에는 '여성'으로서 정체성에 대한 고민은 거의 드러나지 않았다. 대부분 서술 주체는 '중성' 혹은 '무성'으로 처리되고 있다. 나는 이것을 91년 5월 그리고 그 이전 80년대 활동가와 여성 활동가의 일상과 이것에 대한 반응에서 역추적하겠다. 80년대 이래 운동 조직 내부의 지배적인 담론은 조직 자체가 '중성적'인 것을 가정했다. 현대 조직의 가부장적 성격은 조직 원리 혹은 특정한 분업 관계에 대한 형식적인 표상에서 드러나는 젠더 중립성gender neutrality에 의해 은폐되어 왔다. 특히 가부장제는 남성이 문화적 사회적 · 경제적 제도를 통제함으로써 달성하고 유지되는, 여성에 대한 남성의 체계적인 지배를 말한다.[84] 가부장제 아래에서 남성과 연관된 속성은 존중되는 반면 '여성적'이라고 간주되는 것은 폄하되며, 이런 가치 체계는 인간의 생물학적 성질의 '자연스러운' 결과로 옹호된다. 이런 자연화 과정 그리고 《개인적 체험》에서 '여성의 부재'는 어디에서 기인했던 것일까? 이제 구체적으로 91년 5월에 김별아가 경험했던 일상과 내면세계를 살펴보자.

91년 5월과 활동가의 '혼란'

91년 4월 26일. 5월 투쟁의 도화선이 된 강경대의 죽음은 당시 활동가들 누구에게나 '예기치 못한 소식'이었다. 김별아는 당시를 다음과 같은 짧은 단어들로 묘사하고 있다.

"네? 뭐라구요?"

"사람이, 사람이 죽었다구요?"

사람이 죽다니, 가슴이 철렁거리는 소리이긴 했지만 처음에는 그냥 장난 전화려니 했다(82).

여러 기록들에 드러나듯이, 강경대의 죽음이 알려진 직후 2000여 명의 학생들이 세브란스 병원 영안실을 가득 메우고 '살인정권 퇴진 결의대회'를 가진 뒤 밤샘 농성에 들어갔다. 그렇다면 91년 5월에 대한 당시 상황 판단은 어떠했나? 김별아의 기억을 보기 전에 다른 기록을 살펴보자. 김귀정 열사의 사망 직후 재야측은 분위기가 고조되면 정권 퇴진까지 갈 것이라고 판단했지만, 시간이 갈수록 그럴 가능성은 희박해졌다.[85] "파쇼는 흔들리고 있었"지만, 정권이 타도될 것이라고 생각했던 사람은 많지 않았다.[86] 그리고 "아무도 예감하지 못했지만 젊은 죽음도 그때부터 시작이었다"(85). 그렇다면 91년 5월을 전후로 한 활동가로서 김별아 개인의 '고뇌'는 무엇이었을까?

91년 5월에 김별아는 자의식이 강한 문학도이자 활동가였다. 91년에 대한 기록에는 헌신적인 투사 혹은 전사화된 주체들의 모습이 자주 등장한다. 하지만 이것은 활동가들을 둘러싼 내면의 일부에 불과하다. 실제로 활동가들은 자신의 개인적 희망과 조직-집단 논리로 무장된 운동 조직 사이에서 지속적으로 갈등했다. 김별아의 경우에 이것은 문학과 운동 사이의 갈등이었다.

차가운 머리와 뜨거운 심장으로 무장하고 단련시키기에 스스로를 혹사시키던 그 때에도 나는 다분히 기질적이고 운명적인 비겁의 꿈을 버리지 못하고 있었다. 그 꿈의 정체는 문학이었다. 나는 그때 세계의 한 구석에 틀어박힌 문학의 비굴하고 음흉한 속성 때문에 괴로워하고 있었다(80).

이처럼 91년 5월을 전후로 활동가들의 내면세계에는 소시민성이라고 치부된 '개인적인 것'에 대한 갈망이 자리잡고 있었다. 그러나 활동가들은 의식적으로 이런 욕망을 밀쳐내면서, 자신을 운동이라는 구조 안으로 강제로 밀어넣었다. 개인적인 것은 활동가에게는 사치라고 여겨졌으며, 활동가답지 못한 것으로 여겨졌기 때문이다. 그녀는, "소시민의 꿈은 일찌감치 포기해야 할 것으로 간주했던 나는 그저 '청춘을 불사르고 해방을 희구하며' 달리고 또 달리는 사람들의 대열에 시치미를 뚝 떼고 합류하고 싶을 뿐이었다"(80)라고 회고한다. 그러나 "가끔은 가당치 않은 죄의식 속에서 정치적으로 보수적이고 권력 지향적인 문학출세주의자들의 걸작을 은밀히 탐독하기도 했다"(81)는 '고백'에서 드러나듯이, 활동가들은 공동체적 삶을 외치면서도 이율배반적으로 개인적 시간에 대한 강렬한 욕구를 지니고 있었다(129).

하지만 개인적인 것에 대한 학생운동의 태도는 분명했다. 조선대 전투조직이었던 녹두대는 〈87년 자위대에서 제기되는 몇 가지 문제점〉이라는 문건에서, "개인주의와 이기주의는 철저히 극복되어야 …… 너와 내가 따로 존재하는 것이 아니라 조직적 강제력을 갖는 자위대 규율이 견고하게, 견결하게 수행되어야 할 것이다"라고 지적했다.[87] 구체적인 형태로 여학생 전투 조직 내 일상활동의 영역으로, 영어 쓰여진 옷 안 입기, 커피와 코카콜라 안 마시기, 투쟁기간 중 치마 안 입기 등을 제기했다.[88] 이처럼 운동 문화의 반개인주의는 활동가로서 개인을 침묵시키는 결과를 초래했다. 그렇다면 좀더 구체적으로 활동가들의 일상을 하루 일과 등을 중심으로 따라가보자.

91년 5월, 활동가들의 '하루'

91년 5월에 김별아는 연세대 총학생회 집행부였다. 대중 활동가들 대부분이 그러했듯이 투쟁, 단절, 음주, 회의, 격렬한 감정과 흥분이 김별아의 일상 속에

전남대학교 학생운동가들의 활동 시간표

	공식 학사 일정	비공식 학사 일정
1~2월	등록, 신입생 오리엔테이션	방중 학습, 신입생 예비대학
3월	개강	학생회 출범식, 과 수련회
4월	중간고사	단대 체전, 봄 농활
5월		오월 투쟁
6월	기말고사	자주강좌, 6·10계승 투쟁
7월		여름 농활
8월	등록, 수강신청 변경	조국통일 투쟁
9월	개강	단과대 대동제
10월	중간고사	총학생회 대동풀이
11월		학생의 날, 학생회 선거
12월	기말고사, 종강	학생회 이전 사업, 방중 학습

서 교차했다. "'대중의 의식화-조직화'라는 거창한 목적을 내걸고 밤을 패고, 수업을 빼먹고, 지루한 회의를 거듭하고, 가족들과의 친교를 단절하고, 이기지 못 할 만큼 독주를 마시고, 취하고, 감동하고, 격분하고, 자아비판하고, 결의를 하고, 결단을 하고, 투쟁을 했다"(81). 대학 입학 전 버스 차장을 했던 김별아의 경험에서 보이듯이, 과거의 개인사와 단절을 통한 의식의 도약이 대부분 활동가들의 정서를 지배했다. 그리고 이것은 기존의 연결망과 판이하게 다른 일상을 주조해냈다. 이것은 당시 전남대학교 학생운동가들의 활동 시간표에서도 유사하게 드러난다.[89]

　　총학생회의 일상 역시 관할서 형사의 농 섞인 안부 전화에서 회의와 집회 문의, 숱한 가명을 가진 정체불명의 일꾼을 찾는 전화, 몇 달 째 소식 없이 가출한 자식을 찾는 어머니의 애타는 호소 그리고 각종 속임수 전화에 이르기까지 다양했다(82). 특히 91년 분신 정국에서 활동가들의 일상은 '전쟁' 그 자체였다. 김별아의 당시 회고를 보면 다음과 같다.

학교는 단번에 전쟁터가 되었다. 돌과 화염병과 사과탄과 SY-44의 길게 쪼개어진 파편과 미친 개 마냥 훑으며 돌아다녀 일명 지랄탄이라 불리던 다연발탄의 검은 껍데기가 교정을 뒤덮었고, 교문 앞 은행나무는 잎이 패기도 전에 노랗게 시들어 갔다(86).

이런 부산한 분위기와 일상은 강경대 열사의 시신이 안치된 연세대 그리고 대학 캠퍼스 내부에만 국한된 것은 아니었다. 당시 거리 정치의 풍경을 보면 김귀정 열사의 죽음의 경우 과 단위로 4~5명이 한조를 만들어 모금 투쟁과 선전전을 펼쳤는데, 선전전은 각 대학 캠퍼스를 돌며 전개되었던 연대 투쟁의 호소[90]와 대국민 선전전의 형식을 띠었다.[91]

그러나 91년 5월 투쟁이라는 일상의 '전장화' 속에서 활동가들은 아주 작은 공간에서 '피로'를 호소하기 시작했다. 화염병을 만들다 흘러나온 시너, 아크릴 물감의 휘발성 냄새로 가득 찬 총학생회실, 고단한 투쟁에 지친 집행부들이 담요와 점퍼로 겨우 몸을 가리고 여기저기 쓰러져 있는 모습 등이 이것을 잘 드러낸다. "…… 쥐가 요망하게도 총무부장의 귀를 물어 보건소에 실려 가느니, 항생제 주사를 맞느니 한바탕 소란을 피운 뒤끝이어서일지도 모른다. 불결함이 주는 불온함, 불온함이 주는 불길함이 뼛속 시린 철야농성의 고단한 새벽잠을 설치게 했다"(87). 학생회실에서 집회 도구와 시위 용품과 함께 잠을 청할 수밖에 없는 활동가들은 시간이 갈수록 지쳐갔다. 특히 꼬리에 꼬리를 문 분신과 죽음의 행렬, 그리고 이것을 향해 가해졌던 '음모'들은 이들을 더욱 지치게 만들었다.

더군다나 91년 5월 활동가들은 분신의 한가운데에만 위치했던 것이 아니었다. 활동가들의 일상은 대책위원회 사무실이 되어버린 총학생회와 "민족민주 운동의 노가다"(100)라는 자조적인 단어들이 상징하듯이 복잡했다. 온갖 잔심부름과 하루에만 2~3회 열리는 집회 준비, 앰프 운반 등이 활동가들의 몫이었다. 그러나 이런 복잡함이 활동가들만의 '문제'로 끝나는 것은 결코 아니었다. 비록

87년 이한열 열사의 모교이자 민주화의 성지라고 이야기되는 연세대였지만, 도처에서 "총학생회는 학교 주인이 아니며, 투쟁도 좋지만 공부 좀 하자는 목소리"가 튀어나오기 시작했다(101). 뿐만 아니라 반나절에 걸친 청소부 아저씨와 아주머니들의 '파업'은 소동이라고 표현하기에는 안타까운, 활동가들이 사용자가 되어 "진압해야 했던 사건"(104)이었다.92 "언제 이 지랄이 끝나는 겨? 확실히 말을 해보라구"로 시작되었던 파업은 청소부 아주머니들의 투쟁의 정당성과 학생운동 자체에 대한 비난 등으로 이어졌다(105~7).

아무리 무기(화염병과 쇠파이프를 지칭 — 인용자)가 흉측해지고 끔찍해져도 그걸로 정권이 바뀌기는 천상 그른 노릇이야.

너희들 목적은 소란을 부리고 난동을 부리는 것 자체야. 내 말이 틀렸어?

뭐? 니네 눈에는 우리가 다 무식한 깡통들로 보이는 모양이지. …… 우리가 너희처럼 부모 잘 만나 빳지 달고 유람하러 여기 오는 줄 알아? 여긴 우리 일터야. 밥줄이라구!

김별아는 이 사건을 회고하며, "그들을 이해해야만 했다. 하지만 그 모두를 용납하기는 버거웠다. 무지한 그들이 미웠다. …… 박승희가 남긴 유서 속의 '불감증 시대'라는 표현처럼, 끝이 보이지 않는 지금의 싸움이 혹여 '무관심의 암울한 회색 분위기 속에서 억지로 만들어낸 싸움은 아니었을까, 고 이단아 로자 룩셈부르크를 흉내 내어 중얼거렸다"(115). 이처럼 활동가들은 전투경찰, 죽음의 배후를 둘러싼 지배 담론보다 자기 자신과 벌이는 갈등이 더욱 심했던 것이다. 김별아는 91년 5월, "스크럼을 짜고 서로의 온기와 퀼 심에 의지해 물대포의 혹렬한 수압을 이겨냈던 일보다 내게 더 선명하게 기억되는 것은 그런 부스러기의 에피소드들이다"라고 기억한다. 다음으로 91년 5월을 상징하는 분신을 둘러싼 활동가들의 내면세계를 살펴보자.

'분신', '죽음'과 활동가들의 내면

91년 5월 투쟁이 마무리되는 시점은 6·20 광역의회 선거, 각 대학의 대동제 그리고 김귀정 열사의 죽음과 전대협 출범식 등이 겹쳐 있었다. 전대협 출범식을 과연 이 시점에서 해야 하느냐는 논쟁에서, 자신들의 의사와 무관하게 학교를 투쟁의 메카로 임대해야 했던 학우들에게 최소한의 공간은 돌려주어야 한다는 입장이 맞섰다. 결국 대다수 대학들은 대동제라는 일상을 맞이하게 됐다.

이처럼 5월 투쟁 이후 폐허가 된 교정, 집단의 열기 속에서 개인적인 고민을 풀지 못한 채 사라져버린 동료들이 김별아가 간직했던 91년 5월에 대한 또 하나의 기억이다. 5월 투쟁 이후 대동제는 과 토론회조차 조직해내기 힘든 상황이었다. 김별아는 당시 대동제를 준비하는 과정을, "…… 죽은 자들의 피와 살내음이 낮은 곳으로부터 스며 있는 축제, 살아남은 자의 눈물과 울분이 가시지 않은 축제 …… 그처럼 엽기적이고 우울한 축제는 다시 없었다. 기획된 행사의 내용 곳곳에도 5월의 상흔이 고스란히 남아 있었다. 그래도 오래간만에 노천극장에는 투쟁가와 구호 대신 응원단 '아카라카'의 함성에는 얼마간 어색하고 괴이쩍지만 숨길 수 없는 안도감이 배어 있었다"라고 기억한다(124).

김별아가 겪었던 '5월 문학의 밤'의 기억은 91년 5월의 '휴유증'이라는 점에서 또 다른 일상의 잔영이었다. 김지하를 비난하는 '선동시'로 꾸며진 문학의 밤은 '비평 기계'-'집단 창작'의 논리로 가득 찬 급조된 날 것의 언어들의 잔치라는 말이 적당한 것이었다.[93] 김별아는 당시를, "…… 후배들의 열렬한 목소리를 타고 들려오는 투쟁, 쟁취, 반란, 노동, 복수, 해방 …… 그 '날 것'의 언어들은 어느 것 하나도 본래의 빛깔과 생명력을 갖추지 못한 채 모두 공중으로 산산이 흩어지고 있었다"라고 기록했다(130). 91년 5월은 거리의 정치에서만이 아니라 일상에서도 동원의 한계와 거세된 대중성을 보여주었다. 강연이 시작될 무렵에는 동원된 행사 참가자들만 덩그러니 자리를 지키고 있었고, 낭만적인 문학의 밤을 기대했던 대중들은 모두 떠나갔다(132~3). 활동가들은 대중에게 '일상의 자리'를 마련해줄 여유가 없었고, 대중들은 한 달간의 긴 투쟁과 그 여진이 아직도 곳곳에 남은 〈문학의 밤〉을 거부했던 것이다.

유사한 현상은 과 토론회, 총회, 동맹휴업을 이끌어내기 이전 대부분 조직들이 마비 상태였던 91년 5월의 결과에서도 드러났다(103). 취약했던 조직은 활동가들에게 작은 신뢰도 주지 못했으며(123), 상당수 활동가들은 개인이나 조직 차원의 대안 부재 속에 군대로, 도서관으로 흩어졌다.94 이처럼 91년 5월을 둘러싼 일상은 활동가들에게 '대안 부재'와 '이탈'로 다가왔으며, 이것은 87년 이후 조성된 활동가들의 '일상'이 파괴되는 과정의 시작이었다. 다른 글에서 나는 당시 경험을 다음과 같이 기록한 바 있다.95

하지만, 나는 91년 이후 운동 주체의 단절을 표면적인 운동 노선으로 환원시킬 수 없다고 본다. 그 안에서 91년 이전의 운동 정체성에 대한 유산들과의 단절이란 문제가 또아리를 틀고 있었다. 91년 이후 학생운동 활동가들 안의 활동가 공황상태는 몇 몇 대학이나 정치조직에 국한된 문제가 아니었다. 91년 투쟁 직후 그리고 학생회 선거 이후 3, 4학년 단위 활동가들의 대거 이탈이 속도를 더해갔고, 이들은 주로 88, 89학번들이었다. 이들은 5월 투쟁과 그 안의 논쟁을 자기운동으로서 체현한 집단들이었다. 전민항쟁 세대라고 불리던, 87년 이후 대학사회 안에서 학생운동 진영의 힘이 상대적으로 가장 강했고, 가장 전투적인 대중투쟁을 91년까지 전개했던 역사 속의 중심에 존재했던 이들의 '좌절' 혹은 '전선 이탈'은 위기라는 담론이나 몇 몇 사건 등으로 해석하기 어렵다. 이들은 87년 이후 혁명운동의 승리를 체계적으로 교육받은 세대이자, 대규모 학생회를 중심으로 활동을 전개한 집단이다. 또한, 88년 이후 합법적인 맑스-레닌주의 학습 속에서, 대중화된 학생회 안에서 운동적 정서를 키워나간 집단들이며, 누구보다 강력한 대학 안에서의 학생 권력을 행사했다. 적어도 이들은 사회주의, 혁명이 대중 담론으로 정착된 시기에 의식화의 세례를 받았던 것이다.

더욱 불행했던 점은 이런 대항 폭력과 죽음을 둘러싼 균열이 활동가 내부에 이미 내재했다는 사실이다. 투쟁의 와중에 김별아는 밤이 잦아든 총학생회실에 널브러진 열사의 영정과 부검 사진들이 복사된 유인물을 줍는 강경대 누나의 모습을 보며, 열사라는 상징에 대해 다시 생각한다. 이 사진들은 여러 장 복사해서 각 단과 대학 분향소에 영정으로 설치하고, 지방 소재 대학의 학생회에 팩스로 실어 나른 대중 선전 사업의 대표적인 상징이었다. 그때에 이르러서야 김별아는 비로소 연이은 대중투쟁에 뒤이은 감격과 흥분 속에서 망각해온 것들을 알게 됐다. 분신과 죽음을 둘러싼 상징과 담론은 실제 죽음을 맞이한 가족이나 형제의 감상에 대해서는 망각하게 만들었던 것이다.

나는 번잡스레 이어지는 실무의 막중함과 대중투쟁의 폭발로 인한 감격과 흥분 속에 때때로 깜박 잊고 지나쳐 버렸던 것들을 비로소 깨달았다. 그것은 지극히 당연한 것에 대한 매우 자연스러우면서도 섬뜩한 자각이었다. 강경대를 살려내라, 강경대를 살려내라 …… 함부로 복사하여 쓴 그 영정 사진들은 선전 사업의 주요 매개이기 이전에 세상의 거대한 폭력 앞에 너무나 쉽게, 어이없이 쓰러져 버린 한 젊은이의 초상인 것을……(89).

죽음의 도구화에 대해 활동가들은 심각하게 고민했던 것이다. 죽음이 활동가들에게 '지겨운 복수극'이자 '공포'로 다가왔던 것은 열사의 영웅화 구조가 지닌 자기 한계 때문이었다. 그 공포는 김별아의 '죽음'에 대한 기억에서 드러난다. 특히 김별아의 기억 속에는 5월 18일 강경대 열사 장례식을 마치고 서울역으로 가던 길에 연세대 앞 굴다리에서 분신한 중년 여인 이정순 씨와 퇴계로 대한극장 앞에서 토끼 몰이식 진압 과정 중 압사당한 김귀정의 죽음이 강하게 남아 있었다.[96] 점차 활동가들에게 죽음은 상징이 아닌, 바로 실질적 공포감으로 다가왔던 것이다.

이 공포감 가운데 하나가 김귀정 열사가 죽은 퇴계로 투쟁에 대한 기억이었다.[97] 김별아의 기억에 등장한 단어들은 '아비규환'이었던 당시를 적나라하게 드러낸다. 몇 구절을 보면, "발밑에 사과탄이 터져 청바지를 뚫고 무르팍에 파편이 박히"고, "대열 뒤쪽에 위치했던 시위대에게는 가차 없이 방패가 내리찍히"고, "길은 좁았다. …… 돌아보면 방패에 찍혀 찢어진 머리를 감싸 쥐고 신음을 흘리는 피투성이 얼굴들과 무자비한 구타 속에 시달리고 있는 피투성이의 무자비한 얼굴들 속에서……"(119) 등이다. 이것은 김귀정 열사가 죽던 날 같은 장소에 있던 활동가의 증언에서도 드러난다. "그날 동국대로 도망갈 때 최루탄 소리가 너무나도 크게 들렸어. 그런데 그 소리가 멈출 줄 모르더라구. 정말 살인적이고 공포스러웠어. '아, 이러다가 죽겠다'하면서 뛰었지……."[98]

당시 상황은 옆에 있는 동지에 대한 저주와 죽음에 대한 공포가 교차하는, 한마디로 잠재적 죽음에 대한 공포감이 극도에 달했던 때였다. 김별아는 백골단보다 도망치는 자신의 발을 밟은 한때 동지라 불렀을 '익명의 남학생'[99]을 더 증오했으며, 당시를 마치 아우슈비츠의 '가스실'처럼 묘사했다(120). 이제 활동가들에게 죽음은 거역할 수 없는 화두로 자리잡았으며 즐거운 투쟁을 할 수 있기보다, 모든 이들이 죽음과 연관되었다. 김별아는 당시 활동가들이 죽음과 관련된 투쟁을 '지겨워하고 있다'는 것에 대해 다음과 같이 기억했다.

　　대중들은 우매하고 어리석지 않다. 다만 임의적이고 불확정적일 뿐 …… 따라서
　　최대한 재빨리 그들의 변덕을 눈치채고 변심을 알아차려야 한다. 그들은 항상

싸우는 사람들을 주시하며 그들의 기분을 놀랍도록 면밀하게 감시한다. …… 싸우는 사람들이 싸움 자체를 지겨워하고 있다는 것을 그들이 놓칠 리가 없다. 도덕적 우월감과 설득력은 싸우는 사람들이 즐거움으로 충만할 때에야 비로소 얻어진다 (117).

하지만 투쟁에 대한 염증과 변덕스런 대중의 모습보다 더 고통스러웠던 것은, 죽음을 둘러싼 대한 해석이었다. 운동 진영 그리고 활동가들은 20여 명에 가까운 열사의 죽음은 '구타에 의한 죽음'이라는 것을 아무렇게나 호명했다. 물론 이것은 악의적인 것이 아니라 사소한 실수였지만, "죽음이 모두를 영웅으로 만들 수는 없었던 것"이다(121). 앞에서 지적했던 것처럼 지배 세력의 열사-영웅화에 대한 훼손 전략은 종결되지 않고, 활동가들의 내면에도 죽음이 드리워졌다. 바로 "죽음을 선동하는 어둠의 세력이 있다는 미신은 그렇게 허술한 틈을 쉽게 파고든 것"이었다(122). 결국 50여 일의 시간 속에서 죽음의 의미는 훼손되었고, 80년대 중반 이후 대중투쟁의 상징이던 '열사-전사' 담론은 자기 한계에 봉착했다. 열사를 영웅시함으로써 투쟁이 지속될 수 있다는 사고가 지녔던 근본적인 한계는 활동가들 자신이 더 절실하게 느끼고 있었다. 김별아는 당시 심경을 이렇게 말했다.

사람들은 서서히 진저리를 쳤다. 싸움의 목표나 대안에 대한 고민보다는 언제쯤이 불가해한 투쟁이 끝날 것인가를 궁금해했다. …… 그들의(많은 열사들의 ─ 인용자) 고귀한 희생이 만들어놓은 대중투쟁의 역사도 1991년 5월에 그 도덕적인 힘을 잃고 단절 ……(121~122).

물론 "열사가 아닌 전사가 필요"하다는 외침이 존재했으며, "청년의 몸은 조국의 몸이니 미래를 준비해야 한다는 숱한 간청과 호소들"(95)도 존재했었다.

생명의 소중함에 대한 강조에도 불구하고, 분신이 연달아 일어난 상황에 대한 활동가들의 내면세계는 이중적이었다. 한편으로는 투쟁의 정당성과 당위성을 설파해야 했지만, 동시에 "분신이란 극단적 죽음의 형태를 선택한 이들의 영혼과 살아남은 이들의 것과의 차이"에 대해 의문을 지녔다(95). 이런 김별아의 기억은 91년 5월의 저항 세력에게 죽음의 의미가 무엇이었는지에 관해 다시 생각하게 만든다. 80년대 저항 담론은 '죽음의 의미를 일상화'했다. 80년 광주항쟁 이후 수년 동안 제대로 상징화되지도 애도되지도 못했던 '억압된 죽음의 의미들'이 일상적 시공간 속으로 귀환했던 것이다.100 그러나 1991년 5월 '죽음의 일상으로의 귀환'은 활동가들에게조차 자기 정당성을 둘러싼 혼란을 야기했다.

이것은 당시 연세대 총학생회 내부에서 드러난 분신을 둘러싼 '단적인 반응'들을 통해 확인할 수 있다. 김기설 열사의 죽음 직후 총학생회 조회라는 작은 공간에서 일어난 일들을 재구성하면 이것을 알 수 있다(96~8). 총학생회 기관지인 《길》의 편집부장은 "…… 또야? 또? 도대체 왜들 이러는 거야? 이제 그만해도 되잖아? 이건 우리를 고문하는 거라구"라며, 죽음에 대한 분노와 회의의 복잡한 심경을 드러낸다. 농민연대사업부장은 책상 한구석에 앉아 독백처럼 자신이 마지막으로 본 본 김기설 열사의 음울한 분위기를, "…… 바로 앞에 죽음을 준비하던 사람을 두고서 우린 여전히 낄낄대고 장난치고 노래까지 부르면서 …… 철저히 무지한 채 죽음과 코를 맞대고 있었어"라고 중얼댄다(97).

죽음에 대한 분노, 자기 부정의 심리 구조 그리고 학생회실 간부들의 연이은 "구토, 오열, 실신"은 당시 활동가들이 죽음 자체를 두려워했던 것이라기보다, 죽음을 매개로 투쟁의 부활을 꿈꾸는 자기 자신에 대한 두려움이 더 컸다는 것을 드러낸다. 김별아는 이것을 다음과 같이 명시적으로 드러낸다. "…… 말은 하지 않았지만 우리 모두는 …… 자기 자신이 두려웠다. 무엇인가 우리가 감지할 수 없고 추측할 수 없는 것들이 우리의 목을 조여 오고 있었다"(98). 열사의 영웅화와 전사의 연결은 활동가들 내부에서도 죽음에 대한 공포로 이어졌고,

지배 세력이 유포한 "자살의 전염"(98)이라는 의혹에서도 자유롭지 않았다.

총학생회실이라는 작은 공간의 암울한 분위기가 암시했듯이, 91년 5월 활동가들이 두려워했던 것은 대안 권력이나 생존권 요구보다 "자신에 대한 설득"이었다. 죽음은 집단을 자극하고 움직였지만, 그것은 점차 자신들에게 "재앙"이자 죽음을 매개로 한 "복수극"이 되어갔으며, 생존자들의 내면에 감당하기 어려운 빚으로 잔존하게 되었다(98~99). 91년 5월에 열사는, 전사를 만드는 것이 아니라 활동가들을 "황폐화시켰다"(100). 결국 활동가라는 작은 집단 안에서 보이는 죽음—열사에 대한 반응은 일종의 '열사 담론'의 균열이었다. 이런 점에서 열사—전사 담론의 형제애적 연대는 동원의 담론으로서 '재현의 위기'였던 동시에 활동가에게도 동시적인 위기였다.

맺음말 — 91년 5월과 담론, 상징, 일상, 균열

1991년 5월 투쟁에 관해서는 주로 폭력과 투쟁의 전개 과정 등을 다루어왔다. 특히 민주화 운동 혹은 민중운동을 둘러싼 담론의 연장선상에서 공안 통치, 억압적 국가기구에 대한 반대, 분신과 죽음, 대안 권력 등의 차원에서 해석이 됐다. 하지만 1991년 5월 투쟁을 민주화 운동의 연장선상에서 분석하거나, 80년대 반파시즘 투쟁의 정통성이라는 맥락에서만 해석하는 것은 일면적이다. 분신과 죽음을 둘러싼 인식, 운동 전략, 질서화된 거리 투쟁과 운동 진영의 인식 등의 담론들은 민주화 운동의 정통성이라는 측면에서 지나치게 신성시됐다. 그렇다면 91년 5월 투쟁을 둘러싼 지배적인 담론과 해석이 의미하는 바는 무엇일까? 혹은 91년 5월을 둘러싼 지배적인 해석들이 은폐하려고 했던 부분들은 무엇인가?

91년 5월에서 저항운동의 담론과 상징은 대부분 80년대에 형성된 것이었다. 1980년 광주민중항쟁 이후 열사-전사 담론, 거리 정치의 사회 드라마social drama, 민중적 공동체 등 담론과 정치적 상징은 특정한 정세에서 다소 다른 모습을 보였지만, 저항운동의 재생산에서 핵심적인 동력이었다. 먼저 노제, 운동의례, 거리 정치에서 대항 폭력 등으로 대표되는 91년 5월은 80년대, 특히 87년 6월 항쟁 이후 '전민항쟁'이라는 저항운동의 투쟁 양식에 의해 형성됐다. 공권력에 맞선 약자의 무기로서 대항 폭력과 거리 정치는 대중의 정치적 상상력을 추동했던 중요한 동력이었다. 시간이 지나면서 이것은 노제, 열사를 기리는 만장 등의 정치적 상징과 일상에서 대중을 지속적으로 동원해내는 운동 문화와 의례 등으로 분화하고 발전해갔다.

또한 민중 공동체를 지향했던 저항운동의 공동체적 질서는 운동 조직, 운동 내부의 인간관계, 일상에서 의례 등을 형성할 수 있었던 중요한 정치적 자원이었다. 민중으로 상상된 공동체의 인간형과 새로운 질서에 대한 희구는 기존 사회관계의 단절과 운동의 대의에 대한 '투신投身'을 집단적으로 이끌어낸 동력이었다. 일상에서 저항 세력이 형성하려고 했던 공동체는 자신들이 만들고자 했던 새로운 사회를 형성해갈 '새로운 주체'를 만들어가는 과정이었다. 특히 파시즘적 지배 구조 아래에서 저항 세력들이 만들어낸 공동체는 운동의 목표와 대의를 위해 개인을 버리고 자기 자신을 '바쳐야 한다'는 공동체의 담론을 개별 주체에게 강조했고, 이것은 활동가들의 '항상적인 긴장' 상태 — 적과의 대립이라는 맥락에서 — 로 나타났다.

마지막으로, 80년 광주에서 91년 5월 투쟁에 이르기까지 현실에 존재했던 '죽음'들은 개인의 죽음이 아니었다. 저항세력은 열사의 죽음을 통해 운동의 정당성을 확보하는 동시에, 대중들에게 새로운 대안적 사회 혹은 공동체에 대한 정치적 상상력을 불어넣었다. 열사의 영웅화와 보편화 담론은 아버지로 상상된 권위주의적이고 가부장적인 기존 민족 공동체를 부정하는 새로운 주체인 열사 그리고 열사의 정신을 계승한 투쟁하는 전사라는 담론을 형성했다. '열사-전사' 담론의 보편화는 대중의 정치적 동원을 위한 기폭제인 동시에, 열사를 통한 '역사의 재해석'을 통해 기존의 지배적인 공동체의 역사를 '전위displace'시켰다. 바로 열사의 죽음과 그 죽음의 계승과 재해석의 권리는 공동체와 전사들이 지닌 것이었으며, 이것을 통해 새로운 민족 공동체를 형성하고자 했던 것이다.

더불어 이 글에서 나는 연세대 활동가였던 김별아의 자전적 소설인 《개인적 체험》을 통해 91년 5월 투쟁의 이면에 감추어졌던 활동가들의 내면세계에 주목했다. 작은 대학 내에 있던 여성 활동가의 일상과 내면세계를 통해, 91년 5월 투쟁의 역사 속에서 잘 드러나지 않았던 운동 담론과 정치적 상징이 어떻게 균열되었으며, 활동가들의 혼란이 무엇이었는지 살펴보았다. 우선 지적할 것은 1991년 5월에 기존 공동체 문화와 운동 질서 내부의 균열이 나타난 점이다. 집단주의에 기초한 민중 지향적 공동체는 점차 대중들에게 '부담' 혹은 '획일적인 무엇'으로 여겨졌다. 활동가들 역시 공동체 내 일상에서 '사라진 개인'이나 '개인의 실종' 때문에, 드러내지는 않았지만 일상적인 혼란을 경험했다. 그 결과 91년 5월을 기점으로 공동체와 대중의 괴리가 일어났고, 활동가들은 공동체에서 '퇴장' 혹은 '이탈'했다.

또 다른 균열은 운동의 정당성을 둘러싼 문제 제기, 다른 식으로 말하자면 민중 지향적 공동체의 운동 질서와 관행에 대한 의문이 내부와 외부에서 동시에 제기된 점이다. 공동체의 질서와 대의에 암묵적으로 동의하고 공동체가 주도하는 거리 정치에 동참했던 대중들이 점차 공동체에 대해 여러 문제를 제기하기 시작했다. 권위주의적이고 비민주적인 공동체 내부의 의사결정 구조와 일상에서 나타난 활동가들의 폐쇄성 등이 주된 내용이었다. 활동가들 역시 이런 문제들에 대한 문제의식을 지니고 있었지만, 이미 공동체 내부의 균열은 운동 관계 내부에 뿌리 깊게 장착되어 있었다. 그러나 또한 91년 5월에 연이은 거리 정치의 동원에 대안 없이 지쳐갔던 활동가들에게 대중들의 외침은 '메아리'처럼 흘러갔다. 그 결과가 91년 5월 이후 활동가들이 경험했던 '거세된 대중성'이었다.

마지막 균열은 열사 담론을 둘러싼 것이었다. 한마디로 정리하자면 '열사 담론의 훼손'이라고도 말할 수 있다. 대중 동원의 정치적 상징이자 대안적 공동체를 향한 정치적 상상력의 자원으로서 열사-전사 담론은 91년 5월 활동가들 내부와 외부에서 균열과 해체를 맞이했다. 잇따른 분신과 지배-보수 언론이 분신을 '범죄화'시켰던 것은 대중의 집단적인 공포를 야기했다. 더 나아가 활동가들은 한편으로 자신들이 범죄의 '방조자'라는 담론과 다른 한편 이전 시기 약자의 무기였던 대항 폭력이 '불안의 징후'이자 '추방'의 대상이 돼야 한다는 담론에 맞서야 했다.

하지만 무엇보다 활동가들에게 있어서 열사 담론의 균열을 경험하게 한 것은 '죽음의 도구화'라는 자신들 내부의 울림이었다. 신성한 죽음으로 받아들여지는 열사가 아니라, 시간이 지날수록 훼손되는 죽음의 의미와 활동가들 내부에서 감지되는 연이은 분신에 대한 공포 그리고 죽음을 지고 지속적으로 투쟁을 해야 한다는 사실에 대한 내적인 갈등이 활동가 내부의 균열이었다. 이런 균열은 활동가들이 지향했던 새로운 민족 공동체의 영웅으로서 열사가 91년 5월에 재현되었지만, 다른 식으로 말하자면 '죽음의 일상으로의 귀환'에도 불구하고 열사 담론이 대중들에게는 물론 활동가들 자신에게도 더는 투쟁의 정치적 상징이 되기 어려웠다는 것을 드러낸다. 바로 동원 담론으로서 열사 담론은 '재현의 위기'에 처했던 것이다.

부록 1 1960년대 이후 사망한 열사들의 사망 원인

		분신	할복	투신	타살	음독	단식	목맴	의문의 죽음	병사	사고사
박정희 정권	1960년대										
	1970	전태일									
	1971				김진수						
	1972										
	1973								최종길		
	1974										
	1975		김상진						장준하		
	1976										
	1977										
	1978								정법영		
	1979			김경숙							
	소 계	1	1	1	1				3		
전두환 정권	1980	김종태		김의기					임기윤		
	1981			김태훈						최종철	
	1982								문영수 정성희		
	1983			황정하					이윤성 김두황 한영현 최온순 한희철		
	1984	박종만							허원근		
	1985	홍기일 송광영				기 혁			우종원		
	1986	박영진 변형진 김세진 이재호 이동수 진성일 강상철		박혜정 이경환	김상원	오한섭			신호수 김성수		
	1987	표정두 황보영국 이석규 김수배 박응수 박태영		김성애	박종철 이한열 이석규			박선영 장재완	최우혁 노철승 이승삼 박필호 김용권 이이동 박상구 정연관 이태춘	이순덕	채광석 이재용 김현옥 유인식 이대용 박용선
	소계	17		6	4	2		2	21	2	6

시기	연도	분신	할복	투신	타살	음독	단식	목맴	의문의 죽음	병사	사고사
노태우 정권	1988	이대건 김장수 최윤범 장용훈 성완희 이문철 최덕수 박래전	조성만	양영진	김길호				정경식 오범근 문용섭 배중손 우인수 박종근 고정희	문송면 유병진 신영일 곽현정	송철순 정성규
	1989	최완용 김윤기 김종수 이상모 박진석 이종대 강현중 김종하 남태현 이재식		김병구	이상남 최성조 정상율				이재호 이철규 이내창	함석헌	조정식
	1990	이영일 최태욱 최 동 박성호 원태조 심광보		김수경 최응현		정성묵		이원기	김용갑 박성은	오원석 김기훈 조영래 김병곤	배주영 강민호 신장호
	1991	윤용하 이진희 석광수 김영균 천세용 박승희 김철수 이정순 정상순 손석용 김기설 양용찬		권미경	강경대 김귀정				박창수 송종호 남현진 문승필 김영환	김봉환 신용길	유재관 김치철 고재욱 류정하
	1992				김선호					임희진 박복실 이상렬 박현민 이광용 최성근 최성묵 오원진 윤재영	
	소계	36	1	5	7	1		1	17	20	10
김영삼 정권	1993	이경동 한상용								황인철 성순희 김영자 정운갑 채희돈 정영상 정영부 조경천 고정자 박미경 임혜란	서영호 김주리 최 웅
	1994	최성묵				김성윤		임종호		김상옥 김낙성 김남주 문익환 이오순 이범영	이창환 신건수 김순복 손구용
	1995	양봉수 박삼훈 서전근 장현구 최정환						조수원	이덕인	박현채	오원택
	1996	김시자 진철원 황혜인 오영권 박동학			신연숙 노수석		권희정			유구영 오용철 김왕찬 김말룡	박문곤
	1997	한상근			류재을 김준배 민병일 박순덕	홍장길				이형관 최종진	
	소계	14			6	2	1	2	1	24	9
1998		최대림								최명아	
합계		69	2	12	18	5	1	5	42	47	25

출처: 민족민주열사희생자추모단체 연대회의, 〈끝내 살리라〉, 2005.

그림 1 91년 5월, 파이프를 든 전사.

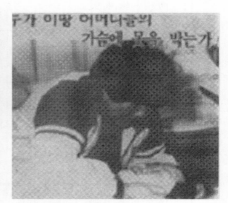

그림 2 아들을 잃은 어머니.

그림 3 91년 당시 거리에서 화염병을 던지는 전사.

그림 4 강경대 열사의 거리 노제.

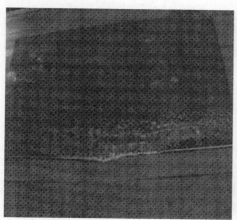

그림 5 김귀정 열사의 추모비.

그림 6 김귀정 열사의 사진(동아리연합회 선거 포스터).

그림 7 강경대 열사 신촌 로터리 노제 1.

그림 8 강경대 열사 신촌 로터리 노제 2.

그림 9 걸개그림.

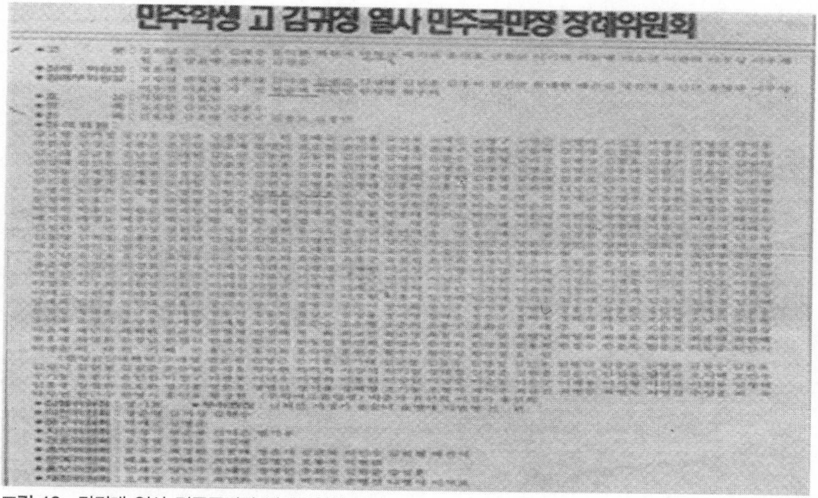

민주학생 고 김귀정 열사 민주국민장 장례위원회

그림 10 강경대 열사 민주국민장 장례위원회 명단.

그림 11 김귀정 열사 장례식에서 열사 영정을 가슴에 새긴 투사.

이 글에서 주로 사용했던 개념은 '군사주의'와 '군사화'다. 권위주의를 극복하려고 한 91년 5월 투쟁 같은 사회운동이나 민주화 운동과 군사주의 사이의 관련성에 관해서는 의문이 제기될 수도 있다. 한국 사회는 오랜 군부 통치 때문에 군사주의적 문화와 규범이 지배적인 이데올로기이자 규범으로 자리잡았다. 집단적이며 획일적인 상명하복의 남성 우월주의 문화가 대표적인 예다.[101]

그러나 군사 문화라는 용어는 근대화 과정에서 주체들이 무의식적으로 내면화한 이념이나 가치 체계를 설명하는 데는 많은 한계를 지닌다.[102] 전쟁을 준비하는 군인들의 행위 또는 군대 조직의 규범만으로 한국 사회, 특히 진보적인 사회운동을 설명하는 데는 무리가 있기 때문이다. 특히 시기별로 폭넓고 다양하게 이념, 가치 체계, 세부적인 문화 등을 포괄하면서 총체적으로 진행된 한국 사회의 군사화 과정을 군사 문화라고 단순하게 설명할 수는 없다.

대신 나는 '군사주의'와 '군사화'라는 용어를 사용했다.[103] 군사주의는 전쟁을 정상적이고 바람직한 사회 활동으로 보이게 하는 가치관의 체계 또는 전쟁이나 전쟁 준비와 관련한 사회적 실천이나 태도들의 총합이다. 그러나 군사주의는 전쟁이나 전쟁 준비만을 위한 이데올로기적 기제라기보다는, 주체들에 내재된 가치 체계와 일상적 실천 속에 자리잡은 이념을 의미한다.

군사주의는 집단이 유지되고 힘을 얻기 위해 필요한 전사가 지녀야 하는 남성다움과 그런 남성성을 보조하는 여자다움을 강제하는 것과 더불어, 이것을 유지하기 위한 훈련과 단일한 위계질서, 역할 분업 등을 자연스럽게 보이게 하는 여러 제도적 또는 이데올로기적 장치들을 포함하는 개념이다.[104]

이 글은 2003년 민주화운동기념사업회의 연구 사업으로 '우연히' 쓰여졌다. 《여공 1970, 그녀들의 반역사》가 지닌 문제의식의 연장선상에서 91년 5월과 여성 주체의 문제를 다루기로 했는데, 이것은 《잊혀진 것들에 대한 기억》 초판에서 미처 다룰 수 없던 문제에 관한 '자기비판'이기도 했다. 이 글을 쓰는 데 큰 도움을 준 글은 김재은이 쓴 〈민주화 운동 과정에서 구성된 주체위치의 '성별화'에 관한 연구(1985~1991)〉(서울 대학교 사회학과 석사학위 논문, 2003)이었다. 최근 몇 년간 내가 읽은 사회운동 관련 문헌 가운데 가장 뛰어난 이 논문은 도상학과 80년대 정치적 상징의 젠더화 등 많은 부분에서 도움이 됐다. 물론 김별아의 《개인적 체험》을 통해 '일상'이라는 시공간 속에 서 91년 5월 활동가들의 내면세계를 좀더 깊이 추적하려고 했다.

부록

1. 구술 면접의 내용
2. 참고문헌
3. 주
4. 찾아보기

1. 면접 조사 과정에 관한 설명

본 구술 면접은 연구자인 필자가 모두 직접 진행했으며 면접 과정에 대한 이들의 반응은 우호적이었다. 구술자들은 자신들의 대학 생활 당시의 가치관, 의식 그리고 현재 자신의 삶을 돌아보는 좋은 평가의 계기가 되었다고 한다. 아마 이들과 내 대학 시절의 친교가 없었더라면 길고 지리했던 구술 인터뷰 때문에 이들은 지쳤을 것이다. 이들은 마지막 인터뷰까지 미안할 정도로 성실한 모습을 보여주었다. 이 과정에서 구술 면접을 녹취한 것을 구술자들에게 되돌려 주면서 자신의 면접 내용에 대해 스스로 확인할 수 있게 했으며 면접 과정에서 빠뜨린 내용을 찾아서 추후에 다시 구술하는 방식을 취했다. 대부분 응답식의 면접을 일대일로 수행했고 부득이한 몇 번의 경우 그룹 토론 내지 구술 면접을, 그리고 면접자들의 요청에 의해서 1회는 시청각 자료를 사용한 구술 면접과 그룹 토론을 실시했다.

2. 면접식 질문의 주요 내용

인터뷰 과정에서 제가 하게 될 개괄적인 질문들입니다. 대강 이러한 류의 질문을 한다는 것을 알려드리는 것이오니 필요하신 분은 참조해 주시면 감사하겠습니다.

1) 80년대 대학의 현실
80년 광주의 경험, 기억이 당시 대학생에게 미친 영향들
농활, 공활 등의 과정에서 느낀 노동자, 민중에 대한 이미지
'실천적 지식인'을 지향하는 과정에서 느낀 갈등들
사회로의 이전 과정에서 느낀 갈등들
교수에 대한 태도
당시 '돈'에 대한 느낌, 기억(예: 술값)
이론과 실제 간의 관계

되돌아보면서 대학 때 가장 하고 싶었던 일, 하지 못했던 이유

80년대 학생운동에 가장 큰 영향을 주었다고 생각되는 사건

87년 6 · 10을 민족민주운동의 '승리'라고 말하는데 이에 대한 생각

2) 운동 문화로서의 하위문화

노래, 풍물, 해방춤 등에 대한 이미지

신입생 때의 문화적인 충격

술 문화 등의 집단적 문화에 대한 가치, 생각들

운동 문화와 일반 대중의 문화 간의 차별점, 갈등 양상

대학 시절의 여가, 일상적 즐거움

당시 사람들이 밤 문화(혹은 술집을 중심으로 한 문화)를 선호한 이유, 개인의 느낌들

80년대 대학 내 공동체가 대학 사회에서 가지는 의미, 가치(또한 공동체가 파괴된 원인)

하위문화 내에서의 분리, 차이

최근 신세대 문화 등에 대해 언론에서 보도하는 것을 보면서 느끼는 점

대학 생활시 자주 가던 곳과 가서는 안 된다고 여기던 곳

일반 사회의 규칙과 대학 사회의 규칙 간의 차이, 공통점

소위 민중 문화, 노동자 문화, 민족 문화 등이 학생운동에 미친 영향 그리고 이에 대한 생각

제도권 미디어(TV, Radio 등)가 대학생의 의식이나 행동에 영향을 준 여부

대학 생활이나 일상 속에서의 즐거움

MT, 대동제, 답사 등의 일상적 사업에 대한 생각, 기억나는 사건

학생회 선거를 둘러싼 갈등 양상

80년대 대학에서 남녀 간의 분리, 차별

80년대 운동 문화가 대중의 취향, 욕구를 억압했는지 여부

80년대 대학에서의 선후배 관계에 대한 생각들

80년대 하위문화의 저항성을 찾는다면 어디에서 찾을 수 있는지

3) 학생회의 운영과 갈등

학생회 내에서 나타난 갈등(정치 세력 간, 대중과 활동가들 간)

당시 학생회 건설 과정에서 문제의식

당시 학생회의 민주성, 대중성 여부

학회(혹은 패밀리 시절의 언더 티 등)가 지니는 의미, 진행 과정과 변화 과정

학생회의 일상 사업과 투쟁 사업 중 어려웠던 점, 기억에 남는 것들

학생회 간부의 지도력, 리더십 등에 대한 생각

세미나 과정이나 뒤풀이 등, 학회가 준 의미 그리고 개인의 행동에 미친 영향

자신이 공동체의 성원임을 느낀 경우

세미나 등을 통해 얻은 지식이 개인의 의식이나 행동에 미친 영향들

4) 운동권과 대중 간의 관계

대중과 운동가 간의 관계, 활동가가 바라본 대중

운동권이 자신과 대중을 구별하는 가치

같이 운동하는 친구가 동지임을 느낀 경우

80년대 운동권의 엘리트적 편향에 대한 생각

운동권 내의 중심과 주변 간의 분리, 갈등

80년대 운동권만이 지니는 자신들만의 가치

80년대 운동권의 대중에 대한 폐쇄성의 존재 여부

당시 대학인에게 요구된 보편적인 인간상

5) 정치적 급진화의 형성 과정

투쟁 과정에서 기억나는 느낌들, 기억들

해방구로서의 거리에 대한 이미지

투쟁 과정에서 기억에 남는 투쟁

운동을 하는 과정에서 가장 갈등을 느낀 점

운동권이 되는 통과의례

가족과 운동을 둘러싼 갈등들

돌이켜 보았을 때 운동이나 대학 사회에 대해 느끼는 불만, 안타까움

대안적 사회에 대한 상이 변하는 과정

80년대 대학생의 급진화 여부

지배 가치·이데올로기를 간파해 가는 과정

80년대 학생운동의 결정적 한계라고 느끼는 부분

시기별로 변해 온 운동에 대한 상(像), 이미지

개인의 사회경제적 위치와 운동과의 관계

당시 정치적 계기만이 아니라 대중의 일상에서 분노를 끌어낼 수는 없었는지 여부

당시 제도권 정치에 대한 생각 그리고 지금 느끼는 정치에 대한 생각들

80년대 대학생이 정치적인 행동을 할 수 있었던 가장 큰 요인이라고 생각이 드는 것

집회와 투쟁 과정에서의 의미 부여

부록2 | 참고문헌

1. 1차 자료

《조선일보》,《동아일보》,《한겨레신문》
《월간 말》
《월간 신동아》
《월간 조선》 1987년 1월 1일~1991년 12월 31일
서강대학교 학보사.《서강학보 1980~1986》(축쇄판). 서강학보사.
기독교사회문제연구소. 1987.《기사연 리포트》제1호. 한국기독교사회문제연구소.
_____. 1987.《기사연 리포트 — 군부독재종식과 선거투쟁》. 민중사.
_____. 1987.《기사연 리포트 — 7~8월 노동자대중투쟁》. 민중사.

2. 한국어 문헌

91년 5월 투쟁 청년모임. 2002.《그러나 지난 밤 꿈속에서 이 친구들이 나에 대하여 이야기하는
    소리가 들려 왔다, 1991년 5월》. 도서출판 이후.
간문자. 1999.〈80년대 이후 학생운동에 나타난 복식에 관한 연구〉.《호남대학교 논문집》제19호.
강내희. 1992.〈김완선, 자본주의, 사회변혁 — 저항의 재생산을 위하여〉.《사회평론》3월호. 사회평
    론.
_____. 1994.〈대중문화, 주체형성, 대중정치〉.《문화과학》6호.
_____. 1995.〈유사도시, 역공간, 사이버공간의 결연의 실험장〉.《문화과학》7호.
_____. 1995.〈백화점과 근대적 지식체계〉.《이론》봄/여름.
강명구. 1993.《소비대중문화와 포스트모더니즘》. 민음사.
강위원. 1998.〈한총련을 살리자, 한총련 5기 의장 강위원의 옥중 서신〉.《말》10월호.
고영복. 1998.〈학생운동의 사회적 성격〉.《사회운동과 사회계급》. 전예원.
고혜진. 1994.〈대항 저항문화의 형성과정과 영향〉. 전남대학교 대학원 교육학과 석사학위 논문.

곽차섭. 2000. 《미시사란 무엇인가》. 푸른역사.

권명아. 2000. 《가족 이야기는 어떻게 만들어지는가》, 책세상.

권현정. 2003. 《페미니즘 역사의 재구성 — 가족과 성욕을 둘러싼 쟁점들》. 공감.

권인숙. 1989. 《또 하나의 벽을 넘어서》. 거름.

_____. 1999. 〈우리는 누구인가 — 위계와 권위의 멘탈리티〉. 《당대비평》 겨울호.

_____. 2000. 〈우리들 삶속의 군사주의 — 여성의 군사주의와의 관계를 중심으로〉, 한국여성학회
    제17차 춘계학술대회 발표문, 2000.

김경일. 1993. 〈노동계급의 역사와 그 현재적 의미에 대한 탐구〉. 《사회비평》 9호. 나남.

김광억. 1989. 〈정치적 담론기제로서의 민중문화운동 — 사회극으로서 마당극〉. 《한국문화인류학》
    제21집.

_____. 1991. 〈저항문화와 무속의례〉. 《한국문화인류학》 제23집.

_____. 1995. 〈단식과 몸의 정치학〉. 《한국문화인류학》 제28집.

김귀정 열사 10주기 기념사업회. 2001. 《아름다운 사람, 아름다운 투쟁》. 예우노예.

김덕련 · 이상술. 1999. 〈대학구조조정과 학생사회의 대응 — 학생사회의 대안 '전략'을 위한 제언〉.
    《경제와 사회》 봄호.

김도종. 1992. 〈한국 학생운동의 쇠퇴와 전망 — 제도화에서 탈제도화로〉. 《한국과 국제정치》 8집
    2호.

김동춘. 1994. 〈1960, 1970년대 민주화운동세력의 대항이데올로기〉. 《한국정치의 지배이데올로기
    와 대항이데올로기》. 역사비평사.

_____. 2000. 《전쟁과 사회》. 돌베개.

김문수. 1985. 〈어느 실천적 지식인의 자기반성 — 노동 현장 속의 지식인 김문수〉, 《현장》 6집.
    돌베개.

김백영. 2003. 〈가두정치의 공간학 — 1980년대 서울 시내 대학생 가두시위에 대한 공간적 분석〉.
    《사회이론과 사회변혁》, 한울.

김별아. 1999. 《개인적 체험》. 실천문학사.

김병오. 1999. 〈나는 그늘을 보았어〉. 《관악문화》 창간호.

김상철. 1991. 〈좌익세력의 발호에 뇌동하지 마라〉. 《신동아》 8월호.

김서정. 1991. 〈백골단에 빼앗긴 김귀정의 스물다섯살〉. 《말》 7월호.

김세균. 1991. 〈한국에서의 민주주의논의에 대한 비판적 검토〉. 《사회비평》 6월호.

_____. 1991. 〈'시민사회론'의 이데올로기적 함의 비판〉. 《이론》 2호.

김세원, 현대사증언록간행위원회 편. 1993. 《비트 下》. 일과 놀이.

김성기. 1991. 〈마르크스주의 문화연구의 현대적 위상〉. 《포스트모더니즘과 비판사회과학》. 문학과
　　지성사.

_____. 1995. 〈문화연구와 포스트모더니즘〉. 《한국사회와 언론》 봄호. 한울.

김소진. 2002. 〈열린 사회와 그 적들〉. 《열린 사회와 그 적들》. 문학동네.

_____. 2002. 〈혁명기념일〉. 《열린 사회와 그 적들》. 문학동네.

김수지. 1996. 〈한 재미동포 인권운동가의 한총련 출범식 참관기〉. 《말》 10월호.

김영정. 1999. 〈1980년대 한국 여성운동의 성격에 관한 연구〉. 숙명여자대학교 대학원 여성학
　　협동과정 석사학위 논문.

김영철. 1986. 〈80년대 대학생의 문화화 과정〉. 서울대학교 대학원 교육학과 석사학위 논문.

김영환. 1989. 《강철 서신 — 올바른 생활을 위한 지침서》. 도서출판 눈.

김윤수 외. 1989. 〈좌담 — 민중예술운동, 이제부터의 과제〉. 《창작과 비평》 봄호.

김원. 1998. 〈1970년대 한국 노동계급의 형성 — 여성 민주노동조합운동을 중심으로〉, 일본 리츠메
　　이칸대학교 주관 한일 공동 국제학술포럼 '전후 한일관계와 한국에서의 일본의 위치'(1998년
　　2월 20일) 발표 논문.

_____. 1999. 〈상상된 민중공동체, 1980년대 학생운동의 '문화적' 코드들〉, '새로운 세기, 청년운동,
　　청년문화의 전망'(1999년 12월 17일 푸른틈 주최 토론회) 발표문.

_____. 2003. 〈여공 담론의 남성주의 비판〉. 서강대학교 대학원 정치외교학과 박사학위 논문.

_____. 2006. 《여공 1970, 그녀들의 반역사》. 이매진.

김일섭 외. 1985. 〈우리가 왜 위장취업자인가 — 대학출신 노동자들의 고난에 찬 삶과 실천〉. 《현장》
　　5집. 돌베개.

김정한. 1998. 《대중과 폭력 — 1991년 5월의 기억》. 도서출판 이후.

김종찬. 1987. 〈80년대 분·투신 자살자들〉. 《신동아》 11월호.

김재은. 2003. 〈민주화 운동 과정에서 구성된 주체위치의 '성별화'에 관한 연구(1985~1991)〉. 서울
　　대학교 대학원 사회학과 석사학위 논문.

김진균. 1993. 〈육체노동, 그 자본주의적 의미〉. 《문화과학》 4호.

김진명. 1988. 〈언어 의미체계의 분석을 통해 본 대학생 저항문화〉. 《현상과 인식》 12권 2호. 현상과
　　인식.

김창남. 1995. 《대중문화와 문화실천》. 한울.

김창남 외. 1995. 〈좌담 — 문화연구의 좌표와 전망〉. 《한국사회와 언론》 봄호. 한울.

남대협 투쟁국 편. 1990. 《전투조직 건설의 이론과 경험》. 한.

박명진. 1991. 〈즐거움, 저항, 이데올로기〉. 서울대학교 사회과학연구소 편, 《사회과학과 정책연구》

13권 2호.

_____. 1993. 〈그 당당한 '몸'의 문화〉. 《사회평론》 6월호. 사회평론.

박선웅. 1998. 〈문화, 의례와 정치변동〉. 《한국사회학》 32집.

박설호. 1995. 〈지배이데올로기 혹은 해방으로서 성 — 빌헬름 라이히의 성경제학〉. 《문화과학》 7호.

박정미. 2002. 〈성폭력과 여성의 시민권 — '운동사회 성폭력 뿌리뽑기 100인위원회' 사례 분석〉. 서울대학교 대학원 사회학과 석사학위 논문.

박태순 · 김동춘. 1991. 《1960년대의 사회운동》. 까치.

박태호. 1994. 〈근대적 주체와 합리성 — 베버에서 푸코로?〉. 《경제와 사회》 24호. 한울.

박현귀. 1997. 〈80년대 변혁운동가들의 정체성 변화 과정 — '운동권' 출신의 여성 모임을 중심으로〉. 서울대학교 대학원 인류학과 석사학위 논문.

방영준. 1990. 〈저항운동의 이데올로기적 위상에 관한 연구〉. 《현상과 인식》 제12호/4권.

변화순. 1998. 〈가부장적 군사문화가 여성의 삶에 미친 영향〉. 《연세여성연구》. 연세대학교 여성연구소.

서동진. 1994. 〈대학문화와 저항문화 — 민중문화/계급문화 그리고 반문화의 갈림길에 선 대학문화〉. 《경제와 사회》 제21호/봄. 한울.

성경륭. 1992. 〈한국의 사회계급과 정당구조 — 좌파배제와 보수독점의 정치체계〉. 이은진 · 김석진 편, 《한국의 정치와 선거문화》. 사회문화연구소.

_____. 1993. 〈한국 정치민주화의 사회적 기원〉. 경남대 극동문제연구소 편, 《한국정치 · 사회의 새흐름》. 나남.

손호철. 1995. 〈국가-시민사회론 — 한국정치의 새 대안인가?〉. 《해방50년의 한국정치》. 새길.

_____. 1995. 〈80년 5 · 18 광주민중항쟁 — 민중항쟁인가 시민항쟁인가?〉. 《해방50년의 한국정치》. 새길.

신동아 편. 1990. 《80년대 민족 · 민주운동》. 동아일보사.

신동호. 1996. 《오늘의 한국정치와 6 · 3세대》. 예문.

신병현. 2001. 《노동자문화론》. 현장에서 미래를.

신준영. 1990. 〈1987년 6월의 함성〉. 《말》 8월호.

_____. 1990. 〈민민투와 자민투〉. 《말》 7월호.

신질서 편집부 편. 1995. 《신질서》.

신현준. 1995. 〈들뢰즈/가타리: 존재의 균열과 생성의 탈주〉. 이진경 · 신현준 편, 《철학의 탈주》. 새길.

양원태. 1988. 〈아직도 내가 할 일은 너무 많습니다〉. 《신동아》 10월호.

오성환. 1999. 〈한국 분신의 상징적 의미〉. 《비교민속학》 12집.

오현미. 2003. 〈제2세대 페미니즘〉. 권현정 외, 《페미니즘 역사의 재구성》. 공감.

유경순. 2007. 《같은 시대, 다른 이야기 — 구로 동맹파업의 주역들, 삶을 말하다》. 메이데이.

유도진. 1986. 〈청년 학생운동사〉. 한국정신문화연구원 편, 《한국의 사회와 문화》 제6집.

유석춘. 1992. 〈한국 학생운동의 구조와 기능〉. 한상진 편, 《사회운동과 사회개혁론》. 전예원.

유영관. 1991. 〈실록 — 백골단〉. 《신동아》 6월호.

윤소영. 1999. 《신자유주의적 금융세계화와 위싱턴 컨센서스》. 공감.

윤종현. 1991. 〈건전한 시위문화를 위한 제언〉. 《월간중앙》 7월호.

윤해동. 1999. 〈한국의 역사에서 사회사란 무엇인가 — 시간과의 투쟁과 관련해서〉. 《우리 역사의 7가지 풍경》. 역사비평사. 1999.

원용진. 1995. 〈문화연구와 맑스주의〉. 《한국사회와 언론》 봄호. 한울.

_____. 1994. 〈'알튀세' '그람시' 찍고 '푸코' — 존 피스코의 학문세계〉. 《한국사회와 언론》 겨울호. 한울.

은기수. 2000. 〈사회적 약자의 이해와 시민적 연대〉. 《386세대의 가치관과 21세기 한국》(프레스센터, 2000년 4월 7일).

이규동. 1991. 〈자살도 전염한다〉. 《월간조선》 6월호.

이기현. 1995. 〈부르디외 — 비판사회학의 성찰성〉. 산업사회연구소 편, 《탈현대사회사상의 궤적》. 새길.

이미경. 1998. 〈세계적 규모의 자본축적과 가부장제 — 미스와 미터의 분석을 중심으로〉. 《발전주의 비판에서 신자유주의 비판으로》. 공감.

_____. 1998. 〈여성운동과 민주화 운동 — 여연 10년사〉. 《열린 희망 — 한국여성단체연합 10년사》. 동덕여자대학교 한국여성연구소. 1998.

이부영. 1991. 〈왜 분신하는가〉. 《신동아》 6월호.

이승희. 1998. 〈여성운동과 한국의 민주화〉. 《새로운 정치학》. 인간사랑.

이영미. 1991. 〈5월투쟁과 거리시위의 문화패들〉. 《말》 7월호.

이인영. 1999. 〈6월 항쟁과 부끄러운 세 번의 오판〉. 《말》 6월호.

이정희. 2003. 〈노동문학 속의 여성상〉. 《여성문학연구》 제9호.

이준석. 2000. 〈학생운동과 집단창작에 대한 연구 — 80년대 후반~90년대 초반 문예운동과 집단창작의 구조를 중심으로〉. 서강대학교 대학원 신문방송학과 석사학위 논문.

이진경. 1994. 〈마르크스주의와 현대성〉. 김성기 편, 《모더니티란 무엇인가》. 민음사.

_____. 1995. 〈로자 룩셈부르그의 탈근대적 정치철학〉. 《문화과학》 제7호. 문화과학사.

_____. 1995. 〈'블레이드 러너' — 복제인간과 안티오이티푸스〉. 《창작과 비평》 제88호. 창작과비
평사.

_____. 1995. 《필로시네마 혹은 탈주의 철학에 대한 7편의 영화》. 새길.

이진우. 2000. 〈그래도 대학문화의 본질은 저항이다〉. 《뉴스메이커》 2000년 3월 16일자.

이태복. 1994. 〈노동운동 투신동기와 민노련·민학련 사건〉. 《역사비평》 제25호. 역사비평사.

이해영. 1999. 〈90년대와 80년대 — 하나의 정신사적 고찰〉. 《문화과학》 겨울호.

이희영. 1999. 〈한국 80년대 세대의 초상화 — 독일 68세대와의 비교〉. 이해영 편, 《1980년대 혁명의
시대》. 새로운 세상.

임영일. 1992. 〈한국의 산업화와 계급정치〉. 한국정치학회·사회학회 편, 《한국의 국가와 시민사
회》. 한울.

_____. 1993. 〈한국의 노사관계와 계급정치〉. 경남대 극동문제연구소 편, 《한국정치·사회의 새흐
름》. 나남.

_____. 1995. 〈1980년대 "노동의 새벽" — 노동해방운동의 고양과 그 이후〉. 《역사비평》 제29호.
역사비평사.

임지현. 1999. 〈일상적 파시즘의 코드 읽기〉. 《당대비평》 가을호.

임혁백. 1990. 〈한국에서의 민주화과정연구〉. 《한국정치학회보》 제24집/1호. 한국정치학회.

장성만. 1985. 〈지상토론 — 학원안정법안〉. 《월간조선》 9월호.

장호준. 1995. 〈공동체적 기업문화 담론의 활용과 과거의 재구성〉. 서울대학교 대학원 인류학과
석사학위 논문.

전대협 동우회. 1994. 《불패의 신화》. 두리.

전형택. 1987. 〈1980년대 변혁운동에 있어서 학생운동의 역할과 과제〉. 사계절 편, 《전환》. 사계절.

전희경. 2001. 〈사회운동의 가부장성과 여성주의 정체성의 형성〉. 연세대학교 대학원 사회학과
석사학위 논문.

정수복. 1993. 〈지식인의 이데올로기적 개종〉. 《의미세계와 사회운동》. 민영사.

정성진. 1991. 〈87년 6월과 91년 6월의 성격 연구〉. 《캠퍼스저널》 7월호.

정원택. 2002. 〈외대 사건〉. 《그러나 지난 밤 꿈속에서 이 친구들이 나에 대하여 이야기하는 소리가
들려 왔다, 1991년 5월》. 도서출판 이후.

정태인. 1991. 〈5월 투쟁평가와 민족민주운동의 과제〉. 《말》 7월호.

정해구. 1991. 〈공안통치, 무엇을 노리는가〉. 《사회평론》 6월호.

조대엽. 1995. 〈한국의 사회운동 연구 — 동향과 과제〉. 《경제와 사회》 제27호. 한울.

조순경. 1995. 〈민족민주운동과 가부장제〉. 교육부 광복 50주년 기념 학술 논문집 제8권 여성 편.

조한욱. 2000. 《문화로 보면 역사가 달라진다》. 책세상.

조현연. 1997. 〈한국의 정치변동과 민중운동〉. 한국외국어대학교 대학원 정치외교학과 박사학위 논문.

조혜정. 1992. 《탈식민지 시대 지식인의 글 읽기와 삶 읽기》. 또 하나의 문화.

———. 1994. 《글 읽기와 삶 읽기 III》. 또 하나의 문화.

조희연. 1988. 〈80년대 학생운동과 학생운동론의 전개〉. 《사회비평》 창간호. 나남.

———. 1992. 〈사노맹 — 비합법 전위조직에 대한 조직사회학적 분석〉. 《역사비평》 제18호. 역사비평사.

최문성. 1987. 〈한국 학생운동 연구〉. 한국정신문화연구원 편, 《한국정치의 현대적 재조명》. 한국정신문화연구원.

최성혁. 1992. 《눈물로 쓴 보고서, 1991년 봄》. 이웃.

최장집. 1989. 《한국현대정치의 구조와 변화》. 까치.

———. 1993. 《한국 민주주의의 이론》. 한길사.

최재현. 1985. 〈공식부문과 비공식부문간의 상호교류〉. 《산업사회연구》 제1집.

최정운. 1999. 《5월의 사회과학》. 풀빛.

최진섭. 1991. 〈91 임투와 노동조합의 정치투쟁〉. 《말》 7월호.

편집부. 1987. 〈박종철군, 고문치사에서 추모집회까지〉. 《신동아》 3월호.

한경구. 1993. 《공동체로서의 회사》. 서울대학교 출판부.

한상진. 1994. 〈5공의 사회운동과 이데올로기〉. 동아일보사 편, 《5공 평가 대토론 — 현대사 어떻게 볼 것인가》. 동아일보사.

허나윤. 2000. 〈1990년대 학생운동에 대한 여성주의적 연구 — '위기' 담론에 대한 비판적 재구성을 중심으로〉. 이화여자대학교 대학원 여성학과 석사학위 논문.

허성우. 1995. 〈1980년대 후반 여성노동자 조직활동가의 여성해방의식 연구 — 대전 지역을 중심으로〉. 이화여자대학교 대학원 여성학과 석사학위 논문.

홍두승. 1993. 〈'軍事文化'와 '군대문화'는 별개의 것이다 — 군사문화가 한국사회에 미친 영향〉. 《한국논단》 제50호.

———. 1996. 《한국 군대의 사회학》. 나남.

황병주. 2000. 〈박정희 시대의 국가와 민중〉. 《당대비평》 가을호.

3. 외국 문헌 번역본

가따리, 펠릭스 · 안토니오 네그리. 1995. 이원영 옮김. 《자유와 새로운 공간》. 갈무리.

게이지, 기하라 외. 1985. 《전공투, 일본학생운동사》. 백산서당.

굴드너, 앨빈. 1983. 박영신 옮김. 《지식인의 미래와 새 계급의 성장》. 이화여자대학교 출판부.

그람시, 안토니오. 1986. 이상훈 옮김. 《옥중수고 Ⅰ》. 거름.

_____. 1993. 이상훈 옮김. 《옥중수고 Ⅱ》. 거름.

김, 일레인 외. 2000. 《위험한 여성 — 젠더와 한국 민족주의》. 삼인.

단턴, 로버트. 1996. 《고양이 대학살》. 문학과 지성사.

들뢰즈, 질 · 펠릭스 가따리. 1994. 최명관 옮김. 《앙띠 오이디푸스 — 자본주의와 정신분열증》. 민음사.

라이히, 빌헬름. 1987. 오세철 · 문현구 옮김. 《파시즘의 대중심리》. 현상과 인식.

레닌, V. I. 1988. 〈무엇을 할 것인가〉. 편집부 편, 《레닌저작선 Ⅰ-1》. 전진.

루데, 조지. 1992. 박영신 옮김. 《이데올로기와 민중의 저항》. 현상과 인식.

루드케, 알프 외. 2002. 《일상사란 무엇인가》. 청년사.

류웰린, T. C. 1995. 한경구 옮김. 《정치인류학》. 일조각.

룩셈부르크, 로자. 1989. 박영옥 옮김. 《러시아혁명》. 두레.

_____. 1995. 최규진 옮김. 《대중파업론》. 갈무리.

헌트, 린. 1996. 《문화로 본 역사》. 소나무.

_____. 1999. 《프랑스 혁명의 가족 로망스》. 새물결.

마르크스, 칼. 1989. 남상일 옮김. 《공산당 선언》. 백산서당.

미첼, 줄리엣. 1995. 〈신성한 가족〉. 조 은 외 편역. 《가족과 성의 사회학》. 나남.

밀레트, 케이트. 1976(2002). 《성의 정치학》. 이화여자대학교 출판부.

바렛, 미첼. 1999. 《가족은 반사회적인가》. 여성사.

발리바르, 에티엔. 1993. 서관모 옮김. 〈육체노동과 지식노동의 분할에 대하여〉. 《역사적 유물론의 전화》. 민맥.

_____. 1993. 서관모 옮김. 〈맑스주의에서 이데올로기의 동요〉. 《역사적 유물론의 전화》. 민맥.

_____. 1993. 서관모 옮김. 〈맑스의 계급정치 사상〉. 《역사적 유물론의 전화》. 민맥.

부르디외, 피에르. 1994. 문경자 옮김. 《혼돈을 일으키는 과학》. 솔.

슐룸봄, 위르겐. 2001. 《미시사와 거시사》. 궁리.

스토리, 존. 1994. 박모 옮김. 《문화연구와 문화이론》. 현실문화연구.

스프래들리, 제임스. 1991. 이희봉 옮김. 《참여관찰방법》. 대한교과서.

앤더슨, 베네딕트. 1991. 윤형숙 옮김. 《민족주의의 기원과 전파》. 나남.

월비, 실비아. 1996. 《가부장제 이론》. 이화여자대학교 출판부.

윌리스, 폴. 1989. 김찬호 옮김. 《교육현장과 계급 재생산 — 노동자 자녀들이 노동자가 되기까지》. 민맥.

윌리엄스, 레이먼드. 1982. 이일환 옮김. 《이념과 문학》. 문학과 지성사.

_____. 1988. 나영균 옮김. 《문화와 사회, 1780~1950》. 이화여자대학교 출판부.

_____. 1998. 김정한 옮김. 〈대중 개념의 역사〉. 《대중과 폭력》. 도서출판 이후.

젠킨스, 케이스. 1999. 《누구를 위한 역사인가》. 혜안.

진즈부르그, 카를로. 2001. 《치즈와 구더기》. 문학과 지성사.

칠더스, 조셉. 2001. 게리 헨치 편. 《현대 문학 문화 비평 용어사전》. 문학동네.

코헨, 에브너. 1982. 윤승용 옮김. 《이차원적 인간 — 복합사회의 권력과 상징의 인류학》. 한벗.

톰슨, 에드워드 팔머. 1994. 〈시간, 노동규율 그리고 산업자본주의〉. 《학회평론》 제8호/겨울.

_____. 2000. 나종일 외 옮김. 《영국노동계급의 형성》. 창작과 비평사.

파이어스톤, 슐라미스. 1983. 《성의 변증법》. 풀빛.

푸코, 미셸. 1994. 오생근 옮김. 《감시와 처벌》. 나남.

홉스봄, 에릭. 2003. 김동택·김정한·정철수 옮김. 《저항과 반역 그리고 재즈》. 영림카디널.

_____. 2008. 김정한·안중철 옮김. 《혁명가 — 역사의 전복자들》. 길.

홉스봄, 에릭·테렌스 랑거. 1995. 최형석 옮김. 《전통의 날조와 창조》. 서경문화사.

4. 영어 문헌

Angus. I, Jhally. S, eds. 1989. *Cultural Politics in Contemporary America*. London: Routledge.

Aronowitz, S. 1992. "Electronically Mediated culture form." *Politics of Identity*. London: Routledge.

Fantasia, R. 1988. *Culture of Solidarity: Consciousness, Action and Contemporary American Worker*. London: Berkely University Press.

Fiske, J. 1989. *Understanding Popular Culture*. Boston: Unwin Hyman.

Grossberg, L. 1992. *We gotta get out of this places: Popular Conservatism and Postmodern*

Culture. London: Routledge.

Grossberg, L. eds. 1992. *Cultural Studies*. London: Routledge.

Guttsman W. L. eds. 1990. *Workers' Culture in Weimar Germany: Between Tradition and Commitment*. Gerg.

Hobsbaum, E. 1977. "Intellectuals and the Class struggle." E. Hobsbaum. eds. *Revolutionaries*. London: Quarret Books.

Konrad, G and I. Szelenyi. 1979. *The Intellectuals on the Road to Class Power*. Harvester Press.

Hebdige, D. 1988. *Subculture: The Meaning of Style*. London: Routledge.

Luxemburg, R. 1971. *Selected Political Writings of Rosa Luxemburg*. NY: MR.

Piven. F and Cloward R. A. 1979. *Poor People's Movements: Why They Succeed, How they Fail*. New York: Vintage Book.

Sennett J, R. Cobb. 1971. *Hidden Injures of Class*. New York: Vintage Books.

Scott, J. C. 1985. *Weapons of the Weak*. New Haven: Yale Univ Press.

_____. 1989. "Everyday Forms of Resistance." in Forrest d. Colburn. eds, *Everyday Forms of Peasant Resistance*. M. E. Shape, Ins.

_____. 1990. *Domination and the Arts of Resistance: Hidden Transcripts*. New Haven: Yale Univ Press.

Thompson, E. P. 1963. *The Making of English Working Class*. New York: Vintage books.

_____. 1978. *The Poverty of Theory and Other Essays*. Verso.

Willis, P. 1978. *Profane Culture*. London: Routledge & Kegan Paul.

Zolberg, A. 1972. "The Moments of Madness." *Politics and Society* No. 2(Winter).

1부 잊혀진 것들에 대한 회상

1장 <u>잔치는 끝났는가</u>

1 유도진, 〈청년 학생운동사〉, 한국정신문화연구원 편, 《한국의 사회와 문화》 제6집, 1986.

2 최문성, 〈한국 학생운동 연구〉, 한국정신문화연구원 편, 《한국정치의 현대적 재조명》, 정신문화연구원, 1987; 조희연, 〈80년대 학생운동과 학생운동론의 전개〉, 《사회비평》 창간호, 나남, 1988.

3 고영복, 〈학생운동의 사회적 성격〉, 《사회운동과 사회계급》, 전예원, 1988.

4 유석춘, 〈한국 학생운동의 구조와 기능〉, 한상진 편, 《사회운동과 사회개혁론》, 전예원, 1992, 126~127쪽.

5 조대엽, 〈한국의 사회운동 연구 — 동향과 과제〉, 《경계와 사회》 제27호(가을), 한울, 1995, 182쪽.

2장 <u>대학생과 유기적 지식인</u>

1 G. Konrad and I. Szelenyi, *The Intellectuals on the Road to Class Power*, Harvester Press, 1979, p. 71.

2 안토니오 그람시, 《옥중수고 Ⅰ, Ⅱ》, 녹두, 1993; 레닌, 〈무엇을 할 것인가〉, 편집부 편, 《레닌 저작선 Ⅰ-1》, 전진, 1988.

3 G. Konrad and I. Szelenyi, *The Intellectuals on the Road to Class Power*, Harvester Press, 1979, pp. 66~73; 정수복, 〈지식인의 이데올로기적 개종〉, 《의미세계와 사회운동》, 민영사, 1993, 21쪽.

4 G. Konrad and I. Szelenyi, *The Intellectuals on the Road to Class Power*, Harvester Press, 1979, pp. 66~73.

5 부르디외는 구조와 행위 사이를 매개하는, 지속성을 지니는 무의식적 체계인 집단적인 성향과 습성을 아비투스habitus라고 개념화했다. 사회 집단, 계급의 개인적인 취향 — 사진, 박물관, 미술 감상 등 — 의 이면에는 상이한 계급들이 공유하는 객관적인 규칙성이 존재하며, 이 규칙이 계급적 에토스ethos 또는 집단적 가치 체계인 아비투스다. 아비투스 개념을 통해 부르디외는 계급 재생산의 내면화 과정과 계급 재생산의 객관적 규칙성을 발견하려고 했다. 아비투스에

관한 자세한 내용은 피에르 부르디외, 문경자 옮김, 《혼돈을 일으키는 과학》, 솔, 1994 참조.

6 피에르 부르디외, 문경자 옮김, 《혼돈을 일으키는 과학》, 솔, 1994; 이기현, 〈부르디외 — 비판사회
학의 성찰성〉, 산업사회연구소 편, 《탈현대사회사상의 궤적》, 새길, 1995, 397~403쪽; 정수복,
〈지식인의 이데올로기적 개종〉, 《의미세계와 사회운동》, 민영사, 1993, 23쪽.

7 김동춘, 〈1960, 1970년대 민주화운동세력의 대항이데올로기〉, 《한국정치의 지배이데올로기와
대항이데올로기》, 역사비평사, 1994, 226~227쪽.

2부 1980년대 한국 대학생의 운동 문화

1장 발명된 공동체 — '80년대'와 상상적 민중 공동체

1 이 문제에 관해서는 논쟁이 많았다. 몇 가지 핵심만 정리하자면, 첫째, 노동운동이, 더 정확하게는
노동조합운동이 노동운동 외부의 '국가'를 거쳐 만들어진 지배 블록의 일부이던 한국노총을 중심
으로 전개된 합법적 노동운동이 역사적 한계를 지녔고, 둘째, 한국 자본주의 발전 과정에서 노동
운동의 핵심 부위가 대공장 조직 노동자가 아니라 미숙련, 노동 집약적인 여성 노동력에 의존했기
때문에 근대적인 대공장 남성 노동자를 중심으로 한 노동운동이 발전하기 어려웠다는 주장이다.

2 임영일의 다음과 같은 언급은 적절하다. "이번 재봉인(91년 5월 투쟁의 실패 — 인용자)의 과정은
지배 블록의 전술 구성원과 낡은 파당적 정치 세력 그리고 준정치 세력으로서의 역할을 하던
해체 중인 재야 그리고 유기적 지식인으로서의 소명을 다하던 현장 운동가까지 가세한 마지막
과정일 것이다." 임영일, 〈한국의 산업화와 계급정치〉, 한국정치학회 · 사회학회 편, 《한국의 국가
와 시민사회》, 한울, 1992, 197~200쪽.

3 자세한 내용은 성경륭, 〈한국의 사회계급과 정당구조 — 좌파배제와 보수독점의 정치체계〉,
이은진 · 김석진 편, 《한국의 정치와 선거문화》, 사회문화연구소, 1992 참조.

4 최장집, 《한국현대정치의 구조와 변화》, 까치, 1989, 175~178쪽; 김동춘, 〈1960, 1970년대 민주화
운동세력의 대항이데올로기〉, 《한국정치의 지배이데올로기와 대항이데올로기》, 역사비평, 1994.

5 박정희 정권의 발전주의 이데올로기는 근대화와 경제 성장을 핵심으로 삼고, 양적인 경제 성장의
추구, 서구 자본주의 발전 모델의 추종, 국가 주도의 국민 동원 등을 주된 내용으로 했다. 이것은
전후 후발 자본주의 국가의 근대화를 한국적으로 표현한 것이었으며, 비록 1961년 쿠데타 직후
잠시 민족민주주의라고 불렸던 민족주의 경향을 보였지만, 그 뒤에는 정치적 탈동원과 경제적
동원을 위한 '국가주의 이데올로기'의 성격을 지녔다. 또한 1960년대 당시 상당수 지식인들도
정권의 근대화 논리에 동조해 경제 성장을 국가의 당면 목표로 인정했다. 따라서 발전주의 이데올

로기는 단순히 지배 계급의 이해의 산물만이 아닌, 보릿고개로 상징되던 빈곤이라는 현실을 타개하려는 민중의 욕구와 조국 근대화를 통해 지배의 정당성을 확보하려는 군부 정권의 필요가 결합된 이데올로기였다.

6 김동춘, 〈1960, 1970년대 민주화운동세력의 대항이데올로기〉, 《한국정치의 지배이데올로기와 대항이데올로기》, 역사비평사, 1994, 228~230쪽, 233쪽.

7 '민청학련' 사건이 대표적이다. 1974년 민청학련 사건의 〈민중 민족 민주 선언〉은 부정부패 척결, 근로 대중의 최저 생활 보장, 노동운동의 자유, 자립 경제, 민중의 편에서 학생이 총궐기할 것을 주장했다.

8 김동춘, 〈1960, 1970년대 민주화운동세력의 대항이데올로기〉, 《한국정치의 지배이데올로기와 대항이데올로기》, 역사비평사, 1994, 220~223쪽, 239~240쪽.

9 1970년대 민주노조운동에 관한 경험적 연구로는 김원, 《여공 1970 — 그녀들의 반역사》, 이매진, 2006; 김원, 〈1970년대 한국 노동계급의 형성: 여성 민주노동조합운동을 중심으로〉, 일본 리츠메이칸 대학교 주관 한일공동국제학술 포럼 '전후 한일관계와 한국에서의 일본의 위치'(1998년 2월 20일) 발표 논문.

10 이태복, 〈노동운동 투신동기와 민노련·민학련 사건〉, 《역사비평》 여름호, 1994, 266쪽, 269~275쪽.

11 1980년 광주 민중항쟁의 경험이 당시 운동 전반에 미친 영향은, 과거 사회운동이 간과했던 한국 사회의 '기본 모순'인 제국주의와 계급 적대에 관한 인식의 지평을 넓힌 점과, 한국 사회에서 경제 위기나 지배자의 죽음 등 객관적인 구조적 모순이나 위기가 도래하더라도 주체 역량이 부족하다면 사회운동은 성공할 수 없다는 점이었다. 방영준, 〈한국 저항운동의 이데올로기적 위상에 관한 연구〉, 《현상과 인식》 제12호/4권, 1990, 37쪽.

12 최장집, 《한국 민주주의의 이론》, 한길사, 1991, 379~386쪽.

13 노학연대가 구체화된 가장 대표적인 사건으로는 청계피복노동조합 재건(1984년), 한국노동자복지협의회 결성(1984년), 구로 동맹파업(1985년), 서울노동운동연합 결성(1985년)을 들 수 있다. 그때의 상황은 유경순, 《아름다운 연대 — 들불처럼 타오는 1985년 구로동맹파업》, 메이데이, 2007 참조.

14 김일섭 외, 〈우리가 왜 위장취업자인가 — 대학 출신 노동자들의 고난에 찬 삶과 실천〉, 《현장》 제5집, 돌베개 1985, 20~21쪽.

2장 **공동체의 하위문화**

1 김광억, 〈정치적 담론기제로서의 민중문화운동 — 사회극으로서 마당극〉, 《한국문화인류학》 제

21집, 1989, 60~61쪽.

2 강내희, 〈김완선, 자본주의, 사회변혁 — 저항의 재생산을 위하여〉, 《사회평론》 3월호, 사회평론사, 1992, 307~309쪽.

3 조혜정, 《글읽기와 삶 읽기 Ⅲ》, 또 하나의 문화, 1994, 148쪽

4 폴 윌리스, 김찬호 옮김, 《교육현장과 계급 재생산 — 노동자 자녀들이 노동자가 되기까지》, 민맥, 1989, 54~57쪽.

5 조혜정, 《글읽기와 삶 읽기 Ⅲ》, 또 하나의 문화, 1994, 145쪽.

6 운동사에서 1986년 '건국대 항쟁'이 지니는 의의는, 이 사건을 계기로 대중 노선을 둘러싼 논쟁이 비로소 등장했으며 정치주의와 선도 투쟁 노선에 관한 반성이 내부적으로 진행된 점이다. 신동아 편, 《80년대 민족·민주운동》, 동아일보사, 1990, 150~152, 317쪽.

7 조혜정, 《글읽기와 삶 읽기 Ⅲ》, 또 하나의 문화, 1994, 167쪽.

8 김윤수 외, 〈좌담 — 민중예술운동, 이제부터의 과제〉, 《창작과 비평》 봄호, 1989, 9~11쪽.

9 대표 사례가 1973년 〈금관의 예수〉, 1974년 〈진오귀〉, 1977년 〈유랑극단〉, 〈혈맥〉, 〈객지〉, 〈예수 전〉, 〈공장의 불빛〉 등이었다.

10 김윤수 외, 〈좌담 — 민중예술운동, 이제부터의 과제〉, 《창작과 비평》 봄호, 1989, 13쪽, 15쪽.

11 방영준, 〈한국 저항운동의 이데올로기적 위상에 관한 연구〉, 《현상과 인식》 제12호/4권, 1990, 40쪽.

12 김광억, 〈정치적 담론기제로서의 민중문화운동 — 사회극으로서 마당극〉, 《한국문화인류학》 제21집, 1989, 61쪽.

13 마당극이 인기를 끌었던 이유는 내용보다는 형식, 곧 무대 연극과 달리 무대와 객석, 연기자와 관객이 엄격히 구분되지 않고 연극 자체가 관객의 끊임없는 '참여'로 진행됐기 때문이었다. 이 과정에서 극의 진행 중에 벌어지는 자발적이고 자연스런 관객의 참여가 독특한 분위기를 형성했고, 극이 의도하는 의미와 상징이 극적으로 전달될 수 있었다. 김광억, 〈저항문화와 무속 의례〉, 《한국문화인류학》 23집, 1991, 61쪽.

14 〈결전가〉라는 노래의 가사 중에 "……혀를 깨물고 죽는 한이 있어도 물러서지 않는다…… 먼저 가신 선배 열사의 뜻 이어받아 돌아오지 않는 화살이 되어 기쁘게 싸우러 가자"는 구절이 있다. 이 노래는 주로 집회가 끝날 때 투쟁 결의문을 낭독하면서, 전투경찰과 대치하기 위해 스크럼을 짜고 나아가는 과정에서 불렀다.

15 박명진, 〈그 당당한 '몸'의 문화〉, 《사회평론》 6월호, 사회평론사, 1993, 128~129쪽.

16 김진균, 〈육체노동, 그 자본주의적 의미〉, 《문화과학》 가을호, 1993, 26~31쪽.

17 광주 민중항쟁의 항쟁 주체인 민중의 성격을 둘러싼 논쟁에 관한 자세한 내용은 최정운, 《5월의

사회과학》, 풀빛, 1999; 현대사증언론간행위원회, 《비트 하》, 일과 놀이, 1993, 257~273, 309~320쪽; 손호철, 〈80년 5 · 18 광주민중항쟁 — 민중항쟁인가 시민항쟁인가?〉, 《해방 50년의 한국정치》, 새길, 1995, 169~171쪽.

18 학생운동 지도부의 전략적 선택의 오류에 관해서는 3장에서 자세히 살펴보겠다.

19 레이먼드 윌리엄스, 이일환 옮김, 《이념과 문학》, 문학과 지성사, 1982, 135~169쪽; 레이먼드 윌리엄스, 나영균 옮김, 《문화와 사회, 1780~1950》, 이화여자대학교 출판부, 1988, 23~59쪽; 레이먼드 윌리엄스, 김정한 옮김, 〈대중 개념의 역사〉, 《대중과 폭력》, 도서출판 이후, 1998, 164~173쪽.

20 서구 노동계급 청소년의 하위문화에 관해서는 P. Willis, *Profane Culture*, London: Routledge & Kegan Paul, 1978; 폴 윌리스. 김찬호 옮김, 《교육현장과 계급 재생산 — 노동자 자녀들이 노동자가 되기까지》, 민맥, 1989를 참조.

21 P. Willis, *Profane Culture*, London: Routledge & Kegan Paul, 1978, ch. 2; S. Aronowitz, "Electronically Mediated culture form," *Politics of Identity*, London: Routledge, 1992, p. 199.

22 D. Hebdige, *Subculture: The Meaning of Style*, London: Routledge, 1988, p. 74.

23 서구의 사례는 폴 윌리스, 김찬호 옮김, 《교육현장과 계급 재생산 — 노동자 자녀들이 노동자가 되기까지》, 민맥, 1989, 216~218쪽을 참조.

24 이것은 사나이들과 달리 80년대 대학생의 계급적 기반이 상당수 중산 계급이었던 것이 원인이다.

25 서구 노동계급 자녀들과 관련해서 계급적 착취에 관한 '간파' 개념은 폴 윌리스, 김찬호 옮김, 《교육현장과 계급 재생산 — 노동자 자녀들이 노동자가 되기까지》, 민맥, 1989, 218~225쪽 참조.

26 D. Hebdige, *Subculture: The Meaning of Style*, London: Routledge, 1988, pp. 16~17.

27 서동진, 〈대학문화와 저항문화 — 민중문화/계급문화 그리고 반문화의 갈림길에 선 대학문화〉, 《경제와 사회》 제21호/봄, 한울, 1994, 101쪽; 김성기, 〈맑스주의 문화연구의 현대적 위상〉, 《포스트모더니즘과 비판사회과학》, 문학과 지성사, 1991, 204~206쪽.

28 한상진, 〈5공의 사회운동과 이데올로기〉, 동아일보사 편, 《5공 평가 대토론 — 현대사 어떻게 볼 것인가》, 동아일보사, 1994, 437~440쪽.

29 자세한 내용은 에드워드 팔머 톰슨, 나종일 외 옮김, 《영국 노동계급의 형성》, 창작과 비평사, 2000 참조.

30 애브너 코헨, 윤능용 옮김, 《이차원적 인간 — 복합사회의 권력과 상징의 인류학》, 한벗, 1982, 97~98쪽.

31 같은 책, 44~50쪽.

32 베네딕트 앤더슨, 윤형숙 옮김, 《민족주의의 기원과 전파》, 나남, 1991; 한경구, 《공동체로서의 회사》, 서울대학교 출판부, 1993.

33 에릭 홉스봄 · 테렌스 랑거, 최석영 옮김, 《전통의 날조와 창조》, 서경문화사, 1995, 37~38쪽, 46쪽.

34 같은 책, 41쪽, 361~365쪽.

35 같은 책, 43쪽.

36 베네딕트 앤더슨, 윤형숙 옮김, 《민족주의의 기원과 전파》, 나남, 1991; 김광억, 〈정치적 담론기제로서의 민중문화운동 — 사회극으로서 마당극〉, 《한국문화인류학》 제21집, 1989, 7쪽.

37 조혜정, 《글읽기와 삶 읽기 III》, 또 하나의 문화, 1994, 182~185쪽.

38 이런 반문화를 둘러싸고 상반된 평가가 있다. 단적인 예로 로작은 반문화 운동을 과학기술주의, 전체주의적인 지배 체제에 대항하는 최대의 반항이자, 객관적인 인식이라는 과학주의에 도전함으로써 인식론적인 질문을 새롭게 하도록 강제한 문화혁명으로 평가한다. 반면 마빈 해리스는 반문화 운동에 참여한 젊은이들은 환각제를 사용하면서 마오쩌둥을 만나기 위해 두들기고 부딪치고 아무것이나 노래하는 배부른 학생들이라고 평가한다. 마빈 해리스는 반문화가 일상적인 삶에서 소외감을 느낀 중산층 출신의 대학 교육을 받은 학생들이 만들어낸 하나의 생활 방식이자, 자신들의 몽상 속에서만 천년 왕국을 건설한 운동이라고 혹평한다. 반문화 운동은 인종과 계급 문제를 등한시했을 뿐만 아니라 운동 방식에서도 어떤 지도자도 거부한 채 대안적 질서의 비전을 제시하지 못했다는 것이다. 자세한 내용은 조혜정, 《글읽기와 삶 읽기 III》, 또 하나의 문화, 1994, 189~190쪽 참조.

39 개인의 정체성은 생물학적 요인, 사회적 요인 그리고 문화적 요인에 따라 결정된다. 특히 전후 매스미디어 — 여기서는 텔레비전, 록 음악 등을 가리킨다 — 의 등장은 개인의 정체성이 형성되는 과정에서 문화적 요인이 미치는 영향력을 강화했다. 미디어는 대중문화와 관련된 지배 권력의 조작물이 아니라, 개인이 사회적 상상물을 구성하는 장이자 자신의 상상적인 인생을 만들어내는 요인이다. 자세한 내용은 S. Aronowitz, "Electronically Mediated culture form," *Politics of Identity*, London: Routledge, 1992를 참조.

40 노동계급 공동체의 파괴에 관해서는 좀더 설명이 필요하다. 1950년대 전후 영국 경제의 회복은 전통적인 손노동의 쇠퇴, 가시적 생산 단위로서 소규모 가족 사업의 기능 소멸 — 대표적인 예가 골목 가게의 소멸이다 — 을 가져왔으며, 더 나아가 기존 공동체의 '재개발'을 촉진했다. 이런 재개발이 노동계급 공동체에 미친 효과는, ① 거리, 선술집, 골목 가게의 기능이 파괴되고 그 자리를 상업적 공간이 대치했으며, ② 이웃이 하는 '비공식적인 사회적 통제'가 소멸되는

대신 공동체 내부에 법, 제도 등의 사회적 강제력이 삽입됐고, ③ 노동계급 공동체 내 다수가 일자리를 찾아 공동체를 떠나게 됐다. S. Aronowitz, "Electronically Mediated culture form," *Politics of Identity*, London: Routledge, 1992, pp. 193~199.

41 그러나 헵디지는 이런 코헨의 주장에 다음과 같이 반박한다. "…… 청년과 성인 노동계급 문화 간의 관계만을 너무나 강조한 나머지 계급 자체의 의미 체계를 간과했으며, …… 이 양자 중 어느 세대의 절대적인 우위를 가정해서는 곤란하다. …… 또한 부조화와 불연속성의 지나친 강조는 이들 내부의 통합력이나 응집력을 무시하게 되고 이럴 경우 하위문화 형태의 구체화와 집단의 경험이 교환되는 과정에 대해 간과하기 쉽다." D. Hebdige, *Subculture: The Meaning of Style*, London: Routledge, 1988, p. 74, pp. 78~79.

42 같은 책, pp. 16~18.

43 네오그람시안들은 대중들이 문화산업의 텍스트와 실천 행위들을 능동적으로 소비함으로써 만들어지며, 지배적 가치와 의미를 자신의 목적에 맞게 변형 — 헵디지는 이것을 '기의 변조bri-colage'라고 부른다 — 하며, 자신들만의 대항적인 가치와 신념을 공유한다고 논한다. 가장 대표적인 사례가 밥 말리의 레게에 관한 해석이다. 레게는 카리브 해 연안의 민중 종교의 메시지를 대중에게 전달함으로써 민중의 신념을 확고하게 했다. 다른 한편 레게는 자본주의 사회에서 음악 산업과 미디어 산업에 엄청난 잉여를 남겨줌으로써 지배적 가치로 변용되기도 했다. 바로 레게의 반자본주의적 정치관이 자본주의의 경제적 이득을 통해 명시화되는 역설을 낳는다는 것이다. 자세한 내용은 존 스토리, 박모 옮김, 《문화연구와 문화이론》, 현실문화연구, 1994, 174~177쪽 참조.

44 이것을 스토리는 '신그람시적인 헤게모니 이론으로의 복귀'이자 '문화인류학적 분석'으로 향하는 복귀라고 표현한다. 여기서 지칭하는 '네오그람시적인 접근'은, 스튜어트 홀이 언급한 대로 '헤게모니'란 고정된 실체가 아니라 '움직이는 균형 상태'이자 지배 계급이 자신의 범위 안에서 모든 경쟁적인 개념을 주조하는 데 성공할 때만 유지가 가능하다는 관점이다. 헤게모니는 보편적이고 특정한 계급(분파)을 통해 주어진 것이 아니라 오히려 이런저런 경향들을 지지하고 반대하는 힘의 관계를 나타내는 '움직이는 균형 상태'라는 것이다. 따라서 헤게모니의 형태 역시 고정된 것이 아니라 계속 해체되고 탈신비화되는 일련의 과정이다. 존 스토리, 박모 옮김, 《문화연구와 문화이론》, 현실문화연구, 1994, 173~175쪽; 원용진, 〈문화연구와 맑스주의〉, 《한국사회와 언론》 봄호, 한울, 1995, 28~30쪽.

45 톰슨은 특정한 생산양식과 역사 과정의 결합은 인간의 경험을 통해서 가능하다고 말한다. 톰슨은 기존의 구조주의적 마르크스주의 — 톰슨에게는 초기 알튀세르 — 의 경제 결정론적 편향을 비판하면서, 구조에 맞서 인간의 경험, 주체성, 의식이라는 개념을 복권시킨다. 그러나 톰슨의

'인간의 경험' 개념은 개념 자체의 미발달이라는 문제를 내재적으로 지니고 있다. 톰슨의 경험 개념에 관해서는 에드워드 팔머 톰슨, 나종일 외 역,《영국 노동계급의 형성》, 창작과 비평사; E. P. Thompson, *The Poverty of Theory and Other Essays*, Verso, 1978.

46 이기현, 〈비판사회학의 성찰성〉, 산업사회연구소 편,《탈현대사상의 궤적》, 새길, 1995, 406쪽.

3부 급진적 정치의 한계 — 제도화

1장 급진적 정치의 기원 — 학생운동의 정치관

1 80년대 학생운동은 대중 동원에만 그치지 않고 실질적인 전선 운동의 주도 세력으로서, 가장 급진적인 이념을 내세우고 전체 민중운동에서 중심적 위치였다. 〈민주화추진협의회 깃발 제2호〉, 신동아 편,《80년대 민족 · 민주운동》, 동아일보사, 1990.

2 유화 국면은, 80년 광주 민중항쟁의 물리적 진압, 다단계 쿠데타를 통한 신군부의 비헌법적인 집권 등으로 대표되는 전두환 정권의 태생적 한계를 극복하기 위한 정책이었다. 대중적인 지지는 고사하고 오히려 학생운동 엘리트들을 중심으로 격렬한 저항이 계속되자, 그런 상황에 대한 대응책으로 마련된 정책이었다. 유화 국면의 도래는 사회운동 가운데 유일하게 반독재 투쟁을 가시적으로 펼친 학생운동에 대응하는 방식이 변화했다는 것을 의미했다. 학생운동가의 구속, 제적, 강제 징집 등으로 이어지는 억압 비용이 높아질수록 더 많은 저항이 지속된다는 사실을 알게 된 전두환 정권은, 학생운동에 전술적인 유화책을 사용했다. 그런 의미에서 유화 국면과 학원 자율화 조치는 학생운동을 중심으로 진행된 지속적인 저항의 결과물이었다.

3 투쟁위원회를 중심으로 한 선도 투쟁과 비제도화 전략이 다수 대중에 근거한 대중 투쟁으로 이어지지 못한 원인이 과도한 정치 편향적 선도 투쟁 때문이었다는 비판도 있었다. 그러나 이것은 공식 대중 조직의 건설과 패밀리 시스템이 공존하는 시기에 나타날 수밖에 없는 결과였다. 자세한 내용은 전형택, 〈1980년대 변혁운동에 있어서 학생운동의 역할과 과제〉, 사계절 편,《전환》, 사계절, 1987 참조.

4 그러나 대중운동 수준에서 자유민주주의 담론으로 이동하는 것을 명확하게 구분하기는 어렵다. 다만 핵심적인 대중적 이데올로기, 대중의 구호, 이슈, 관심들이 보수 야당이나 재야 — 물론 이 세력들이 쓰는 담론의 수준은 학생운동과 크게 달랐다 — 와 구별되게 된다. 일반적으로 대중 운동은 운동이 지향하는 이데올로기 — 일반적으로 대중운동을 지도하는 엘리트가 만들어낸다 — 를 통해 규정되지는 않는다. 공식 조직이 표방하는 이데올로기가 반드시 '대중 이데올로기'와 일치하지 않는다는 말이다. 구체적인 정세와 계급 연합의 범위와 수준 등에 따라 엘리트가 부여한 이데올로기의 수준이 높을 수도 있고, 거꾸로 대중 이데올로기가 조직 이데올로기에 견줘 급진화

의 정도가 더 높을 수도 있다. 뒤의 경우를 보여주는 대표적인 예는 학생운동 지도부가 직선제 개헌이라는 최소 민주화 전략을 선택한 87년 6월 항쟁이었다.

5 1986년 자민투 내부에서 본격적인 대중노선-대중 활동론인 《강철서신》이 등장했다. 이 문건은 식민지 남한에서 대중운동의 강화에 근거한 반미구국통일전선 구축을 핵심 과제로 제시하며, 이 과제를 위해 애국적 청년학생의 '품성'을 강조했다. 자세한 내용은 김영환, 《강철 서신 — 올바른 생활을 위한 지침서》, 도서출판 눈, 1989; 최장집, 《한국현대정치의 구조와 변화》, 까치, 1989, 213~214쪽; 조희연, 〈80년대 학생운동과 학생운동론의 전개〉, 《사회비평》 창간호, 나남, 1988, 126쪽을 참조.

6 구로 동맹파업과 정치적 노동운동에 관해서는 유경순, 《같은 시대, 다른 이야기 — 구로 동맹파업의 주역들, 삶을 말하다》, 메이데이, 2007 참조.

2장 거리의 정치의 소멸 — 정상 정치로 전환하기

1 임혁백, 〈한국에서의 민주화과정연구〉, 《한국정치학회보》 제24집/1호, 1990 참조.

2 이태복, 〈투신동기와 민노련·민학련 사건〉, 《역사비평》 제25호/여름, 1994, 271, 276~281쪽.

3 6월 항쟁을 지배 블록 온건파와 반독재연합의 온건파 사이의 타협의 산물로 분석하는 시각도 있다. 그러나 실제 6월 항쟁 시기 두 세력 사이에 타협이나 협상은 없었다. 이런 분석은 6월 항쟁에 관한 '몰역사적인 분석'이다. 반독재연합 내부의 온건파라면 신민당을 중심으로 한 제도 야당을 가리킬 텐데, 87년 6월 항쟁 과정에서 신민당은 강한 구심력을 지니지 못했다. 자세한 내용은 임혁백, 〈한국에서의 민주화과정 연구〉, 《한국정치학회보》 제24집/1호, 1990, 68~71쪽을 참조.

4 F. Piven and R. A Cloward, *Poor People's Movements: Why They Succeed, How they Fail*, Vintage Book, 1979, pp. 28~34.

5 이 투쟁에 관한 공식 명칭이 없는 관계로 나는 '1991년 5월 투쟁'으로 통칭하려고 한다. 1991년 5월 투쟁의 양상은 다음 세 시기로 구분할 수 있다. ① 제1기(4월 26일~5월 4일): 이 시기에는 '백골단 해체와 공안 통치 종식을 위한 범국민 궐기대회'를 기점으로 전남대학교 박승희, 안동대학교 김영균, 경원대학교 천세용 등 분신이 잇따랐고, '강경대 열사 폭력 살인 규탄과 공안 통치 종식을 위한 범국민대책회의'가 구성됐다. 이 시기 평민당은 내각 총사퇴를, 재야와 학생운동 진영은 노태우 정권 퇴진을 주장했다. ② 제2기(5월 5일~5월 18일): 5월 9일에는 전국적으로 30만 명이 모인 '민자당 해제와 공안 통치 종식을 위한 국민대회'가, 5월 14일에는 강경대 열사의 장례식과 '살인 정권 퇴진 투쟁'이 30만 명의 인파가 참여하는 가운데 진행됐고, 5월 18일에는 5월 투쟁의 정점인 '광주항쟁 계승과 폭력 살인 민생 파탄 노태우 정권 퇴진 국민대회'가 40만

명의 참여 속에 진행됐다. 이 시기에 이르러서는 노태우 정권 타도를 요구하는 대중적 흐름이 형성됐다. ③ 제3기(5월 19일~6월 20일): 5월 25일에 전국적으로 25만 명이 모여 '폭력 살인 민생 파탄 노태우 정권 퇴진'을 위한 국민대회를 연 뒤, 대책회의는 '공안 통치 종식과 민주 정부 수립을 위한 범국민 대책회의'로 이름을 바꾸고 장기 항전 태세를 취하기 시작했다. 이 기간 중에도 광주에서 전투 경찰들의 집단 구타로 권창수 씨가 중태에 빠졌으며, 시위 진압 도중 성균관대학교 김귀정이 사망했다. 그러나 평민당은 겉으로는 장외 투쟁을 시작하는 척하면 서 실제로는 6월 20일로 예정된 광역의회 선거를 의식해 노태우 정권 퇴진보다는 민자당의 공안 통치 철회와 내각제 포기에 더 주력했다. 자세한 내용은 김정한, 《대중과 폭력 — 1991년 5월의 기억》, 도서출판 이후, 1998, 36~64쪽 참조.

6 최진섭, 〈91 임투와 노동조합의 정치투쟁〉, 《말》 7월호, 1991, 150~152쪽; 최장집, 《한국 민주주 의의 이론》, 한길사, 1991, 242~248쪽.

7 최장집, 《한국 민주주의의 이론》, 한길사, 1991, 242~248쪽.

8 자세한 분석으로는 김정한, 《대중과 폭력 — 1991년 5월의 기억》, 도서출판 이후, 1998, 47~57쪽 참조.

9 이것은 1990년 12월 27일 노재봉 공안 내각이 출범한 뒤 실시된 기초의회 선거 결과에서 분명하게 드러난다. 전국 투표율 55퍼센트, 민자당 당적 후보를 포함한 친여권 당선자 74퍼센트, 평민당 당적 당선자 18.2퍼센트, 민주당 당적 당선자 0.8퍼센트의 비율로 나타난 선거 결과는 외형상 민자당의 압승처럼 보인다. 그러나 유권자의 절반 이상이 선거에 참여하지 않았는데, 이것은 공안 선거가 유권자의 절반 이상 — 대부분 반민자당 성향의 유권자였다 — 을 정치과정에서 탈정치화시키고, 그 결과 10퍼센트에도 못 미치는 민자당의 지지도가 74퍼센트로 된 것이었다. 자세한 내용은 정태인, 〈5월 투쟁평가와 민족민주운동의 과제〉, 《말》 7월호, 1991, 9~11쪽을 참조.

10 1980년대 중반 이후 개방과 산업 구조 재조정 국면에서 일부 중소 자본이 몰락하자 정부는 미봉책으로 대응하는 데 그쳤다. 여기에 1970년대 이래 지속적으로 진행된 대기업 위주의 중화 학 공업 성장 정책의 투기적 성격과 이것을 뒷받침하는 정경 유착의 구조화가 더해져 1991년 5월 투쟁 이전에 이미 수서 사건과 페놀 사건이 벌어졌다. 또한 이전 시기 소공황의 대응책으로 제시된 인플레 성장 정책에 결과로 빚어진 민중 생존권의 위기는 잠재적인 민중 저항의 가능성 을 내포하고 있었다. 구체적으로 임금과 추곡 수매가를 한 자릿수로 동결해 경제 부담을 민중에 게 떠넘기는 한편으로 금융 실명제 실시 유보, 물가 상승, 부동산 투기 등이 더해져 중간 계급을 비롯한 민중 부문의 잠재적 불만이 쌓여갔다.

11 최장집, 《한국 민주주의의 이론》, 한길사, 1991, 157~159쪽.

12 정태인, 〈5월 투쟁평가와 민족민주운동의 과제〉, 《말》 7월호, 1991, 11쪽.

3장 대중정치에 실패한 조직화 — 공식 조직의 문제들

1 들뢰즈는 계급과 대중을 다른 차원에 속하는 것으로 분류함으로써 대중이라는 문제에 접근했다. 들뢰즈는 대중이 부단한 흐름을 지닌 분자적 개념이라면, 계급은 대중의 흐름을 성층화시키는 몰적 개념으로 파악했다. 바로 계급적 이해는 몰적인 집계 상태의 '전의식pre-counsciousness'이고, 이런 전의식은 자기의식화 — 레닌주의적 의미로 사용하면 '의식의 외부 도입' — 를 통해 객관적인 계급의식에 도달할 수 있다는 것이다. 반면 대중의 욕망은 의식과 별개의 영역인 무의식에 속한다. 그러나 들뢰즈의 계급과 대중의 구분은 단지 거시적 수준에서 기존의 정치를 기각하고 미시적인 정치를 확장하자는 주장은 아니다. 자본주의 아래에서 여전히 노동자계급과 자본가계급 사이의 모순이 존재하지만, 사회를 이런 모순의 수준에서 정의하는 것은 거시적인 수준에서만 가능할 뿐이며 미시 정치의 수준에서는 탈주의 선으로 정의해야 한다고 말한다. 바로 계급으로 환원할 수 없는 대중의 무의식적인 혁명의 '복원'이 들뢰즈의 핵심 주장이다. 이런 의미에서 몰적인 코드화란 대중의 무의식, 일상적인 자생성에 관한 억압으로 해석할 수 있다. 자세한 내용은 질 들뢰즈 · 펠릭스 가타리, 최명관 옮김, 《앙띠 오이디푸스 — 자본주의와 정신분열증》, 민음사, 1994를 참조.

2 F. Piven and Cloward R. A. *Poor People's Movements: Why They Succeed, How they Fail*, Vintage Book, 1979, pp. 30~34.

3 발리바르는 평등의 제도화를 통해 폐지될 수 없는 성의 분할, 육체노동과 정신노동의 분할, 지적 차이 등을 지적하면서, 이런 차이들은 근대 정치에서 외부적인 것으로 제시될지는 몰라도 근대 정치의 담론적, 입법적, 억압적 실천의 기저에 늘 현존한다고 말한다. 특히 성적 분할과 관련해서 근대적 공동체 안에는 '여성들의 내재적 배제' 구조가 있다고 주장했다. 자세한 내용은 에티엔느 발리바르, 서관모 옮김, 〈육체노동과 지식노동의 분할에 대하여〉, 《역사적 유물론의 전화》, 민맥, 1993, 236쪽을 참조.

4 김재은, 〈민주화 운동 과정에서 구성된 주체위치의 '성별화'에 관한 연구(1985~1991)〉, 서울대학교 대학원 사회학과 석사학위 논문, 2003, 71쪽.

5 권인숙, 〈우리들 삶속의 군사주의 — 여성의 군사주의와의 관계를 중심으로〉, 한국여성학회 제17차 춘계학술대회 발표문, 2000.

6 신준영, 〈1987년 6월의 함성〉, 《말》 8월호, 1990.

7 박현귀, 〈변혁운동가들의 정체성 변화과정 — '운동권' 출신의 여성 모임을 중심으로〉, 서울대학교 대학원 인류학과 석사학위 논문, 1997년, 20쪽.

8 권인숙, 〈우리들 삶속의 군사주의 — 여성의 군사주의와의 관계를 중심으로〉, 한국여성학회
제17차 춘계학술대회 발표문, 2000, 113쪽.

9 권인숙, 《또 하나의 벽을 넘어서》, 거름, 1989; 신준영, 〈1987년 6월의 함성〉, 《말》 8월호, 1990.

10 이것은 동맹휴업은 했지만 실제로 투쟁이나 사업에 참여하는 대중의 수가 적다는 점에서도
드러났다.

11 사회 드라마 개념은 구조와 내부적인 규범보다 행위자들 사이의 실제적인 행동이 발생하는
사회적인 장에 관심을 두었으며, 집단보다는 구조와 규범의 제약 안에서 자신의 권력을 획득하
고 유지하기 위해 경쟁하는 '구체적인 개인'을 분석하는 데 초점을 맞춘다. 자세한 내용은 T.
C. 류웰린, 한경구 옮김, 《정치인류학》, 일조각, 1995, 159~162쪽.

12 지금부터 서술되는 대중과 엘리트 또는 대중과 학생운동 전위 사이의 관계는 80년대 학생운동
속에서 지속적으로 나타나지는 않았다. 이런 경향이 분명하게 나타난 시기는 마르크스주의가
대중운동에 도입된 1986년~1987년 무렵이었다.

13 민중 사회에 관한 자세한 내용과 해석은 김세균, 〈'시민사회론'의 이데올로기적 함의 비판〉,
《이론》 제2호/여름, 1991, 112~113쪽; 손호철, 〈80년 5 · 18 광주민중항쟁 — 민중항쟁인가
시민항쟁인가?〉, 《해방50년의 한국정치》, 새길, 1995, 178쪽. '절대 공동체'에 관해서는 최정운,
《5월의 사회과학》, 풀빛, 1999 등을 참조.

14 그러나 나는 80년대 학생운동이 받아들인 마르크스주의 경향과 계급 운동의 연대 그리고 공동
실천의 모색 자체를 부정적으로 생각하지는 않는다. 다만 여기서 지적하려고 하는 것은 엘리트
와 대중의 결합이 실패한 원인이다. 이런 의미에서 나는 다음과 같은 임영일의 지적에 공감한다.
"1980년대 학생운동 엘리트 그리고 노동운동 엘리트들은 첫 번째로 혁명적 조급증, 좌편향이라
는 실천을 낳았다. 즉 주어진 논리, 이론에만 기대어 너무나 쉽게 현실의 방향을 결정해버렸던
것이다. 두 번째, 이들이 판단한 1980년대의 현실은 항상 부분적이었다. 다시 말하자면 불균등하
게 발전하는 운동의 제 심급에 대한 총체성을 결여한 채, 모든 운동의 심급을 하나로 몰아가려는
시도가 바로 그것이었다. 끝으로 엘리트주의적 편향이다. 어떤 사회운동 과정에서도 가장 전위
적이고 선진적인 요소조차 반드시 대중의 바다 속 어딘가에 뿌리내려야 한다는 진실을 망각했던
것이다." 임영일, 〈1980년대 '노동의 새벽' — 노동해방운동의 고양과 그 이후〉, 《역사비평》
제29호/여름, 1995, 106~107쪽.

15 조혜정, 《글읽기와 삶 읽기 Ⅲ》, 또 하나의 문화, 1994, 146쪽.

16 같은 책, 149쪽.

17 강내희, 〈백화점과 근대적 지식체계〉, 《이론》 봄/여름, 1995, 145쪽.

18 강내희, 〈백화점과 근대적 지식체계〉, 《이론》 봄/여름, 1995, 148쪽; 폴 윌리스, 김찬호 옮김,

《교육현장과 계급 재생산 ─ 노동자 자녀들이 노동자가 되기까지》, 민맥, 1989, 149~154쪽.

19 폴 윌리스, 김찬호 옮김, 《교육현장과 계급 재생산 ─ 노동자 자녀들이 노동자가 되기까지》, 민맥, 1989, 31~47쪽.

20 조혜정, 《글읽기와 삶 읽기 Ⅲ》, 또 하나의 문화, 1994, 151쪽.

21 I. Angus, S. Jhally, eds. *Cultural Politics in Contemporary America*, London: Routledge, 1989, pp. 1~14.

22 에릭 홉스봄, 〈기계 파괴자들〉, 김동택·김정한·정철수 옮김, 《저항과 반역 그리고 재즈》, 영림카디널, 2003; 에드워드 팔머 톰슨, 나종일 옮김, 《영국 노동계급의 형성 (하)》, 창비, 2000, 14장 참조.

23 그람시가 말한 대로 "엘리트들에게 피지배 집단의 속성은 항상 야만적이고 병리적인 것"으로 비춰지며, "지배 계급은 민중 소요를 정적이나 숨은 세력의 소행으로 간주하는 속성이 있고, 이는 역사 행위자로서 민중의 지위를 부여하지 않으려는 시도 …… 즉 민중을 외부 세력의 사주에 의해 운동하는 도구로서 사고한다." 또한 지배 권력과 엘리트들이 민중의 폭력적인 직접 행동을 바라보는 시각에도 문제가 있다. 톰슨과 피븐에 따르면 민중의 정치 참여는 그다지 폭력적이지 않고, 직접 행동의 폭력성은 점차 줄어들고 있으며, 명백한 민중의 규율을 통해 규제된다. 특히 톰슨은 "직접 행동 역시 노동자 공동체의 도덕적 문화에 의해 설정된 한계(도덕률)에 의해 규제된다"고 주장한다. 폭력을 통한 인명 살상의 주체는 민중이나 군중이 아니라 국가 권력인 경우가 더 많았으며, 민중의 폭력적 저항은 지배 집단의 완고함과 폭압 때문에 발생한다는 것이다.

24 일상적 저항의 정치에 관해서는 Scott J. C, *Domination and the Arts of Resistance*, Univ. of Yale Press, 1990.

25 그러나 대중이 어떤 조건에서든 저항을 선택할 수 있는 것은 아니다. 저항의 조건은 기존 체계가 정당성을 상실하거나, 순종적이던 대중이 변화해 자기 권리를 요구하거나, 자신의 무능력을 탓하던 대중이 체제 변환에 자신감을 지니는 경우다. 또한 이것에 근거한 저항 행위의 조건으로는 일상에서 대중이 일탈하거나, 공통적인 저항의 신념을 공유한 집단행동을 하는 경우를 들 수 있다. 결국 민중운동 지도자와 조직가는 자신의 목적을 성취하기 위해 소요와 직접 행동을 일으켜 지배 엘리트와 직접 대결해서 무질서를 야기해야 한다. 공식 조직의 자기 유지적 경향의 자세한 사례는 F. Piven and R. A. Cloward. *Poor People's Movements: Why They Succeed, How They Fail*, Vintage Book, 1979를 참조.

26 이런 문제의식은 이진경의 로자 룩셈부르크 해석에서 영향을 받았다. 이진경, 〈로자 룩셈부르크의 탈근대적 정치철학〉, 《문화과학》 제7호, 1995, 191쪽.

27 이것은 '주체 철학'을 둘러싼 논쟁과 관련되는데, 대중의 자발적인 의지와 능동성을 어떻게 평가하느냐 하는 문제이기도 하다. 1990년대 중반에 주체 철학에 관한 평가가 운동 진영 내부에서 제출되기도 했다. 신질서 편집부 편, 《신질서》, 1995 참조.

28 이진경, 〈룩셈부르크의 탈근대적 정치철학〉, 《문화과학》(제7호), 1995, 193~194쪽.

29 R. Luxemburg, *Selected Political Writings of R. Luxemburg*, NY: MR, 1971, pp. 288~289; 이진경, 〈로자 룩셈부르크의 탈근대적 정치철학〉, 《문화과학》 제7호, 1995, 195쪽.

30 코드화와 탈코드화를 언급하는 질 들뢰즈는, 탈코드화란 경제 외적인 예속과 굴레, 예를 들면 전제 군주 또는 신분적 예속에서 벗어난다는 의미라고 말한다. 그러나 이것은 일이나 영토에서 해방되는 것이 아니라, 개인의 욕망을 붙잡아 매고 있던 초월적인 중심의 해체를 의미한다. 곧 생산적인 힘으로서 욕망의 해방, 어디로든 흐를 수 있는 욕망의 흐름을 가리킨다. 이런 의미에서 자본주의에서 대중의 욕망은 과거에 견줘 분명 분열증적인 욕망이고, 주체들은 '분열자'인 것이다. 다만 여기서 분열자는 어떤 개인이나 사람이 아니라, 분열적인 흐름과 과정을 가리킨다. 질 들뢰즈 · 펠릭스 가타리, 최명관 옮김, 《앙띠 오이디푸스 — 자본주의와 정신분열증》, 민음사, 1994, 334~356쪽.

31 자본주의는 생산자 대중을 이중의 구속에서 해방시켰다. 하나는 생산수단으로부터 해방이고, 다른 하나는 신분적 예속에서 벗어나는 해방이다. 이처럼 이중적 의미에서 자유로운 노동자이자 '자유인'을 질 들뢰즈는 탈영토화deterritorialization와 탈코드화decoding를 통해 탄생한 근대적 분열자the schizo라고 부른다. 자세한 내용은 이진경, 〈'블레이드 러너' — 복제인간과 안티오이디푸스〉, 《창작과 비평》 여름호, 1995, 132~133쪽; 이진경, 〈로자 룩셈부르크의 탈근대적 정치철학〉, 《문화과학》 제7호, 1995, 197쪽; 질 들뢰즈 · 펠릭스 가타리, 최명관 옮김, 《앙띠 오이디푸스 — 자본주의와 정신분열증》, 민음사, 1994, 357~388쪽.

32 이진경, 〈로자 룩셈부르크의 탈근대적 정치철학〉, 《문화과학》 제7호, 1995, 201~202쪽; 이진경, 〈맑스주의와 현대성〉, 김성기 편, 《모더니티란 무엇인가》, 민음사, 1994, 110~112쪽.

33 R. Luxemburg, *Selected Political Writings of R. Luxemburg*, NY: MR, 1971, p. 407; 이진경, 〈로자 룩셈부르크의 탈근대적 정치철학〉, 《문화과학》 제7호, 1995, 204쪽.

34 박태호, 〈주체와 합리성 — 베버에서 푸코로?〉, 《경제와 사회》 제24호/겨울, 1994, 107~109쪽; 미셸 푸코, 오생근 옮김, 《감시와 처벌》, 나남, 1994, 256~266쪽.

35 자세한 내용은 에릭 홉스봄, 〈5월〉, 김정한 · 안중철 옮김, 《혁명가 — 역사의 전복자들》, 길, 2008 참조.

36 R. Luxemburg, *Selected Political Writings of R. Luxemburg*, NY: MR, 1971, p. 291.

에필로그 광기의 복원을 위하여

1 자세한 내용은 조희연, 〈사노맹 — 비합법 전위조직에 대한 조직사회학적 분석〉, 《역사비평》 제18호/가을, 역사비평사, 1992를 참조.

2 김도종, 〈한국 학생운동의 쇠퇴와 전망 — 제도화에서 탈제도화로〉, 《한국과 국제정치》 제8집/2 호, 1992, 168~170쪽.

3 Zolberg, A. "The Moments of Madness," *Politics and Society* No. 2(Winter), 1972, pp. 183~200.

<u>보론1 학생 권력 — 무반성의 신화들</u>

1 6·3세대의 현주소와 그 시기 상황에 관해서는 박태순·김동춘, 《1960년대의 사회운동》, 까치, 1991; 신동호, 《오늘의 한국정치와 6·3세대》, 예문, 1996 참조.

2 386이라는 용어는 서울 동숭동의 문화 카페 '동숭동에서'의 멤버이자 현재 인터넷 업계에서 일하는 한창민 씨가 처음 만들었다고 한다. 〈김규항, 김어준의 쾌도난담, 바이러스 386을 해킹해 버려〉, 《한겨레21》 2000년 2월 24일자.

3 이런 견해로는 김동춘, 〈수혈의 정치와 386세대〉, 《한겨레21》 1999년 6월 3일자.

4 유시민·김정란·진중권 좌담, 〈386세대는 허구다!〉, 《신동아》 1999년 12월호.

5 이런 《조선일보》의 해석은 아전인수식 해석이자, 한 시사평론가의 말을 빌리자면 '일종의 정신적 골다공증' 증세라고 말할 수도 있다. 2000년 한국학중앙연구원(당시 한국정신문화연구원)은 서 울대학교에서 80년대에 대학 생활을 한 650명을 대상으로 한 종단적 조사의 연구 결과를 발표했 다. 그 결과를 보면, 여전히 386세대는 강한 개혁 지향성과 사회적 약자를 향한 애정과 배려 등의 태도를 보이고 있다. 80년대 대학생 전체를 대상으로 한 조사 결과는 아니지만, 80년대 세대가 과거 군사 정권을 지지한다는 식의 해석과는 상반된다. 자세한 내용은 은기수, 〈사회적 약자의 이해와 시민적 연대〉, 《386세대의 가치관과 21세기 한국》(프레스센터, 2000년 4월 7일) 등 참조.

6 이희영, 〈한국 80년대 세대의 초상화 — 독일 68세대와의 비교〉, 이해영 편, 《1980년대 혁명의 시대》, 새로운 세상, 1999, 394쪽.

7 인터뷰는 다음 자료의 그룹 인터뷰 결과다. 〈386 운동권 출신 후보자 8인의 국가관 검증〉, 《월간조 선》 2000년 3월호.

8 자세한 내용은 〈진보세력 정당운동의 현주소 — 평민련, 진보연합의 중간점검〉, 《말》 1988년 11월호; 〈전민련 선거참여 무엇을 남겼나〉, 《말》 1989년 9월호; 〈민주당 재야 입당파들의 현주

소), 《말》 1992년 1월호; 〈민주당 재야계보들의 정치개혁 구상〉, 《말》 1992년 5월호; 〈국민회의는 정권교체의 핵이 될 것인가〉, 《말》 1992년 9월호; 〈민주당-정개련-젊은 연대 통합하나〉, 《말》 1995년 10월호; 〈모래시계 세대의 정치실험이 남긴 교훈」, 《말》 1996년 6월호.

9 정도와 횟수에서 차이가 나지만 김영삼의 상도동계도 마찬가지였다. 가장 잘 알려진 예가 집권 초기 이우재, 김문수 등 구 민중당 당권파와 손학규, 김정남 등 재야인사의 영입이었다. 그러나 이 사람들도 결국 보수 정당의 자기 검열 구조 아래에서 김영삼 지키기를 위한 이중대로 전락하고 말았다. 김영삼 정권 때 재야인사의 정치적 변절에 관해서는 〈김영삼 정권에 참여한 재야인사들의 정치실험〉, 《말》 1993년 4월호; 〈흐름과 초점 — 신한국당 개혁인사들의 정치행태 발언 비망록, 개혁 가면 쓴 문민독재의 나팔수들〉, 《말》 1997년 2월호 참조.

10 〈눈치보지 말고 바꾸자!〉, 《한겨레21》 2000년 1월 13일.

11 김원, 〈상상된 민중공동체, 1980년대 학생운동의 '문화적' 코드들〉, '새로운 세기, 청년운동, 청년문화의 전망'(1999년 12월 17일 푸른틈 주최 토론회) 발표문.

12 이희영, 앞의 글, 386쪽.

13 구체적인 학생회 조직 내 운동 인자의 재생산 메커니즘에 관해서는 이 책의 2부 2장 공동체의 하위문화를 참조.

14 김수지, 〈한 재미동포 인권운동가의 한총련 출범식 참관기〉, 《말》 1996년 10월호.

15 1996년 8월의 '연세대 사태'에 관해 한총련은, "분단의 장벽에 커다란 파열구를 내고 …… 9일 낮 9일 밤 투쟁 정신은 …… 항일무장투쟁의 정신이며, 동포 살육의 광주 살인마들에 맞서 정의를 지키고 민주를 지켜 낸 5월 광주 전사들의 투쟁 정신"이라고 자체 평가하고 있다. 〈긴급 진단 — 대학가 탈한총련 탈정치투쟁 가속화〉, 《뉴스피플》 1997년 4월 16일자.

16 대표적인 사례가 5공 시절 같은 사전 보도지침 제시로 교내 학보가 발행되지 못하고 있는 세종대, 22일간 아사 단식을 감행하며 비민주적인 재단 비리 척결에 나선 덕성여대의 경우 등이다. 〈98년 학생운동 숨은 일꾼들의 희망노래〉, 《말》 1998년 2월호.

17 김덕련·이상술, 〈대학구조조정과 학생사회의 대응 — 학생사회의 대안 '전략'을 위한 제언〉, 《경제와 사회》 1999년 봄호.

18) 이진우, 〈그래도 대학문화의 본질은 저항이다〉, 《뉴스메이커》 2000년 3월 16일자.

19 김규항·김어준, 〈쾌도난담, 어쨋거나 올리지 맙시다〉, 《한겨레21》 2000년 4월 6일자.

20 〈진보운동의 틀을 바꿔라〉, 《한겨레21》 1999년 12월 9일.

21 〈정파적 학생회와 동사무소 학생회를 넘어서 3〉, 《말》 1997년 1월 7일.

22 권인숙, 〈우리는 누구인가〉, 《당대비평》 1999년 겨울호, 114쪽. 단적인 예이기는 하지만, 활동가에게는 엄격한 청교도적인 도덕률을, 대중에 취향에 관해서는 반제국주의 운동의 일환으로

커피, 콜라 안 마시기, 청바지 안 입기 등을 강조한 것이 이런 패착의 일부다.

23 자료 출처는 〈비운동권 총학생회의 한 학기 결산〉, 《말》 1997년 7월.

24 진중권, 〈학생운동, 청춘을 불사른 반란의 불꽃〉, 《한겨레21》 1999년 12월 23일.

25 강위원, 〈한총련을 살리자, 한총련 5기 의장 강위원의 옥중 서신〉, 《말》 1998년 10월호.

26 1980년대 학생운동에서 대중정치의 좌절과 공식 조직의 제도화 경향에 관해서는 이 책의 154~209쪽 참조.

27 〈민중의 요구인가, 좌익맹동주의적 발상인가〉, 《말》 1997년 5월호.

28 〈변화와 가능성을 보라〉, 《한겨레21》 1999년 5월 20일.

29 권인숙, 앞의 글, 109쪽; 80년대 학생운동 내부의 일상적 민주주의의 결여에 관해서는 이 책의 3부 2장과 3장을 참조.

30 이해영, 〈90년대와 80년대 ― 하나의 정신사적 고찰〉, 《문화과학》 1999년 겨울호, 137쪽.

보론2 1991년 5월 투쟁, 80년대와 90년대의 결절점

1 1969년 1월 19일 도쿄 대학교 야스다 강당에서 강제 해산되던 전공투 학생들이 강당에 낙서 형태로 남긴 메시지로, 학생들의 심정을 잘 보여준다. 기하라 게이지 외, 《전공투, 일본학생운동 사》, 백산서당, 1985.

2 운동 진영과 지식 사회 내부에서 91년 5월을 본격적으로 연구한 시도는 거의 없다. 87년과 인상적 으로 비교하거나 사건의 진상을 초보적인 형태로 복원하는 정도다. 91년 5월이 여전히 현재 진행형이자, 현재 운동 주체들이 91년 5월 투쟁을 평가하는 데 정치적 무거움을 느끼기 때문인 것 같다. 91년 5월과 관련된 문헌은 김정한, 《대중과 폭력 ― 1991년 5월의 기억》, 이후, 1999; 정성진, 〈87년 6월과 91년 6월의 성격 연구〉, 《캠퍼스저널》 1991년 7월; 최장집, 〈한국민주화의 실험, 5월투쟁, 광역지방의회선거, 현대사태〉, 《한국민주주의의 이론》, 한길사, 1993; 최성혁, 《눈물로 쓴 보고서, 1991년 봄》, 이웃, 1992 등이 있다.

3 김정한, 앞의 책, 51쪽.

4 80년대 운동 진영의 자기 억제 전술의 사례, 그것에 관한 비판과 자기비판에 관해서는 이 책 165~166쪽; 조현연, 〈한국의 정치변동과 민중운동〉, 한국외국어대학교 대학원 정치외교학과 박사학위 논문, 1997, 165~167쪽; 이인영, 〈6월 항쟁과 부끄러운 세 번의 오판〉, 《말》 1999년 6월호 등 참조.

5 김정한, 앞의 책, 55, 59쪽.

6 최성혁, 앞의 책, 20쪽.

7 김별아, 《개인적 체험》, 실천문학사, 1999, 80쪽. 김별아의 소설은 91년 5월 투쟁을 체험한 작가의

반자전적 작품으로, 그 시기 주체들의 내면세계를 파악할 수 있는 유용한 자료다.

8 물론 이것이 전국적으로 공유되는 데에는 어느 정도 시간이 필요했다.

9 91년 이후 학생운동 안에서 학습 시스템 변화를 둘러싼 고민은 관악학회평론 편집부, 《학회평론》 3호와 5호, 1993 참조.

10 김철순, 〈학생운동식 투쟁관, 전술관을 청산하자〉, 《사회주의자의 실천》, 일빛, 1991, 178~180 쪽.

11 현재 90년대 초반 학생운동을 풍미한 학정조 노선을 역사적으로 평가하기는 현실적으로 쉽지 않다. 다만 91년 이전 시기 학생운동 정치 조직들이 민중민주 학생회(PDH), 선진대중조직론 (AMO) 또는 선진학생투쟁조직 등의 선진적 대중 조직이라는 형태를 스스로 표방했고, 학정조 는 이것이 조직 노선으로 전면화된 형태였다.

12 이전 시기 학생회 노선은 민중민주 학생회와 자주적 학생회로 구분됐다. 그리고 이것은 분명한 색조를 지닌 대중조직 사이의 관점의 차이로 나타났다. 그러나 1991년을 기점으로 몇몇 대학에 서 '왜 학생회 앞에 ○○주의가 붙어야 하는가'라는 문제가 제기됐다. 이것은 91년 이후 운동 주체와 대중 사이의 운동 관계-질서를 변화시키려는 시도였지만, 이슈와 운동 방식의 문제점 때문에 운동 진영 내부의 극심한 대립으로 귀결된 사례가 많았다. 가장 대표적인 사례가 후보 사퇴까지 이르렀던 1991년 서강대 총학생회 선거였다.

13 논쟁의 자세한 내용은 주대환, 《진보정치의 논리》, 현장문학, 1994; 권우철, 〈노동자정당 건설 노선변경에 대한 긴급제언〉, 《길》 1992년 1월호; 노동자계급해방투쟁위, 〈한국사회주의노동당 창준위의 전향문서〉, 《우리사상》 제3호, 1992 등 참조.

14 이것은 80년대 중반 이후 정서의 연장이다. 80년대의 이런 정서에 관한 기록은 이태호 외, 《박종철 평전》, 박종철출판사, 1997, 104~6, 142, 158쪽.

15 80년대 학생운동 조직의 위계화에 관해서는 이 책 171~204쪽 참조.

16 김병오, 〈나는 그늘을 보았어〉, 《관악문화》 창간호, 1999.

17 개인적 경험이지만, 군에 입대한 뒤 훈련 과정에서 매일 아침 〈애국가〉를 부를 때, 나는 첫날 가사가 기억나지 않아 적잖이 놀랐다. 그러나 며칠이 지나자 웅장한 울림의, 〈국가에 대한 맹세〉 와 〈애국가〉 등은 무의식적으로 다시 내 뇌세포 안에 입력됐다. 이것이 바로 국가주의적 규율 메커니즘의 효과이다.

18 김별아, 앞의 책, 102쪽.

19 91년 시기 민중 담론에 관해서는 뒤에서 살펴보겠다. 그 시기 운동 질서 안의 엘리트주의에 관해서는 이 책의 190~204쪽; 권인숙, 〈우리는 누구인가 — 위계와 권위의 멘탈리티〉, 《당대비 평》 1999년 겨울호 참조.

20 그밖에 여러 문제들이 공동 선거운동본부를 구성했던 두 세력에게 모두 존재했지만, 이 글의 맥락과 다르기 때문에 생략한다. 그 시기 선거에 관한 평가는 빛 편집부, 《빛》, 1992년 3월 참조.

21 91년 5월 투쟁에서 폭력과 비폭력의 이항 대립 구조에 관해서는 김정한, 앞의 책, 101~143쪽 참조.

22 김정한, 앞의 책, 43쪽; 최장집, 앞의 글, 43~44쪽.

23 김귀정 열사가 쓴 원문은, "…… 난 혁명성이나 투철한 사고방식, 해박한 지식도 없었고 그냥 심산이 좋아서, 선배가 좋아서 지금까지 생활해왔다. …… 우리의 운동은 어떠한 탄압에도 굴하지 않는 강철 같은 신념이 되어야 하며 일상에서 구체적으로 체현할 수 있는 것이어야 한다"이다. 최성혁, 앞의 책, 174쪽.

24 김별아, 앞의 책, 109, 117, 122쪽.

25 나는 개인적 체험이라는 전제 아래, 술자리나 지나가는 이야기로 이것과 비슷한 말이나 뉘앙스를 듣고, 공유했다고 고백한다. 91년을 87년의 아류라고 불렸던 이유는 그 투쟁의 규모뿐만 아니라 투쟁 안에서 꿈틀거리고 있던 환상 때문이기도 했다.

26 이 책의 65쪽 참조.

27 김정한, 앞의 책, 64쪽.

28 〈'밥풀데기' 부풀려진 사연〉, 《한겨레신문》 1991년 6월 2일.

29 김소진, 〈열린 사회와 그 적들〉, 《열린 사회와 그 적들》, 문학동네, 2002, 71, 77, 84, 86쪽.

30 김별아, 앞의 책, 103~4쪽.

31 민중의 기회주의라는 용어는 김동춘, 《전쟁과 사회》, 돌베개, 2000에서 빌려왔다.

32 윤해동, 〈한국의 역사에서 사회란 무엇인가 — 시간과의 투쟁과 관련해서〉, 《우리 역사의 7가지 풍경》, 역사비평사, 1999, 384~388쪽.

33 1980년대 학생운동에서 민중관에 관해서는 이 책의 94~97쪽.

34 박정희 정권 시기 농민이 유신 체제에 합의하고 동의하는 형태에 관해서는 황병주, 〈박정희 시대의 국가와 민중〉, 《당대비평》 2000년 가을호.

35 민중의 직접 행동의 역동성에 관해서는 로자 룩셈부르크, 최규진 옮김, 《대중파업론》, 갈무리, 1995 등 참조.

36 최근 들어 노동자 집회나 민주노총 집회가 대학 안에서 열리기 더욱 어려워졌다. 물론 이런 현상이 벌어진 데는 91년 이후 변화한 대학의 운동 지형과 대중 의식 그리고 신자유주의 시대 대학 내부의 권력 관계의 변화 등 여러 원인이 있을 것이다. 그러나 현재 형식적 연대조차 실행하기 어려운 조건 아래서 과연 근본적인 연대가 고민될 수 있을까.

37 1968년 68혁명 때, 대학은 일시적이나마 민중에게 개방됐고, 공공 영역에 관한 권력 분점, 사회적 재생산 메커니즘을 향한 전면 공격이 진행됐다. 그러나 한국 운동사에는 이런 경험이 없다. 여전히 대학은 성지일 뿐, 민중과 공유할 수 있는 영역은 아니었다. 68년과 한국 학생운동의 간략한 대조는 임지현, 〈일상적 파시즘의 코드 읽기〉, 《당대비평》 1999년 가을호, 37~8쪽.

38 김별아, 앞의 책, 124쪽.

39 김병오, 앞의 글.

40 김소진, 〈혁명기념일〉, 《열린 사회와 그 적들》, 문학동네, 2002, 360쪽.

41 이 책의 65쪽 참조.

보론3 1991년 5월 투쟁의 담론과 일상

1 김진균, 〈장례위원〉, '불나비처럼'(http://go.jinbo.net/column/bulnabia).

2 앞으로 《개인적 체험》을 인용할 때는 특별한 경우를 제외하고는 '( )' 안에 쪽수만 표시하겠다.

3 80년대 대학 사회에서 '4학(4學)'은 4학년, '형'은 선배 또는 학형(學兄) 등을 의미했다.

4 '여성 활동가(female activist)'는 91년 5월 투쟁에 직간접적으로 참여한 '여성'들을 통칭한다. 유의할 점은 '여성 활동가=여성주의 활동가'는 아니라는 점이다. 91년 5월을 전후해서 운동 조직 내부의 여성주의-여성 의제 등은 대부분 부차적으로 여겨지거나 은폐된 상태였다.

5 허나윤, 〈1990년대 학생운동에 대한 여성주의적 연구 — '위기' 담론에 대한 비판적 재구성을 중심으로〉, 이화여자대학교 대학원 여성학과 석사학위 논문, 2000.

6 김정한, 《대중과 폭력 — 1991년 5월의 기억》, 도서출판 이후, 1998; 91년 5월 투쟁 청년모임, 《그러나 지난 밤 꿈속에서 이 친구들이 나에 대하여 이야기하는 소리가 들려 왔다, 1991년 5월》, 도서출판 이후, 2002.

7 허나윤, 앞의 글.

8 이런 연구들이 공유하는 '가부장성'의 내용을 요약하면, (1) 권위주의적이고 군사주의적인 운동 방식, (2) 남성 중심적인 성문화와 성의식, (3) 위계화된 운동 이념(노동운동의 중심성과 선차성), (4) 남성적 운동가상과 운동 언어, (5) 언어적이고 물리적인 폭력과 성폭력, (6) 여성 배제 메커니즘, (7) 문제 제기의 봉합 등이다(전희경, 〈사회운동의 가부장성과 여성주의 정체성의 형성〉, 연세대학교 대학원 사회학과 석사학위 논문, 2001).

9 허나윤이 나의 연구에 제기한 비판과 관련해 몇 가지 해명하고 싶다. 먼저 내 연구 대상이 모두 남성이라고 비판하는데(17쪽), 이것은 오해다. 아마도 면접자의 익명성을 보장하기 위해 만든 가명과 관련해 착오가 있었을 것이다. 둘째, 내가 운동 문화의 남성 중심성을 비판하면서 여기에서 배제되는 주체를 '대중'이라고 규정한 것이 남성 중심적 시각에서 벗어나지 못했다고 비판한다

(20쪽). 하지만 80년대 운동 문화의 가부장성 또는 남성 중심성에서 '여성 주체'가 생략됐다고 해서 남성중심주의라는 비판은 적절하지 못하다. 대중 속에서 여성과 남성이 혼용돼 있고, 80년대 운동 문화에서 배제된 대상은 다양했다. 더군다나 면접자가 대부분 남성이라는 점을 근거로 남성 중심성을 비판하는 것은 분리주의적 시각이다. 여성 면접자라고 반드시 여성의 시각 또는 담론을 생산하지는 않는다. 특정한 맥락에서 여성이 배제된 담론 또는 지식 체계가 비판되어야지, 글 안에 여성이라는 주체가 포함돼 있지 않다고 관련 연구들을 '남성중심주의'라고 비판하는 것은 부당하다. 이런 점은 김정한에 대한 비판에서도 유사하게 드러난다. 허나윤은 마르크스주의를 가장 치열하게 비판하는 여성주의자들의 이론에 관심을 기울이지 않기 때문에 김정한의 연구에는 성별을 인식할 최소한의 기본적 개념틀조차 없다고 평가한다(20~21쪽). 그러나 허나윤이 제기하는 여성주의자들이 누구인지는 밝히고 있지 않다. 물론 운동 문화와 하위문화, 폭력과 대중운동의 모순과 균열을 다룬 글에서 여성이 제대로 재현되지 못했다고 비판할 수는 있다. 그러나 모든 연구의 중심적 분석 대상과 범주가 '여성'이어야 한다는 주장 역시 여성주의가 정치적인 고립을 초래하는 동시에 젠더 관계와 그밖의 사회관계 사이의 절합을 고려하지 못할 수 있다(자세한 내용은 김정한, 《대중과 폭력 — 1991년 5월의 기억》, 도서출판 이후, 1998; 허나윤, 〈1990년대 학생운동에 대한 여성주의적 연구 — '위기' 담론에 대한 비판적 재구성을 중심으로〉, 이화여자대학교 대학원 여성학과 석사학위 논문, 2000 참조).

10 권명아, 《가족 이야기는 어떻게 만들어지는가》, 책세상, 2000; 김재은, 〈민주화 운동 과정에서 구성된 주체위치의 '성별화'에 관한 연구(1985~1991)〉, 2003, 서울대학교 대학원 사회학과 석사학위 논문, 12~13쪽 참조.

11 1980년대 초중반의 활동가인 권인숙의 수기에는 '여성' 활동가로서 고민이나 남성 중심적 조직에 관한 문제 제기가 간혹 보인다. 그러나 김별아의 텍스트에는 그런 내용을 발견하기 어렵다. 이것은 개인적인 차이 때문이기도 하지만, 더불어 운동 조직의 남성화가 더욱 심화됐기 때문이다. 자세한 내용은 권인숙, 《또 하나의 벽을 넘어서》, 거름, 1989 참조.

12 권인숙, 〈우리는 누구인가 — 위계와 권위의 멘탈리티〉, 《당대비평》 겨울호, 1999, 107쪽 참조.

13 남대협 투쟁국 편, 《전투조직 건설의 이론과 경험》, 한, 1990, 143쪽.

14 권인숙, 〈우리는 누구인가 — 위계와 권위의 멘탈리티〉, 《당대비평》 겨울호, 1999, 104~5쪽.

15 권인숙, 《또 하나의 벽을 넘어서》, 거름, 1989, 75~6쪽.

16 당시 활동가의 남성화 전략 또는 여성성의 소거에 대해 '여성성의 소거(또는 약화)가 인간화 전략이 아닌가' 또는 '여성성은 보존돼야 하는 것인가' 등 문제가 제기될 수 있다. 그러나 '여성성 =보존돼야 할 것'으로 간주하는 사고는 '여성성=자연스러운 것'을 전제하는 것으로, 여성성을 남성성과 대비돼 태어날 때부터 부여받은 것으로 사고하게 만든다. 이런 사고는 자연스럽게

성별의 사회적 재구성 과정 등에 관한 설명을 불가능하게 만든다. 문제는 왜 80년대 그리고 90년대 초반 운동 조직에서, 특히 남성화 전략이 운동가가 형성되는 과정에서 선택됐느냐를 둘러싼 역사적 맥락이다.

17 권인숙, 〈우리는 누구인가 — 위계와 권위의 멘탈리티〉, 《당대비평》 겨울호, 1999, 105쪽; 조순경, 〈민족민주운동과 가부장제〉, 교육부 광복 50주년 기념 학술 논문집 제8권 여성 편, 1995.

18 '오월대', '녹두대' 등은 80년대 후반 이후 전남 지역 학생운동에서 만들어진 학생 '전투 조직'이다. 공권력에 맞서 일상적인 전투가 벌어졌던 시기에 이 조직들은 시위대 보호와 공권력 무력화 등을 목표로 활동했다. 다른 지역에도 비슷한 전투 조직들이 서로 다른 이름으로 존재했다. 자세한 내용은 남대협 투쟁국 편, 《전투조직 건설의 이론과 경험》, 한, 1990 참조.

19 남대협 투쟁국 편, 《전투조직 건설의 이론과 경험》, 한, 1990, 130 참조. 강조는 인용자.

20 선거 때 여성 활동가들이 입었던 흰색 저고리와 검정 통치마는 개화기 여성 선구자들의 복식이었지만, 붉은 댕기를 착용해서 북한을 연상하게 했다. 정권과 대치하는 상황에서 강한 지도자상이 필요했기 때문에 활동가들 사이에는 한복(또는 개량 한복)이 유행했다. 자세한 내용은 간문자, 〈80년대 이후 학생운동에 나타난 복식에 관한 연구〉, 《호남대학교 논문집》 제19호, 1999, 1161~1162쪽.

21 간문자, 〈80년대 이후 학생운동에 나타난 복식에 관한 연구〉, 《호남대학교 논문집》 제19호, 1999, 1163쪽.

22 김서정, 〈백골단에 빼앗긴 김귀정의 스물다섯살〉, 《말》, 1991.

23 그밖에도 "…… 김귀정은 자신에게 주어진 모든 환경과 조건을 뛰어넘으려고 발버둥치고 정면으로 싸워 나간 강인한 여성투사 …… 자신에게 주어진 시간과 공간 속에서 불꽃처럼 살다가 불꽃처럼 산화해간 젊은 청년활동가요 전사의 얼굴 ……"이라고 기록하고 있다(김귀정 열사 10주기 기념사업회, 《아름다운 사람, 아름다운 투쟁》, 예우노예, 2001, 29쪽).

24 권인숙, 〈우리는 누구인가 — 위계와 권위의 멘탈리티〉, 《당대비평》 겨울호, 1999, 106쪽.

25 박현귀, 〈80년대 변혁운동가들의 정체성 변화 과정 — '운동권' 출신의 여성 모임을 중심으로〉, 서울대학교 대학원 인류학과 석사학위 논문, 1997, 28쪽.

26 남대협 투쟁국 편, 《전투조직 건설의 이론과 경험》, 한, 1990, 136쪽.

27 남대협 투쟁국 편, 《전투조직 건설의 이론과 경험》, 한, 1990, 139쪽.

28 이정희, 〈노동문학 속의 여성상〉, 《여성문학연구》 제9호, 2003, 91~2쪽.

29 권인숙, 〈우리는 누구인가 — 위계와 권위의 멘탈리티〉, 《당대비평》 겨울호, 1999; 권인숙, 〈우리들 삶속의 군사주의 — 여성의 군사주의와의 관계를 중심으로〉, 한국여성학회 제17차 춘계학술대회 발표문, 2000.

30 대표적인 예로 집단적 질서의 절대화, 개인성의 균질화, 위계질서에 관한 복종 그리고 적을 향한 강한 저항 등을 들 수 있다. 권인숙, 〈우리는 누구인가 — 위계와 권위의 멘탈리티〉, 《당대비평》 겨울호, 1999, 110; 권인숙, 〈우리들 삶속의 군사주의 — 여성의 군사주의와의 관계를 중심으로〉, 한국여성학회 제17차 춘계학술대회 발표문, 2000.

31 권인숙, 〈우리는 누구인가 — 위계와 권위의 멘탈리티〉, 《당대비평》 겨울호, 1999, 110.

32 권인숙, 〈우리들 삶속의 군사주의 — 여성의 군사주의와의 관계를 중심으로〉, 한국여성학회 제17차 춘계학술대회 발표문, 2000.

33 남대협 투쟁국 편, 《전투조직 건설의 이론과 경험》, 한, 1990, 110쪽.

34 남대협 투쟁국 편, 《전투조직 건설의 이론과 경험》, 한, 1990, 106쪽.

35 남대협 투쟁국 편, 《전투조직 건설의 이론과 경험》, 한, 1990, 113쪽. 강조는 인용자.

36 남대협 투쟁국 편, 《전투조직 건설의 이론과 경험》, 한, 1990, 125쪽.

37 남대협 투쟁국 편, 《전투조직 건설의 이론과 경험》, 한, 1990, 119, 122쪽.

38 신준영, 〈학생운동 야사 (2)〉, 《말》 3월호, 1990.

39 신준영, 〈학생운동 야사 (2)〉, 《말》 3월호, 180~181쪽.

40 전대협 동우회, 《불패의 신화》, 두리, 1994, 250쪽.

41 김귀정 열사 10주기 기념사업회, 《아름다운 사람, 아름다운 투쟁》, 예우노예, 2001, 99쪽

42 김재은, 〈민주화 운동 과정에서 구성된 주체위치의 '성별화'에 관한 연구(1985~1991)〉, 서울대학교 대학원 사회학과 석사학위 논문, 2003, 48쪽에서 재인용.

43 남대협 투쟁국 편, 《전투조직 건설의 이론과 경험》, 한, 1990, 120쪽.

44 백골단이라고 불린 사복체포조는 1986년 5 · 3 인천 항쟁에서 처음 등장했다. 백골단은 체포조, 최루탄 투척조, 사진촬영조로 나뉘어 거리 정치를 저지하는 한 행위자였다. 자세한 내용은 유영관, 〈실록 — 백골단〉, 《신동아》 6월호, 1991 참조.

45 김서정, 〈백골단에 빼앗긴 김귀정의 스물다섯살〉, 《말》, 1991, 203~5쪽.

46 권인숙, 《또 하나의 벽을 넘어서》, 거름, 1989, 239쪽.

47 김재은, 〈민주화 운동 과정에서 구성된 주체위치의 '성별화'에 관한 연구(1985~1991)〉, 서울대학교 대학원 사회학과 석사학위 논문, 2003, 76쪽.

48 일레인 김 외, 《위험한 여성 — 젠더와 한국 민족주의》, 삼인, 2000, 17쪽.

49 어머니 이외에 운동 주체의 남성화가 극적으로 드러난 것은 87년 노동자 대투쟁 이후 노동운동에서 진행된 남성 주체의 해석이다. 80년대 들어 노동운동에서 재현 대상은 여공으로 대표되던 여성 노동자가 아닌, 대공장 남성 노동 영웅이었다(김원, 〈여공 담론의 남성주의 비판〉, 서강대학교 대학원 정치외교학과 박사학위 논문, 2003; 김재은, 〈민주화 운동 과정에서 구성된 주체위

치의 '성별화'에 관한 연구(1985~1991)〉, 서울대학교 대학원 사회학과 석사학위 논문, 2003 참조).

50 이 부분은 김재은의 탁월한 연구 성과에 많이 의존했다.

51 오성환, 〈한국 분신의 상징적 의미〉, 《비교민속학》 12집, 1999, 416~7쪽; 김광억, 〈단식과 몸의 정치학〉, 《한국문화인류학》 제28집, 1995, 141~2쪽 참조.

52 한국에서 정치적 저항으로서 '단식'의 의미에 관해서는 김광억, 〈단식과 몸의 정치학〉, 《한국문화인류학》 제28집, 1995 참조.

53 오성환, 〈한국 분신의 상징적 의미〉, 《비교민속학》 12집, 1999, 427쪽.

54 오성환, 〈한국 분신의 상징적 의미〉, 《비교민속학》 12집, 1999, 432쪽.

55 최장집, 《한국 민주주의의 이론》, 한길사, 1993.

56 김재은, 〈민주화 운동 과정에서 구성된 주체위치의 '성별화'에 관한 연구(1985~1991)〉, 서울대학교 대학원 사회학과 석사학위 논문, 2003, 40쪽.

57 최재현, 〈공식부문과 비공식부문간의 상호교류〉, 《산업사회연구》 제1집, 1985.

58 이 죽음은 강석경의 《숲 속의 방》이라는 이름으로 소설화됐다.

59 김종찬, 〈80년대 분·투신 자살자들〉, 《신동아》 11월호, 1987.

60 《조선일보》 1986년 4월 30일자.

61 김재은, 〈민주화 운동 과정에서 구성된 주체위치의 '성별화'에 관한 연구(1985~1991)〉, 서울대학교 대학원 사회학과 석사학위 논문, 2003, 28~29쪽.

62 장성만, 〈지상토론 — 학원안정법안〉, 《월간조선》 9월호, 1985.

63 여기서 '청년(靑年)'은 권위주의적, 가부장적 민족 공동체를 대체할 남성 형제들의 공동체를 의미한다. 새로운 공동체는 기존 '아비들'을 부정하고 새로운 민족 공동체를 구성하는 '조국'(어머니)의 아들인 형제들로 재현된다. 이 점에서 '청년'을 '무성'의 주체로 보는 것은 그 시기 지배적 저항 담론의 맥락을 제대로 파악하지 못한 해석이다.

64 김재은, 〈민주화 운동 과정에서 구성된 주체위치의 '성별화'에 관한 연구(1985~1991)〉, 서울대학교 대학원 사회학과 석사학위 논문, 2003, 46~47쪽.

65 전대협 동우회, 《불패의 신화》, 두리, 1994, 256쪽.

66 김재은, 〈민주화 운동 과정에서 구성된 주체위치의 '성별화'에 관한 연구(1985~1991)〉, 서울대학교 대학원 사회학과 석사학위 논문, 2003, 32쪽.

67 김재은, 〈민주화 운동 과정에서 구성된 주체위치의 '성별화'에 관한 연구(1985~1991)〉, 서울대학교 대학원 사회학과 석사학위 논문, 2003, 54~5쪽.

68 널리 알려진 사례가 연세대학교 교수 김동길의 "강군을 열사로 불러선 곤란하다. 배후 조종

세력이 그를 열사로 만들었다"라든지 김지하의 "죽음의 굿판, 시체선호증, 자살특공대, 싹쓸이 충동" 등이었다. 자세한 내용은 김재명, 〈갈등기 지식인의 현실인식〉, 《월간조선》 7월호, 1991을 참조.

69 《중앙일보》 1991년 5월 3일자.

70 이규동, 〈자살도 전염한다〉, 《월간조선》 6월호, 1991.

71 김상철, 〈좌익세력의 발호에 뇌동하지 마라〉, 《신동아》 8월호, 1991.

72 《조선일보》 1991년 7월 7일자.

73 정 총리 사건에 관한 증언은 정원택, 〈외대 사건〉, 《그러나 지난 밤 꿈속에서 이 친구들이 나에 대하여 이야기하는 소리가 들려 왔다, 1991년 5월》, 도서출판 이후, 2002 참조.

74 김재은, 〈민주화 운동 과정에서 구성된 주체위치의 '성별화'에 관한 연구(1985~1991)〉, 서울대학교 대학원 사회학과 석사학위 논문, 2003 참조. 80년대 학생운동에서 폭력을 둘러싸고 운동세력을 패륜아로 간주한 지배 담론이 존재했지만, 91년 정 총리 사건과 매우 대조적이었다. "…… 이들은 스승에게 똥물을 퍼붓는가 하면 구타(악질 교수에 대한 이단 옆차기 사건을 가리킴 — 인용자)까지 하는 패륜아들로 대서특필 …… 하지만 이후 교수들의 진압은 현저히 줄어들었고 이 시위에 이어진 일주일 간의 축제 거부 시위에서는 주동 없이도 공연하러 온 연예인들에게 똥물을 퍼붓는 대중행동으로 이어졌다"(신준영, 〈민민투와 자민투〉, 《말》 7월호, 142쪽).

75 최성혁, 앞의 책, 20쪽.

76 70년대 거리에서 벌어지던 장발족과 미니스커트 단속, 80년대 초반 거리 청소 그리고 86년 아시아 게임과 88년 올림픽을 즈음해서 진행된 도시 미관 정비 사업 등은 거리에 대한 지배 전략의 일환이었다. 80년대 거리 투쟁의 역사적 전개 과정에 관한 자세한 설명은 김백영, 〈가두 정치의 공간학 — 1980년대 서울 시내 대학생 가두시위에 대한 공간적 분석〉, 《사회이론과 사회변혁》, 한울, 2003 참조.

77 김재은, 〈민주화 운동 과정에서 구성된 주체위치의 '성별화'에 관한 연구(1985~1991)〉, 서울대학교 대학원 사회학과 석사학위 논문, 2003, 31쪽.

78 그러나 운동 가요에서도 열사-전사는 '청년'이라는 성별화된 주체로 재현됐다. 시간적인 차이가 조금 있지만 〈선봉에 서서〉라는 운동 가요를 보자. "투사가 되어 조국의 내일 …… 오 어머니 당신의 아들 자랑스런 민주의 투사"에서는 투사-아들(전사)-어머니의 의미 구조가 드러난다. 그리고 90년 즈음에 유행한 〈누가 나에게 이 길을 가라 하지 않았네〉도 노래 자체는 여성 옥타브 이지만, 가사에는 '노동자'라는 주체만 존재했다.

79 이영미, 〈5월투쟁과 거리시위의 문화패들〉, 《말》 7월호, 1991.

80 김귀정 열사 10주기 기념사업회, 《아름다운 사람, 아름다운 투쟁》, 예우노예, 2001, 40쪽.

81 해방 직후 김구 장례식에서 볼 수 있듯이, 노제는 민족 공동체를 위해 헌신한 인물의 부활을 희원하는 씻김굿 같은 구실을 하는 동시에 집단적 각성의 효과를 '역사화'했다. 김재은, 〈민주화 운동 과정에서 구성된 주체위치의 '성별화'에 관한 연구(1985~1991)〉, 서울대학교 대학원 사회학과 석사학위 논문, 2003, 42쪽.

82 신준영, 〈1987년 6월의 함성〉, 《말》 8월호, 171쪽.

83 김백영, 〈가두정치의 공간학 — 1980년대 서울 시내 대학생 가두시위에 대한 공간적 분석〉, 《사회이론과 사회변혁》, 한울, 2003, 375쪽.

84 신병현, 《노동자문화론》, 현장에서 미래를, 2001.

85 김귀정 열사 10주기 기념사업회, 《아름다운 사람, 아름다운 투쟁》, 예우노예, 2001, 69쪽.

86 김귀정 열사의 부검과 관련해서 학생들은 부검에 응하지 말고 거리로 나서야 한다고 주장했지만, 더는 사회적 분위기가 고조되지 않았다는 게 관계자의 판단이었다(김귀정 열사 10주기 기념사업회, 《아름다운 사람, 아름다운 투쟁》, 예우노예, 2001, 70~71쪽)

87 남대협 투쟁국 편, 《전투조직 건설의 이론과 경험》, 한, 1990, 117쪽.

88 남대협 투쟁국 편, 《전투조직 건설의 이론과 경험》, 한, 1990, 139쪽.

89 고혜진, 〈대항 저항문화의 형성과정과 영향〉, 전남대학교 대학원 교육학과 석사학위 논문, 1994, 39~40쪽.

90 김귀정 열사 투쟁의 경우 전대협 출범식과 각 대학 대동제에 활동가들이 집중돼 상당히 고립된 성격이 강했다.

91 김귀정 열사 10주기 기념사업회, 《아름다운 사람, 아름다운 투쟁》, 예우노예, 2001, 104쪽.

92 이 사건은 대책위원회와 농성자들의 숙박소로 쓰여 '쓰레기' 천지가 된 상황에 관한 미화 노동자들의 항의였다.

93 91년 5월과 80년대 집단 창작에 관해서는 이준석, 〈학생운동과 집단창작에 대한 연구 — 80년대 후반~90년대 초반 문예운동과 집단창작의 구조를 중심으로〉, 서강대학교 대학원 신문방송학과 석사학위 논문, 2000을 참조.

94 김귀정 열사 10주기 기념사업회, 《아름다운 사람, 아름다운 투쟁》, 예우노예, 2001, 109쪽.

95 김원, 〈여공 담론의 남성주의 비판〉, 서강대학교 대학원 정치외교학과 박사학위 논문, 136쪽.

96 이정순 씨의 경우 같은 죽음인데도 제대로 된 열사로 대우받지 못했다. 이것은 열사를 둘러싼 위계 관계의 형성 때문이었다.

97 윤종현에 따르면, 1990년 3월 직후 치안본부는 시위 진압 경찰에게 신체 가격의 범위와 방식을 대폭 확대, 강화하고, 체포와 연행을 공격적으로 할 것, 대형 진압봉으로 무장할 것 등을 지시하는 '시위진압술 및 장비개선 방안'을 지시했다. 경찰은 시위대를 단순 해산시키는 게 아니라

'진압'을 일종의 '작전' 개념으로 파악했고, 시위대를 적과 비슷한 존재로 인식했다. 자세한 내용은 윤종현, 〈건전한 시위문화를 위한 제언〉, 《월간중앙》 7월호, 1991 참조.

98 김귀정 열사 10주기 기념사업회, 《아름다운 사람, 아름다운 투쟁》, 예우노예, 2001, 101쪽.

99 여기서 '남학생'은 남성 형제들이라는 의미보다는 공동체 내부의 '동지', '동료'라는 의미로 사용했다.

100 김재은, 〈민주화 운동 과정에서 구성된 주체위치의 '성별화'에 관한 연구(1985~1991)〉, 서울대학교 대학원 사회학과 석사학위 논문, 2003, 47쪽.

101 예를 들어 북한에 관한 극단적 적대시, 북한을 향한 적개심과 공포심, 반복되는 전쟁 가능성을 통한 긴장감의 조성, 국가 방어의 신성화, 미군 주둔에 관한 대중의 일반적인 지지, 국민개병제, 30년 넘게 군사 정권이 지배할 수 있던 토대 등이 대표적이다.

102 홍두승, 〈'軍事文化'와 '군대문화'는 별개의 것이다 — 군사문화가 한국사회에 미친 영향〉, 《한국논단》 제50호, 1993; 홍두승, 《한국 군대의 사회학》, 나남, 1996; 변화순, 〈가부장적 군사문화가 여성의 삶에 미친 영향〉, 《연세여성연구》, 1998.

103 이 글에서 군사주의와 군사화 개념은 권인숙, 〈우리들 삶속의 군사주의 — 여성의 군사주의와의 관계를 중심으로〉, 한국여성학회 제17차 춘계학술대회 발표문, 2000에서 빌린 것이다.

104 권인숙, 〈우리들 삶속의 군사주의 — 여성의 군사주의와의 관계를 중심으로〉, 한국여성학회 제17차 춘계학술대회 발표문, 2000.

왜 한국 학생운동은 침몰했는가 — '광기의 복원'을 위하여

'마르크스주의의 위기' 이후 마르크스주의를 비롯한 좌파 이론에서 주목받기 시작한 핵심 개념 중의 하나는 '대중'이다. 이미 다른 책(김정한, 《대중과 폭력》, 1998)의 발문에서 개인적으로 지적한 바 있듯이, 대중이 무엇이고, 누구를 지칭하는지는 불분명하다. '대중'이라는 개념에 대한 새로운 관심조차, 문제의 뿌리로 들어가 그것과 정면 대결하기보다는 새로운 개념을 통해 문제를 해결한 것 같은 착각을 주어 자칫 문제를 회피하는 결과를 가져올 위험성을 안고 있다. 그러나 대중이라는 개념의 중심에는 필남필녀로 표현되는, 평범한 사람들을 개념화하기 위한 문제의식이 자리잡고 있다. 또 한 이론가가 '구성적 대중'과 '전복적 대중'이라고 부른 대중의 야누스적 얼굴, 즉 엄청난 압제에 대해서도 침묵하거나 동조하는 비겁하고 수동적인 대중의 모습과 어떠한 급진적 기획도 한숨에 뛰어넘어 모든 것을 바꾸어 버리는 폭발적인 대중의 모습이 가진 이율배반을 정확히 이해할 때, 사회적 동학에 대한 우리의 이해와 좀더 나은 사회를 만들기 위한 우리의 노력이 한 단계 높은 차원으로 발전할 수 있다는 사실을 부인할 수 없다.

이번에 출간되는 《잊혀진 것들에 대한 기억》은 이런 문제의식에서 쓰여진 선구적이고 의미가 큰 연구다. 이 책은 저자가 4년 전인 1995년에 내 지도 아래 논문으로 제출한 〈1980년대 한국 대학생의 하위문화와 대중정치에 관한 정치인류학적 사례 연구〉를 대폭 수정하고 보완한 것으로, 위에서 지적한 '대중정치'라는 문제의식에서 80년대 한국 학생운동의 성공·쇠퇴의 과정과 다이내믹을 분석하고 있다.

한국의 학생운동은 한국전쟁과 분단 구조의 영속화에 따라 정치적 주체로서 '계급'이 소멸하는 것과 함께 한국 정치의 중심적인 저항 세력으로 자리잡아 왔다. 특히 1980년 '광주의 피'를 먹고 자라난 80년대 민중운동의 '급진화' 속에서 학생운동은 수많은 청년들의 순교자적인 헌신과 투쟁을 통해 우리 사회의 민주화를 추동하면서 많은 신화를 창출하기도 했다. 그러나 이런 신화는 한총련 사태로 상징되는 일련의 계기 속에서 일반 대중들한테는 친북적인 폭력 세력으로 매도당하고 학생 대중들한테서도 외면당하는 비극을 겪게 됐다. 그 결과 IMF 위기 속에서 지구적 자본주의와 김대중 정권의 신자유주의의 공세 때문에 민주주의와 민중 생존권이 흔들리고 있는 현재 우리 사회에서 대학은 모래알처럼 개별화된 예비 실업자들의 집단으로 전락하여 침묵을 지키고 있을 뿐이다.

이런 참담한 현실을 목도하면서 우리는, '한국 학생운동의 비극은 왜 생겨났는가'라는 슬픈 의문에 부딪치지 않을 수 없다. 단지 수구 언론의 '한총련 죽이기' 탓인가? 아니면 '주사파'로 불리는 한총련 주류의 그릇된 노선 탓인가? 그것도 아니라면 도쿄대 사건으로 상징되는 일본 학생운동의 몰락과 마찬가지로 사회 발전에 따른 구조적 결과인가? 이 책은 이것이 모두 사실이 아니며, 그 해답은 '대중정치', 정확히 표현해 '대중정치의 실패'에 있음을 설득력 있게 보여주고 있다.

이 책은 80년대 한국 학생운동이, '억압의 기억'으로서 민중 담론과 미래의 사회적 주체인 민중을 자신들의 정체성으로 해석하여 '상상된 민중 공동체'를 구성함으로써 대학의 '운동 문화'를 우리 사회의 주요한 '하위문화'로 자리잡게 했다고 본다. 결국 운동 엘리트들이 만든 이런 하위문화는 집단적인 생활양식의 모방, 지배 권력에서 자유로운 자율적 공간의 발명, 급진적인 의례화 등을 통해 대학 공동체 전체에 급속히 확산되어 급진적인 '주체 생산'을 가능케 했다는 주장이다. 그러나 이런 운동 문화는 시간이 흐르면서 대학 공동체 내의 학생 대중에 대한 규율화, 대중의 자율성의 억압과 대중의 객체 내지 도구화라는 부작용을 가져와 대중이 더는 주체가 되지 못하는 '대중정치의 실패'로 귀결되었다. 따라서 '거리의 정치'는 학생운동이 새롭게 지배 권력화된 '제도 정치'로 전락하고 말았다고 비판하면서, 이 책은 '전복적 대중'이 폭발했던 87년 6월, 91년 5월 같은 '거리의 정치'와 '광기의 복원'을 제안하고 있다. 특히 이 책은 이런 핵심 주장을 주요 학생운동가들과 심도 있는 인터뷰를 통해 입증하는 정치인류학적인 접근법을 택함으로써 한국 학생운동을 이해하는 데 중요한 1차 자료를 제공하고 있다.

그렇다고 이 책을 단순히 학생운동에 대한 저술로 좁게 이해해서는 안 된다. 최근 학생운동의 침체 속에서도, 1997년 총파업이 보여주듯이 민주노총을 중심으로 한국의 노동운동이 급속히 성장하여 한국의 대표적인 저항 세력으로서 학생운동을 대체하고 있다. 그러나 지난 해 초 경제위기 극복을 위해 노사정 협약에 합의한 민주노총 지도부가 대의원들에게 불신임을 당하는 등 현장, 즉 대중과 지도부 간의 갈등이 심심치 않게 나타나기도 한다. 결국 이 책은 노동운동을 포함한 모든 민중운동, 대중운동을 향해 급진적 주체 생산이라는 화두를 던지는 한편 제도화와 대중정치의 실패의 위험을 경고하고 있다는 점에서 학생운동이라는 제한된 주제를 넘어서 민중운동, 대중운동 전반에 중요한 시사점을 주고 있다. 이 책이 던지고 있는 이런 화두들이 폭넓게 공유되어 '광기의 복원'에 기여하기를 빈다.

"광기는 죽었다. 그러나 영원하다."

1999년 2월 11일
노고산에서 서강대학교 정치외교학과 교수 손호철